叢書・ウニベルシタス　440

所有の歴史　本義にも転義にも

ジャック・アタリ
山内　昶 訳

法政大学出版局

目次

侯爵――『法の精神』を心底《しんそこ》無視するようなことが人間にできるものかね。
騎士――むろんできますとも。
侯爵――まさか。
院長――私にも解らないね。
騎士――いや何の造作もありません。モンテスキューや形而上学者と呼ばれている連中――いささか不適切な名前ですが、そう呼び慣わされているのでやむをえません――の研究を御検討ください。その著作はまさに寄せ木細工、あるいはモザイクといってもよろしいが、そうした仕事なのです。個々に切りはなされた無数の小断片の寄せ集めで、つまり自然があたえるがままに真実存在するものを、捏造、変造することなく集めたものなのです。巧みに綴りあわせ、配列し、陰影をつけたこれらの諸部分から、大きな絵巻、新しい光景が描きだされますが、でも全体はあちこちに散らばっている破片からできているのです。こうした仕事の取柄、値打といえば、資料収集の労苦、ありのままの真実、著作の膨大さ、統一、均斉、秩序、効果、正確な結構、微妙な変化やぼかしの美しさにあると申せましょう。こうした著作のなかでも、モンテスキューがあえて手がけたものほど広汎で資料の豊富な作品はありません。とはいえ、詩人たちがこの種の著作を称讃することはほぼ絶望的なのです。
侯爵――なぜかね。
騎士――詩人の仕事はまったく正反対のものだからです。詩人は創造し、創意工夫をこらして彫像をうちたてます。その作品の値打は、寄せあつめ、まぜこぜに溶けあわせたものではなく、純一の鋳塊を鋳型に流しこんで唯一の像を鋳造するところにあります。その構成にいささかの乱れ、彫琢にいささかの手抜かりがかりにあっても、欠点どころか、かえっていやがうえにもその美を輝かせます。したがって、詩人は形而上学者のなかに讃嘆すべき何物をもみいだせず、形而上学者もまた詩人のなかに讃嘆すべきものをみいだしませぬ。詩人は形而上学者にむかって、あなたは何も構想しなかったではないかと常に申しましょうが、後者はこう答えるでありましょう。あなたは何も証明しなかった、と。

侯爵――しかし、形而上学者であって同時に詩人でもある人がいたとしたら、どうかね。

騎士――しばしば反対の食言ばかりしていると考えてまちがいありますまい。

フェルディナン・ガリアニ『穀物通商についての対話』(一七七〇年)

序論

人間にあって最も変らぬもの、それは自らについての問いかけにほかならない。どの時代、すべての緯度、あらゆる社会にあっても、人間は、自己のアイデンティティ、生死、苦楽の意味、存在し、所有し、存続し、後世に伝える最良の手段について、同じ不安を感じ、同じ疑念を抱き、同じ疑問を表明してきた。

ある時代には、こうした疑問に、当然の、首尾一貫した、安心させるような回答を人はみいだしたこともあった。だが次の時代になると疑念がふたたび人の心に棲みつき、確信がぐらつきだし、疑問が再燃し、信念が対立しはじめ、道理は溶けうせてしまった。

所有についても、事態は同様である。いつの時代でも、最も正しく、最も自由で、最良のその組織化の仕方は何かについて、自問がつみかさねられてきた。時折、その解がえられたと信じられたこともあった。ある人々は、不可逆的な進歩の流れにのって、共同体的所有から個人的所有へと人間は進化してきた、と主張する。他の人々は、進化と競争はまさしく逆方向に歩んだと、断言した。ついには、私的でも集団的でもない、所有なき社会を夢想する人々さえでてきた始末である。

今日のわれわれは、つぎのような相対的確信の時代にいる。北と西で、そしてしだいに南と東でも、私的所有こそ、社会の最良の組織形態、人間の自由と権利を最も善く尊重する形態だと、順調にみなされるようになってきたからである。

だからこれは、一時的流行にすぎない。私的所有にはまだ野蛮な痕跡が数々のこっていて、申し分のない万能薬だとは異論なしに認めるわけにはゆかないからである。最近の株式相場の暴落は、あちこちにその疑念の種を有効にまきちらしているといえよう。

したがって、所有とは何を意味し、何を秘め隠し、何を暴露しているかを把握して、その未来を理解しようと試みるために、私は、私なりの方法にしたがって、その歴史を語ってみることにしたい。かつて、芸術[11]、科学[12]、技術[17]、国[10]、家族[15]の歴史についてすでに語ったように、ある概念の歴史について、ここで語りたいのだ。だが、何という概念だろうか。あらゆる人間諸科学のなかで、おそらく最も重要でまた最も不鮮明なこの概念は、何世紀もかけて、政治経済学をその重大さでおしつぶしてしまい、その輪郭をなぞらえるよりも、眩暈にくらまざるをえない。なぜなら、一片の土地、資本、一つの名前、観念を《持つ》ことができるのだとすれば、誰かを《愛する》こと、あるいは誰かに《命令する》ことも、ある見方からすると、使用し、わがものとすることだと知らねばならないからである。それゆえ、所有の歴史は、網羅的であろうとすれば、科学、愛、言語、権力、法律、家族の歴史でもなければならないだろう。

とりわけ、フランスの所有史について語ろうとすれば、この国のすばらしい独自性を記述しなければならない。というのも、そこではほぼ一〇世紀以来、多くの極貧と世界に冠たる叛乱と並行して、土地の大部分、ついで企業の大部分の所有にもとづく少数者の権力の占奪があり、今日でも相変らず皮肉にも、別の少数者が国家や国民の所有物を、まるで敗者の戦利品にむらがるように、またもや奪いあおうとしているからである。

だから私は本書で何もかも完全に描出するつもりはなく、道筋を照らしだし、そこから論理的帰結を導きだすための主要な断層、重要な地質年代、本質的な基層と思われるものだけを、一つも欠かすことなく強調してみたい。

この歴史のなかにいくつかの褶曲軸を探しもとめようとしたのは、何も私が最初ではない。それどころか、少なくとも四世紀この方、ヨーロッパ人は、自らが発見した人々を観察し、固有の編年史を作って、《よき社会》を定義しようと試みてきた。

きわめて知性的な三世紀——一七世紀から一九世紀——にかけて、多くの解答がつぎつぎにだされてきた。《持つ》ことの本源的な欲望は、飢餓から、恐怖から、競合から、モノの稀少さや他人を支配したい気持から生まれてきた、とこもごも述べられたわけである。私有、いや集団有、国有、いや協同組合有こそ、《よき社会》なのだと、相次いで考えられてきた。ある人々にとって、人間の原初的組織はおのずから良きものであり、社会は堕落してきた、とされている。反対に、他の人々にとってよき社会組織は、進歩の果てに構築さるべき人為物にほかならないと考えられている。
一七、八世紀のほとんどすべての著作家たちは、モノの私有こそ、人間の自由と権利の開花のための不可欠条件と考えていた。思想の進歩が民主主義的な理想を産みだすのだという文献にはこと欠かない。ロック以来、所有と民主主義とは不可分の二概念だとされてきたのは周知のところだろう。アダム・スミス以来、所有権はいずれも、少なくとも部分的にせよ、労働に基因する、とされてきたのも公知のところにほかならない。
反対に、一九世紀の大多数の理論家は、私的所有が自由を破壊し、自滅すると考え、生産財の集団所有こそが豊かさと民主主義の条件だと考えていた。リカード以降、人間は自分の労働の果実の一部を受け取るだけで、残余は、道具——それ自体蓄積された労働にほかならないが——を占有している人々のところへいってしまう、と承知されてきた。マルクス以降、歴史は常軌を逸して不安定性の方向につきすすんでいると考えられてきたのは周知のところだろう。

二〇世紀になると、こうした主題について書かれることは、きわめて少なくなってきた。おそらくそれは、以前の諸世紀に提案された、自由主義と社会主義という、二つの根本的な所有制度がいずれも――ぎりぎりのところでいえば――独裁や野蛮ときわめて親和的なことが、悲劇をつうじて検証されたからだろう。おそらくはまた、現代の多様な所有形態――アメリカの共同経営組合からソ連のソホーズ、イスラエルのキブツからメキシコのエヒードにいたるまで――と、その耐えがたいほどひどく短命なことを無視して人々がその場しのぎにとり繕うさまざまな試みとが、体系的思考を萎えさせてしまったからでもあろう。

とはいえ、だからといって、資本主義ではモノすべてが貨幣価値に還元され、国家社会主義では人間がたんなる労働力に還元される事実をまえにして、憤激の念が消されてしまうわけではない。今日、桁はずれの富裕と貧困とが共存し、少数の人々が莫大な財産と領地を占有している一方で、何百万もの人々が毎年飢死している事実を、同様に忘却させてくれるわけでもないのである。

したがって、勇を鼓して、所有の背後にかくされているのは何か、何があれこれの体制へと、世界とその夢想のあれこれの共有へと人を駆りたてるのかを、なお解明する努力が必要だろう。

所有の歴史を語ることで私は、種々の所有システムの成功と同時に醜怪さを説明してくれる隠された意義、そしておそらくその進化を予見し、よりいっそうの寛大さと自由に向けておもむろに流れをみちびくよすがともなる隠されたある意義を、共通の導きの糸として白日のもとに暴露してみたい。

多くの虚しい仕事がつみかさねられてきた現在、数千年来衝突しつつ相ついで生じてきた所有概念のいずれの把握の背後にも、つねにある徴候、無視できない強迫観念が現存していたことが、ようやく顕わになったと思われる。所有が秘め隠しているもの、それは死の恐怖だ、と要約しておこう。

性急な読者に、以下で述べることの概観——戯画的になるのも止むをえないが——をざっとお知らせしておけば、何にもまして人々を導いた最初の念願は、存在し、存続し、死を遅らせることにあったといえるだろう。そして、存続するためには、さまざまな形態をつうじてつねに同一の策略をめぐらさねばならない。つまり、自分たちの力でもあり生命でもある、他人の財をわがものとし、所与の時代に作りあげられた死の観念に一番正確に対応する仕方で、その財を使用しなければならなかったのである。

政治経済学の狭い枠組からあまりにも遠く隔たっていると思われるかもしれないが、しかしそうした枠組は爆破してしまわざるをえない。奇妙にも、所有の概念と、まさに死を契機として作られる観念とのあいだの紐帯を感知した歴史家や理論家は、周辺的な少数者を除いて、ほとんどいなかった。しかしながら、両者の相互依存は、直観的に準＝透明なのである。

まず、持つと在るは、本義でも転義でも、ほとんどつねに混合している。なぜなら、本義では、生きるために何か食べるもの、身を守るものを持たねばならない。持たぬこと、それは、集団から排除され、したがって死滅に脅かされることだからである。人は持つならば在る。転義では、最も未開の言語においてすら、個人——ないし民族——はその所有〔固有性〕によって、アイデンティファイされ、弁別される。つまり、自分の名前、言語、土地、所有がそのアイデンティティを告げるからである。人は彼が持つところのものである。さいごに、人は占有するところのものに隷属させられる。つまり客体は、主体を拘束し、定義し、条件づけ、所有主体よりもながく存続するからにほかならない。人は彼が持つところのもののである。

ついで、持つと存続するは、つねに具体的に結びついている。本義（飢えにそなえるために貯蔵する収穫、将来に備えて節約する金銭）でも、転義（大いなる旅路のために自分の財で飾る墓）でも。

さいごに、持つとは、極限では、無限に使用し、殺しあるいは破壊できること、自己の死に執行猶予をあたえることにほかならないからである。

研究者にとってきわめて有益なこうした直観的明証をこえて、動物を観察すると、持つ、在る、存続するのあいだの紐帯が同じく見てとれる。魚（サケ科）、甲殻類、昆虫（トンボ、ミツバチ、シロアリ）、オオカミ、キツネ、ライオン、トラ、アンティロープ、鳥、カメレオンは、声、糞尿、その他の手段でテリトリーに目印をつけ、支配し、防禦している[279]。テリトリーのおかげで、彼らは食物在庫を設定したり、土地資源を開発したり、他の動物にたいして安心していられるのだ。むろんその面積は、イセエビにとっては身を隠す狭い隙間、鳥類にとっても限られていたり広大だったり、アラスカのオオカミにとっては無辺だったりという風に、いろいろ変化する。食糧が近くにあればあるほど、テリトリーも小さい。領有期間もまた、トンボでは一日、アフリカのライオンでは永遠[279]、といったように変化する。

動物から学ぶことは、《清潔さ〔特性、原義、固有財産〕》はまず《不潔さ》から弁別され、種の生存期間は、その特性〔所有〕を尊重させる能力の関数だということにほかならない。また、テリトリー（同類から絶対的に剝奪され〔私的な〕、禁断となった生活面積）と生活領域（テリトリーを含む、動物が日々の生活を過す場）とを区別し、餌場か、交尾場か、営巣地か、いずれに用いるかに従って、いくつかのテリトリーを区別すべきことをも、動物は示してくれている[279]。さいごに、動物が教えてくれるところでは、他の誰かが欲望するがゆえにますますそれを人は欲望し、他者のまなざしのなかでしかそうではないということ、要するに、占有は所有とは弁別されるということにほかならない。

何かの占有〔憑依〕をもつこと、それは一般に、それを使用したり、破壊したり、儲けたり、あるいは放棄するために、その使用から他者を排除することである。あるモノにたいして持ちうる作用力の極限形態といえよう。何かの所有〔特性〕をもつこと、それは、人がその中にいる集団によって是認された規則にしたがって、正統なその占有を持つことである。それは、他者から異議申したてをうけることなしに、思いのままに利用したり、譲渡したり、あるいはそれが産みだしたものを保持することを意味する。

長生のために人間集団はいずれも、思惟のシステム、あるいはコード、各人が同時に占有主体でもあれば占有〔憑依〕された客体でもある真の権利のピラミッドによって、占有を所有に変換する術を学ばねばならなかった。コードが、モノを稀少と名づけ、モノをクラス分けし、いかにして価値を確立するか、モノが誰に属するかを指定し、所有者の存続の権利と手段を正当化し、諸個人を差異化し、剰余をとりだして、欠乏と戦う手段をあたえてくれるわけである。コードは《持つ》、《在る》、《存続する》がいかに混合しているかを示してくれるのだ。各人はその所有によって、いいかえると、モノとヒトに行使を公認された作用力によって、コードに規定される。コードは、集団による、占有の正統性の識別を前提とする。それは、当初は氏族、部族、民族の語り、体験、慣行によって、ついで軍事力により、さいごに人為法によっておもむろに精錬されてきた、超自然的ないし人間的な法や世界観に立脚しているのである。

人が持つ財のなかでも、ある財は使用によって破壊され、また存続する財もあるが、それ自体財を生産する財こそいっそう貴重なものだろう。そうした財を多産財となづけよう。それは、労働によって自己を再生産し、稀少性の拘束をゆるめ、剰余を作りだして存続を組織化し、社会を再生産するがゆえに、本義ないし転義でも生きた財なのである。多産財は、本義でも転義でも墓のなかまで死者と連れそうのである。

集団の成員のなかで生存に必要とされる以上の多産財の所有者——その方が得になるからだが、また強制されて——は、コードの内部で存続しようと望み、またそうすることができる。他方、非所有者、無産者は、秩序を脅かす。コードは秩序を案じて、非所有者を組みこんだり抑制したり、隔離したり餌でつったり、生存にちょうどみあった多産財をあたえたりしようとする。首長は、コードを尊重させようとし、夜警として（所有を脅かすものにたいし）監視をきびしくし、（所有を増加させるために）所有を追いもとめる。秩序を維持し、未来を保証するのに役だつ剰余を決定するわけである。

おそらく、歴史の流れのなかに、何千というコードが存在したにちがいない。が、夜警が秩序を維持し、自分の組織する集団を存続させるのに十分な剰余を、多産財——これがコードを特性化するのだが——がもはやうみだしえなくなったとき、どのコードも崩壊してしまったのである。

かつて私は、この多産財の性質にしたがって、コードを三つのグループ——ないし三つの秩序——に整序しようと試みたことがあった。

人間が登場したとき、最初の秩序は、おそらく食人によって（本義では多分、転義では確実に）特徴づけられる。最初の所有は生命であり、最初の欠如は死であった。最初の多産財、それは、他者、人間自体であって、生きるために人間ないしその所産〔子供〕を食べねばならなかったのである。人間が定住しはじめると、この多産財は、子供を持つために転義においてしかもはや《食べる〔性交する〕》ことのできない女性となった。独身者は寄生者にすぎない。死者は、富と生者をともなって、あの世に旅立ち、そこで存続する。この秩序は供犠と恐怖に依拠していたのであり、それは神々の秩序だったのである。

社会の規模が大きくなるにつれて、しだいに生が死を凌駕するようになってきた。死者はもはや生者を墓に連行せず、転義的に像や農業財をつれていった。これは、帝国の秩序にほかならない。大地は、力に依拠する秩序に必須の剰余や貢納をうみだし、かくして乞食や放浪者が寄生者となったのである。

最後にやってきたのが商人の秩序にほかならない。死者は遺産によって、思い出や名前を残そうと切望して、あの世に旅だった。金銭はきわめて多産な元本であり、貢納は貯蓄〔節約〕に姿をかえ、無産者とは金を稼げない者の意となった。人間はしだいに、生あるもの一切をわがものとし、それを品物や人工物に変換した。種が自滅する手段を持ったがゆえに、《自制する〔自己を占有し、憑依される〕》時機がやってきたのである。極限では、物品は、それを持つことなく、使用〔消尽〕したいと思うほど、迅速に回転する。人はもはやモノの所有〔特性〕を持とうとはせず、ただその属性〔所有〕を享受するだけとなる。物はいずれも、売ることができるためには、貨幣という唯一の基準にもとづいて定義されねばならない。やがて、音、イメージ、観念、死そのものも、商品となるだろう。

いつの日か、窮極の多産性である生〔命〕すらもがそうなるかもしれない。人間は、遺伝子的《固有性〔所有〕》によって規定された、自己自身にとっての物となるだろうからである。まるで、なお生きようとする死んだモノのように、自己をもちたがる客体として自己を生産することになるだろう。

要約不可能で、不可避的に人を欺きがちな以上の概観からだけでも、商人の秩序の非意図的な窮極目的が、こうして白日のもとに暴露される。所有の歴史に一つの意味〔方向〕をみようとする人々と反対に、所有は進化を完結させるのではなくて、本来〔本義〕的に始源的秩序であったものへの、比喩〔転義〕的な回帰を準備〔有機的に組織化〕するのである。一切が同じ生〔命〕をもって生き、存続のために各人が他者を食べ、誰も人間を支配〔人格を専有、女性を占有〕せず、コードが絡みあってモノの所有〔特性〕規定を不可能にしていた世界から、人間の生命も物の生命も、あらゆる生〔命〕が人工物の所有者と人工物の消費者の人工物となっている世界へ、という一つの循環——そしてこの循環は、一切が自己を占有する〔自制する、憑依される〕、いいかえると、人類の固有性〔原義、清潔さ〕をもはやなんら保護せずに自己を破壊〔自滅〕することで輪をとじるわけである。

これまで自己が占有するところのものでしか結局ありえなかった人間は、過度に持つおかげで存在することを、将来はやめるのだろうか。人類の《先進》部分にとっては矛盾となり、これに対し大部分の人々にとってはいぜん悲劇的にも同義語のままである、この二つの欲求のあいだに妥協を樹立することが可能だろうか。人は、自己を持つ（*s'avoir*）かわりに知る（*savoir*）ことをなお希望できるのだろうか。

世界との今までとは違った関係を構想〔受胎〕するという条件でなら、おそらくは可能だろう。別の関係とは、人類が創造に意義をあたえうるような関係、各世代の人々が健忘症的な所有者としてでも人工物の後継者でもなく、宇宙〔全体〕と文化〔耕地〕の果実使用者として自らを受容する関係、どの人間の固有性も知を創造し、伝達し、世界を理解し、形象化〔比喩化〕することにあるような関係がこれにほかならない。

何千年ものあいだ、死の恐怖から、他者との競合を失うのではないかという怖れに今なお深く脅かされているわれわれ、そのわれわれは今こそ生き残るために、物や自然も生あるモノであり、《持つ》とは、死を祓いのけるために生〔命〕を積み重ねることだと想起しなければならない。

そしてまた、絶えず再生される他者の永遠性こそが、真の永遠性だということを認知しなければならないのである。

第一章　生命のモノ

持ち＝食べること――武器を持つ狩人――遊牧民と家畜の群れ――農民と種子――死を生きる――遺品――女性と戦争――子供＝主人――奴隷の誕生――名前をあたえ持つこと――大地、神々の贈物――所有が手放したくさせるとき――首長の贈与――抵当としての交換――双生児の交換、言葉の交換――各人は自己のために何世紀ものあいだ、有無をいわせぬ論拠と詳細な論証をもちいて、人々が口角泡をとばして論争してきたにもかかわらず、どうしても解けない難問がいくつかある。一人の霊長類の男が、いつ、どこで、なぜ、何かあるモノ、誰かある人が自分に所属すると初めて考えたのか、誰も決してわからないだろう。法哲学者、先史学者、経済学者たちは皆、人間の最初の所有行動について、それを理想化したり、ユートピアとして再発見するためであるにせよ、それを批判し、《よき社会》はいずれ構築すべき人工物だと考えるためにせよ、いくつかの仮説をこれまでうちたててきた。

何人かの著作家たちは、人間の最初のモノの領有は集団的だった、と主張している。一八世紀に、ヴァルヴィルのジャック゠ピエール・ブリソが、『自然にみられる所有権にかんする哲学的探究』のなかで、つぎのように書いたのが、その一例といえよう。「野蛮人のなかでは、狩や漁の備蓄は共同体においておこなわれる。自分たちが必要としないモノを同類からくすねる者は、生きるに値しないとみなされていた。(71)」一世紀後、フリードリッヒ・エンゲルスのような、初期ドイツの社会主義者たちも同様に考えていたのである。

他の人々――一七、八世紀のホッブズ、ロック、ルソーなど――にとって、人間の最初の占有は、飢えと死の恐怖によって私有化され〔他から奪いとられ〕、正当化されるものだった。二世紀後、ハイエクやフリードマンなどのような自由主義経済の理論家たちも、原初の人間はエゴイストであり、愛他主義といえども畢竟《ひっきょう》私的利害の一種にすぎない、と主張するだろう。

科学的な装いをこらしているが、いずれも脆弱な土台にもとづく、この二つの極端な命題のあいだに、所有の起源にかんする多種の仮説がまぎれこんでいる。人類学、古生物学、民族学の今日の知見をよせあつめてみても、原初の人間集団の多様な組織形態のゆえに、この論争をきっぱりと一刀両断に解決できないことを認めざるをえない。じじつ、私有／集団有という、近代的な論戦のカテゴリーは、あまりにも単純すぎ、マニ教的にすぎて、いっそう複雑な現実を説明できるとはとても思えない。人間の原初の行動は、じっさい、個人的でも集団的でもあるはずがなかったからである。彼らは、魔術的で、超絶的な生きとし生けるモノにとりかこまれ、きわめて敵対的で謎にみちた世界と共生していたのであり、その利用は、モノの所有というよりむしろヒトとの対話、支配者の専横というよりむしろ自然との一体化に従属していたのであった。

持ち＝食べること

今から二〇〇万年以上もまえ、一匹の動物がはじめて直立し、人類と名づけられたとき、食べるものをのぞいて、彼は何一つ自分のものを持ってはいなかった。たえず仮の隠れ場や当てにならぬ食糧をもとめて、遊動《ノマド》する寄生者だった最初の人間は、老人、病人、動物、物品をしょいこんではいなかった。

この惑星の現在の砂漠のなかで、何人かの子供をつれ、広大な空間を群れてさまよう何人かの成人を思い描いてみよう。絶望的なまでに孤独で不安で、生殖に費す時間もほとんどなく、経験を蓄積したり、伝達したりする時間もない。彼らは、自分たちを所有者だとか、周囲のものと和合しているとか感じることはなく、むしろ、自分たちを超絶し、左右し、一瞬一瞬生死を決める力をもった世界に《占有〔憑依〕され》ていると感じたはずである。「人間は、他の部族、とりわけ他の文化の人間に出会うことなく、一生涯生きていた可能性もある」とF・ボルドは書いている。[421]「何千年ものあいだ、互いに隣りあいながら、その個体性を失うことなく、並行的に進化することもできた。[421]」にもかかわらず、手先がしだいに器用となり、磨製石器を製作することで、脳、言語、記憶の発展が促進されたのであった。

この幽暗のデビュー期に、人間が占有した最初のモノはといえば、食べるもの、狩猟、採集の所産だけだった。ごく自然で直接的な占有であり、法もなく、理由もなく、所有概念もなく、人はただ《持つ》のみである。ラドクリフ＝ブラウンが書いたように、「食糧はいずれも私有であり、それを手に入れた男女に属していた[338]」のである。

こうした社会のいくつかでは、食糧は時として、他の人間の肉体の一部である、人肉だった。この仮説は、衝撃をあたえるかもしれないが、今日では確実だとされている。この惑星の多くの場所で、骨髄や脳漿をとりだすために打ち砕かれた人骨が発見されているからである。二例だけあげておこう。フランスのトータヴェルの洞窟では、ウマ、ゾウ、オーロック〔絶滅したヨーロッパ野牛、畜牛の先祖とされる〕、ライオンのかたわらに、人間の骸骨が発見された。イギリスのチェダーでは、さらに一万二〇〇〇年前の、切断され、煮られた人骨の埋葬跡があった。

他人の肉体こそ、人間が力をつけるためにわがものとした、最初のモノの一つにほかならない。そこから人間は、世界との関係則のいくつかをひきだしてきたのである。死者は本質的な所有〔固有性〕である生命を奪いとられたものであり、したがって、生者にとって危険である。死者を食べることで、脅威力をわがものとする。こうして、死者をと〔摂〕り、死者にと〔捕〕られないようにする一石二鳥の成果があがるわけとなる。[12]

この観念は、レヴィ＝ストロースが『悲しき熱帯』の有名な一節で提起するまで、民族学者によって久しく隠蔽されてきた。「外部から研究すると、二つの社会タイプを対置させてみたくなるかもしれない。アントロポファジー〔食人〕を実行している社会、すなわち、恐るべき力の保持者である何人かの個人を摂取してしまうことが、この力を無力化し、活用する唯一の手段だと考えている社会と、われわれの社会のようにアントロポエミー（ギリシア語のエメイン〔吐く〕から造語すれば）とでもよべるような社会とである。同一の問題に直面して、後者は、逆の解決、恐るべき存在を追いだす方の解決を選んだわけである[254]」

おそらく、人類史において、実際の食人は、その危険な結果のゆえに、急速に消滅してしまったにちがいない。生きている誰かを食べられないとなると、食べるために持つことは当然、殺人を前提にする。ある財——食べるべき死体——を生産することで、食人は脅威を生産するからである。生きるために他人を食べねばならないのだとすると、他人が生きるために、自分が殺される危険があるだろう。こうして、最初の祭式化は、食人のタブー、人間を食糧とすることの禁止であった。

だが、象徴的な食人は、最初の占有行動の根底に当時なお残っていた。人間をとりまく一切は、人々の生命を糧としていたからである。動植物は、擬人的にみなされ、人間同様、主体であった。それを食べることは、だから、なお人間を食べるに等しかったのである。アントロポファジーがやっと影をひそめたのは、約四万年ばかり前に出現した人肉領有のタブーによってにほかならない。

食糧以外に、人間が所有者だと自覚していたのは、自分の子供、自分が作った物品——磨製石器の火もふくめて、ただしこれらの物は自分と同等で、同じ生命で生きていると信じられていた——だけにすぎなかった。人類学の曙に、マルセル・モースが書いたように「モノのなかに魂をまぜあわせ、魂のなかにモノをまぜあわせていた[289]」からである。ギュルヴィッチもごく最近こう記していた。「地上の物体はいずれも、先験的な原型をもっている。それから作られているモデルは、原型を《解釈》(現代的な意味で《ex-pliquer》という語を用いれば)しないが、しかし最も根源的で恒常的なその意味を開示している」[187]と。

原初の物体は、生ある存在、生産者から生命、特性、活力や非力をうけとった、その子供だと考えられていた。魂と精神(霊)をもち、人間のように自然に作用力をおよぼしていた。アメリカ北部の原住民、クワキウトル族では、非常にながいあいだ祭式を保存していたが、あらゆる物体にログワ、護符、超自然的なモノという総称がついていた、とマルセル・モースは書いている。「家も、彩色された梁《はり》や仕切りも、人間的存在であった。屋根、火、彫刻、絵画、一切がしゃべったのである。[289]」同様に、近隣部族のトリンギットでも、「家のなかでは一切がしゃべった。霊が家の柱や梁にむかってしゃべり、柱や梁のところからしゃべり、柱と梁がしゃべり、こうして、トーテム動物、精霊、人間、家のモノが対話をかわしあった。[289]」すぐ近くのハイダ族でも、銅板がしゃべったり、ぶつぶついって、早く加工し、交換し、使用してくれと要求さえした。銅板は「生けるモノであり、銅鉱や銅山には魔術的な力があって、《富を産む木》でおおわれている。[289]」きわめて遠くはなれた多数の社会でも、同じ特徴がみいだせるだろう。マオリ族では、物はハウ、すなわち、一種の多産性、豊饒性、生命の息吹をもっていた。[289]サーリンズ[358]は(ファースをひきとって)、この語はまた《過剰であること》、《儲け》、《剰余》を意味する、といっている。物体は、それ以上の他の何かを作りだし、生みだすとき、ハウをもつのだ。「ハウとは、たとえば、狩の獲物を繁殖させ、穀物を実らせ、女性を分娩させ、力と観念をもたせるものにほかならない。[358]」ハウを集積すること、それは、物体をこえて存続するために生命を集積することである。いくつかの社会では、歌、詩、神話、概念さえもが、生命ある存在とされていた。[289]

あらゆる民族で、食糧をこえてまでも、だから食人の記憶が、占有の論理をつらぬいていたわけである。

一方では、ある物を持つこと、それはその物を食べることに等しかった。というのも、食糧は、最も直接的で現実的な、最初の所有の概念をあたえてくれたのだから。物の占有者は――とモースはいう――、「まるでまさにそれを食べるかのように、自分の所有物を」わがものとする。(289) 他方で、物は人格をもっているのだから、持つこと、それは人を食べるに等しいわけである。

したがって、所有の基礎は、ホッブズがいうようにたんなる生存の欲求でも、ロックがいうように、飢えでも、ベンサムがいうように、効用でも、マルクスがいうだろうように、権力への意志でも、ジラールがいうだろうように、模倣の欲求でもない。生命を養うために他者を食べる欲求、間接的には、他者を象徴〔比喩〕しているがゆえに、他者の欲求する物をほしがる欲求にほかならない。競合は、転義〔比喩〕における食人、より根源的な行動、人間の特性〔原義〕の最初の文明化形態にすぎないのである。

武器を持つ狩人

やがて人間は、東部アフリカ、ヨーロッパ、中国、南北アメリカの大部分、そしておそらくサハラやトルキスタンにいたるまで、この惑星のあちこちを占拠するようになる。何千もの世代をくりかえして、共同の所有物、つまり衣類、道具、武器、小屋を運び、また死者を埋めたところで弔意をしめす宗教的祭式をとりおこなう、何百万ものノマド〔遊動民〕の群れにふえていった。

彼らは食糧を貯蔵せず、もはや――あるいはほとんどもはや――食人をおこなわなかった。存続の条件としての多産財である女性は、安定したテリトリーの内部で、ほとんど移動せず、子供を保護し、食糧の一部を採集する。男性の方は、境界もさだかでないテリトリーで狩をするため、あちこちよく移動したが、競争集団の侵入にたいしてテリトリーを必死で守ろうとするほどではなかった。氏族が占拠するテリトリーが豊かであればあるほど、その勢力が強かったが、食べ物がなくなると、テリトリーをみすてて移動した。

　集団の首長には、最長老で、採集や狩猟の場所を一番よく知っているものがなった。彼は女性を統制し、超過分を分配し、集団を破壊しかねない暴力沙汰を防止した。監視者であり、死者との、また生者間の仲介者でもあったわけである。

　こうした集団が、今日われわれがいう意味での神々の体系をもっていたかどうかを決めるのは難しい。生死の境はごく薄かったと思われる。非常に若くして死んだからであり、しかも死は悲劇ではなかった。死者たちは集《つど》って、生者の世界を支配するもう一つの世界で生きていた。骨格だけの状態になると、一種の祭式のあとで、キャンプからはなれた墓に埋葬された。死者があの世に戻るときには、他の死者たちへの贈物として、そこで生活を続ける手段として、物や生き物をたずさえていった。それらが欠乏すると、この世にとりに戻ってきて、生者たちに《とり憑く》とされた。宇宙の不確実性は、こうして死者たちの御機嫌から説明されたのである。葬儀のときだけではなく、機会あるごとに、死者たちがあの世での自分の場所にちゃんと坐り、食糧がいつもみつかり、嵐や病気や野獣を遠ざけて、人々の生活を援助してくれるように、死者の御機嫌をとりむすぶ必要があった。平和を願って、死者たちに、美味しい食物や、物品、肉体をも捧げた。最初の祭式は、死者の人肉を食べていた遠い昔のおぼろげな無意識の記憶と同時に、死者に仲間を捧げる仕方としてもはじまったわけである。

　クラストルが研究したパラグアイの原住民、グワヤキ族――その生活様態は何世紀もほとんど進化していないと思われる――では、死者は「生者と別れたがらない[90]」、目にみえない亡霊だとされている。「魂の棲み家への道」を進むかわりに、彼らは、住んでいた場所に執拗にとどまりたがった[90]。一番危険な魂は、若くして死んだ男のそれだった。「自分の部族、家族のもとを離れねばならぬことが、非常な苦痛だったので、自分が権利のある償いを期待して、ずっとそこにとどまっていた[90]」のである。

この死者は孤独に耐えきれず、《魂のサヴァンナ[90]》へ連れていってくれる、旅の道連れを要求した。その願いをかなえるために、子供の一人——できれば娘——を人々は殺し——ジェピィといわれる——死者はこの子を肩にかついで連れてゆく、と考えられていた[90]。

死者が戻ってこないように、あらゆる工夫がなされた。埋葬は二度おこなわれ、最初は肉が腐って骸骨だけになるまでの仮埋葬、ついで最終的に本埋葬がおこなわれた。成人は、死者の国の方向である、西に顔をむけて、胎児の形で、屈葬された[90]。子供の死者はというと、生者には何の危険もなかったので、無造作に伸葬された。

墓の上に小さな屋根が設けられたのは、悪天候から死者を守るためでもあったが、とりわけ、死者が墓からぬけだして、生者のあいだに戻ってこないようにするためだった。「腐敗が完全に進行し、骨だけになるのに必要な時間である何週間かがすぎると、その間ずっと遊動していたアチェの人々は、土葬の場所に戻ってくる。近親も遠縁の者も集まって、遅かれ早かれ、亡き仲間と生者とのとわの別れを表明しなければならない。皆は死者に別れをつげる、というよりなかんずく厄介払いしようとする……。」頭蓋骨は火に投じられ、「立ちさってゆくべき方向を《オヴエ（魂）》がよくわかるように、虚ろな眼窩《がんか》は天上にむけられる。残りの骨もまた燃やされたり、そのままその場にうちすてられたりする。墓はふたたび閉じられず、一切が放棄され、人々はたちさってゆく[90]。」

同様に死者の所持品も、いわば寄生物、危険物として厄介払いされる。死者の私有財産——もしあればの話だが——もまた、破壊されたり燃やされたりする。グワヤキ族では、「死んだあと、故人に属していた何物も、そのまま残しておくべきではない。これらのモノは、あまりにも危険だからだ」と、クラストルは書いている[90]。コマンチ族の一人が死んだときにも、故人の個人的な物（お気に入りだった愛馬まで）はすべて、同様に破壊され、残りの財は、親族や親友のあいだで分けられたのであった[1]。

　原初期のノマドについての知見からすると、いくつかの物品とともに死者が埋葬されていたのは周知のところだろう。ほぼ五万年ほど前の、カルメル山やラ・シャペル＝オ＝サンのような、公知の初期墳墓では、死者は花の寝床に横たえられたり、骨に黄土《オーカー》が塗られたり[303]、打製石器が添えられたりしていて、すでに一種の死の祭式と副葬制のあったことを示している。

　紀元前四万年ごろになると、人類は惑星のいたるところに広がっていた。まだノマドだったが、狩は大規模で、ずっと効率のよいものになっていた。火をおこし、骨でずっと軽い武器を製作し、木のハサミ、錐《きり》、鏨《たがね》なども作ることができた。とはいえ、人は自然のなかに存在し、自然に所属していた。食糧以外に、私的所有にたいする関心は、本質的にはまだなかったのである。

　あまりにもしばしば信じられてきたこととは反対に、このきわめて貧しい社会では、自己のものをもつ欲望、共同で守護する欲望は、稀少性と窮乏のせいで、発達していなかった[358]。じじつ、物はあまりにも壊れやすいものだったので、守るべき値打もなかった。『悲しき熱帯』のなかで、クロード・レヴィ＝ストロースがブラジルのナンビクワラ族の貧窮について書いているように、「物質的所有にたいして関心がなく［……］両性ともに衣類を身につけず、［……］裸で地上に寝て［……］ハンモックや［……］眠ったり休んだりするのに役立つ他の品物も知らない［……］。彼らの財産のすべては、放浪生活のあいだ女性が運ぶ負籠《おいかご》のなかに簡単にまとめてはいってしまう［……］。カヌーももたず、泳いで水の流れを渡り、浮きとして時たま粗朶《そだ》束の助けをかりる[254]。」同様に、ローナ・マーシャルが研究したカラハリのブッシュマン〔サン族〕は、所有になんの重要性をもみとめず、まったく無関心で、窮乏生活をおくっていた。その無関心さたるや、「生産問題を卒業してしまった人々だとむしろいった方がよいかもしれない〔……〕。あらゆる物質的拘束から比較的に解放されているので〔……〕、恒久的な貯蔵技術を発展させる必要などまるで感じず、剰余や交換品をかかえこむ欲求や欲望をまるでもっていない[281]。」

こうした態度は、遊動の必要性に対応している。食糧をみつけるために広大な空間を移動しなければならないノマドにとって、あまりにも重い品物を一杯かかえこむことは無理だろう。武器と祭式用具だけあればそれでよいのである。たとえば、ロイド・ワーナーが研究した、東部アフリカのムルギン族は、軽い物ほど価値があると考えていた[358]。キャンプをかえるとき、運んでゆけないものは、集団のなかで人手から人手へとすぐに渡って、一人の手にとどめおかれないのである。

個人的に物が占有されている氏族も、いくつかあった。自然からとってきたり、食べたり身を守ったりするために作った道具（武器、ついで櫂、帆、網、罠）を各人が占有するわけである。果物や野菜を採集し、火の番をする女性は、自分が作った衣類や土器を占有していた。棒、打製石器、骨片、尖頭骨角器には《自分のもの》の印がついていた。オクラホマやコロラド州の大平原の原住民シャイアンやコマンチ族では、一八世紀以来――もっともずっと前から多分そうだったらしいが――の調査によると、狩人は自分が殺した野牛、捕えたウマの所有者であり、駄獣として使用したり、あるいは呪医の謝礼や係争の支払いにあてられた[1]。重大な不正行為は、罪人の愛馬を殺すか、姉妹の身体を傷つけるか、いずれかによって罰せられた。戦士の威信は、占有するウマの数で計られ、その所有物によって威信が永続きしたりしなかったりした。何人かの戦士は、一〇〇〇頭以上のウマを占有していたので、部族の記憶にその名がながく残っていたほどである。ところで、ウマの番のためには、捕虜になったり、買われてきた、メキシコやシャシャールの奴隷が不可欠だった(1)。アパッチ族では、衣類や武器はそれを作った男女の所有だったが、円錐状のテント(ティピ)のような、いくつかの財は、女性が作り、運び、建てるものだったけれども、男性に所属するとされていた。

逆に、いくつかの財がはっきり集団有とされていた氏族もある。大型獣の狩猟の武器が、生産用具の最初の集団的領有であることを、最初に指摘したのは、一八世紀末のランゲにほかならない。その非常に興味ぶかい『市民法理論』のなかで、つぎのように書いていたからである。「狩猟民は[……]、手助けがなければ、きわめてしばしば獲物をとり損なうだろう。獲物をわがものとするには、援助を乞わねばならない。獲物がうちたおされると、その分配を避けてとおることはとてもできない。助けてくれた人手は、おのずからその労苦の支払いを要求する。それに、自分が助っ人のばあい、同じ特権を享受できるはずだと考え、とったばかりの獲物のほんの一部しか今日手に入らないと、明日の狩で手助けする人の分配に訴える術を心得ているはずである(260)。」

とどのつまり、ノマドの所有は、何よりもまず家族集団の所有にほかならない。ポランがつぎのように書いたとき、真実のすぐそばにいたわけになるだろう。「所有が集団的になるのは、所有者たちが同一家族の一員であり、そう意識しているか、あるいは、たとえ部族の規模であっても、お互いが準=家族としての血縁の紐帯で結ばれていると考えているからである。彼らの所有は集団的ではなくて、血族集団の成員に共同なのである(328)。」

所有の共有性は、時として愛他主義にも宿っている(227)。ニューギニアのアラペシュ族では、とマーガレット・ミードは書いている。「十分に食べるものがないときでも、人々は大いに明るく、隣人を助けるのに時を過し、隣人の目的のために献身している(290)」と。ブッシュマンないしアボリジニのような《狩獲=採集民》でも、「アボリジニがカンガルーを殺すと、自分のためには何一つとっておかないで、はっきり決められた規則にしたがって、他人にあたえた［……］。休んでいるときでも槍を削ったりブーメランを彫って、それを他人にあたえるのである[227]。」

これらの集団の多くでは、《私のもの》と《お前のもの》、《あたえる》と《とる》は同じ言葉で表わされていた[227]。同様に、北アメリカのダコタ原住民でも、インドネシアあるいはマレーシアのノマドでも、狩の備品は共同であり、ずっとのちに定住したときでも、種子、種子用の実、家畜は共有だったのである[274]。

こうした氏族ではみな、子供たちは母の氏族の共有財産、主たる富、存続のための条件にほかならなかった[121]。紀元前九〇〇〇年代に父系制がほとんどのところで幅をきかせるようになっていた――後でみるように――とはいえ、今日でもまだ、アフリカ（エチオピアのバレア族とバーザ族、セネガルのセレール族、ガーナのアシャンティ族、ブルキナ＝ファソのロビ族、ナイジェリアのヤテ族とジュクン族、東部アフリカのバンツー族、マラウィのヤオ族、南部アフリカのバスト族）やアメリカ（アリゾナのホピ族、コロンビアのグァヒロ族）あるいは、オーストラリア、トロブリアンド諸島、ニューカレドニアの定住ないしノマドの多数の部族には、母系集団がみうけられるのである[121]。

これらの社会では、自分たちが集団的に占有している女性の確保に、各集団は汲々としていた。外婚制とインセスト禁忌が厳守され、性タブーが女性にたいする集団の所有を保証する一つの方法だった[121]。独身の男性は、女性を求めて、集団の最初の敵となり、こぞって皆が自己防衛しなければならないため、危険な存在とされた。グワヤキ族では、「キバイ・ガトゥの年齢になってもベタギであろうとする者、つまり、女性をめとりうる時になっても、責任能力のない独身者の状態にしがみついている者は、社会に無秩序をまきおこす者だった……。ベタギが、責任ある大人になるのを拒めば、社会の秩序を脅かすだろう。独身者、それは共同体にまぎれこんだジャガーのようなものである[90]」

子供の教育も集団的におこなわれた。子供は母方のオジを怖れて従順であり、父がわかっていたばあい——稀だったが——父を尊敬はしたが、怖れはしなかった。グワヤキ族では、子供は女の世界に所属している、といわれていた。「許容期間をこえて、ベタギの自由を延長しようとし、女性の寵愛をかちとる権利を限りなく楽しもうとする男とは何だろうか。彼は、妻たちの脅威となるので既婚男性にとっても、自分の順番をまつより若い成人式の候補者にとっても同時に、部族内のトラブルと争いの源泉となるだろう[90]。」

背中の瘢痕は、土地の所有者である成人の権利を象徴している。「アチェ族は、空にカオスが回帰してこないように、斧で大地を傷つける。そしてまた、同じカオスが自分たちのあいだにやってくるのを予防するために、ベタギの背中にも傷をつける。跡をつけられた皮膚、供儀された大地、それは唯一の同じしるしにほかならない[90]。」

定住する以前に確実にノマドだった、アフリカのサラ族では、子供は幼いときには《母たち》のキャンプで暮すが、一〇—一二歳になるとそこを離れて、成人男性の遊動のホルドに加わる。男たちは、「それまで知らなかった父性の初めての模擬行為をひきうけることができるので[214]」、少年を募集しようと躍起の競争である。

母方のオジの財は、オイのところへゆく。それどころか、時に共有財となることもある。スーダンのザンデ族のように、アフリカやオセアニアのいくつかの民族では、所有物はすべて共有なので、オイがオジのものを《盗む》ことができない[227]。

ずっと後になると、遊動生活のせいで、氏族間に全面的、周期的な遭遇がおこるようになり、異氏族の女性を領有する道がひらけた。おそらく、外婚制の原初形態は、祭りの期間、二氏族間でおこなわれた集団的な性的合流〔歌垣〕だったにちがいない[121]。ついでカップルが形成され、一人の男による複数の女性の所有が、出生における男性の役割が認知されるはるか以前に確定した。たとえば、ごく最近までナヴァホ族の男たちは、狩にゆかないとき、自分たちの妻の所有者だと感じて、女性の家ないしその母の家に逗留しにいったのである[435]。

子供たちはつねに女性の兄弟に所属していたが、しかし男性はしだいに、自分の妻や財の所有者だとおぼろげながらも自覚するようになりはじめた。しばしば女性のところに足繁く通っていたので、男性は、自分の子供たちもまた、自分のものにしたいと望みはじめたが、こうした私有化〔剥奪化〕に達するには、なお何千年もの時を要したのである。

遊牧民と家畜の群れ

今から約二万年ばかり前になると、氷河が後退し、気候も暖くなり、湿気も多くなってきた。大型獣の狩が減少し、漁撈と採集が発展し、特化しはじめた。弓、釣針、網、銛、矢が出現する。ノマドの数もふえ、長命となり、子供の数も多くなって、移動の回数も漸減する。こうして、捕えた幼獣をすぐに殺さないで、生かしておき〔貯蓄し〕、あとで消費するために集団と一緒に連れてゆくことがはじまった。金銭の貯蓄よりはるか以前に、まずもって生命の貯蓄〔節約〕があったわけである。

これは重大な変化だったといわねばならない。というのも、飼育して、繁殖させるために動物を保存しておくことは、動物の所有によって未来の消費が約束されることを意味するからである。消費と所有とのあいだに、一条の溝がうがたれ、この剰余によってはじめて人間集団は思うがままに財を増大させることができるようになった。この変化は、脳に記憶が刻みつけられることを、当然前提としている。

遊牧民という、新しい機能が、こうして出現する。ランゲは美しい言葉で巧みにこういっていた。「動物の群れの一部を屠殺したあと、残りの動物を領有する方がずっと簡単だと彼らは考えた。面倒をはぶくために、とりわけ器用にもその方法を発案した者に家畜の管理を託した。家畜を飼育し、繁殖させることを担当させたわけだが、そのさい、家畜の所有権は自分たちが留保していること、自分たちの取り分に損害をあたえない範囲で、番人も自分の食糧をそこからひきだしてよいことを告げただけであった。[260]」最初の遊放民はまずもって狩猟民であり、家畜数が減ると、野生動物を捕獲して元の数に増やしていた。たとえば、シベリアのトナカイ牧畜民、チュクチ族は、今でも家畜の群れが四散して野生に戻り、その頭数が減ると、野生のトナカイを捕獲して、頭数の維持につとめている。[225]遊牧の仕事は、大変な重労働だった。アフリカ東部の牧畜民について、C・J・クリマが書いているように、「バラバイグ族は、飢え、渇き、病気、動物や人間の略奪から守るために、家畜に必要な保護をあたえている。そうしなければ、家畜が生物学的に生きのこるチャンスは、じっさいには無にひとしいからである。[225]」

動物が生まれ、生き、死んでゆくのをみるにつけ、死者との関係も変容せざるをえなかった。先祖たちの住む何かあの世といった観念がしだいに明確化されてきた。生者の世界は、永遠のごく薄い皮膜、前生と死後のあいだのごくささやかな空隙にすぎず、物質的ないし精神的な富をそこで貯えて、後生に備える準備期間にすぎない。死者との平和を確保するために、人間は、あの世で平和に暮してゆけるだけのものをつねに持たねばならない。そのためには、動物の剰余こそ、女性や子供に代ってあるいはそれに加えて、あの世で食べるべきものと今やみなされるようになる。家畜は、墓のなかにたずさえてゆく、剰余の源泉、《身代りのヤギ》の源流となったわけである。

同様に、牧畜とともに、家畜を養う大地との関係も明確化されてきた。テリトリーの境界が固定され、集団は、自分のものと認め、死者を埋葬してあるこの空間を、動物をつれて歩きまわる。ヌエル族やベドウィン族では、共同体のテリトリーとその資源にたいする集団成員の権利は厳格にきめられていた。[429] ナイジェリアのトアレグ族やモーリタニアのアドラール首長国、アフリカの東部の遊牧民（ジイエ、カラモジョン、トゥルカナ、マサイ）でも、共同体の空間は、集団的に領有される放牧場と水場とからなっていた。[429]

家畜の群れは、個人的に使用される財を産出するばあいでも、一般に氏族の集団所有だった。たとえば、ヨーロッパで、初期のトナカイの群れは、食糧、衣類、覆、牧童の道具を供給していた。[68] もう少したつと、いくつかの民族では、牧畜家族がそれぞれ動物の所有者だと公言するようになった。家畜の群れが、衒示財、他者から自己を弁別化し、自立化する手段となったわけである。G・シュタイナーは、三〇〇〇頭もいるのに、たった一頭のトナカイを手放すのを拒んだ、あるユーラク族の牧畜者の言葉を引用している。「トナカイはあちこちうろつき廻るので、よく視えるさ。お金は隠してしまわなきゃならんので、感心しないね。[444]」同様に、コマンチ族にとって、占有するウマの数は、その勢力を告知していた。[1]

子供の所有の方は、しかし遅々として進歩しなかった。初期の牧畜部族は、黒アフリカやメラネシアになおその痕跡が、定住化したとはいえ残っているが、おそらく母系だったにちがいない。子供や少年は、キャンプの中心にある若者宿で、共同で暮していた。[121] 家長は母の兄弟の長兄だったが、しだいに母系制の規則が薄れていった。一方で、牧夫の仕事は男性の務めであり、このことが、男の権力獲得をもたらした。他方で、家畜の群れを観察することで親子関係における男性の役割が明らかになってきたからである。子供の所有関係も、しだいに一変するようになり、家畜を管理、保護する男性が、女性を領有し、ついで自分がその産みの親だと自覚するようになった子供をも領有しはじめたのである。

　母系制から父系制への移行はしかしきわめて緩慢で、両者の混合システムは過去にも現在でも実在している。たとえばマラゥイ（アフリカ東部）の遊牧民、ヤオ族では、長男はその姉妹のかたわらにとどまり、母系単位の長となる。彼が死ぬと、権力は長姉の長男に移譲される[435]。弟たちは、自分の婚約者の両親の家に住むのである。アフリカ南部のバンツー族では、夫は今でも《訪問者》であり、権力は共有されている。ニューギニアのキワイ族でもナイジェリアのジュクン族でも、オジが自分の姉妹の子供の所有者とされている[121]。同様に、バーレル＝ガーザル（スーダン）のヌエル族でも、「お前の母方のオジは、お前の母だ」といわれ、ハワイでは、牧畜民集団の子供は、父も母も認知しない。フィジー諸島では、オイはオジの所有物であり[121]、ホピ族でも子供は母の氏族に所属していた。結婚するとき、ホピ族の男は、母の家をはなれ、妻とともに義母の家に住むわけである[386]。

　もともとノマドだったらしいトロブリアンド島民では、定住化する以前、女性はその兄弟にとって、生んでくれ養ってくれる者、《よき女性〔おばちゃん、女房〕》であり、夫にとっては、美しく望ましい者、《立派な〔高貴で威厳ある〕女性》にほかならなかった。H・プラデル・ド・ラトゥールは、妻は磨製石器や美しい貝殻とひきかえに得られる、と書きとめている[334]。マリノフスキーはこうつけ加えている。「航海から戻ってくると、夫は妻に威信財をあたえ、妻はそれを自分の兄弟や氏族の成員すべてにふたたび渡すという事実こそ、婚姻関係の特徴にほかならない[272]。」父は認知されていたけれども、トロブリアンドの子供たちは、母方のオジの所有物であり、父親は、子供にとって一番近しい友人だった。子供が病気になると気づかい、自分の姉妹の子供たちにあたえる義務をはたしたあとで、自分自身の子供たちのために財産を保管するよう努めていたからである。「子供が大きくなるまで、父親は世話をし、さまざまに配慮して、母親を助けている[272]。」社会の中心の座を占めるのはしかし母であって、トロブリアンドの若者は母や姉妹のために働く。「もし母も姉妹もいないと、ランク上一番彼に近い親族の女性が、その労働の果実を要求するだろう[272]。」イアトムル族について、モースは書いている、「妻の氏族が、夫ないしその父にブタをあたえ、夫のために女性を保持している［……］。女性は父の姉妹、父の父の姉妹と同じ等級にまでよじのぼらねばならない。つまり、祖父の姉妹が結婚した氏族のなかで、結婚しなければならないのである［……］。娘は、家を出て、母の代りの弁済にあてられる［……］。男性は、自分の父の姉妹の娘をめとり、自分がその姉妹と結婚した男に、自分の姉妹を嫁がせなければならない[289]。」親族はこうして、父の父、母の兄弟、父の姉妹の夫をふくむことになる。

権力関係も当然変更が要請される。外部からの攻撃にたいしてじっさい子供を保護する手段をみつけださねばならないからである。首長が、集団の名において子供たちを管理するようになる。おそらく、いくつかのばあいには、首長は、個人的な使用のために複数の女性をわがものとし、死者と生者に自分で贈物をするまでになったのかもしれない。その結果、存続のための手段がより多くあたえられることになって、首長の社会的地位がますます強化されることになったはずである。

この奇妙で混乱した転倒の果てに、大部分のノマド部族が父系制になったものと思われる[121]。半＝牧夫であり半＝戦士である男性が、世界を占有し、利用する男性支配の社会が、こうしてしだいに組織化されるようになってきたのである。

農民と種子

農耕がいつはじまったのか、その日付はさだかではない。今日の何人かの研究者は、牧畜と同時に出現したと主張しているが、他の研究者はそれよりはるか後のことだと考えている。いずれにせよ、牧畜とともに人間が発見した、持つと消費するとのあいだの区別を、農耕がさらに深く穿ったことにはまちがいがない。自己を再生産するためには家畜の一部を貯蓄した方が利益になると覚ったように、人は今後の生産の資源として、採集物の一部をとりのけておいた方が利益になることを学んだわけである。また、家畜を保護するために、土地を防衛しなければならなかったように、備蓄品をとっておくには、それを保存し、貯蔵し、防禦することを学ばねばならなかった。《貯蔵（*stock*）》という言葉はそれに、アングロサクソンの語源では《杭》を意味していなかっただろうか。

何人かの著述家たち[23]は、植物の再生産メカニズムを発見し、即座に消費されてしまわないように、採集した生産物のいくらかを男たちの目にふれないように隠したのは、女性ではないか、と推測している。その証拠として、北アメリカのウィネバゴ族の女性は、今日でもまだコメやトウモロコシを男性から隠しておいて植えつけることを、彼らはひきあいにだしている。[274]だが多分、この命題の当否をきめる証拠は今後も何一つみつからないだろう。

じっさいには農耕がいくつかの地点で同時に発生した、というのが真相にちかいだろう。一番確かな推定によると、ノマドがはじめて畠を領有し、耕作したのは、今から一万年前のトルコにおいてであった。つづいて、ほぼ九〇〇〇年前のクルディスタン、ついでメソポタミア、その後約八〇〇〇年前にパレスチナでもその痕跡がみいだせる。移動農耕民は、紀元前六〇〇〇年のはじめにはバルカン地方で生活していた。紀元前五〇〇〇年ごろから、東南アジアでは、森林の樹木（バナナの木、サトウキビ、パンの木）を保全することから農耕がはじまっている。一〇〇〇年ほど後になると中国の黄河流域、イラン、キプロス島でも土地が次々に占拠され、領有された。さらに一〇〇〇年たつと、インダス谿谷、中央アジア、クレ夕島で土地が征服され、開墾され、領有される。この時期はまた、ナイル河やティグリス・ユーフラテス河の流域で村落が形成されたころにあたっていた。ストラボンによると、「メディアの北で、氏族の長にそれぞれ治められる村落が、出現した[440]。」この時にまた、とマリノフスキーはいっている、「ミンコイエ族がアンダマン諸島の海岸に住みつき、アメリカの原住民クラマス族がカリフォルニアの海岸に住みつき、マレーシアのいくつかの部族が一時的な定住生活をおくるようになった[271]。」さいごに、西欧、ついでグレート・ブリテンやスウェーデンに農民の姿がみられるのは、紀元前三五〇〇年ごろであり、中央アメリカでは、植物の馴化は紀元前二〇〇〇年代の中ごろに現われたのである。

最初の農耕部族は、なお部分的にはノマドであった。牧畜を兼業していたにせよ、していなかったにせよ、農耕は、狩猟、採集のたんなる補完にすぎなかったからである。たとえば、メキシコの北東部、タマウリパス山脈の農村共同体では、紀元前二〇〇〇年代のはじめにはまだ農耕がおこなわれていなかったのに、その後一〇〇〇年代もたつと、食糧の半分は農耕でまかなわれていた。

農民もまだ本当の定住民とはいえなかった。所有地の継続性など問題にもせず、力ずくでとりあげた広大な空間を移動していた。土地の地力がなくなると、捨てて別の土地に移っていったからである。

ついで、家族が増えて負担が重くなり、土地を耕しながら防禦できるようになってくると、移動の間隔がだんだん開いていった。集団はしだいに定住するようになってきたのである。

紀元前約四〇〇〇年代の終りともなると、金属製の鋤、軛《くびき》、新しい武器や道具——搔き板、石製や骨製の針釘、鑿《たがね》、ナイフ——が、銅の技術とともに現われてきた。食物を調理し、肉を保存し、皮を加工し、家畜を飼育する方法を学び、食糧（粥《かゆ》やスープ）も変ってきた。村落が建設され、発展し、時として城塞化された大都市まで作られたのである[67]。

定住化が今やその固有のダイナミックな力を発揮しはじめた。農業生産の成長につれ、人口が増加し、テリトリーの拡大が必要となった。集団のあいだで経験の蓄積が可能となり、祭式の秩序が確立される。死者は別の仕方で実感され、死との関係、それゆえ所有のコードが組織化されることになったのである。

死を生きる

きっぱりと人間は、死者と和解しようとする。死とは、死者が《先祖》となり、生者と共に住む、ぼんやりとした状態への、できるかぎり心理的な外傷をうけなくてすむ移行と依然考えられていた。死者は「大地の媒介によって母のもとに還帰[214]」するのであり、その世界は、生者の世界の引き写し〔生霊《いきりょう》〕であった。庶民は影がうすく、所有者は高名ではあったが、ともかくどの死者もその世界に自分にふさわしい場所を占めていた。

死亡者がその所をえるには、死者たちのもとで生きてゆき、同時に生者たちのもとに戻ってこないように、十分なものをあたえなければならない。死者をなだめすかすために財を惜しげもなくあたえねばならず、しかも害を防ぐため遠ざけねばならない、というのが生命を失った者との関係にみられる永遠のジレンマだった。そのために、人は死体を処理し、遠くに運び、生者から募った所有物を有意義にどっさり贈って埋めてやらねばならない。

埋葬の儀礼は、この死者の旅の第一段階であり、墓は、「最も基本的で、根源的な[169]」この意味づけの最初の褥《しとね》にほかならない。「墓なき文化はなく、文化なき墓はない。極限では、墓こそが、あらゆる社会に共通の、最初にして唯一の文化象徴である」とルネ・ジラールはいっている[167]。

定住したトロブリアンド島民のところでは、女性たちは死体を膝の上にのせて、なでさすってやらねばならなかった。故人に属していた物を手にもって踊る、他の女性たちもいた。「これらの遺品は喪の期間中、大きな役割を演じ、埋葬後もながいあいだ女性たちが所持していた[271]」のである。すぐそのあとで、死者は墓からひきだされ、何本かの骨をとると、故人の息子たちがそれを保管した。「数日前に話したある男の顎の骨が、彼の寡婦の首にさがっているのを私はみた。[271]」ときとして骨が飾りや有用品に化けることもあった。トロブリアンドでは、故人の骨は、その形見とされていた。（「私は父の橈骨《とうこつ》をなめてみた。吐きそうになって一旦離れたが、また戻ってきてしゃぶりつづけた」と一人の息子は語っている。[271]）寡婦が用いる石灰入れ〔キンマをかむためのもの〕にされた頭蓋骨もある。マダガスカル島の南東にすむアンタイサカ族では、死体が一旦土に埋められたあと、三年たつとふたたび掘りだされ、洗骨された。近くのサント＝マリィ島では、洗骨されたあと、森のなかにおいた箱にきちんと並べられたものである。

　ほとんどどの社会でも、墓は遠くにつくられる慣例だった。もっとも、遠くにといってもその形態はさまざまだが。よく知られた——というのも一世紀前にはまだ観察できたからだが——アルタイ系の民族では、[195]人が死ぬと生者をさがして舞い戻ってこないように、できるだけ早く遠ざける必要があった。死体が家にあるかぎり、自分のまわりで起っていることをすべて聞いているので、死者の善行しかいってはならなかった。目にみえないあの世に情報を伝えてもらっては困るので、頭の穴という穴には赤い絹で栓がされた。死体がかつぎだされると、ツングース、エスキモー〔イヌイット〕、サモイエードの人々は、帰ってくる道をふさぐために、死者のテントの戸をおろしたり、あるいは窓から死者を運びだしたりした。なぜなら、戸をとおってでてゆくと、同じ道をとおって戻ってくるかもしれないからである。[195]死者の霊がみつけだせないように、そのテントを移動させることまでした。ラブルスト族やソオート族では、死骸をはこんだ獣皮製のテントまで一緒に捨ててしまった。タタール人は、一週間のあいだ、死者が戻ってこないように、墓地へ通じる道に見張り番をたてた[195]。ツングース族では、死者は住居から三〇メートルほど東の方にはこばれて、ときとしてステップで犬にあたえられることもあった。そして、帰りの旅の足跡をていねいに消すのである……。「埋葬からの帰りに、風が吹くとよい。死者の痕跡がみんな吹きとんでしまうからである[195]。」キルギス族では、墓地がキャンプ地から非常に遠かったので、ラクダの背にのせて遺骸を運ばねばならなかった[195]。カザフのキルギス人は、「大急ぎで墓地からとんで帰るので、時には落馬するほどである[195]。」チャドのサラ族では、亡くなったあとも死者の魂は数日間死体の傍にとどまっていると考えられていた。まわりにおこることを見たり聞いたりし、近親の悲しみがどうか、慣習がちゃんと尊重されているかどうかを判断する。埋土のときこそ、死者の魂が近親者、とりわけ妻たちや、まだ成人式をすませていないのでそれだけ傷つきやすい子供を連れてゆこうとするので、一番危険な瞬間とされていた[214]。

ドゴン族では、四肢をおりまげて胎児の姿にし、頭を北に向けて横たえて埋葬していたが、これは再生の予示にほかならない[178]。メキシコのいくつかの社会（北部のノマド、トルテカ族）においては、溺死者ないし雷にうたれて死んだ者以外、男たちはすべて、水と雨の神々に捧げられた潟湖《せきこ》のほとりの小さな社《やしろ》に焼いて埋められたが、産褥で死んだ女性も同様にして葬られた[379]。

一般に、死者の大部分を占める、一歳以下の幼児の魂は、か弱く、危険がないと考えられていたらしく、母の小屋のなかに埋められていた。氏族外で結婚した女性は、その死体も氏族の所有物だったので、自分の氏族に戻ってきて埋葬された。にもかかわらず、加入儀礼の秘密をもらしたり、他のところで死ぬと、罪ある裏切り者として、結び付きが断たれてしまったのである。

きわめてしばしば、死者の所有物は、生者の近くにとどまらないように、破壊されてしまった。時として、死者の飼っていた動物を屠殺したり、子供や親しい人々まで殺すこともあったらしい。死者に贈物をすることはいたるところでみられたが、死者と「交換しないことが一番危険であり、交換することが一番必要[289]」だったからであり、また、「逆に死者との交換が一番容易で確実であった[289]」からにほかならない。紀元前七〇〇〇年の日付をもつ、エリコ〔パレスチナ〕の定住部族の、有名な初期の墓には、武器と宝石が副葬されていた。クレタでも、死者は日用品（武器、食糧、家具、動物）といっしょに埋葬されていた。タタール人たちは、土葬の場所で、そうした日用品を焼却したり、うち砕いていた[195]。サラ族では、「水甕《みずがめ》が墓のなかでからにされたあと、砕かれて屍体のうえになげすてられ、ついで故人の小屋も破壊された[214]」ドゴン族は、墓のうえで労働用具をこわす習慣があった。一九五六年に、マルセル・グリオールが亡くなったとき、彼らは、人形《ひとがた》を埋葬し、儀式の終り、つまり、通常なら「大地を耕す仕事が永遠に終ったことを示すために、死者の鍬を壊す感動的な瞬間に、儀式の執行者たちは、そのちょっとした仕草にも、彼らの自然発生的な象徴感覚を如実に示して、老人たちからの聞きとりのときグリオールがいつも手にするのをみていた道具、すなわち鉛筆を砕いたのである[178]。」

　ドゴン族では、死者は自分のうけとった贈与と交換に他の者たちの生を助けた。「祭祀をおこなうこと自体によって、故人は、彼の身内から規則正しい援助をうけ、初めての供物をうけるとすぐに彼は自分の力を結集させ、死によって四散した自分自身の小部分をすべてひきもどすことになるだろう。こうして彼は死の状態からぬけでて、清浄な状態にもどる。死者という不浄な状態から生きた祖先になるのである〔……〕。要するに——とグリオールはつけ加えている——人々は死んだあとでしか生者とはならない[178]」。ドゴン族の葬儀は莫大な物入りなので、家族は何人かの死者がでるのをまって、《喪明け》を祝い、祭壇を設置する。「こうしてまっているあいだ、祭壇をもたない死者たちは、ひどくいらだって、村を混乱させる[178]」

マダガスカル西部では、首長は、彫像、フレスコ画、オベリスクで装飾された墓に、家畜とともに埋葬された。その死体が道端のカヌーや立入り禁止の洞窟のなかに安置されることも、ときにはあった。首長以外の者の墓は、戸はあるが窓のない、簡素な木の小屋だった。

時には、共同埋葬がおこなわれたばあいもある。紀元前五〇〇〇年代ほどの中国王朝期に、死者たちは共同の墓穴に埋められていたからである。ただし首長は例外で、武器、貴重品、奴隷、親しい者たちと一緒に、戦車にのせて埋葬されていた。最初の石器文化で有名な半坡〔西安〕の墓からも、台所用品や食糧が発見されている[175]。

ニューギニアでは、瀕死の人は、すべての近親が貸した貴重品（ヴァイグア）にとりかこまれていたが、息をひきとると、返却された。これにたいし「彼の個人的なヴァイグアは、なおしばし亡骸《なきがら》の上におかれ、喜び、安息、勇気をもたらしたのである[271]。」

アメリカ原住民のホピ族は、衣類、儀式用の礼装、銀やトルコ石の装身具、馬具、野牛の小群と一緒に埋葬された[384]。シャイアン族は、野牛の寛衣、弓、矢、小銃、小刀、パイプ、愛馬をともなってあの世へ旅立ち、もしシャーマンだと、誰かに遺贈しないかぎり、薬もたずさえていった。トルテカ族では、衣類、武器、貴石とともに墓のなかに遺灰をいれ、死者が高官のばあいは、何人かの妻や召使も殺され、灰にされたりあるいはそのまま一緒に土葬にされたりしたのである。

想像力には限界がないから、どんな物をたずさえてゆくべきか規定できないが、ほとんどつねに最も貴重な所有物だったことはまちがいない。いくつかの社会では、思い出さえもがたずさえられた。マダガスカル西部のサカラヴァ族の墓は、死者がどんな生を送ったかを説明する、彫刻された柵をめぐらしていた。別の社会では、愛の快楽と勲しが、まさしく一番の思い出とされた。R・バルトはペルーについて、こう書いていたからである。「太平洋岸のペルー人の古い墓には、テラコッタの小像でかこまれた死者が発見されている。一番好まれる姿態は、性交しているところだった。死者がともなっていったもの、それは、他の多くの宗教でのように、自分の財ではなくて、性の喜びの名残りであった(30)。」

惑星上のいたるところで、あの世は、生者の世界の写しとして複製されたのである。生者の世界が本義〔清潔〕であるとすれば、死者の世界はその転義〔副本〕にほかならない。異常な力強さで、あの世は、無への怖れによって、人々に、コードを尊重し、秩序を維持するよう強制していたわけである。

遺品

とはいえ、死者たちは自分の所有物をすべて、墓のなかにもっていったわけではない。自分たちを永く崇拝し、いつまでも思い出をのこし、また集団を存続させるために必要なものを、彼らは氏族に遺産としてのこしていったからである。生が死にうち勝つとき、物は生者のところにのこるのだ。

これらの初期社会では、相続の規則は、きわめて可変的で、漠然とし、複雑でもあった。いくつかの社会で相続されたのは、名前、義務、富だったが、他の社会では妻が、さらに他の社会では呪術の秘密や土地が継承された。こうして、系族、氏族、親族が組織され、そのなかを富、権力、労働、個人が流通したのである。

一般的には母系社会では、財と権力は、母の兄弟から姉妹の子供にゆき、父系社会では、父から息子——あるばあいには長子権をともなって——へいった、といえるだろう(121)。

トロブリアンド諸島では、母の財産は子供たちに分配された。父は息子に友人を遺贈し、呪術の知識と一片の土地を、姉妹の子供たちに遺贈する。夫婦のいずれかが死ぬと、のこった方の親族が相続する(271)。

シャイアン族では、墓のなかにもってゆかない所有物の一つは、妻のところにゆくが、独身で亡くなったときには、両親のところにいった。ホピ族では、墓のなかにもってゆけない戦士の財産は、彼の姉妹および姉妹の家族に遺贈され[386]、女性は自分の家を娘に遺贈した。氏族の最長老は、氏族の共有である宗教財(仮面、呪物、祭室)を管理していた。

アジアでは、遺品はそれを必要とする親族の誰かに所属する、というのが一般的だったように思われる。ラオ族の平地では[94]、両親の面倒をみるため最後まで家にのこっている末娘に遺品がゆき、ジャヴァでは家と地所は、一人の子供だけに譲渡されたが、この子供は兄弟姉妹にその補償をしなければならなかった。ツングース人たちは、ウマ、剣、経帷子をラマ僧に届けて、勤行の代価にあてた[195]。

アフリカはチャドのムンダン族では、経済的な富(ウシ、アフリカヤギ、鍬用の鉄、衣類)は、父から息子へと流通する[2]。カメルーンのギダール族の男が物故すると、長男は、自分自身の母をのぞいて、父の妻たちおよびその財産の三分の二を相続し、残りは次の弟のところへゆくが、他の子供たちは、藪におおわれた畠地を開墾しにゆかねばならない。末の息子は、父から呪術と医術の知識をうけとるのである[435]。

女性と戦争

大方の定住集団を形成する父系社会では、女性が主要な多産財だった。女性がその兄弟の権威下におかれている母系社会とはちがって、妻をその父から手にいれた夫に女性は所属していたのである。氏族の相伝財産の一番貴重な部分[361]、生きのこるために蓄積しなければならない部分をなしていることをのぞけば、女性は家畜ないし食糧と同格の、動産とみなされていた。

ときとして財の所有者であることもできた(ホピ族では[386]、女性が家屋を占有し、敷居のところでことを済ませたら、夫を追いだすことができた）が、一般に妻たちは、世界の所有をゆだねた男たちのあいだの占有の対象、慰み物にしかすぎなかった。妻を持つことは、ある集団に所属し、生活手段の所有のために必須の要件であり、多くの妻を持つことは、首長の特権にほかならなかった。

なぜ妻の占有が重要であるかは、彼女たちが本質的な機能――子供を胎み、育て、料理をし、衣類をつくり、採集を主におこなう――という事実から説明される。したがって、妻を多く持てば持つほど、それだけ食べる物も多くなったわけである。レヴィ＝ストロースにとって、女性は食物と同じであった。「その配分に集団の介入が必要とされる、稀少化された二つの《重宝な品》[255]」だったからである。そのうえ、妻たちは、かけがえのない祭式上の役割までひきうけてくれた。「女性は至高の死にふれて、それを支配する不安に、もともと取り憑かれていない。生死のサイクルに密接な接点をもっているからである。女性は死者を洗い浄め、子供を作り、分娩し、近くの女性の堕胎を手伝い、夫や息子を埋葬する。こうした社会的役割を女性は、子供をこの世に送りだすことで、血の紐帯によって一挙に獲得するのだ。あるイメージを作りだすために同類と競う必要もない[143]。」

氏族の男性は、妻の所有者でないかぎり、誰も本当に存在しているとはいえない。独身者、つまり妻の欠如者は、自分を養えないので、秩序にとって危険とされる。サラ族では、「独身者は死からも遠ざけられる。結婚して身を固めることができないのを恐れて、若者たちは葬儀にも参加しないからである[214]。」独身者は両親に扶養されるが、いつまでもというわけにはゆかない。ビルマのカチン族では、「独身者は、知恵遅れか、無能な性格の人としか思われない。彼らが死ぬと、まがいの埋葬がまっている[147]。」

したがって、こうした貴重な女性を、人は蓄積しようとするが、所有する男性集団は、譲渡を拒絶する。女性の流通の境界を規定するタブーが明確に樹立され、インセストがいたるところで禁止される。エヴァンズ＝プリチャードが研究した、バーレル＝ガザールのヌエル族では「息子とその母親ないし同母異父の姉妹との性関係は、禁止され、即座に殺される。[132]」サラ族では、子供を作るつもりのない女性との性交渉は、月経中の女性とのセックス同様禁じられていた。[214]

ひきかえに、氏族間の女性交換が、正当化されはじめる。政治同盟が強固となり、血債ないし体面債がそのため張消しになったり、[435]家族のテリトリーが増大したり、新たな開墾が告げしらされることになる。人は、より長く存続するために、多産財を集積するわけである。クロード・レヴィ＝ストロースによると、「婚姻がおりなす包括的な交換関係は、一人の男性と女性とのあいだに樹立されるのではなくて、二つの男性集団のあいだに樹立されるのであり、女性はそこでは、結びつきのあるパートナーの一方としてではなく、交換対象の一つとして姿をあらわすのである。[254]」

女性の交換は、債権の引き渡しとしておこなわれる。たとえば、コート・ディボワールのダン族では、「負債のある男は、債権者に妻として、自分の娘の一人をあたえねばならない。[435]」もっとも、無償でおこなわれることもありうる。たとえば、特別に尊敬している友人に、父親が娘の一人をあたえるばあいなどがそうである。[435]あるいは財とひきかえのばあいもあるが、そのときには夫の家族は、妻の家族に、現物ないし現金で、《花嫁代償》を送らなければならない。代償をうけとった父ないし兄弟は、すぐさま、自分ないし息子の妻のために、それを再投資することもある。チャドのムンダン族では、父親がそれぞれの息子の最初の妻に婚資を支払う。[2]長男も、弟たちの婚資を支払うさいに、父を援助しなければならない。四番目の息子以降になると、父も長兄もほとんどもう何もしてくれないので、弟たちの妻に支払うのは、長兄以外ということになる。[2]娘だけだと、男は婚資をうけとったときを利用して、傍系親族に妻を買いとる援助をしてやらねばならない。[2]カメルーンのギダール族では、同じ祖父の出自系族は、各人に必要な花嫁代償を支払うために、お互いに分担金をだしあっている。[92] サラ族では、女性は両親に所属し、両親が彼女をその夫に譲渡するわけだが、ンガという同一の単語が、《所有者》と《夫》の両義をもっている。[214] ビルマのカチン族では、より高い系族からきた女性ほど、高く支払わねばならず、[165] ハイダ族やツィムシアン族では、小舟がのせてきたものを陸揚げしたあとで、その小舟に婚資をつんで流す風習があった。[289]

時として、一度だけではなく、恒久的に妻に支払わねばならないこともあった。つまり、夫婦関係のお返しに、夫がその等価物を支払うわけである。反対に、トロブリアンド諸島のような母系社会では、報酬をうけとるのは夫の方だった。「年に一度、収穫の季節になると、夫は妻の兄弟から、その食糧源の最大部分をうけとるのである。[271]」この贈物は多分、「トロブリアンドの部族制度という建築の穹窿《ヴォールト》の要石《かなめいし》だろう。この贈物こそが、自分の両親や家族のために生涯働く義務を、どの男性にも課すのである。[271]」こうした社会では、多産財として女性がきわめて重要なので、男は女性を自分のものにしてしまえば、働かなくなることもありうるからである。もっとも逆に、この援助は、自分の氏族の土地の収穫からの取り分を、兄弟が自分の姉妹に支払っているだけにすぎない、と解釈する人もあるのだが。

女性が作りだす食糧もまた、女性自身と同じ交換法則にしたがっている。夫や、自分の仕事を手伝ってくれた人々にはあたえられるが、他の人々にはあたえられないからである。同様に、サラ族では、長く使われた壺や食糧をいれた甕は譲渡されない。女性が用意した飲み物は、逆に譲渡される。同じく、水やキビ酒をいれる大壺やヒョウタンも交換されうる。夫と別れる意志表示に、妻は、自分の持ち物である土器を割ることもあった。[215]

女性の領有は、他の占有の仕方同様に、慣例を尊重するだけでは必ずしも完了せず、最もしばしば、戦いや暴力によることもあった。たとえば紀元前三〇〇〇年代末に、モンゴル遊放民の侵入によって追いたてられたとき、守るべき多くのものを持って、強力な村落を形成していた原インド゠アーリア人は、おそらくはじめて、戦車と楯を持ったのである。方々で、戦士首長制ができると男性の優越性が確立され、他の氏族の女性を攻撃し、モノとして動産、取引きと蓄積の対象としたらしい。サンスクリット語で、《結婚》を意味するヴィヴァーハが、《奪いとる》を意味するヴィヴァフから派生したのも、このゆえにほかならない(289)。

とりわけ好奇心をそそられるのは、ヌエル族のように、アフリカのいくつかの部族では、《女性間の結婚(435)》がみとめられていることだろう。一人の女性（たいてい不妊の）が、一人ないし数人の他の女性をその両親から買いもとめ、男に貸してこの生物学的父親とのあいだにできた子供を自分のものとする。子供たちは、彼女を《お父さん》と呼んでいる。男性のように、彼女は妻の家畜を相続し、この氏族の娘の結婚のとき、氏族の男に支払われる花嫁代償の一部をもらうことができるのである。同様に、子供のない寡婦は、夫の名目で亡夫の姉妹といった別の女性と結婚できもする。この別の女性は、亡夫の妻とみなされ、その子供は相続人とみなされるのであった(435)。

子供゠主人

原初のノマド集団以降、あたかも物のように、子供は、自分たちを作りだしてくれた男性に所属していた。集団の存続は彼らの肩にかかり、したがって貴重な財産だったからである。父系制が設定されると、父は子供の生死を制するほどの絶対権をもつ、その所有者となった。子供たちを養い、保護していたが、娘たちのばあいは蓄積すべき客体〔道具〕とみなされ、息子たちのばあいは主体ではあったが同時に臣下とみなされていた。

とはいえ子供はまだ、村落全体で養育されていた。しきたり、タブー、ダンス、歌、土地での労働、狩の規則、所有のコード、盗みや禁制の侵犯に課される罰を村で学んだが、モノの所有者になれないことは明々白々だった。コードが規定するある年齢になると、しかし子供は父から解放され、イニシエーション儀礼によって、自分自身を占有する〔主体となる〕。未成年のままでいようとすることは、よくは思われなかったのである。

チャドのサラ族では、定住化以来、イニシエーション儀礼は、一種の《秘儀伝授の死》であり、そのあとに再生がつづく、とジョーランはいっている。先祖たちが、女性の小屋のまわりで叫びたて、《孫息子たち》に当然の権利を主張しにやってくるわけである。少年は、女性集団のなかで死に、男性集団のなかで再生する[214]。子供たちは森へつれてゆかれて、秘密の言葉を習い、特別の肉団子をのみこまされて、足以外で大地にふれることを禁じられる。この間、村にのこった女性たちは、低木叢林《ブッシュ》で死ぬ自分の子供たちを思って泣き、子供たちの再生の知らせがくると、やっと泣きやむのである。「ブッシュは集団の母であり、死んで埋葬された男の全体が父にほかならない」とジョーランはいう[214]。こうして、今度は少年たちが、大地と女性の所有者としての資格をもつ主体になるわけである。

奴隷の誕生

こうした初期社会では、農耕生産もきわめて限られたものであり、家族の人手だけで十分であった。所有者は、賃労働者も奴隷もなしに、一人で田畠を耕していたのである。ところが、いつしか奴隷が存在するようになった。三人のアメリカの研究者——ホブハウス、ウィーラー、ギンズバーグ——が四二五部族の社会制度を研究したところによると、ノマド社会には奴隷制が皆無であり、遊牧民の三分の一には存在し、農耕民のあいだでは一般的だ、との由である。[274] じじつ、奴隷制は、無産者――おそらく敵の戦士だったろう――が、あまりにも脅威になりすぎたとき、それを厄介払いするための副次的な手段にすぎない。奴隷はきわめてしばしば、戦争の捕虜ないし泥棒で、なかば死んだとみなされ、物品にひとしい者とされた。供犠のための材料（中央アメリカ）、若い戦士が最初の殺人をおこなうための臨時の標的（メラネシア）、セックスの対象（いたるところで）、あるいは人質やさらに牧童（北アメリカ）に用いられた。ホピ族ではまた、ウマの番に利用されたが、経済的にその労働が有用であることは、めったになかったのである。[386]

すでに六〇〇〇年代も前に奴隷制が存在していたインドでは、村落の領主を奴隷（スードラ）は尊敬し、神々として讃えねばならなかった。M・モースは書いている。「彼らと人類の第一子たちとのあいだには、スードラがその名前と属性を知ればたちどころに死の危険にみまわれるパラ・ブラフマと、これら聖なる人々とのあいだの区別と、少なくとも同等な差別があった。高位カストの排他的世襲財産であるヴェーダやシャストラを知っても同じように殺されたのである。[289]」とはいえ、奴隷制は祭式の秩序ではまだ重要な特性〔財産〕ではなく、そうなったのは、ずっと後代のことにすぎない。

インドの伝統によると、奴隷におとされるには七つの異なる道があった。戦争の捕虜、サーヴィスのお返しとしての奴隷、奴隷女にうまれた子供、売られた奴隷、あたえられた奴隷、祖先から相続した奴隷、罰として奴隷にされた人、がこれにほかならない。この類型学はじっさいにはもっと漠然としていたが、それもまだ奴隷制の概念がそれほど明確ではなかったからである。次代の秩序になれば、もっと明確になるだろう。

名前をあたえ持つこと

集団のアイデンティティを規定する最初の集団的所有物、保管すべき最も貴重な財は、おそらくその名前と言語《ラング》だったにちがいない。衣服を着たり、家に住んだり、個人的あるいは集団的に剰余を備蓄し、何世代以上も生存してゆくのに十分な女性や食糧を持つようになると、定住部族は、自らのアイデンティティを確立し、存続のために自らに名前と言語をあたえることで、周囲の環境から自己を弁別しようとする。

ある言語はその集団に固有のもの〔原義〕、つまりその《所有〔特性〕》にほかならない。言語の用益権を持つだけの、現存成員である人々をはるかにこえて、言語は永存する。マルクスがいみじくも書いたように、「個々の私人が、自分の言語を自らのものとみなしうるのは、ただ彼が人間共同体の成員である限りにおいてである。言語は個人の所産ではない。共同体の所産なのである[285]。」言語はまた記憶と人間の脳の成長、発展から生じてきたのである。

民族がどのようにして自分たちの名前や言語を獲得したのか、その仕方は今日でもまだ歴史の隠された大きな秘密のままである。一般にあるモノないし人の名称は、その創造者の名前を啓示しており、名づけること、それはわがものとすることにほかならない。だがまた、認識する〔共に生まれる、異性を肉体的に知る〕ことでもあるのだ。《名前（nom）》という単語は、サンスクリットの *nāmann* の同系語だが、これはもっと古い単語 *gnaman* ないし *gna-gna* ――《認識する》を意味する――から派生したものらしい[444]。名づけること、それはまた《世界を説明すること》だと、ヤキ原住民の賢者――カルロス・カスタネダがそのすばらしいドン・ファン・マテオスとの対話のなかで語った人物――はいう。「真の《認識》とは、世界の記述にではなく、世界をあるがままに知覚するために、自分の知覚の翼をひろげることにある。世界を考えることではなく、《見る》ことが重要なのだ[80]。」

ある民族の名前が、そのアイデンティティを構成し、定義し、主体〔臣下〕にする。自分の名前を失うこと、それは自分を失うことにほかならない。この民族が定住したとき、その名前はまた、その土地、その所有物〔特性〕の名前ともなった。しかも、初期の言語では、《民族》、《世襲財》、《所有》、《テリトリー》、《家族》といった言葉が、ふつうたった一語に混在していたのである[187]。スカンジナヴィアの原初民族では、同一の単語（スウェーデン語の *odal*、ノルウェー語の *hangoda*）は、集団やその世襲財――《家族》の財産――と同時に祖先が生まれ、生きていた場所をも指示していた[187]。栄ある先祖を義とする人々は、オダルのなかにあり、自由人とみなされた。ゲルマン語の類義語（*epel*）もまた、《相続財》、《占有》、《故郷》を意味し[187]、同様に、きわめて古いギリシア人のところでも、*ethmos* という同一の用語が、《くに》と《民族》を同時に意味していたのである。

民族の名前が《所有者》を意味する例もまたしばしばみうけられる。たとえば――クロード・アジェージュが教えてくれたF・バデルの研究によると――インド＝ヨーロッパ人の名前〔アーリア人〕は *arya* からきたもので、そのサンスクリット語の意味は《主人》《家の主《あるじ》》であった。歓待（hospitalité）の神、アーリア＝マンは、アリアで互いによく知っている人々の全体、つまり《hôte〔来客をもてなす人、主人、客人〕》を保護し、一方、異人、《蛮人《バルバロス》》、敵〔友でない者〕は、冒瀆者〔親族や友人に不誠実で愛情にふさわしくない者〕、わけのわからぬ言葉をしゃべる者、悪魔、追放者にひとしかった。アーリア人の別名、*sammitês* は、征服した土地を《彼らのもの》にしたことを意味し、このように侵略集団が、他集団の土地や財の領有〔横領〕によって、集団を指示する名前を自分にあたえることは、しばしばみられる事例にほかならない。

多くの部族は自称と他称の二つの名前をもち、いずれも、《占有者》ないし《所有者》を意味するばあいが多い。たとえば、リベリアとギニアに住むクペラ族は、クプレと自称しているが、ゴラ族はアケプデと、バミ族はクプレスティニと、マニヤ族はクパラセと、ヴァリ族はクペセと、バサ族はクペレマ等々と、呼んでいる。

アフリカ、アメリカ、ポリネシアの大部分の部族では——なおクロード・アジェージュによると——自族語でただ単に《人間》という名前で自分を表わしている。たとえば、バンツー（*ba-ntu*）の名前は*mu-ntu*（人間）からきているし、グワヤキ族は自分たちのことを*Ache*（《人間》）とよび、ティエラ・デル・フエゴのカワスカル族——ジャン・ラスパイユが著書『誰がこの人々を覚えているか』のなかでその歴史を語ったように[340]——でも同様であった。

時として自己を指示するのに、氏族名のほかにたくさんの名前を共有している集団もあった。たとえば、カメルーンのギダール族は、この同一の氏族名のほかに、結婚、葬式、祭りのときに唱える同一の標語〔他と区別するためのしるし〕を持っていたのである[92]。

民族と同様、各個人の名前も所有物だった。しばしば、髪や心臓や爪と同じようにその肉体の一部とみなされたわけである。それは個人の生命、力、人格の一要素、もっとも親密な所有物の一つにほかならず、個人を規定すると同時に強化もしていた[147]。

多数の社会では、個人名は、祭儀のとき、集団全体であたえられるしきたりがあった。たとえば、ホピ族では、生後二〇日目に、《命名式》がとりおこなわれた[386]。生まれたときから赤ん坊のそばにいた、代母である年とった女性が、父の氏族の女性と《オバ》とよばれる姻族の臨席のまえで、儀礼を主宰する[386]。オバたちは口々に慣例の寿詞《ほぎごと》をのべる。「翌日の暁、代母と母は、太陽に子供をさしだし、代母は東の方にさしむけた穂を、赤ん坊の胸に戻して、つけて貰った名前を叫ぶ。母親が赤ん坊を胸にだきとり、同じ儀式をくりかえす(386)。」

他人の名前を口にする権利もきわめて厳格にコード化されていた。じっさい、誰かの名前をいうことは、いわばそれをわがものにすることにほかならないからである。ニューギニア、マレーシア、ボルネオ、アッサムでは、子供が生まれると両親はその名前を失い、たんに子供《の父》、《の母》になる。子供のいないカップルは、《子なき父》、《子なき母》と対称的によばれていたのである(147)。

初期の言語では、人の名前は、その人自身と同様に、霊力と威力を賦与された生きた存在〔言霊〕にほかならなかった。ある名前は病気をおい払い、他の名前は不吉な悪魔を祓い、さらに別の名前は威力を行使する。名前が生きるのに役立つのだ。まじない師〔呪術医〕は、霊験あらたかなためには、患者の名前を知らねばならない。治療に失敗すると、患者の名前が凶相だからだと推論し、名前を変更させるのである(147)。

名前はまた、長生きし、存続するのにも役立った。エスキモーのいくつかの部族では、「健康を回復して長生きする」ために、新しい名前をつけた(147)。名前は、個人よりも人々の記憶のなかに長く存続もする。この頃から、葬儀のときには死者の名前をくりかえし、死後も肉体の呼び戻しの儀式にさいして、死者の名前が唱えられたのである。

他の名前よりもずっと威力のある名前もあった。たとえば、エスキモーでは、《ヤギの糞》という名前は死を遠ざけ、《彼らは豊かな者にあたえる》という名前は、正義の人になることを表示していた(314)。

固有名詞を口にすることは、それを失うことであり、だからきわめて危険とされるばあいもあった。大部分の社会では――と、J・G・フレーザーはその『金枝篇』でいっている――自分の名前をいうこと、それは、生の息吹をとり逃すこと、自分のアイデンティティを失うことだと考えられていた[147]。名前はかくも重要な所有物〔財産〕――最初の無体財産にほかならない――だったので、自分の手元に保管しておくこと、いいかえると秘密にしておくことが是非とも必要とされた。こうして、領有の手段としての秘密が出現し、秘密が、遵守すべきコードを要求するわけである。

「あなたの名前を知っている敵は、あなたを害するのに有利な何かを力として持っている[147]」と、カナダの原住民はいう。異人に自分の名前をいうと、成長がとまるので教えてはならない、と彼らは子供に諭すわけである。本当の名前を隠すために、しばしば本名と異名、小さな名〔名、幼名〕と大きな名〔姓、元服名〕、よい名と悪い名、私的な名と公的な名の二通りを使いわけることもあった。インドでは、ブラフマンの子供は、公的な名前と、父母にだけ知られた儀式用の匿名とを持っていた[289]。マダガスカルでは、誰かに名前を尋ねることは失礼だとされていた。自分の名前を名乗ってはならず、奴隷ないし家隷にいわさねばならなかった。同様に他人の名前をいうことは、いわれた人にとって危険だともみなされていたのである[147]。

コロンビアの原住民では、他人の名前を口にするのは、莫大な代償の支払いを必要とする不正行為と考えられていた。カナダのオジブワ族の誰かにその名前を尋ねると、尋ねられた人は、「私にかわって答えてくれ」と近くの仲間に頼む[147]。サラ族では、夫が妻の名前を呼ぶのは、彼女が目の前にいるときだけであり、しかも、子供ができる前には決してどの妻の名前も呼ばない。妻の方もまた夫を名前で呼ぶことはなく、《あなた》とか《私の持ち主》とか呼び、子供ができると《の父さん》と呼ぶだけである。反対に、他の男なら誰でもその名前で呼んでいいし、また義理の姉妹をサジと呼ぶが、彼女たちと話をするのは、何かを支払ってくれたばあいだけである。同様に、夫がその義母と話をできるのは、何か食物を支払った後でなければならない[214]。コンゴのバンガラ族では、河の霊の機嫌をそこねるといけないので、漁師の名前を口にしてはならず、魚を陸揚げしたときでも、総称名であるムウエレ（漁師）としか呼んではならない[147]。アッサムでは、両親の名前やそれに類する言葉を口にすることがすべて禁じられていた。多くの部族では、死者の名前をいうことは禁じられ、この禁制をおかすと罰金やさらに時には死刑がまっていた。カリフォルニアのカロク族では、「亡くなった親の名前に言及することは、生者にたいする忌まわしい侮辱とされている。償うには、殺人にたいするのと同じだけの金額を支払わねばならない。さもなくば、罪人の生命が要求された」と、フレーザーはいっている[147]。マサイ族では、ある男が死ぬと、その名前は一、二世代間タブーとなり、同じ名前を持っている部族の男たちは、改名しなければならなかった[147]。

王、祭司、首長の名を口にすることが禁じられた例も、しばしばみうけられる。同様の事態は古代ギリシアにもみられ、エレウシスの祭司の秘密の名前は、ブロンズ板にきざまれてサラミス島の入江に投げすてられたのである[368]。

大地、神々の贈物

定住化以後、氏族はすぐさま収穫できる肥沃な土地をめぐって争い、力づくでわがものにしようとした。ある土地に定着し、世代から世代へと存続できた氏族は、そこに死者を葬り、土地に死者の名前の一つをあたえ、ついには、土地を生ける存在、自分たちがその用益権を有する先祖だとみなすようになる。惑星上に分散したこのような小社会すべてにとって、土地は生ける存在、そこで生きてきた全員の母だと感じられたわけである。誰も許可なしには土地を占拠できず、認可をうるにはきわめて多くの儀礼が必要とされた。

土地の占有者であることを先祖が裏づけてくれる家族のあいだに、氏族の土地は配分された。他人の労働のお蔭で生きている祭司や戦士以外、耕作している者だけがその土地で暮すことができた。マルクスが正しくいったように、土地所有は、「(部族共同体を) 構成する諸個人の、所有者たるかぎりでの自己保存、いいかえれば再生産」をめざしていたのである。[283] だが、この土地所有の起源と形態は、彼が考えていたよりも無限にはるかに変化にとんだものだった。おそらくこの多様性は、土地開発の地理的、気候風土的諸条件によって大体説明がつくかもしれない。土地は、その所有によって存続と権力をもてるがゆえに、また、人間の労働によって社会再生産に必須の剰余を生産できるがゆえに、本質的な賭金となった。ランゲはいささか極端にこうまでいっている。「人々を養う土地が、人類の揺籃であることは異論の余地がない。したがって、土地こそが最初の律法を孵化させたのであり、まさしく所有原理という社会結合の最初の原理が発展したのも、土地にかんしてであった。[260]」

北欧では、土地は何よりもまず、祖先の所有物であり、占有が所有になりえたのも、遠い祖先が正当化してくれたばあいに限られていた。最も古いスカンジナヴィアの神話の一つ、ヒュンドリゥリョドの歌では、ギュルヴィッチの引用によると、こう歌われていた。「祖先がのこしてくれた遺産にかんして、あるアルガンチュルの人と一緒に裁判に出頭したヒュンドラに、フェリュイアは尋ねた。その土地を占有していた親族の名をたくさんあげることができた方が勝訴するだろうと。そこでヒュンドラは、神々の死を予言した神話のなかに連なる、南ドイツ、スカンジナヴィアの伝説的英雄の七〇人の名を記した家系図をくりひろげてみせた[187]。」同様に、リトアニアでは、土地は「地下で暮す人々、つまり、カウカイ族に所属し、彼らはしばしば訪なう家々にスカルサ (財の無限の発展の根源) をもってきた [……]。彼らは亡くなった先祖と混同されていたのである[177]。」中欧の最も古い民族でも、土地とモノの所有 (*gewere*) は、「物質の把持やモノの実効的な支配にもとづいていたというより、むしろその使用と享受にもとづいていた。何人かの個人が、同一のモノを同時に利用できたのである。(52)」ゲルマン人にとって狩場と牧草地は、敵対部族から防禦すべき不可分の共有地であり、祖先の所有物にほかならなかった。各家族が、生産と氏族財産の防衛の中心となっていたのである。(52)

アフリカでも、土地は神＝祖先であり、集団のアイデンティティの具現にほかならなかった。(21)コート・ディボワールの諺にいう、「人間が土地の主ではなく、土地が人間の主である(390)」と。別の諺がマダガスカルにあって、土地は「生者を養い、死者をくるむ」といわれていた。コンゴのクニ族とプム族にとって土地は神々に属し、そこで狩をしたり、魚をとったり、耕したり何かを建てたりする権利は神々からあたえられたものだった。赤道アフリカのバコンゴ人たちもまた、土地は先祖のものと考えていた。(258)コート・ディボワール低部のオドズクル地帯でも、土地――とりわけヤシ園として利用される――は祖先のものだった。「慣習法上の土地は、地面の最初の占取以来、先祖の集団労働のおかげで獲得された［……］。どのヤシ園も先祖から遺贈された名前を名乗り、そのアイデンティティをあたえられたのである。(226)」

だが、権利には義務が付き物である。祖先の名において家族がその用益権を管理する財産は、それを維持しないかぎり、いいかえると森をきり開き、植え、ヤシ園にまで拡げないかぎり、保持できない。それにまたこの所有は決して排他的なものでもない。コート・ディボワールでは、「誰もそこで食べようと思う人に土地を拒絶できない。(226)」雨期のあと、誰でもやってきて、食糧生産物をそこで耕作できたのである。トーゴの南西部で、焼畑と長い休耕をくみあわせた移動耕作で広いテリトリーを耕している準＝遊動諸部族は、系族に分割されていたが、各系族は、祖先が最初に占取したテリトリーを自由に使用し、部族全体の同意なしには譲渡したり、抵当にいれたりできなかった。バス・カザマンス地方〔セネガル南部〕のディオラ族の村々の点在する土地もアタ・エミト神に所属し、この神は「地上のモノの管理を放棄して[390]」、精霊ボエキンに委任し、ボエキンたちはそれを今度はまた祭司王オエィイに委任した。ルイ＝ヴァンサン・トマが説明したように、人々の《主人》も土地の占有者もなく、祭司王が土地の「譲渡不能の独占権を祖先がそれによって獲得した契約条項の維持に、神々にたいして責任を負っていた[390]。」ドゴン族では、唯一の神アンマが、女性としての大地を創造し、ついで、神聖なる双生児ノモ――一方は男性、他方は女性でいずれも割礼をうけていた――を産んで、大地と結びつけた[178]。この結合から八人の子供が生まれ、ドゴン族の先祖となった。最初の先祖は鍛冶屋であり、八番目の先祖レベは、《言葉の師》であって、死にぎわに人々に葬儀を教えた。土地はだからあらゆる人々の母とされているわけである[178]。ザイールのザンデ族は、土地を《聖なる生命の源泉》とみなし、人々に分配した集団に所属し、譲渡も委譲もできなかった。もっとも土地の用益権を持つ者は、負債があれば抵当にいれられた――これは、最も富んだ者による集積と特権階級の形成をゆるすわけだが、しかし抵当にいれた者は永久に回収権を保持し、だからその手段がありさえすればいつでも担保の土地をとり戻せたのである[21]。

　北アメリカでの土地概念もかなり似たようなものだった。一七世紀以降については、白人入植者にたいする原住民の声明によってかなり詳しく知ることができるだろう。たとえば、土地協定に署名を拒んだ、ブラックフット族〔シクシカ族〕の主要首長の一人は、一九世紀初頭に堂々とこうのべていた。「太陽が輝き、水が流れるかぎり、この大地は人間と動物に生命をあたえるために、ここに存在するだろう〔……〕。大地は大いなる精霊によってここにおかれたもので、われわれには売ることができない。なぜならそれはわれわれのものではないからだ[425]」。同じ頃、ショーニー族のある戦時首長もこう明言していた。「私の心底で生きている精霊は、過去との霊的交わりから私にいう、それほど遠くない時期に〔……〕土地全体は大いなる精霊に所属していた。われわれが大地を保全し、横ぎり、その所産を享受し、われわれの種で満ち満ちるようにと、そうされたのだ［……］。この大地は過去において分割されたことは一度もない。大地は各人の利用のために万人に所属しているのだ。[426]」

同様にアジアでも、[94] 先祖の所有である土地を人々は利用できるだけであった。ラオスでは、土地の用益権はその開拓者のものとなった。同一の地所が、水田や塩田として、何人かの用益権者の所有だった。沼沢地は集団有だったので、誰でもそこで魚をとることができた[94]。逆に、養魚池で魚をとることは、遺産相続したその用益権者以外に誰もゆるされなかった。土地保有は労働によって保証されていたらしい。三年間樹木（マンゴー、ココヤシ、バナナあるいはサトウキビ）を育てないと、木のはえている地所を失うことになっていた。そこで野菜（米、キウリ、トウモロコシ、ピーマンあるいはタロ芋）を栽培するだけでは、地価の用益権を維持するには十分ではなかったのである[94]。インドシナの別の山岳民であるモング族は、焼畑移動耕作で暮しているが、先祖の所有である土地を、誰一人活用しないではすまされなかった。「ある男がその土地を離れるときでも［……］、つねに一時的であり、やがて戻ってくるのは確実だった。このような放棄にどうして霊や先祖が耐えられるだろうか[93]」というわけである。インドでもまた土地は生ける存在であり、神々の所有だった。マルセル・モースは語る、「土地がジャマダグニの息子、太陽神ラーマに話しかけた。『私を貰いなさい。私を贈りなさい。私を贈ったら、そなたは再び私を手に入れるでしょう。』さらにつけ加えて、『この世でもあの世でも、贈られたものはふたたび手に入れられる[289]』」。マルクスがいみじくも書いたように、「これらインドの小共同体は［……］土地の共同所有、農業と手仕事の直接的な結合に基礎をおいていた[283]」わけである。インドネシアでも、神々の所有である土地は、人々に委託され、各村落はその用益権を持つ共同体だった。トロブリアンド諸島では、共同体の菜園はたんに食糧を手にいれる手段であるのみではなく、「誇りの源泉、集団的野心の主要対象でもあった［……］。土地は妊娠した女性のようだ、といわれていた。[271]」耕作者は、畠で働いているあいだ、性関係を持つ権利がなかったのである。ニューギニアのアラペシュ族は——セルジュ＝クリストフ・コルムとマーガレット・ミードの語るところでは——自分たちを土地（それ自体がまた精霊の所有物だが）の所有物とみなしていた。「獲物、建物をつくるための大木、サゴヤシ、とりわけ精霊が太古から貴重だとみなしていたパンの木が精霊の所有であるように［……］。どこかに新しく菜園を作ろうと思いたつと、男は土地に自分を紹介し、自分の手助けをしてくれる人々をも紹介する。村の人口が減ると、他の村の山岳民が、自分たちの子供を何人か送ってよこすので、養子にする。というのも、誰かがいつも土地の相手になっていなければならぬからである。[290]」

所有が手放したくさせるとき

定住化以降、労働の分割、しだいに多種多様となる物品の生産と流通が進行してきた。女性、奴隷、穀類、羊毛、木綿、金、金属、毛皮、台所用具、耕作用具、染料、笛、歌、祭式が、農耕民、職人、鍛冶屋、戦士のあいだで交換され、流通したのである。ルイス・マンフォードは書いている。「家内生活の快適さにかかわる大部分の設備、つまり炉、長持、収納箱、倉、ベッド、椅子、台所道具、飲み物入れ、毛布、織った衣類や垂れ布——要するに家庭生活の動産全体——は新石器時代ないし金石併用時代、つまり大体紀元前二〇〇〇年以前の発明にほかならない。[308]」

定住民にとって、所有のコードがいっそう明確になったといえるだろう。私的所有は、家内物品の数がふえると同時に、発展したらしい。一般化すれば、人はその作るものを持つ、のである。

メラネシアでは、「身の廻りの所持品〔人格的所有物〕は、原住民にとって重大な関心事(289)」にほかならなかった。女性は、自分で織った植物繊維のスカート、水の容器、衣類を作るための道具の所有者であり、男性は、狩と漁の道具、ダンスのためのアクセサリー、太鼓、祭式用の品々を占有していた。トリ（*toli*）という、《主人》ないし《所有者》を意味する特別な語が、占有物の名に付加されていたのである(289)。マオリ族では、トンガ（*tonga*）という言葉は、《所有》と同時に「豊かに、有力で、影響力を持つものにすること」という意味を表わし、護符、紋章、ござ、聖なる偶像、また「時としては伝承、呪術的な崇拝や祭式までも(289)」が、それにあたっていた。銅製の装身具のような幾つかの物は、《音をたてる財産》とか《家に鎮座する財産》とかよばれていた。

いたるところで、人は物や土地を集積しようとした。周知のようにそれらが墓を飾り、いつまでも自分のことを覚えていてほしいと願う人々の永生の一助となったからである。

だが、分業のゆえに、人は自分で作った物は自分のものというわけにはもはやいかなくなっていた。ところで、どの物も、それを創りだした人の生命をふくんでいるのだから、自分で作ったものではない財の占有は、危険となる。当然に必要なもの以上のものを持ち、宇宙の均衡を破壊し、モノに攻撃される怖れが生じてくるからだ。モースは書いている。「あるモノの取込みは生死にかかわるほど危険である〔……〕。というのも、たんに道徳的にだけではなく、身体的、精神的にもある人格から生じたこのモノ、この精髄、この食糧、この動産ないし不動産、この祭式ないし交感は、あなたのうえに呪術的、宗教的効力をおよぼすからである(289)。」

誰かが作ったある物をうけとること、それは、うけいれた物によって自己の安定性をゆるがされ、占有〔憑依〕されることにほかならない。あたえること、それは脅迫することであり、うけとること、それは、生命を危殆にさらすことなのだ。これはあらゆる社会に貫徹する真理であり、マルセル・グリオールは、ドゴン族についてこう述べていた。「ある目の悪い人のいうところでは、『返すあてもない何かあるモノを借りると、そのモノの所有者の力であるその気が、借り手に難儀をひきおこす』とのことである。[178]」ベストは、マオリの原典を引用してこう説明する。「誰か他人の所有である品物を自由に使って、この品物から生じた利益あるいは報酬をまったく返さないと、それはハウ・ウヒティアであり、私はカイ・ハウを犯したことになり、死が私をまちうけている。なぜなら、マクトゥ〔妖術〕のすさまじい恐怖が、ふいに私におそいかかってくるからである。[358]」

うけとった物はその新しい主人の手元をのがれて、その源泉に、ヘルツがその《元の古巣》[289]とよんだところへ、戻りたがり、帰りたがっている。「マオリ社会では、霊、ハウは、その生まれた場所、森と氏族のサンクチュアリ、所有者のところに戻ろうとしている」のであった。[289]

「人は誰しも、できる範囲で止むなく力づくであるいは脅迫して他人のものをとろうとするが、そうできないとき、あるいはあたえる以上のものを争いで失いそうなときにかぎって、交換で片をつけようとする」と、コルムは解説する。[227] したがって、あたえることは脅迫することとなのだから、この脅迫を相殺するには、たとえ、まったく秘かにかそけくであれ、反対＝贈与をしなければならない。サーリンズがいうように、「モースが根底的に検討しようと企てたのは、未開あるいは原古社会において、贈物をうけたばあいに、返済を義務づける権利と利害の規則は、どのようなものであろうか、という一事のみであった」のである。[358] モースはマオリの法曹家の言をひいてこう答える。「げんみつな意味での所持品〔人格的所有物〕は一つのハウ、霊的力を持っている。私はあなたからタオンガ〔ある品物〕をもらい、私はそれを第三者に贈る。この第三者は私に別のタオンガを返してくれる。私の贈物のハウによって無理矢理そうさせられるからである。また私自身もあなたにそのモノをあたえざるをえない。なぜなら、私はじっさいあなたのタオンガのハウの所産であるものをあなたに返さねばならないからである[289]」

この贈与は、あらゆる社会形態のなかに現存している。一七世紀初頭のイヴ・デブルーとやらいう男の、ブラジル北部の旅行記をレヴィ＝ストロースは引用しているが、それによると、「誰か他人がその同胞の所有する何かあるモノを欲しいと思うと、はっきりとその意志を相手に告げる。しかも、このモノはそれを占有している人にきわめて大切なものに決まっている。すぐにはあたえてくれないにしても、あたえ手が好む何かあるモノを頼み手が持っているという条件でなら、頼み手が請うたときあたえ手はそのモノをくれるだろう[254]。」所有のコードとは、まさにこのようなものにほかならない。つまり、原初の人間集団以来、葬儀が死者たちとの交換を組織することだったように、所有のコードとは、生者間の所有物の交換を組織することだったのである。

こうした交換の筆頭には、権力の交換がくるだろう。

首長の贈与

農村共同体が村落となると、家族は互いに土地と女性を配分しあう。農民、戦士あるいは祭司でなければ、そこで生きることができず、各家族は一片の土地を所有し、維持する。自分で耕作できる以上の土地を誰ももはや持つことができず、土地にたいする所有権を持たない者は、誰であれ、追放され、事実上死刑を宣告される。妻なき者は土地もなく、逆もまた正しい。

所有のコードが、それぞれのモノの所有者を指定し、剰余の蓄積条件を規定し、耕作集団はこうして、家畜の群れを管理し、自衛し神々に供犠する、要するに存続することができるようになるわけである。一揃いの神話と祭式をよせ集めて、所有のコードは、物と人々の領有および移動の規則、コードが設定した禁制の侵犯の重大な結果を規定する。それはまた、他人の所有と存在を各人が欲望するのをさけるために、諸個人を階層化された集団に区別し、身代りのヤギを指定し、土地とその割り当てにたいする各人の権利を規定する。所有のコードはまだ成文化されないにしても、世代から世代へと学ばれ、くりかえされ、体験され、そして変更されてゆくのである。

人が所有しうる物や存在（装身具、紋章、装飾品、テーブル）もまた著しく階層化される。トロブリアンド諸島では、「自分より上位ランクの男に嫁いだ女は、このランクの物でもって自分の家を飾ることを許された(271)。」いくつかの物、たとえば村人全員が利用するカヌーなどは、集団的所有であった。「女性は、この所有の威光、つまり自分たちの所有としてのこのカヌーについて語る権利しかもっていない(271)。」とはいえ、この階層性は、過度であってはならなかった。たとえば、隣人より富裕であることは誰であれコードによって禁止されていたからである。「はちきれんばかりの誰かの穀倉は異常であって、嫉妬による殺人をも正当化するだろう(215)。」

コードはまた、所有規則の侵犯のばあいの罰則も規定していた。盗まれた物が、自分で盗人を罰するとの想定も時としてあったのである。インドのバウドハヤナのコードはいう。「ブラフマナの所有物は、「罪人を」息子や孫息子ともども殺す［……］。それは自身のうちに制裁をふくんでいる。なぜなら、それ自体がブラフマナのなかで恐るべきものだからだ(289)。」イアトムル族〔パプアニューギニア〕では、侮辱され盗まれた人は、自分で仕返しをする権利があった(289)。悪しき死の恐怖こそ、コード尊重の鍵だったのであり、悪しき死こそ一番恐れられているものだった。それだけでもう所有を尊重されるのに十分だったわけである。

こうしたコードを創設した《始祖神話》はいずれも、多かれ少なかれ偽装した仕方での殺人と懲罰の物語にほかならない。ルネ・ジラールによると、それは《迫害のテクスト》、《神々、それゆえ首長を作る機械》だったのである。祭司でもあれば戦士長でもある首長は、じじつ未来と所有のコードを支配していた。[167]

首長は、女性と土地が多産であるためには神々の寵愛をえなければならない。そのとき彼自身が多産だと認められるのである。《多産性》と《威信》はそれに、同義語でもあった。サーリンズの引用によると、マオリ族について語りながら、ベストはこういっていた。「土地のハウとは、その生命力、豊饒性［……］であり、《威信》という言葉だけで表現できる性質のものである。[358]」ハウの称揚は、人間、土地、森林、鳥の多産性を保護するためであり、人はハウによき狩、多産な家畜、よき収穫――つまり、しばしば恵みの雨――を願っただけではなく、またとりわけて女性の多産性を願ったのであった。[358] 多産性とひきかえに、神々や先祖たちに獲物や収穫を人々は贈るだろう。

コードを尊重させようとする首長もいた。死者の傍らで仲介者として、彼は集団の統一と世界との調和を具現し、人が死んでもそれは必然的な通過儀礼にすぎないことを各人に請けあい、各人がその安息場をみいだし、存続する、つまりよく死ねるようにしてやるのである。いわば彼はすべての生者たちのなかで一番死者に近い者であり、危険なしに死者に最も近づける者なのである。統治権と供犠は不可分のものだった。アフリカの祭式では、神話の始原の犠牲に代置された身代りの犠牲は首長の威信を持っていたというのも、それは生者と先祖とのあいだの自然な仲介者の役目をつとめ、こうして世界の秩序を維持したからである。[204]

首長は各人が自分に権利のある妻だけを持っているか、先祖の土地だけを耕しているかどうかを審査し、集団のテリトリーを決定し、新しい家族に開墾すべき新しい土地を配分する。

たとえば、バス・カザマンスのディオラ族のオエィイは、[390] テリトリーで使用されていない一片の土地を新しい家族に割りあてることができた。もっとも、サンクチュアリ、墓地、イニシエーションの場所と森（しかし首長は森で木の実の採集と、薪の拾集を認可できた）を除いての話だが。土地の一片を割りあてるために、彼は、精霊と相談し、供犠する動物の数を決定する。依頼者がこの頭数をうけいれると、猫の額ほどの土地が彼に割りあてられる。この土地割りあての証人として、有力者があつめられ、じかに地面におかれた精霊の祭壇のうえで動物が供犠されると、証人たちがそれを食べるのだった(390)。とはいえ所有はいつまでも限りなくある人に帰属するわけではない。保持してゆくには精霊に定期的にきちんと供犠し、土地を活用しなければならない。さもなくば、侮辱された神々は、もっと大きな罰を課すだろう。つまりオエィイはその土地をとり戻して、あらたに割りあて替えをするだろう(390)。ナイジェリア南部では、首長は、先祖がそこで暮しかつ死んだ村の家族のあいだに、土地を配分していたのである。

　とはいえ、誰を首長にするかその指名の様態は多種多様だった。グリオールとディエテルランの研究を継承したリュック・ド・ウーシュによると、ドゴン族では、ホゴン（*hogon*）すなわち宗教上、政治上、祭式上の首長は、宇宙の絶対的支配力をもっていた(204)。彼は、タブーであり、禁止にとりかこまれ、その住まいがある集落から出られなかった。彼は自分の責務の捕虜であったといえる。「通常、聖なる王権は、資格保持者の早世を前提としている」とウーシュはいう(204)。どの部族も、若い男から選ばれた一人ないし数人のホゴン（首長）を持ち、彼らにはきわめて長い生命が賦与されているとみなされていた。「だが、彼が、世界にたいするその力を決定的に獲得できるのは、ただ身代りの人間の供犠とひきかえにおいてであった(204)。」即位は、新しい誕生と同一視されていた。「即位後三年たつと、白子が供犠され、至高の宗教的権力の取得をホゴンに追認するだろう……。アル部族――祖先のレベ・セルの系族に結びつけられている――のホゴンだけが、全ドゴン族の至高首長とみなされている(204)。」彼は自分のテリトリー集団の青年のあいだから選ばれる。「彼は天上の水の神であり、穀物の霊的根源の守り神である、天上の大ノンモ〔創造神〕にほかならない[204]。」

ロベール・ジョーランが研究したサラ族では、首長は一番古い氏族に属していなければならなかった。スボ・ンガブゴトとマジ・ケレジと名づけられた神話的な一組の双生児の直系の出自なのである。彼は、サラ地方全体でのムバンガとなった。「氏族の成員も同じ先祖を持っていたけれども、首長たち、ムバンガ・ボの系族のみが《根》といわれ、他の系族はさほど重要ではない隣接した《細根》とよばれていた[215]。」首長は、《別格》の任務を持つ家族出身の老人の集会によって、一番古い系族のあいだの、五―六の家族のなかから最もしばしば選ばれた。「この民主主義に、サラ首長とその臣下とのあいだの富と収入の平等がさらに付加される[215]。」

アリゾナの原住民、プエブロ・ホピ族でも、村落の首長は選出制だった[386]。インドネシアでは、首長は一対のウシないしスイギュウを占有する家族長によって一年間選出された[274]。トロブリアンド諸島では一番年長の男が一般に首長となった。「ある家族に内属する権力と職務は、女性によって移譲されたとはいえ、ある世代の男性によって代表されていたのである[271]。」

いずれの地方でも、首長はコードを尊重し、それを変更したり、侵犯してはならなかった。たとえば、全体として集団に帰属するいくつかの財――名前やある種の土地――を分配できず、タブーを犯したり、禁じられた女性をめとるのを認可することはできなかったのである。

首長の権力の大部分は、彼が直接に分配するものからなり、彼は不断に財や土地を直接に分与でき、供犠し、寛大でありすぎても死ぬ恐れのない証しをくりかえし示さねばならなかった。自身きわめて豊かでなくとも、たえず富をあたえ、集団を保護するのに十分な富をもたねばならない。あたえることで、首長は、手放す物のなかにふくまれる威力を放棄し、自分が守護する人々の重要性に全幅の信頼をおいていることを示さねばならない。彼はまた、他の人々に挑んで、その人との距離を保つために一方的な贈与で脅迫し、しかも他人の信頼をつなぎとめておくために、一切をあたえ、他人を救うためには死すら辞さないことを示さねばならない。

首長の第一の任務は敵にたいして人々を保護することであり、飢饉のおりには自分の貯えを放出することであろう。だが、彼は、女性、衣類、武器、土地、食糧などを、必要をはるかに超えて、山とあたえる。R・ローウィのテクストをふたたびとりあげて、ピエール・クラストルは、アメリカ原住民のよき首長が持つべき三つの長所を、「平和を作り、巧みな雄弁家であり、自分の財を惜しみなくあたえること」と定義している(91)。レヴィ＝ストロースが書いたように、ナンビクワラ族では、「人格的威信と信頼を集める素質が、権力の基礎である(254)。」スカンジナヴィアの古いサガでは、《黄金の分配者》と名づけられた首長たちが、いかに富を集積して、戦友たちにたいして寛大さを示さねばならなかったかが物語られていた(187)。トゥピナンバ族では、「首長に帰属する責務の一つは、祭りを催すことだった(254)。」ブラジルのナンビクワラ族では、「首長は、物質的に特権的な地位を享受しているとはみえないが、いつも余分の食糧や、道具、武器、装身具を持っていなければならない。どれほどとるにたりないものであっても、それらは、一般の貧しさからみれば、やはりかなりの価値を持っているのである(254)［……］。」クラストルはこう補足する。「首長に課されたあたえる義務は、彼から絶えまなく身ぐるみ一切剝ぐ権利として、アメリカ原住民には事実上体験されている［……］」。いくつかの原住民部族によっては首長をすぐそれと見分けることができるが、それというのも、首長は他の誰よりも少なく占有し、見栄えのしない装身具しか持っていないからである。それ以外のものはすべて、贈物としてやってしまったのだ。時としてくりかえしねだられて悲鳴をあげた首長はこう叫ぶ、『もうやるものは何もない。誰か私の代りに気前よくしてくれ』と[91]。」

北アメリカのハウ＝ナン＝ネエ族で政治的リーダーになるには、「多数の儀式や祭りを催し、物質的に財では並はずれて気前がよくなければならなかった[425]。」ヴァンクーヴァー地域の原住民、チヌーク族や、アメリカ北西岸の他の部族——トリンギット、アラスカのハイダ、ブリティッシュ・コロンビアのチムシアンやクワキウトル族——では、首長は、持っている一切を部下にあたえなければ、名誉を失墜した。鯨油、家屋、毛布、女性、集会での地位から、神話的な物語にいたるまで、一切をである。この贈与は、ポトラッチという言語で表わされているが、チヌーク語では、《養う》と《消費する》とを同時に意味していた。「あるハイダ族の神話によれば、一人の老首長が十分なポトラッチをあたえることができず、他の人々が招かなくなったので、それを苦に死んだという話が語られている。彼の甥たちがその像をつくり、彼の名前で一〇回も祭りをおこなったので、彼は生きかえった。別の神話では、精霊がある首長に向ってこういった、『お前の財産はあまりにも多すぎる。ポトラッチをしなければならぬ』と。もう一つ別の神話では、ある首長が『私は自分のために何もとっておくつもりはない』とのべ、あるいは『私は一〇回もポトラッチをするつもりだ』といったとある[289]。」

宴はしばしば首長の贈与の場でおこなわれた。首長は、自分の贈与で招待者に強い印象をあたえて、自分の能力が衰えていないことを示さねばならなかった。宴のさなか、首長は土地、武器を分配したが、また詩や歌も分配した。ソヴィエトの中世研究家ギュルヴィッチは書いている。「同じ部族の男たちを饗宴に招いて、食糧の貯えを全部濫費する北アメリカ原住民は、釣舟をこなごなにうち砕き、あらゆる手段をつかって、自分の気前のよい散財を客に印象づけようと試みる[187]。」ジョルジュ・バタイユはそこに、首長が自分と他者との距離を有徴化しようとする意志をみてとった。「ポトラッチで、富裕な男は、他の貧しい人々が提供してくれた生産物を分配する。自分と同様に富裕なライバルよりも上にたとうとして、彼は、貧しい人々から自然になおはるかに遠ざかるのである。」[34]

首長の贈与はまた、過度の剰余を減少させ、バタイユが《呪われた部分》と呼んだものを浪費し、秩序を脅かす富の首長自身の蓄積を不可能にする、あるいは少なくともそれを制限するのにも役立つ。[34] アラペシュ族では、[227] 贈与は「現実に、他の諸個人の蓄積と均衡を失した蓄積にたいする有数な障害となっていた」のである。[290]

時として首長の贈与は流通に再投入されることもあるが、時として手元に保管されることもある。なぜならそれは、首長たることを首長に許したものを体現しているからにほかならない。ヴァイキングはだから、首長の贈与を沼地に埋め隠したのである。[187]

首長の贈与は往々にして、《保護にたいする貢納》、《税の代りの贈与》という権力とひきかえの贈物の形態で、部下から返却されることがある。人類学のパイオニア、フランツ・ボアズは今世紀初頭にこう書いていた。「この祭りで贈物をうけとる者は、現在の事業で使用するための貸付けとしてうけとるのであるが、数年をおいて、それを贈与者ないしその相続人に利子つきで返さねばならない。」[56]

首長は、他の人々の所有物を防禦することで自分の権力を保持するのであるが、たいていのばあい自分の所有を非難するのなら、たとえどんな小さなものでもすべての他者の所有をも非難せねばならない、と信じこませているわけである。

首長がその贈与と交換にうけとる贈物のなかでも一番貴重なものは、むろんきわめて多産な女性にほかならない。時として首長は、自分だけ多くの女性をめとる特権を持っている。「首長に一夫多妻の特権を認めることで、集団は、一夫一妻規則によって保証された個人的な安全要素を、権力から期待される集団的安全と交換する」と、レヴィ＝ストロースはいう。[255]この特権は、「首長の重い責務の道徳的、感情的代償だが、同時にこの代償のおかげで首長は、責務を遂行する手段を手に入れる。[254]」だがこのばあいでもなお、交換は正当でなければならず、首長は自分があたえる以上のものを受けとることができない。もし首長があまりにも多くの女性を権利として要求したり、あるいは、欠乏の時期に物資供給の問題を解決できないと、「個人ないし家族全体が集団をはなれ、もっと良い評判をうけている他のバンドに合流しにゆくだろう。[254]」ここにこそ、集団の秩序の鍵がある、といわねばならない。つまり、首長が必要だと、彼に多くの女性をあたえねばならないが、彼が妻を持ちすぎると、彼の手から集団がとりあげられて、集団自体が衰退ないし四散してしまうわけである。

権力の行使において、所有がどのように流通するかが、こうして明らかになろう。それに、インド＝ヨーロッパ諸語で、ドゥ（*do*）という語は――E・バンヴェニストが指摘したように――《取る》と《あたえる》の両方を意味していた。古代アイスランド語でも、《取る》と《あたえる》という想念はまた、同じ動詞ファ（*fa*）で意味されていたようである。[187]この世で一切は、可逆的かつ可変的な交換の対象にほかならない。

抵当としての交換

集団と首長との贈与と反対贈与の交換は、死者との生命の交換同様、一集団内および他集団間での他の多くの所有転移の前兆だが、この操作はなかなかに厄介なのである。

生きた人間の交換のばあいと同様、ある物を他の物とひきかえにあたえることとは、生命の交換にほかならない。人はあたえたのと同じだけのものを確実に手に入れねばならず、この取引〔協議〕が戦争に変じないようにしなければならない。他の物と交換された物はすべて、まさしく他の物と交換された抵当にひとしく、武器の監視下でぎりぎりの瞬間まで手放してはならない。

物の交換はだから、一方のキャンプから他方のキャンプへ人格が移動する危険な瞬間――物にとっても当事者や証人にとっても同じく危険な瞬間――にほかならない。こうしてどの社会でも、交換は、贈与と反対贈与を分節化するきわめて厳格な祭式〔しきたり〕によってコード化されているわけである。

贈与と反対贈与との時間間隔があまりにもひらきすぎると、贈与がうけとった人にとって脅威ではないことを理解させねばならない。オーストラリアのクリン族では、狩人は、あたえようとする人の足元に狩の獲物をなげださねばならない。さもなくば、貰い手は、あたえ手が自分に呪いをかけようとしているのではないかと疑うからである。あたえる者は、自分が手放すものと手を切ってしまってもならない。インドで牡牛をあたえる者は、きわめて厳格な規則に従わねばならなかったとして、マルセル・モースはこう記している。「三日三晩、牡牛の所有者は、この王にあやかって、《牡牛の誓い》を遵守する。彼は三晩のうち一晩のあいだ、《牡牛の甘露》、すなわち涎、糞、尿だけを摂取するのである[289]。」中国でも、自分が贈与した《財を哀悼する》権利を誰しも生涯にわたって持っている。「売り手は買い手に、品物と一緒に、《哀悼証書》を交付する。これは一種の追求権で、モノが相手の家産に決定的にくみいれられ、契約上の一切の条件が成就されて、撤回されなくなったあとでも、かなり長いあいだ売り手はこうした権利を保管しているのである[289]。」

受けとった人に害をあたえないために、贈与物が遅滞なく流通しなければならない、と定められている他の社会がある。ブロニスラウ・マリノフスキーが『西太平洋の遠洋航海者[271]』のなかで研究した祭式、クラがその一例で、これは、ワイグアとよばれる貴重品――一つ一つがその由来、名前、人格、《神秘的な父》を持つ――が、メラネシアのトロブリアンド諸島の部族のあいだを、組織的に流通する儀式を意味する。赤い貝殻製の首飾り（ソウラヴァ）は時計の針の方向に、白い貝殻製の腕輪（ムワリ）はその反対の方向に循環する。といってもこの貴重品は、「手から手へと渡り、時にある人に所属するかと思えばまた時には別の人に所属し、ある種の仕方で展示される」役目しか持っていない(271)。人々はしげしげとみつめ、身につけ、病人の身体の上においたりする。それを持っていると、力があたえられるからである。「ワイグアを持っていると、原住民は重要人物となり、尊敬される。そこに、原住民が尊敬と愛着をもってそれをみる理由がある［……］。原住民はワイグアにきわめて大きな価値を賦与しているだけではなく、また、儀礼的な仕方でとりあつかい、自分の手中に占有すると情緒的に強い反応を示す［……］。ワイグアを手中にすると、心は喜びにうちふるえ、勇気がふたたびみなぎり、自尊心をくすぐるのである。何時間も手のなかでひっくりかえしながら、ためつすがめつ眺めている。あるばあいには、それに触れるとその霊気が伝わってくることさえあるのだ(271)。」

毎年、クラのメンバーは、前年にうけとった腕輪を南へ、あるいは首飾りを北へと、島から島へ航海して、クラ仲間のパートナーに贈りにゆくが、いずれそう遠くない日に、別の航海のとき、別の財宝をうけとれるだろうと知ってのことである。この循環は細部にいたるまで、一揃いの約束事が決められ、それに慣行的な儀式がともなっている。「すべての取引きは公的で荘厳におこなわれ、交易ルートにそって、前もって決められた日に、固定した会合の場所でとりおこなわれる(271)。」

所与の村では、クラに参加する個人は、いずれも生涯にわたって同じパートナーと交易する。この交換にはさまざまな言語の異なる部族もまじりあい、何千という人々が参加する。重要な人物ほど多くのパートナーを持ち、一人の首長などは、一〇〇人ばかりのパートナーを持っていたほどだった。クラは、遠く離れた、敵意ある、異邦の地域のあいだに、同盟関係を作りだすのである。[271]

この贈与と反対贈与の全体は、占有の深い欲望、ますます貴重な物を累積的に占有したいという欲望を満足させるために《持つ》こと以外にその窮極的目的をもってはいない。[271] モースが書いたように、何よりも求められるのは「むくつけとでもいうべき社会的な優越性」にほかならない。[271] それぞれの物は、その豪華さによって、社会的ランクを指示している。こうして、人は、その都度、より美しい品物を手にいれようと望むのであり、最も貴重な物をえた人々は、その名前を自分につけるわけである。

いずれ反対贈与がおこなわれるのが確かな贈与は、「高度な交易上の正直さと相互信頼を前提とし、しばしば実用的な物の交換をともなう」一種の信用貸しにほかならない。[271]

直接的な物々交換なしに、物が人の手から手へと流通するこうした儀礼とは逆に、じっさいに二つの所有物を相互交換する、別の儀礼的慣行も存在する。むしろこの方が頻繁にみられる事例で、分業とともに、農産物、武器、衣類は、村落の内外で、クラの機会にさえ、相互交換されだすからである。

市場、見本市、株式市場の先祖である、所有者の変更というこの通過儀礼〔移行慣習〕はすべて共通点として、取引きが相剋に変質するのを避けることを目的としている。したがって人々は、交換を孤立させ、危険度をひきさげるために、何千という策略やテクニックをあみだしてきた。物々交換がしばしば、村の外の孤立した場所でおこなわれたのもそのゆえにほかならない。[368] たとえば、ニューギニアのガワ族がその一例である。他のところでは、祭式的な供犠の場で交換がおこなわれるばあいもあった。たとえば、カザマンスのディオラ族では、村の長オエィイは、一片の地所を、まさにその地所の上にしつらえられた祭壇で供犠された獣と交換し、この獣は証人たちの御馳走になったのである。[390] 死者のための贈与をうけとる神殿が、生者間の交換の場に用いられることも往々にしてあった。同様に、異常な出来事と結びついた場所が交換の場とされることもあり、たとえば日本では、物々交換の最初の市場は、虹があらわれたところでおこなわれたのである[13]。

グリオールの言によると、ドゴン族では、取引きはいずれも、供犠の場所、供犠獣の血をのんでいる八組の祖先で形づくられた石の供物台でくりひろげられた。「人々が交換の場を設けたのは、天地の双児の同質性を示す常設の記号のもとにおいてであった[178]。」

一般に、交換の場所は、権力の場から注意深く遠ざけられ、参加者を一人たりとも威圧したり邪魔したりしないように、首長は取引きに隣席する権利をもたなかった。たとえばダホメイでは、白人が観察しはじめた初期、村の首長は、交換する船がやってくる大西洋の方をみる権利がなく、違反すると殺された[368]。

さいごに、この惑星全体に、きわめて多くの社会にみられる、きわめて一般的な慣行が存在する。沈黙交易がそれであって、取引きのあいだ沈黙を守ることで[368]その孤立化が保証されるわけである。人間の英知と習慣的行動の普遍的な収斂の稀有の例といってよい。おそらく、何千年もの暗中模索のはてに、やっとみいだした方法であろう。ブラジルの原住民、ニューギニアのカノン族、ピグミーとバンツー族とのあいだ、北ローデシアのアワトワ族、シベリアのチュクチ族、フィリッピンはルソン島北部の原住民、ニューヘブリデス諸島、インド、インドネシア、いずこにおいても、言葉の使用の禁止によって、一様に交換の孤立化が達成されている[368]。一言も発することなく交換するのだ。あたかも話すこと、それは不可避的に罵りあい、争いあい、挑みあう危険があるかのようである。

この沈黙交易というしきたりのやり方は、いたるところで同一である。生活からまったく切り離された場所、つまり森林のはずれあるいは川や海のほとりで、明確な円ないし幾何学的図形が描かれ、自分のもっている財を交換したい人はそのなかに財をおき、ついで少し遠くに退いて、見守る。同じく交換にやってきた他の人は、正確にそれに見合うと自分が思うものをそこにおく。両者いずれもこの交換の図形内へは武器を身につけて入ってはならない。しかもこの場所は、何か見合うものなしで、おかれたものが盗っていかれないように、十分に監視されている。最初にやってきた者が、その交換条件で満足すれば、他の人がおいていったものを取ってゆく。不満だと、拒絶の印に、おかれていたものの一部をもって、あるいは何も取らないでふたたび身を隠す。すると別の人がやってきて新しいものを追加したり、あるいは自分のおいた財をもってかえるわけである。こうして、交換図形のなかのすべての財が全部なくなるまで続くわけだが、これは所有権の移動の認知を意味しているといえよう。

　こうした手続きによって、物は、いかなる瞬間にも過度の生命を吸いこむことなく、交換のあいだじゅう孤立して放置されることになる。誰も、正当な対価の物をあたえることなしに、あえて取ってゆこうと危険をおかすものはない。交換を逸脱させるものは何もないのだ。

　多くの社会で、この沈黙交易の慣行はさらに交換の証人によって保証されている。[368]たとえばアフリカではトーゴ、ソマリ、ガラ、マサイ、アジアではタタール、チベット人にみられるように。[274]この証人には危険が多い。本義では、交換当事者間の争いに部分的にまきこまれる恐れがあるからであり、転義的には、預り物を受けとることで、その生命力に浸透されるからにほかならない。

　もっとも挙証の形態はじつにさまざまである。ニジェールのバリ・ツラム族では、ディレリ（*dilleli*）とよばれる証人は、所有者間相互の家畜の移転の正当性を証明し、このサーヴィスにたいしてコミッションを受けとる。[368]オーストラリア原住民では、二人の証人が、それぞれの手に、この役割を専門とする家族が保管する、相手の臍の緒を持っている。ダホメイとコロンブス以前のニカラグアでは、証人はつねに女性だった。[368]インドのロータ・ナガ族では、老人だったし、カザマンスのディオラ族のように、祭司であることが一番普通であった[390]。

ずっと後になると、国際交易でこの役割を演じるのは、民衆全体（中国人、マレー人、シアシ人、フェニキア人、ユダヤ人のように）となるだろうし、証人たちは話すようになるだろう。交易の孤立化はこのとき、証人専用の言語使用によって保証されることになる。時としてまた、メラネシアでのピジン英語、東部アフリカでのスワヒリ語、ルイジアナでのチョクトー語のような、タブーや宗教的祭式を語るのに用いられる言語のばあいもある[368]。交換は言葉を経由しはじめるわけである。

双生児の交換、言葉の交換

「双生児は背丈も等しく、格好も等しく、言葉も等しい［……］。そのゆえに、通商は彼らからまず始まった[178]。」

マルセル・グリオールが語るように、ドゴンの神話の水底から、多様な物々交換のしきたりをつうじて交換される物のあいだに絶対的等価を樹立したいという関心が表明された、最初の物語りの一つが現われてくる。交換が安全であるためには、二つの同等物の交換に還元されなければならない。二つの物は、二人の人間と同じように、決して絶対的に瓜二つではありえないのだから、実現不可能なユートピアといえよう。それに、完全な双生児〔相似物〕をなぜ人は交換するのだろうか。

それゆえ人々は、交換取引きにできるだけ加わらないようにし、物自体が相互交換に入り、その間に相対的価値を決められるように配慮してやらねばならない。「それはあたかも物が語っているかのようである。物はその占有者の口をつうじてしゃべっていた［……］。自分たちの交換について、自身で理解していたのであった[178]。」

売る人も買う人も同じ二人の双生児だと、グリオールは書いている。異なる種類のモノを売買することは、双生児を交換することだ、と。物は、同意していることを確言するために、ものをいう。「交換や売買の原則とは、言葉だ。売り手と買い手のあいだにやりとりされる言葉は、値段の交渉なのだ。それはちょうど、布と宝貝が話しているようなものだ。品物は人の口を介して納得しあうのだ〔……〕。帯状の布のなかには、それを売る織り手が、祖先の言葉を封じこめるとき、自分自身の生命力も織りこんである。」だから、交換物は、言葉の交換のチャンスであり、この言葉の交換も釣合がとれていなければならない。

等価交換の不可能性や近似値をもとめねばならぬ必然性にいたるまで、一切が神話の偉大な英知のなかですでに言いつくされている。

同等な交換という理想には、ドゴン族においてさえむろん決して到達できない。二人の双生児でも正確には相同ではないし、また物自体に相互交換させることが不可能なのだから、まるで物が類似しているようにとりあつかい、その価値を測る仕方を発見しなければならない。そのためには、数多くの基準計量を人は考えだす。ドゴン族では、それは貝殻、つまり物同様生きた計器としても役立つ宝貝だった。「宝貝を持つこと、それは言葉を持つことだ」と盲目の老人〔オゴテメリ〕はいう。グリオールの説明によると、「交換のばあい、ある物の力は、一定数の十分な宝貝で相殺されるので、保持者に何の害もおよぼさない。なぜなら二つの力が交換され、それぞれが相手の位置に変わるのだから、新しい占有者から一切の危険を除去してしまうのである。」

紀元前約三〇〇〇年代から、取引きはしだいに増加して均質化されてきた。物の価値は、供犠獣、貝殻、農産物など、多種多様だが、ずっと抽象的な計算単位で測られるようになってきた。供犠の祭式で用いられる財、いいかえると祭司と交換に使用されるいくつかの財が、また、きわめて多数の他の物との交換計器や交換用具として役立つようになったのである。

　インドでは、コムギとウシ、スーダンではナツメヤシの実、中央アメリカではトウモロコシ、ニューファウンドランドとアイスランドでは干し魚、ニコバル島ではココヤシの実が交換原器とされた[432]。塩、アワ、蜂蜜、パーム油、貝殻がアフリカ西部では用いられ、カカオと布がメソ゠アメリカで、コメがフィリッピンで、塩魚がハワイでは用いられた[432]。多くの場所ではまた労働用具が基準として利用された。ラオスではブロンズの壺、クレタでは鉄の鍬、アフリカではブロンズないし銅の斧、ギリシアでは柄つきの鍋や三脚台、コンゴでは投げナイフ、中国地域の諸氏族では簪《かんざし》、ペルーでは皮袋[432]、ソロモンとマーシャル諸島では釣針、サモア諸島では樹皮のござ、カナダの大多数の原住民部族では衣類や毛布、インドネシア列島の何百という諸島では太鼓、というように[432]。とりわけ、ことにアフリカや小アジアのほとんどいたるところで、以前に供犠された動物ないし人間を形どったテラコッタの像がそれに用いられた[368]。かくて供犠の像が交換手段に代ったわけである。

　とはいえ、物の価値は、まだ絶対的に固定していなかったことを理解しておかねばならない。何と交換されるか、交換のコンテクスト、場所、その所有者の素性はどうか、によって大幅に価値が変化したからである。たとえば、ニューブリテンのトーライ族では、ある物の《価値》は、その交換物が貝殻か農業財かにしたがって異なっていた[358]。同様に、アフリカのモシ族でも、コメが木綿ないしラッカセイと交換されるときよりも、他の財を手に入れられる貝殻と交換されるときの方が、価値が低かった。オセアニアの海洋民のあいだで、同じ一匹の魚がタロイモ一〇箇ないしキンマの実四〇箇――つまり四対一の割合――で交換されるのに、一方、一杯の石灰がタロイモ四箇ないしキンマの実八〇箇――つまり二対一の割合――と交換されている事実を、サーリンズは記述している[358]。往々にして――アメリカ北西部のばあいがそうだが――相手の財が山盛りでか総量でかどちらで提供されるに従って異なる量で或る財が物々交換されるときもあった。

これらの部族、あるいは、現代の孤立集団で民俗学的にみてほとんどそれに近い人々のもとでは、物の価値は、その稀少性の関数でも、製作に必要な労働時間量の関数でもなかった。たとえば、モーリス・ゴドリエの計測によると、ニューギニアのバルヤ族とユードング族とのあいだで一本の塩の《棒》と六着の樹皮の《腰巻》とが交換されていたが、それはちょうど一・五労働日と四労働日の交換に相当していたのである[13]。

人口規模が増大し分業がさらに発達してくると、交換は多様化しながらも、単純化されてくる。誰ももはや自分が欲しい物品の持ち主、作り手、製作者を知らず、物のなかにひそむ呪術的な内容、人格的な力を忘れてしまった。このときから、物は大きなカテゴリーに分割され、交換文脈から独立した客観的価値でもって相互に交換されるようになってきたのである。

たいていのばあい、物は、食糧か、生物か、祭式財か、いずれに属するかによって区別されるのが通例だった。どの物も特定の計量基準に従って他のものと交換された。たとえば、ナイジェリアのティヴ族[368]は生存財（食物――イグナム、穀物、香辛料、若鶏、子ヤギ、ヒツジ――、台所用品――すり鉢、臼、ヒョウタン、籠、土器――そして農耕用具）、婚姻財（女性）、祭式財（占いや病気治癒のためのサーヴィス、儀式用の白衣、医薬品、金属棒、奴隷、家畜）を区別していた。この三つに区別された財は、それぞれ独特の計算単位で測られ、同じグループの財と交換されていた。第一のカテゴリーの計算単位は農産物、第二のそれは女性、第三のカテゴリーでは金属棒といったぐあいである。異なる三つのグループ間での財の交換はむしろ稀であり、金属棒はもっぱら祭式財の入手にもちいられた。が、時には、それで生存財ないし婚姻財を獲得することもできた。だから、まず農産物とひきかえに金属棒を入手し、この金属棒とひきかえに妻を獲得するといった交換に成功した者は、偉業をなしとげたことになり、怖れられもすれば尊敬されもした。そうした男は《強心臓》とよばれていたのである。逆に、金属棒をゆずって食糧を手にいれるのは《だめな奴》とされ、何頭かの家畜とひきかえに適齢期の女性をゆずる者は、さらにだめな男とされたのである(13)。

さらに時代がさがるにつれて、価値尺度の基準として、交換手段として、《貴重》品がしだいに使われるようになってきた(432)。いいかえると稀少性のゆえに価値ある物品であって、ニューギニアの真珠、イノシシの牙、フィジー諸島のクジラのひげ、ソロモン諸島のコウモリの歯で飾った植物繊維、南太平洋諸島の犬の歯、エナメル質の装飾品、貴石類、アフリカのゾウの牙、サンタクルス島でのオウムの羽、アメリカ、アジア、ヨーロッパの北極地帯の毛皮などがそれにほかならない(432)。ヤップ島では、製作者や代々の所有者のしるしのついている、さまざまな大きさの車輪型の石貨が使われ(432)、アンデス山脈東部の高地にすむカンパ原住民は、大変な労働とひきかえに山中や植物の灰からとれる塩――人間や動物にとって不可欠の――を、基準に用いていた(209)。塩はまた、タンザニアやブルンジ、ガオでも貴重財の獲得のために使用されていたし、サヘルでは、穀物、ソラマメ、綿布と交換されていた(432)。

こうして今や希少性が価値の記号となり、モノの呪術的な力は人々の記憶のなかでおぼろげな煙となってしまった。それと同時に祭式の秩序もまた、遠ざかっていったのである。

各人は自己のために

これ以後、遠距離交換がおこなわれるようになる。生産と人口の成長につれ、最も豊かで勤勉な氏族が、時おりその剰余生産物を遠くにまで交換にゆくからである。ペロポネスのコイラスでは紀元前一万年頃の遺跡から、約一五〇キロメートル離れたところにあるミロス島からもたらされた黒曜石の破片が発見された[6]。もう少しのちになると、旅程はさらに伸びてゆく。燧石がデンマークのエルトボルに到来したのは紀元前四〇〇〇年頃、ノルウェーや北ヨーロッパの平原からだった。その少しあと、インゴットに溶かされたアイルランドの金が、グレート・ブリテンやバルト海地方、スペインにおいてまで交換されていたのである[368]。

　この時代になると、いくつかの氏族は、生活に必要不可欠なもののない土地で生きていたのでやむなく交換せざるをえず、他氏族との交換用の財を意図的に生産するようになる。北アメリカの西海岸では、沿岸部族が貝殻や魚類を生産し、内陸部の部族の皮革や貴石と交換していたが、これらの財はさらにもう少し遠いメキシコのプエブロ族の土器や毛皮、さらにはブラジルからもたらされたオウムと交換されていた[1]。アリゾナのホピ族は、太平洋岸の部族の貝殻を、コロラドの部族の塩と交換し[368]、ケンタッキーのホピ族は、北アメリカ全体で交換される祭式品を製作していた。何千年ものあいだ、ニューギニア北部の海岸沿いの沼沢地で暮していた家族小集団は、犬の歯を西部にもとめにゆき、それで首飾りを作って、それを東の方で、身体や藤にぬる赤、白の顔料と交換していた[368]。ニューギニアではいつでもカヌーや植物繊維を専門に製造する部族がいたし、同じくオセアニアのシアシ族は、交換のために、黒曜石、イノシシの牙、犬の歯、木製の鉢を蓄積していたのである[368]。

　紀元前三〇〇〇年代ほどの末つ方になると、いくつかの地方で、今まで以上に世俗的で、経営管理的で、軍事的な意味あいの所有形態があらわれてきた。人口が増大し、そのためいっそう多くの剰余農産物が必要となり、土地が女性自体よりも本質的な多産財となってきたわけである。必然的に軍隊、防禦柵、灌漑網、道路、直接生産にたずさわらない労働者の全体が必要とされた。他者の生産物にたいする権利を認める新しい所有規則が出現し、こうして、新しい神話、死とのあらたな関係、新しい言語、新しい所有規則をめぐって別の秩序の発生がうながされ、モノへの怖れがもはやなくなったので、暴力による強制手段が必要となってきた。

このとき、帝国の秩序が、別の権略から誕生してきたわけである。

第二章　モノの力

死者の像——土地国家——名前と身体——モノの力〔事の成行き〕——法による存在——生者の都市国家——分類と排除——貧しく死ぬ——バガウダエ、コロヌス、ヴィラ——ゲヴェーレとモルゲンガーベ——マンスと自由地《アルゥ》——包囲されたイスラム——領主制とバン権——フランスの誕生——神々の血——商人の秩序に向けて紀元前五〇〇〇年代ごろ、この惑星上の一部分で、いくつかの村落は、住民を養うために、しだいに土地を開墾しなければならなくなってきた。人々は氏族の地所をはなれて、新しい土地を征服し、道路や城塞、運河を建設しにでかけていった。軍隊、都市、国家が組織され、ここに帝国の秩序の時代が到来したのである。

この秩序に何らかの統一性をみいだし、支配的な所有規則に共通の特徴を言明するのはとても難しい。一方では、逆説的にも、今日までなお現存している祭式の秩序にかんするよりも、これらの社会にかんする情報の方がはるかに少ない。これらの諸帝国自体、国家資本主義の特有形態になお残照をとどめているとはいえ、すべて消滅してしまったからである。

この新しい秩序を理解するためにはだから、一二世紀以降の中国、一六世紀以降のアメリカを観察して、残された書き物、遺跡、葬儀のごく数少ない痕跡をみるだけで満足しておかねばならない。

他方で、物品の数、その多様さ、使用の複雑さは、めまいをおこすほど増大している。いたるところで宮殿、道具、武器、家具、彫像、陶器、宝石、衣類が多様に変化し、略奪にあったり、一見すると恣意的で偶然的な仕方で交換されてきた。何千年もの略奪や損耗に抗して残存している、ほんのその一部分しか今日ではおそらく人の目にふれてはいないのである。

さいごに、これら諸帝国の記述がきわめて困難なのは、そこで用いられていた概念が、われわれの概念とぴったり一致していないからにほかならない。今日理解されている意味での、所有、権利、裁き手、国境、貨幣などの概念は、そこにはみられなかった。マルクスが記述のためにもちいた、《アジア的》、《ゲルマン的》、《古代的》という所有の三形態の区別[283]——いずれも「未開社会の解体から」生まれた——は、《私的所有》、《集団的所有》あるいは《生産手段》といったようなカテゴリーを指示するが[283]、今日ではこれらの社会の現実に不適当なことがわかっている[283]。

じじつ、モノと同様に個人も、雑然とした不安定な軍隊を権力の基盤とする、残忍で気まぐれな何人かの主人によってつねに占有されていたが、その正統性は内部からも外部からも、人間によっても自然によってもつねに疑問視されていたのである。

帝国の秩序は、既成観念とは反対に、凝固したものではなく、つねにゆれ動くものだったと考えねばならない。帝国の首長が土地をあたえるには、その前提として土地の征服が必要だった。だから何千年ものあいだ、戦士たちは先祖を葬り、子供を養い育てるための場所をもとめて、この惑星上を往き来し、土地をみつけると、より優勢な、あるいはより若々しく敏捷な、あるいははるかに高度に組織された他の侵入軍にたいして、自領の防衛に努力しなければならなかった。

こうして、祭式の秩序という脆い社会のあとに、帝国の秩序という不安定な社会がつづいたわけである。たえず時間が、モノを混乱させ、人間をゆさぶりつづけていた。ヘラクレイトスの謎めいた言葉が、だからこの点についてては正当だったとしなければならない。というのも彼は、闘争こそ「万物の父母であり、ある者を神々にすれば他の者を並の人間とし、一方を奴隷とすれば他方を自由人に指名する」と書いていたからである[96]。

長い歴史の波のなかから、やがて財や人々を数える記帳法が生まれ、今日の哲学的、政治的な基本概念が発明され、われわれの地平をかぎるモノと作品が出現し、われわれ固有の行動をやがて規定してくるものが、比喩的には仮面をつけて、その絶頂にたっしたのである。

この異様なまでに多様な諸形態の背後には、しかしながら、惑星全体に普遍的な一つの論理が支配し、その根源的な構造は、啞然とさせるほど単純なくりかえしにすぎなかった。所有の構造をまずもってあげておこう。祭式的秩序の社会は、女性の占有と生の節約をめぐって連節されていたのにたいし、帝国的秩序の社会では、土地が本質的な財産であり、収穫の貯蓄が生存の条件にほかならなかった。社会は、その土地によって存続していたのであって、もはや女性だけによって存続してはいなかったのである。

なぜ土地が中心的な役割を演じていたかは、たやすくわかるだろう。紀元前五〇〇〇年代の要塞化された村落にすむ人間にとって、土地は、食糧、衣類、住居、武器、戦車など一切を供給してくれるものだった。したがって、存続するためには女性や子供を持つだけではもはや十分ではなく、肥沃な土地を占有し、それを防衛する手段をも持たねばならなかった。この場所と人とは切り離せず、そこに祈りと死者の安らぎや生者の喜びの場がしつらえられ、氏族の暫定的な永遠性のなかで人々は生きていたわけである。

自分を養うにたるだけの地所をもっていれば、独身者ももはや以前の秩序においてのように危険な存在とはみなされなかった。逆に、今や危険となったのは、放浪者、異人ないしノマド、つまり、地所の生産物に権利を持たない者だった。そうした者に対抗して、氏族は態勢をととのえ、まずもって首長の保護下に入らねばならなかったのである。

首長の職責もだから、氏族とあの世との関係を管理し、存続に十分な女性の数を確保するだけではもはや足りなかった。兵士としてまた農民として、彼はまた水路、道路、城塞、武器の造作を指揮し、農耕、大規模土木事業、軍隊のあいだに人々と道具を配分し、飢饉のときに人々を養うための生活物資を貯蔵し、村落の統一を保持し、土地で働かない人々の消費する土地生産物を徴集し、さいごに、自分の命令を発したり、贈物や軍隊の起点となる、都市ないし村落の形での首邑を建設してそれを防衛しなければならなかった。存続こそがいぜんとして主要な目的でもあれば首長の正統性の主要な源泉でもあったわけである。この目的のために彼は、土地の生産物を祭りないし供犠にささげて、存命中でもあの世でも自分の追憶と威信を維持しようとする。自分のためまた配下のため土地を集積し、分配すべき土地がなくなると、その権力も霧散したのである。

首長は、時として首邑から何日もの旅程にある遠い土地や村落を自分で管理することができない。こうして軍事的＝行政的側近が、監視や追撃を代行し、テリトリーを防衛し、土地割り替えを統制し、貢納を徴集し、灌漑を組織し、道路を保全し、職人や鉱山を監督する必要が生じてくる。ひきかえに側近たちは、もはやたんに女性だけではなく、土地贈与の形態で――稀には貨幣形態もあったが、まだ褒賞品の副次的な領有形態にすぎず、それを用いてもめったに権力の座につくことができなかった――首長から貢納の一部をうけとっていたのである。

宮廷や地方のこうした貴顕の下には、農民たちが、賦役や貢納、軍役や主人の強奪下から身を守ろうとしながら、以前と同じ生活を村落でおくっていた。誰もが自分の住所を愛し、手放したくないと思いはじめるようになり、小土地所有者が当時は大土地所有者の味方だった。主人があまりに多くの土地を専有し、農民たちが土地防禦に失敗すると、結集して秩序の敵となり、秩序は解体の危機にひんするだろう。ここでもまた、多産財の独占こそが、この秩序を特徴づける形態の破滅の源泉にほかならなかったのである。

継起ないし並置されてくる以後の諸形態のいずれでも、一つのコードが占有を正統化していた。もっともたとえすでに簿記や成文に依拠していても、このコードはまだ権利ではなかったのだが。きわめて多数の帝国的形態が、しだいに世界を覆いだし、近東においてまず構造化されはじめた。

じっさい、前七〇〇〇年代に、最初の軍事社会、最初の城塞化された征服村落が誕生したのは、近東においてにほかならない。まず、野生のコムギ、オオムギの発見によって富をました巨大村落、エリコは、神殿、彫像、土地を石壁をめぐらせ円塔を築いて防護していた。同じころ、トルコの中央平原に数ヘクタールにわたって大都市シャタル・フゥユゥクが建設されたが、これは屋根からしか侵入できないほど家々がぎっしり密集した都市だった。ほぼ三〇〇〇年ちかく続いたと思われるが、その歴史については何も知られていない。ただ、かなり広汎なテリトリーを支配し、毛織物と土器を製造し、重要な宗教文化が発展したにちがいないとだけは推察されている。

やがてその近辺に、初期帝国がぞくぞくと出現してきた。二つの大河にはさまれたメソポタミアでは、その洪水や氾濫のせいで、土地が泥土をふくんで肥沃だった。この地方には粘土、瀝青、アシがあったが、木材、石、金属がなく、したがってそれらを得るには、交換手段あるいは征服手段ともなる農業剰余物を手放すしか仕方がなかった。だが、ともかくそれだけでも一つの秩序を構築するには十分だったといわねばならない。ジャン・ボテロが書いたように、この当時の文明はただ「小型家畜の飼育、沖積土からの農業、とりわけ穀物の搾出にのみ(61)」依拠していたからである。

だが、ティグリスとユーフラテスのあいだの平原に出現したのは、まさしく人類史上初めての文明にほかならなかった。今から六〇〇〇年も前に、かなり強力な村落が生まれ、未開墾にせよ、他の村落によってすでに占領されていたにせよ、近隣の土地を征服しようとしてかなりの武器と戦士を手中にしていた。これらの村落は、二つの河から流れを導いてくるたんなる溝にすぎなかったにせよ、ともかく運河を通して灌漑をおこない、ついで道路を通じて収穫物を集積していたのである。

もう少しのちになると、銅、ついで錫の使用法が発見され、武器、標章、斧を鋳造できるようになり、土地の征服が促進されることとなった。村落の人口がどこでも増加するとともに富も増大してくると、新しい空間の活用、村落の創設、堤防、橋、道路、宮殿の建設が可能ともなれば必須ともなり、また、農産物、木材、金属の遠距離交換のための現物貢納の徴集も不可避となっていった。

紀元前三〇〇〇年代に南東からシュメール人々がやってくると、メソポタミア南部に村落をたがいに結びつけた最初の都市文明が惑星上に樹立されることになる。紀元前三〇〇〇年ごろになると、文字法の発明とともに、いくつかの小国家や都市もそこに出現する。土地はある国家や都市の先祖から他の国家や都市の先祖の手に移行し、結集した村落は、数世紀かけて権力の新しいシステム、新しいコスモロジーを入念につくりあげてゆく。

ついで土地は、その守護神の手からそれを開発する君主の手に移行する。たとえばバビロン——この名前は《神々の門》を意味するもので当時は小さな村落にすぎなかった——は、最初神々に帰属しており、のちになって君主の手に落ち、支配されるようになったのである。この頃また、それまで半ばノマドだったセム諸族が、低部メソポタミアの北と北東、《アッカドの地》に定住する。はじめ彼らは南方のシュメール人と平和にくらしていたが、大きな村落のまわりに固まっていた小単位がそれぞれ婚姻同盟や征服、略奪などの駆け引きをつうじて再結集し、いっそう広大なテリトリーをまとめて、《帝国》の名に値する国家を作りあげたのである。

こうして、やがてエジプトや中国でもみられるように、土地の支配をめぐって、所有、生——そしてまず死との別な関係がしかるべく樹立されるようになってきたわけである。

死者の像

とはいえじっさいのところ、この当時の主要な帝国での死との関係については、きわめてわずかなことしか知られていない。その祭式や信仰の記述については慎重さが必要であり、勝手に空想してはならない。そうはいっても既知部分を研究するだけで、この祭式や信仰を構造化していた重要な概念や、そこで死との関係――人間行動の導きの糸としていつもつきまとって離れない関係――が演じていた役割の異様なまでの不変性に逢着して、人は仰天することだろう。

現に残存している少量のテクストや遺物の暗号を解読してみると、メソポタミアのこれら初期の村落では、《超人間的な人物》[61]が神々となり、人々、植物、家畜、道具、天、太陽を支配していたことはどうやら確からしい。超人間的存在が体現し、支配していると想定された物品や諸力の名前を一般にこれらの神々は名のっていたが、その統治する人間社会同様、そこでも階層化された社会が編成されていた[61]。最も重要な村落のまわりに集合するにつれ、征服者は敗者に、自分たちの神々、アイデンティティ、所有、ときには言語までを強制した。小規模な町の神々は、有力な都市の神々に仕える役人となったのであり、神々の歴史をたどることは、だから人間の歴史の写本をたどることになるだろう。

紀元前二〇〇〇年代の暁に、メソポタミアは小さな自立王国、都市国家に細分割された。神々にたいしては、うやうやしく従順な関係が保たれていたが、ボテロもいうように、すでに超越的なものでもあった。たとえば、メソポタミアのすべての神々は、大地の所有者でかつ神々の主であるエンリルが主宰する総会に集まったが、深刻ないざこざがおこったとき、エンリルは王朝の首長、祖神アヌに助けをたのみ、このアヌはまた若い奸計にたけた神、エンキに補佐されたのである。もっとのちになって、バビロンが他の都市の支配権を持つようになると、エンキの長男、バビロンの神マルドゥクが、他の神々の主となるだろう[62]。

人間は神々の至福に必要な財を供給するために創造されたのだから、神々に従順でなければならなかった。超賢者の神話――その後一〇〇〇年ほどたって作られたと考えられる――によると、人々は、あたかも君主の働き手であるように、神々の働き手とされた。どの神も特定の人々の《所有者》(*belu*)ではなく、人間全体のベルゥであった。しかしながら、どの都市、村落、田舎の片隅でも、各人は自分を守り、恩恵をあたえてくれる一種の《人格神》をもち、王の宮廷での庇護者よりもずっと好んでこの神にすがりにいったものである。

これらの神々は、彼ら自身半神でもあった君主同様、人々の永遠の生命を決定し、地上での生存期間を裁定した。ギルガメシュの叙事詩ではこういわれている。「神々が人間を創られたとき、その死をも割りふられた。[限りなき]生命は自分たちの手のうちに留めておいて。[62]」地上の生活はいわば人間に貸しつけられた神々の所有物であり、人間は死によってそのお返しをしなければならない、と考えられていたわけである。

天空の対称的な半円であり、曖昧模糊とした場である終局の自分の《場所》にたちもどり、そこで永遠の浄福な生をおくるために、人間は全財産とともに埋葬され、生ける者のように世話され、奉仕されねばならず、また、同時代のテクスト、『ギルガメシュの死と地獄のウルナムゥ』が示すように、あの世の諸神に贈る豪勢な供物を十分に持っていなければならない。生者たちも死者を好遇することに関心を持っていた。というのも一方では、死者があの世で居心地が悪いと、地上にもどってきて、生者を食いころす恐れがあったからである。他方では死者を好遇すると、生者たちは、後世代者が自分たちの死後も同様にしてくれるにちがいないと期待できたからであり、また死者たちが神々にとりなして、自分たちの土地を豊饒にしてくれたり、病気を治してくれたり、未来を知らせてくれたりする、と希望できたからにほかならない[62]。

生においてと同じく死においても、人間はみな平等にとりあつかわれたわけではなかった。重要な人物であればあるほど、その死をよく生きるための財産や手段をいっそう多く所有していたからである。

こうして、他のいずれの死にもまして、首長、王、君主、皇帝の死は、全人民の生存を脅かす危険な瞬間となる。人民が生きるためには彼らはよく死なねばならない。そのためには、彼らが存命中、人民は君主たちを豊かに富ませ、あの世での住居として役立つ壮麗な聖域を建立して彼らの後生の準備をしなければならない。生存中から王は、日々の儀礼や大量の祭式的供犠をその聖域で企画する。宮廷自体でおこなわれるよりもはるかに豪奢な宴をとりおこなうのである[62]。

帝国の組織全体は、それゆえ、君主の生と死の費用に向けて収穫を貯蓄するという一点に集約されることになるだろう。シュメールとアッカドの初期の王たちは、あの世にまで宮廷をひきつれていった。女性、奴隷、廷臣は同意、不同意の差こそあれ（誰が、いかなる基準で選んだのか）、殉死させられ、武器、戦車、宝玉とともに王の墓に埋葬された。帝王の死後も、帝国の土地の剰余の大部分が、王の記念建造物やそれに仕える祭司の維持にあてられたのである。

紀元前二〇〇〇年代の中葉ともなると、しかしながら生が死に勝利したように思われる。君主の死のたびに殉死するのを避けるため、宮廷はもはや彫像、宝玉、食器、装身具、労働用具、武器、食糧しか、王とともに墓に埋めるのを許さなくなっていたからである。抽象的なあの世が《現実的な》あの世にうちかち、土地の産物が永遠の食物として女性の産物におきかわった、重要な瞬間といえるだろう。

君主にならって、庶民の死者も、埋葬された場所の維持保全によって存続できた。彼らが死ぬと、「家族たちが涙を流し[62]」、時として自宅の地下や、家族の墓に埋められ、この墓が、「最悪のばあいでも、そのしつらいを乱したり、追いたてたり」してはならない永遠の住いとなった。いずれの家族もその後、食物をあたえ、管を通して新鮮な水をそそぎに定期的にやってきて、種々の儀式にさいしては、「存在するかぎりの、地に眠るすべての者」、氏族の創始者にいたるまでの名を唱えた。ある家族がその村を離れると、できれば残りの先祖もすべて一緒に連れてゆかねばならず、家族が居を定めたところに埋めねばならなかった。いかに場所が存続に不可欠だったかがわかるだろう。

　こうした墓はその痕跡をほとんどとどめていないが、おそらくそれは、このアジアの地にその後無数の文明が興亡し、そのいずれもがこの場所を自分のものにしたいと望んで、他の文明の痕跡を人々の記憶から消しさってしまったからにちがいない。

　反対に、今から六〇〇〇年代ほど前、死者の痕跡をきちんと整備していたエジプトでは、ずっと数多く明白にその遺跡がのこっている。おそらくこれは、各王朝が先行王朝の破壊の上に樹立されなかったせいだろう。

　広大な砂漠にとりかこまれた、細いリボンのようなこの肥沃な土地では、異常な人口集中が確立されていた。紀元前三〇〇〇年には多分一〇〇万人に近かったと思われる。メソポタミアにおいてと同様、村落は北と南の二つの王国にまとめられていたが、前二〇〇〇年代のはじめに、上エジプトの王、メネス（ナルメール）の権威のもとに統合され、彼はメンフィスに首都を築くことを選んだ。

　メソポタミアでと同様、農民たちは村落の神々を宇宙の創造者であり、人間の占有者とみなしていた。どの村も、自然の力として一人ないし数人の神々を持っていた。神々のなかの最高神とされていたのはオシリスで、死者の国を治め、ラーは太陽神とされていた。メソポタミアでと同様、死者は彼らの土地に埋葬しなければならなかったが、さらに、各人の魂が立ちさった肉体を訪ねにもどってくるように、肉体は無傷のままで、ミイラ化されねばならなかった。メソポタミアでと同様、死者の幸福は生者の配慮に依存し、生者の供物と死者の食糧を神々にどれだけ持ってゆけるかにかかっていた。ミッシェル・ラゴンがみごとに書いたように、エジプトの墓はだから、「あの世との一種のコミュニケーション装置(339)」だったわけである。したがってエジプト人は、「この世の住居を定めるよりも、永遠の自分の住いを準備する方に多くの心をくだいた(437)。」ある金持ちのエジプトの彫刻家は自分の資産状況をつぎのように要約している。「私は自分の墓を自分で造った。私は自分自身の家、自分自身の小舟を持ち、私自身作った畠を占有し、私自身のウシと共に耕している(131)」と。それゆえ真のエジプト人とは、ただ己が死を自ら支払う手段を持つ者、いいかえれば、土地、家畜、宝石、動産、食器を占有する者、ないし、君主の兵士あるいは役人として、死後もそれらを自在にする手段を持つ者の謂いにほかならない。

　メソポタミアにおいてと同様、エジプトの初期の君主は、自分の宮廷全体、召使や富一切を墓のなかまでともなっていった。君主以外の者も、できるかぎりのものを墓にひきつれていった。最も古いエジプトの貴顕の墓のなかには、武器、火打ち石の道具一式、化粧品、土の壺、象牙や石の物品などがみいだされるのである(437)。この当時のエジプト人はすべて、自分の住んでいた場所の近くの砂にうがたれた穴に、棺桶なしにじかに埋められたが、いくつかの壺をともない、「食物の清らかさを保証し、死者の渇きをいやす、ナイルの増水のシンボルである香と水と一緒に(417)」食物と飲物とが家族によって定期的に墓に供えられた。じっさいにあまりにも貧乏だったり、一人者だったりしてそうしてもらえない者は、共同の墓穴に葬られ、永世の望みなく死なねばならなかった。当時の農民のほとんど大多数は、こんな有様だったと思われる(437)。

　紀元前二九〇〇年ごろ、メソポタミアでと同様、殉死のために生者を殺すことが廃止された。君主はもはや召使や側近を墓にともなわず、代りに石や陶器の像をともなったからである。中流のエジプト人もまた、木製の小さな台所で働く女召使をあらわした小像をつれていった。ジャン・ボードリヤール——彼はこの進歩を紀元前二〇〇〇年ごろにおいているが、おそらくはるかにずっと古かったにちがいない——は書いている。「誰もが不死を願った。それは多分、力ずくでもぎとられた、一種の社会的獲得物だったにちがいない。歴史を社会的な空想にしたてあげなくとも、初期王朝のエジプトでは、万人の不死への権利を要求する反抗と社会運動があったことは、想像にかたくない。[38]」

紀元前二七〇〇年ごろ、第三王朝のファラオは、太陽神に近づきやすいようにと、天へ向って開かれた階段の形をした記念建造物のなかに自分たちを埋葬するように決定する。この建造物を造るには大々的な人民の労働が必要だった。サッカラのジェセル王の墓は、その最初のもので、高さ六〇メートル、敷地一五ヘクタールもあったが、以前の何人かの王の名前を記した四万点もの品物が副葬されていた。[437] 一世紀後の第四王朝では、ダフシュールのスネフル王、ついでその息子クフェオプスのギゼーにある墓では、階段がピラミッドとなり、墓と二つの神殿を同時に内蔵していた。ピラミッドの東側の神殿では、葬儀がおこなわれ、別の神殿は下方の入口のところにあって、忠実な信徒たちがやってきたのである。底面積七ヘクタール半、重量六〇〇万トンにもなる大ピラミッドには、おそらくファラオの貴重財の大部分が収められていたにちがいない。君主の不滅性をねがって人民たちが支払った貢物がどれほど莫大だったか、想像もつかないだろう。

紀元前二六〇〇年から、村長、貴顕、市民、宗教者、あるいは軍人なども、死にそなえて自由にできる十分な富を持つようになり、新しい仕方で後生を安堵できるようになった。つまり、土地の一部からの収入をラーの祭司にあたえ、ひきかえにこの祭司が、墓の上で定期的に《名前の呼びかけ》の祈りと儀式をとりおこなう約束をとりつけられたからである。[437] 相続者がこの種の無償譲与をうけいれ、遺言者がこうした契約の長期的効力を期待できるほど、エジプトではまだあの世への信仰の力がそれだけ強かったと考えねばならない。

もう少し後の紀元前二〇〇〇年代のあいだに、宗教はずっと抽象的なものとなった。第五王朝のピラミッドははるかに小型になり、葬儀の神殿の方がずっと重要度をましてきたからである。死者の功績をしのぶ文章が内壁面にいぜんとして刻まれていた。おそらくこうして、人々は土地を節約したのだろう。名前の呼びかけ自体も記号化された。エクリチュールがまさしく肉体を離れた魂の存続をあらわしたわけである。

ついで、紀元前二〇世紀に帝国の勢力が増大してくると、ずっと大きなピラミッドが再びあらわれて、アメン・エム・ヘト一世やセソストリス一世の墓を保護するようになる。第一二王朝の大領主やその他君主の名誉をたたえるために、聖地の岩に四角い縦穴が掘られ、内壁には死者の財産が描かれた(437)。ミイラとともに豪華な副葬品と墓での召使の像が埋葬されたが、原則としてこの像は、鍬、つるはしを持ち、背に籠をせおった三六五人の労働者と、それを指揮する三七人の監督、《一〇人ばかりの指導者(417)》からなっていた。定期的に誰かがそこへやってきて、死者にたべさせる食物を呼びだす決まり文句を唱えながら、《名前を生きかえらせ》、伝統通りに、小部屋にかくされた故人の像の前に定期的な供物をささげねばならなかった。エルマンとラントルは紀元前一九五〇年ごろ、一人の君主が祭司団と結んだ契約例を記述しているが、これは「耕地、使用人、家畜、庭、その他のモノ」をふくむ一種の永代供養基金の創設を目的としたものだった(131)。さらにもう少し後になると、祭式は死者の名前を呼ぶだけにまで簡略化された。それほど安楽な暮しをおくっていなかったエジプト人は、大量生産された副葬品と一緒に、粗末な柩にいれて埋葬された。さいごに一番貧しい者たちは、一〇〇〇年代前と同様、むしろに包まれ砂にうがたれた穴や、あるいは忘れられた金持ちの廃墓に――以前の碑銘を消すために石灰をぬって――じかに土葬された(437)。

これらの墓はやがて、大都市のコピーであるまことの死者の都市に一つにまとめられるようになる。まずテーベでは、都市自体よりも広い大墓地《ネクロポリス》が、何千人という土工、石工、画家、彫刻家を雇って造られ、ついで、ずっとのちに紀元前一二〇〇年ごろにはタニスでも同様の墳墓苑が造られた(434)。

紀元前一八〇〇年ごろ、異民族がエジプトに侵入し、未来が不明確になり、過去の痕跡も不確かとなり、ファラオの力も弱まると、将官や貴顕は煉瓦で小さなピラミッドを築かせた。ところがやがて秩序が回復――新帝国の時代――してくると、トトメス一世が前一五〇〇年ごろテーベの山に自分の墓を掘らせ、この一種の自然のピラミッドに以後のほとんどすべての王が埋葬されることになる。これ以後、エジプト人は、自分の財をすべて生者に譲り、抽象的な不滅性に必要なものだけしか、《地下の世界》にもってゆかなくなった(437)。だから紀元前一五〇〇年の日付をもつある墓では、香料をまぜた内臓、何人かの墓での召使の像をいれたカノーポスの壺、「食物、装身具、玩具、織物、武器、道具、家具をいれた壺」しか発見されなかった。それとともに、「地下の世界でなすべき一切の仕事を彼［故人］のためにおこなうための決まり文句(434)」をかいた『死者の書』のパピルスの一片が収められていただけなのである。

紀元前一六世紀になると、エジプトはふたたび未来にたいする確信と信頼をとりもどし、ラムセス二世のようなファラオの山にうがたれた墓は、あるカルトゥシュ〔王名を刻んだ象形文字の飾り枠〕がいうように、「何百万年もの城」として役立つように造られた巨大なピラミッドとして再現される。最も富裕な人々の墓には今でもきわめて豪奢な物品がみうけられる。たとえば、一一世紀のプスセネスの墓には、「銀の小型円卓、金の水差し、銀の注ぎ口のついた壺、火鉢(434)」が副葬されていた。同時期（第二一王朝）に、金持ちのエジプト人たちは、カノーポス壺と墓での何人かの召使の像を並べただけの柩の内側にまだ文章を書かせ、ある碑文によると、これらのものは死者の《身体と財産》だと特記してあった。[434] 紀元前一〇〇〇年ごろ、衰退期になっていたにもかかわらず、祭式はふたたび壮大となった。たとえば九二四年に、ファラオ、オソルコン一世は、ブバスティスの大神殿を建設させ、神々への贈物（彫像、典礼用家具、ギリシアからきた金、銀、琥珀の祭式具、ブロンズの祭具などで、その重量は二〇〇トンにものぼった）のリストを彫り刻ませた。[434] 何人かの王がピラミッドの伝統に復したのは、紀元前八世紀の第二五王朝のときでしかなかったのである。

　中国での死との関係も、他の二帝国と同様な進展の過程をとおった。時間、あの世、所有との同じ関係が深く根をおろしていたわけである。人は誰しも先祖の所有に帰し、もし可能なら生物、非生物をとわず自分の全財産をもって先祖と合流しにいった。こうして、四〇〇〇年代も前に、氏族、村落あるいは地方の初期の首長は、妻、子供、武装した従士、踊り子、召使、すべての富をともなって埋葬された。庶民たちは、自分のアイデンティティの基礎となる村の土地に、共同の墓穴にわずかな富とともに土葬された。ついで、あちらでと同様ここでも——だが他の二帝国よりは少し遅くなって、と思われるが——生が死にうちかち、彫像が生ける肉体におきかわり、転義が本義に代置された。たとえば、紀元前一五—一一世紀に河南省で樹立された商〔殷〕の最後の皇帝たちは、すでに武器製造に不可欠のブロンズの管理を手中にしていたが、ウマ、イヌ、怪獣の形をした像と一緒に埋葬され、やがてその後、より直截に宮殿、領主、軍隊を代表する像とともに埋葬された。紀元前三世紀末になると、北中国を最初に統一した秦の始皇帝は、五〇〇〇近い将校や兵士のテラコッタ像——いずれも服装や武装がちがっている——の一軍と、防具をつけたウマや戦車にまもられて陝西省の西安〔驪山〕のほとりに埋葬された。のちの君主になると、これらの像はより製作しやすいが壊れやすいものにおきかえられるだろう。

これらの君主たちの葬祭についてはよく知られていない。ずっと質素な埋葬では、死者の個人名を叫んで《魂の呼びもどし》がおこなわれたことは周知のところだろう。「個人名、それは運命であり、生命にほかならない」とグラネはいった[175]。墓の上で、氏族や家族は、季節ごとに、家族ないし氏族の田畠からとれた供犠の供物をささげ、長男が「死者の孫あるいは孫の世代の親族に」宴をひらかねばならなかった。「彼らは、死者のために飲食し、長男は死者に最大限の敬意をはらわねばならなかった[175]」のである。死との関係はここではもはや彫像にではなく生者のなかに、もはや葬礼ではなく服喪のなかに転義されているわけである。少し後になるとこの同じ意味の横すべりが、きわめて多数の帝国の文明にもみいだせるようになるだろう。

同時期の他のすべての帝国（アメリカ原住民の帝国の極端な祭式——西暦一六世紀まで続いた——については あとで語りたい）でも、ほとんど同じ規則がみいだせる。ほんの二、三の例をあげると、インドの初期王国でも、祖父の埋葬のために父が前借りした富を返済するために、子供はしばしば一生かかって働かねばならないことがあった。インド南部のトダ族では、屍体と生者とを結婚させたりした[289]。同様に、あの世での生活をよくするために、生前お互いに見知りもしなかった死者たちを結婚させることもあった。安南では、葬列には、担ぎ手、二〇人ばかりの僧侶、楽器を鳴らす人、《泣き男》、旗幟持ちがふくまれていた[339]。いたるところで、死者は自分と一緒に財や親しい人々の大部分をつれさり、いたるところで、まずもって死に備えて財の蓄積がおこなわれていたのである。

紀元前二〇〇〇年代に、祭式的秩序の終りごろの城塞化された大きな村落では、土地所有の駆け引きはきわめて複雑になっていた。社会的階層性の各段階で、同じ土地の氏族長の誰しも、家族長の誰しもが、そこで暮していた農民の生産した所得の一部を、消費するためにせよ、より有力な首長に上納するためにせよ、あるいはその一部を返却して配下に自分の権力を確認させるためにせよ、手中におさめていたからである。社会形態はだから、土地所有の権力と権利のピラミッドという、デリケートな均衡のうえに構成されていたことになる。

頂上では、君主が、過度な権利の譲渡なしで、臣下の服従を獲得しようと躍起になっていた。底辺では、農民家族が、自分たちを規定する場所に止まりつづけようと狙い、この点では小土地所有者も金持ちの被保護者も大差はなかった。誰しもが自分のふさわしい場所を保持し、またそこに拘束されていた。たえず戦争、飢饉、侵略といった苦難に脅かされる、それは不安定な構築物だったといえよう。

こうした形態の最初のものは、ほぼ紀元前三〇〇〇年ごろ、アジアからやってきたシュメール人が、準＝都市を建設したメソポタミアでおぼろげな姿をあらわしはじめる。文字法をとりいれることで、彼らは倉庫に貯蔵した富を記帳できるようになった。紀元前二五〇〇年までに、土地や木材、金属の搬入路の覇権をめぐってシュメールとセムの人々が争いをくりかえし、こうして宗教にたいする政治の優位が確立される。権力者たち――つねに神々を代表する祭司でもあれば兵士でもあった――は、自分たちが土地の所有者であり、半ば神に等しいと宣言する。こうして――紀元前二四〇〇年ごろの簿記粘土版によると――一人の行政官、君主、イシャックウは、飢饉を未然にふせぐ責務を神々から委託されたと称する。[103] そのために彼は、村落に土地を配分し、倉庫を造り、水路、橋、道路、灌漑網を整備しなければならなかった。といっても自分でではなく王宮の代官――ヌウバンダ――にやらせたのであり、代官は、部族の首長や将官たちに土地を割りあて、ひきかえに彼らの服従と収穫の一部を手中にしたのである[103]。

前二三三〇年ごろ、セム族出身で、ウルクの征服者、サルゴンは、アトトロデの都市から全メソポタミアを統治し、ひきつづいて息子マミシューシュと孫ナラムシン（《アッカドの神》の意）、ついでシュー＝ハリ（《王のなかの王》の意）、シャルーキン＝イリ（《サルゴンこそわが神》の意）が統治する。彼らはアッカド圏の土地を領有し、官吏に貢納をうけおわせ、ほとんど中央集権的といってもよい最初の帝国を樹立したのである。その後少したって、シュメール人の同じ名前を持つ王国が南方に出現した。紀元前二〇〇〇年代末になると、シュメールとアッカドの王は、征服や結婚をつうじて全メソポタミアを分有する[103]。征服した氏族のなかで、王は、木材、コムギを徴集する首長を自ら任命したり、あるいは廷臣に任命させ、荷車や耕作民を徴発した。それとひきかえに、臣従した人民は、軍事的保護、時として世襲され、税を免除される土地や資源の保証をうけとったわけである。

この二つの小帝国では、土地所有はしたがって、不確かで取消し可能な諸権利のピラミッド状をなし、今日それを概念化するのは難しいが、「王と重臣、貴族の諸階層間に本来的な意味での封建的主従関係はまだうちたてられていなかった[62]」といえよう。《コード》を成文化することも始められ、その最初の法典は周知のように、前二一〇〇年ごろの第三ウル王朝の始祖、ウル＝ナムにまでさかのぼるが、この王朝は紀元前二一〇〇年ごろには消滅してしまったのである。

前二三〇〇年と二二〇〇年のあいだに、シュメール人たちは姿を消し、代って、バビロン以来支配されてきたセム族の統一王国が、地中海からペルシア湾にまでおよぶ広大な帝国としてその地位につく。セム族の言語、アッカド語が日常の公用語となり、シュメール語は典礼用の文語のままだった。ついで、アッシリア人がシリアとメソポタミア北部を征服し、都市諸国家はそのまま存続したが、そのなかの一つ、バビロンが、メソポタミア地域の南半分を支配するようになった[62]。

紀元前一七九二年に、バビロンの王、ハンムラビが、自分の小王国のまわりに全メソポタミアをあらたに再結集するが、彼はなお人々と神々との境界にあった（その名前は《家長は偉大なり》の意[62]）。バビロンは国の政治的、ついで文化的首都となる。都市の神であり、エンキの長男だったマルドゥクが、帝国の主神となった。彼はもはや土地や人々の《所有者》ではなく、たんにその《主》にほかならない[62]。ハンムラビは、部族や君主たちが領有していたテリトリーを中央集権的な君主制に再編成し、兵士あるいは解放された奴隷や祭司に土地を分配したが、一時的で、いつでもとり消すことができ、一代かぎりの資格においてであった。こうした土地の贈与は、『羽根の図』とよばれる前一六〇〇年ごろの記録が示しているように[99]、三万八〇〇ヘクタールにものぼっていた。クウドゥルウ――《境界標示》――とよばれる粘土版や石灰礫が、これらの土地を一般に公示し、記録の役目をはたしていた。時として期限の定めのない標示はもっと硬い石で作られ、畠自体におかれて、その複本が神殿に預託されていたらしい。こうした文章は、「はるか後の日に、受益者の権利を見誤った者は誰でも」神々の怒りをうけるだろうという威嚇の決まり文句で終っていたのである[99]。

この権利を明確にし、「王者の英知と正義感を示し」、「王にその聖なる使命を実現させる」ために、ハンムラビは、こうした決定をすべて集めて、「国の保護と人民の繁栄を神々にささげた」所有の法典（*Code*）を編纂した[98]。この法典は、帝国中に有効なさまざまな所有権のカテゴリーを、なお不鮮明だとはいえ、最初に分類したものとしてよく知られている。人が自由に処分できる私的財産と、王に代表される帝国の所有物、（土地のような）イルクゥ財産とが弁別され、後者は売ることも、抵当にいれることも、遺産相続もできなかった。ただし王にその収入を上納しつづけるという条件でなら、一人の息子にだけは相続がゆるされたのだが。法典はまた、奴隷、農業労働、商業、居住地、証言、供託と負債、家族にかんする規則をも定めていた。遵守されないばあいの、きわめて厳格な判決も書きくわえられていたのである。[103]

帝国の秩序はこの頃、メソポタミア全体でほぼ制定されていた、といってよい。中央権力が土地を調査し、倉庫を保護し、労働者を配置し、資源の帳簿を毎日つけていたからである。どの村落も前もって決められた一定量の財を生産し、共通の祖先からでたどの家々も、村落に占有を許された土地を決して去らないようにしていた。運河は整備改修する村落に帰属し、水路が干上がると、それを使用していた村々は、あれこれの村落に所属する別の水路を使用したり、二本に分けて水をひいたり、あるいは、他の村落に所属する貯水池から水をくむことができた。[106] 王の代官がとりあげる以外の収穫には誰しも所有権がみとめられていた。法典によると、氏族の財産である土地は氏族以外に譲渡できなかったが、買い手を養子にして氏族員に編入すると、この禁制をくぐりぬけることができたらしい。たとえば、ハンムラビと同時代に、ヌジの豊かな地主だったテヒプ゠ティラは、一二〇回も養子になっていたからである。こんな風にして、有力者はとても肥沃な土地をしだいに手中に集積していったもののようである。[106]

この当時にはまた、「財の記帳、在庫品の目録、公的ないし私的な商品の動きをしめす勘定、出入、支払いの帳簿、不動産や人員の売買契約書、貸借、結婚、婚資、養子、里子、遺言、訴訟の規則、判決書式[98]」などが存在していた。要するに、真の国家が成立していたわけである。

一世紀後になると、当然予想されるように、何人かの領主の手中へのこの土地の集積は、帝国を衰退にむかわせた。アナトリア高原からユーフラテスにおりてきたヒッタイトが前一五九五年にバビロンを占領したからである。自分たちの権力を確立するために、ヒッタイト人もまた、軍の将校に土地を分配し、神々の神殿に免税特権をみとめる。ヒッタイト帝国は、紀元前一四世紀にその絶頂にたっし、ついで、もはや臣下に分配すべき何ものもなくなり、エジプトの文書が《海の民》[434]となづけたノマドの圧迫をうけて、前一二〇〇年には崩壊してしまったのである。

ちょうどこの頃、ザグロス山脈出身のカッシート王朝が創始され、バビロニアを占領し、四世紀間支配する。だが彼らの所有規則はほとんど何もわかっていない。

前一一〇〇年代の初頭から、新しいセム族、アラム人がやってきた。ついでアッシリアが、木材やウマを収奪するために軍隊をおくって、メソポタミアを支配する。何年もの内戦ののち、ついに前六一二年にカルデア人、ナボポラサルがニニベを破壊し、その息子ナブコドノソルが前五八七年にエルサレムを奪取した。前三三〇年にアレクサンドロスがバビロンを制圧したとき、ペルシアはヘレニズム文化の勢力圏にはいり、その後紀元前二世紀のなかばからパルティア人に征服されてしまった。ハンムラビの夢は空しく消えさったわけである。

同様にエジプトでも、土地にたいする所有の展開は人間にたいする権力の展開と同じようなリズムを刻んだ。社会の基底では、所有規則は、土地開発の地理的諸条件に強制されて不変だったが、これにたいし頂点では、王侯や地方首長が、たえず貢納をめぐって争い、すさまじい戦闘をくりひろげたからである。前三〇〇〇年代のはじめに、半ノマドの集団が定住し、それぞれ自分たちの神や農業習慣を持つ農耕民の村落にかわっていった。他のところでと同様、土地は神々に所属し、神々は土地で暮していた。たとえば、テーベとカルナックの所有神、アモンが、六五カ村、四三三の菜園、四六の工房、八三隻の船の所有者だったのは周知のところだろう。村落はしだいにより大きな集団に再編成され、ついで紀元前三五〇〇年ごろ、北と南の二つの王国に統一された。前二九〇〇年より少し前、最初のファラオ、ナル・メル（メネス）――この語は、彼が住んでいる《大きな家》を意味する――が両王国を統一し、人民と同時に神々の名において、土地の所有者となった[100]。権力を保持するために彼は、原則として相続できない保有地形態——これはナイル流域の農学的、人口学的現実に適合していた——で、領主、将校、祭司、農民に土地を分配する[301]。

戦士や宗教の有力者のもとで、農民は地に縛りつけられ、一般に村の占有とみなされ、有力者の集会で分配された猫の額ほどの土地を耕していた。力の命じるままに、彼らは土地の豊度にしたがって決められた収穫の一部をファラオに提供し、自分の家族員以外にはその狭い畠を譲ることも分割することも、あるいは交換することも許されなかった。その代り、ファラオは飢饉のときには農民を保護し、この目的のために食物を貯蔵していたのである。自分の権力を人民に思い知らせるために、彼は、三〇年ごとに大ピラミッドの近辺で、在位式典を挙行し、その間領主や主要な神々の像が、ファラオの大事な財産、北と南、つまり肥沃な《白い土地》と砂漠の《赤い土地》を列挙した記録を手にする王の前を、縦列となってつぎつぎに通りすぎたのである[100]。

第二王朝がはじまると、国は約四〇ばかりの州（ギリシア語でノモスだが、以後この語がもっぱら州を指示するようになる）にわかれ、各州はノマルケス〔州総督〕を派して治められていた。すでに十分によく組織された国家ができあがっており、二年ごとにおこなう各エジプト人の動産、不動産の調査手段も整備され、土地の生産高を計算して、各人が支払うべき現物税の合計も推算されていたのである。

だが、世俗の有力者も、宗教や軍事関係の有力者も、公的な占有物と自分たちの私的な占有物とをつねにはっきり区別しているとはかぎらなかった。第三王朝以降、保有地を世襲地とみなしはじめたからである。莫大な私有財産の形成が、当時の主だった墓の調査から明らかにされている。紀元前二二〇〇年から二〇〇〇年ごろまでの第六—八王朝下では、州総督の権力は、帝国が分解するほど強力なものとなっていた。自分の地位を保つために、ファラオは彼らの租税を免除したが、そのためかえってファラオの権力自体が脆弱化し、ついにエジプトは二つの帝国に分裂して、テーベとヘラクレオポリスがそれぞれの政治中枢都市となった。前二一世紀も中葉になると、テーベの帝王メントゥ・ヘテプ三世が再統一し、ここに中期帝国時代がはじまったわけだが、この四世紀間、ほとんど安定した所有規則にもとづいて統治がおこなわれていた。大規模な開拓、灌漑がおこなわれ、国の統一が完成した偉大な時期だったといえよう。前二〇世紀になると、アメン・エム・ヘト一世が、あたらしい国境地帯で州《ノモス》を大々的に再編成し、官吏を派遣してその長官にすえた。

これらの土地やその生産物を管理するため、有力者、会計係、祭司、兵士、警官など、「自分自身の従属構造を守ることに客観的に利益をみいだす(65)」人々の官僚制度が設立される。この中央行政機関には、農業と国庫――この国庫自体、《白い家》(上エジプト)と《赤い家》(下エジプト)からなっていた――に責任を持つ宰相が指導していた。宰相は、畠やその所有者、産物の名前を集中的に表示した帳簿のある王室文書館を管理していたのである。一切はエジプト中に縦横に配置され、租税を決定する監督官によって、克明に記帳されていた。「ナイル河が増水して土地の一部が削りとられると、王は監督官を派遣して、地積の喪失量を計算させて、租税をその分だけ減じさせた」ほどであった(301)。

紀元前一九世紀の中ごろ、人口が増大し、農民から土地をとりあげて大土地所有が形成されると、第一二王朝の最も有力なファラオの一人だったセソストリス三世は、領主から土地をとりあげ、農民に区画を再分配しようとこころみた(203)。これが、歴史上最初の有名な《農地改革》にほかならない。前一八世紀の半ば、ヒクソス人が北からエジプトに侵入し、住民にウマと戦車の使用を教えると、王国はしだいに衰退し、第二の不安定期にはいって、ほぼ二世紀ものあいだ混乱がつづくことになる。

前一五六〇年ごろになると、ヒクソス人たちはテーベの王によって追いはらわれ、ここに新しい帝国が再建される。はじめてエジプトは外国征服にのりだし、第一八王朝は、ユーフラテスからナイルの第四の滝にいたるまでの広大な帝国をうちたてた。当時の大ファラオの一人だったトトメス一世は、所有規則を厳格に遵守させ、その娘、ハトシェプストは父のあとをひきついで統治する。エジプト国家がこの時ほど権勢をほこった時代はおそらくかつてなかっただろう。宰相、中央官庁、軍隊、祭司職の長官、州総督などもすべて、王が任命し、また罷免した。とこうする間にしかし、やがて例の通り、世襲制がふたたび復活し、動産が築かれ、封建君主の権力が発展してくる。紀元前一三六〇年ごろ、アメノフィス四世はあらたに聖職者の財や、世襲化した財産をとりあげようとつとめねばならなかった。イクナートンと名のった彼は、アモン神の崇拝を禁止してアトン（太陽の円盤）を礼拝させ、聖職者の財を没収して、テーベをみすてたりしたのである[437]。彼の一神教的な夢想の背後には、おそらく権力の再中央集権化と所有の集中への意志が秘めかくされていたにちがいない。イクナートンの直接の後継者たち、ついで第一九王朝の王たち、とりわけセティ一世は、祭司に権力をかえし、帝国の版図を奪回して、大記念建造物を構築させた。ついでラムセス二世（前一二九八—三二年）は、ヒッタイトの前進をくいとめ、シリアにまでエジプト帝国の領土を復元させた。またアブ・シンベルの神殿を建立させ、カルナックやルクソールの神殿を拡張させたのも彼であった。人々や神々の世襲財産の管理者であるファラオのまわりに、こうして巨大な奢侈経済が組織化されたわけである。ついで第二〇王朝になると、不変の輪廻のゆえに、ファラオの力は衰えて貴顕の勢力がつよまり、《アモンの家》の神官は、王に仕える官吏よりも優位にたつようになった。エジプトはこのとき多数の統治圏に分裂し、メンフィスは自治都市となり、リビアの領主がヘラクレオポリスや下エジプトの流域を支配したのである。エジプトはアジアを失い、第三中期にはいってゆく。前一〇八五年にラムセス一一世がなくなると、アモンの大神官ヘリホールが南の支配者となり、一方スメンデスが北の王だと宣言する。

ギリシアの星が輝きはじめると、エジプトはゆっくりと衰退に歩をすすめてゆく。前九五〇年以後、第二二王朝のリビアの初期の王たちは、一時期国際的な国勢をたてなおしたこともあったが、ついに国家の統一は果たされなかった。前八世紀に第二三王朝が治めていたのはいくつかの王国や公国に細分された国にすぎず、同時に五つの小王国が時として併存していたことさえあったほどである。ついでナイル渓谷はスーダン人とアッシリア人に相ついで征服された。前六六三年と六〇九年との間に、サイスのファラオが最後に国を再統一したあと、とうとうエジプトは崩壊してギリシアの勢力圏にはいり、その後ローマの一州となってしまうことになる。

この一〇〇〇年のあいだ、それ以前の期間と同様に、エジプトの農民はたえず土地にしばりつけられ、奴隷とこそ呼ばれなかったが、実態は奴隷そのまま、村長から使用をゆるされた猫の額ほどの土地を父から息子へと代々耕して暮していた。土地が多産になることが唯一の希望だったが、ファラオや領主、神官から送られてきた徴税官はそんなことはまるでお構いなしに、子供を養い自分の死の準備にやっと足るものだけを農民にのこして、あとはすべてとりあげていったのである。

紀元前四〇〇〇年ごろ、農耕共同体がはじめてあらわれた中国北部でも、事態は同様だった。前一五二〇年ごろ、最初の王朝、夏が中国の一部を統一し、第二王朝、商が、華北全体の領地を連邦として編成する。それはまだ帝国とはいえなかったが、すでにしてたんなる連合以上のものであった。商の諸王は、彼ら自身のテリトリーの収入で生活し、土地の肥沃さに応じて首邑をかえていたからである[287]。どの村落でても、神々にしたてあげられた氏族の先祖が、自分たちの土地で大木のうえられた方形の塚に住み、人々に土地の用益権をあたえていた。「天が人々や万物を創り、地がそれを養う」とされていたのである。神々は土地と同じく階層制をなしていた。ピラミッドの頂点には、王領の大神である至高の地神（后土）がおり、これは王の祖先の化身であって、王国を占有し、王の一族を保護していた。王は土地を自由にしてはいたが、人民から奪うことはできなかったらしい。その役目は、大地の秩序と宇宙の秩序を調和させることにあった。不正や専制をおこなって、貧困や無秩序をひきおこすと、反乱が正当な権利としてみとめられ、王はその権限を失った。孔子がのちにいうように、「至尊の天帝はへつらい者をもたず、徳をしか助長しない。人民の人気は不変ではなく、仁愛の君主しか愛さない」のである。

紀元前一一世紀になると、商は渭水地方からきた周人にとってかわられ、帝国のテリトリーを拡大したが、商の封地はそのままにしておいた。周の都はまず西安の近くに定められ、行政上、軍事上の長である王、《天の息子〔天子〕》は、中国を公国の連邦に組織し、その歴史の大部分、この統一が保たれていた。周の諸王は大規模な水利作業を企画し、その地所全体を領有していた。王の代理人たちは諸州を支配し、忠誠の誓いとひきかえに農産物や塩の一部を皇帝の名で徴集していた。彼らは土地を委譲されていたが、原則としてこれらの土地は役務がおわると返還しなければならなかった。この委譲権は、土塊からつくられた粘土版にかかれ、草――その色は委譲の方向を示していた――につつまれて、土地の神の祭壇におかれていた。じっさいにはしかし、より古い他の二つの帝国でと同様、代理者は権力と所有を混同し、土地貴族が形成されて、土地所有を自分たちの特権と化し、世襲相続していたのである。

とはいえ、土地の大部分は、人民にのこされていた。農民たちは、新石器時代のころとほとんど変らない石器しか持たぬ生活様式をつづけ、各村落は平等な土地配分にもっぱらたよって存続していた。土地を占有する村落共同体が、定期的に農民に土地を分配して、活用するよう義務づけていたわけである。農民はそこでブタ、家禽、キビ、オオムギ、カイコを生産し、猫の額ほどの土地を数年間耕作すると、休耕放置した。山を開墾したり、排水して地所をひろげることはまだおこなわれていなかったのである。

この当時、《井田法》とよばれる土地配分と村税システムが始まるが、じっさい大々的に実施されたかどうかは定かではない。このシステムは、各村に割当てられた可耕地を中国文字のジン（井）の形に九つに等分し、八区画はそれぞれ八家族に帰属したが、それにくわえて各家族は最後の区画を国家のために耕作しなければならない仕組になっていた[27]。たとえ普及していなかったとしても、このシステムは、勝ちとるべき正義と民主主義の原型として中国史にながくのこり、たえずその後もくりかえし語られることになるだろう。

紀元前七七〇年ごろ、周は渭水地方をすてて雒邑《らくゆう》にうつり、しだいにその権威をうしなっていった。保有地は世襲化され、租税はたとえ支払われたばあいでも、収穫に比例しなくなった。前七世紀になると、中国は百ばかりの小国に細分化されたが、つぎの世紀には二〇ほどの王国に、ついで七つの王国に再統合された。秦、楚、韓、魏の王国では、官吏――士――が国家を統治し、灌漑と干拓がはじまった。軍役と賦役に各村落単位で家族が強制的に集められ、都市が発展していった[287]。

前三世紀になると、秦の始皇帝が中国を再統一し、ノマドの匈奴の越境をふせぐため万里の長城を築かせた。彼は士大夫の《徳政》と手をきって、農業商人を頼みとしたので、商人たちの財産は著しくふえ、土地の不平等化が増大する。哲学者孟子が王の下問にこたえてのべたように、「人々は［飢えで］死に瀕しておりますが、陛下は『余のせいではない』と仰せられます。それではまるで、剣で相手をつき殺した者が、『殺したのは私ではない、私の武器だ』というようなものでございます。陛下、どうか収穫の不足の言いぬけをなさいませんように……[287]」といった事態だったのである。

前三世紀末に秦帝国は崩壊し、漢王朝が、文人や役人をふたたび重用するが、彼らは商人の手中への所有の集中を排除して貧乏な農民を保護するという口実のもとに、土地を自分たちのものにしてしまう。

輪作の発明やすきの改良にもかかわらず、土地の生産性はいぜんとして貧弱なものだった。したがって農民の生存のためには、所有の制限が必須とされた。文官たちの要請によって、《九田》システムが再建されたが[27]、無駄であった。漢国家はあまりにも脆弱で、文官自身、貴族同様に、租税や賦役が免除されていたからである。負債を返済するために、紀元前一一九年に国は、塩、鉄、発酵飲料の専売権を手中にしたが、これは歴史上はじめてのことではないかと思われる。製塩しようと望む私人は、国家が貸しつけた特別な容器で煮沸しなければならなかったのである[287]。

紀元前一世紀以降、漢は強力な中央権力を再建し、秦の長城建設を再開した。ふたたび国は繁栄し、数多くの都市が発展する。紀元前八―二五年にかけて王莽皇帝は、土地を国有化し、奴隷制を廃止しようとこころみたが、たちまち追放された。二〇〇〇年ものあいだ夢想されてきた平等主義的な帝国のユートピアは、ここにあえなく潰えたわけである。

名前と身体

帝国の秩序では、女性はもはや本質的な多産財ではなかったが、とはいえ妻、子供、奴隷といった生者は、帝国の主にとって、いぜんとして本質的に重要な富であった。

この気もとおくなるような長い時期について知りえた、あるいは窺いえたかぎりでは、身柄の所有を明らかにしてくれる最初の所有はやはり名前にほかならない。名づけること、それはつねにわがものとすることだからである。アッシリアでは、《ある》と《名づける》は同義語だった[62]。「何であれ存在するものとは名をもつものである」といわれていた[62]。同様に、中国の伝統でも、名前は家族の内奥の精髄とされていた。名前は始祖と結びつき、始祖の生誕はその名前の由来を説明する神話のなかで語られていた。いたるところで名前は、人間と土地、生者と死者を結びつけ、共同体を明示し、一般に土地の名称と関係していたのである。それゆえ、名前は家族成員の統一のしるしでもあれば、彼らが何であり、何を持っているかを告げるものだった。より古い社会においてと同様、ある祖先の個人名を口にだすことは、何世代ものあいだしきたりによって禁じられていたが、やがて祖先たちの集団のなかに溶けこむと、解禁となった。

母系の諸帝国――最古の中国農民のところでと同じく前二〇〇〇年代のエジプトでも――では、母親が子供を占有し、父親は父方のオジから、母親は母方のオバから区別されていなかった[121]。反対に、父系の諸帝国では、父親が子供を占有し、祖父から孫息子へと代々名前がひきつがれていた。中国では、父親が長男の《占有者》で、将来先祖となったときには長男はその祭礼を主宰しなければならなかった[175]。息子は自分の父を所有者として遇し、敬意を表し、父の所有物を尊敬しなければならなかったのである。「息子は父専用の階段を使ってはならない。父の衣服、布団、むしろ、枕、もたれかかる腰掛けにふれてもならない。とりわけ父の杖や靴を尊重し、あまりに近づきすぎることが許されない。父の小鉢、大鉢、水差しを使うことも許されない……[175]。」同様に紀元前二七三〇年ごろの、第三王朝末のエジプトでも、書記の息子、メタンの伝記によると、この当時家族は、父系で単婚の核家族になったことが明示されている。イシスとその子供にとりかこまれたオシリスは「父性を自覚した社会の証人[121]」と記されているからである。

子供は農民と王国の宝とされていたので、君主はその臣下の数を増やすためにあらゆることをしなければならなかった。一人の男が占有する妻の数がなお権勢の本質的なしるしとされていたので、帝国の秩序はできるかぎりのあらゆる手段をつかって、結婚を奨励する。富である女性を、人々は盗んだり、奪ったり、買ったり、交換したりした。たとえば、ヒッタイトでは、女性が父のもとをさって夫の家にゆくとき、その財産、イワルゥ（家畜と宝石）を持っていったが、これは夫の家族の所有になった[435]。しかし、彼女はまた、自分の父のもとに住みつづけることもできた。このばあい、イワルゥは、子供ができたあとでも、妻の家にとどまっていた。夫は、母親の氏族に統合されることなく、《たんなる訪問者》とされていたからである[435]。

　村落の首長がときとしてそうできたようには、帝王は自分の帝国の全女性を占有できなかったが、少なくとも一度は全女性を《占有》し、刻印をつけようと努めた。帝国の全女性にたいする君主のこの権利を書きしるした一番古い痕跡はギルガメシュの物語にあらわれている。「周壁をもつウルクの守り手、強く見目よく賢い、住民の守り手は、母親に娘を残さぬ、戦士の息女、貴人の奥方をも……[62]」と。

　人間はまた、自身私有財産となり、他の物と同じく、交換され、遺贈され、貸与されたり、売却されたりもした。奴隷売買にかんするごく少ないエジプトの資料には、コムギないしオオムギのように価格の上下が記されている。ハンムラビの法典からすると、奴隷にされたのは、破産した元地主、戦争の捕虜、盗人、債務者だったらしい[98]。

　一般に流布している神話とはちがって、とはいえ奴隷の数は、中国では人口の百分の一、バビロニアないしエジプトではその十分の一以上にたっしたことは決してなかった。人間の肉体はもはや不可欠な多産財では断じてなかったからである。これらの社会すべてでは、地所、水、植物は、そこから自分で利益をあげられる人々の手に委ねられていた[62]。どの村でも、自作農だけが働き、また誰もが一片の土地をもてるように、もしそうでないときには、新しい土地を獲得したり、あるいはどこかよそへいって働くように調整されていた。

それゆえ、奴隷が使用されていたのは、ただ土地とむすびつかず、監視しやすい労働、つまり、鉱山、石切場、宮殿や神殿の建設、記念像の運搬だけだった(415)。もっとも時には、家事に利用されることもあったが。帝国の初期には、奴隷は墓のなかまで主人に同行していたが、のちになると、彼らの運命はそれほど苛酷なものではなくなり、財産を取得したり、譲渡あるいは相続したり、農業開拓地を占有したり、自ら家事使用人を使うこともあった。

奴隷と他の社会的カテゴリーとを区別する障壁は必ずしも絶対的なものではなく、奴隷と同じように、農民、労働者、職人、商人もまた仕事に縛りつけられ、離れることは許されなかった。帝王は彼らの労働の所産や、あるいは生命までも思うがままにとりあげ、土地所有者である自由民の数は少なかった。奴隷であろうとなかろうと、他のすべての人々は君主や祭司の用具にすぎなかったのである。

モノの力〔事の成行き〕

モノはそれを製造した人々のあいだを流通する。分業が発達し、テリトリーが拡大されると、家族の自立性が減少し、物の運動が増大する。田舎では、人質や生き物の交換であるバーター取引きが、いぜんとして規則であったが、零細な商業や貸付けも活潑化していたらしい。メソポタミアの資料では、きわめてしばしば、専門の商人（カムカルウ）のことが記載されているからである。都市では土地からえられた財産が、宮殿、墓碑、奴隷、宝石、工芸品、食器あるいは動物に消費されていた。都市の市場ではもはや人質の交換がおこなわれてはいなかったが、国家が見積り、評価した商品のバーター取引きが厳格におこなわれていた。その価格は、公正でなければならない、つまり社会的な売買注文の要求と予盾してはならなかった。時として、最も必要な財の価格を確実に固定化するために、国家がそれを専売することもあった。

いたるところで神殿が倉庫や保管庫として用いられ、そのばあい、都市の商人は、極度に統制、統御されていたけれども、国家の官吏であった。たとえば、紀元前一六三〇年のバビロンで、ハンムラビの四代目の継承者、アムミ・サドゥカの勅命は、都市の小売、卸売商人の取引きにさいして真正官印で証明するよう要求していたのである(98)。

貨幣は最初、以前の供犠獣の代用品としてウシやヒツジを表わす素焼きの小像――あるいはメソポタミアでのように、非象形的なメダルもあったが――の形をした、価値尺度の基準にすぎなかった。供物や賠償金の支払いにあてられ、モノの価値尺度にもちいられることは二次的だったのである。

紀元前二〇〇〇年代の末ごろ、メソポタミアではコムギやワインで給料が支払われていた。計算単位として、金属やオオムギが用いられていた他の所もある。アッシリアでは、オオムギにかわって、銀の小粒や一片、銅、鉛が用いられ、エジプトでは、金、銅、銀、青銅が計算貨幣として用いられていた(368)。そんなわけで、金を表わすエジプトのヒエログリフは、一連の真珠で表現されていたのである。紀元前一八世紀の石碑にはこんな記述がみられる。「ネブセム班長がハイに売った雄ウシの値、銅一二〇デベン。ひきかえにうけとったもの油脂壺二本(六〇デベン)、薄手の腰巻き五着(二五デベン)、南方のアマの衣類一着(二〇デベン)、皮一枚(一五デベン)(437)。」紀元前一五世紀のテーベのある墓のフレスコ画には、一方の皿に二頭の雄ウシ、他方には九箇の金属の指輪をのせた天秤が描かれていた(368)。一五世紀以降になると、まちのサイズの鉛や金のインゴットが、交換決済の手段として使用されはじめる。

ジャン・ボテロが説明してくれたところによると、《貴重》財(人間や土地)の売買では、その質的な価値――それはどんなものとも比較できないので、買入れに成功した者は最善のものをひきかえにあたえたことになり、こうして財産よりもむしろ威信を手に入れたことになる――と、量的な想念――それは、まだ国家の保証の刻印がつけられてはいないが、たいてい監督し、裁定する国家にすでに保証された一種の前＝貨幣としての共通基準であって、あらゆるモノを共約できる、より抽象的なものである――とのあいだに、一種の葛藤が発生した、とのことである。

こうして帝国間の交換は、しだいに無視できないものとなってきた。東方からは精巧な商品が西方に送られ、後者はまた金銀を前者に発送する。中間の諸帝国は、交易通路を取り締まり、保全する、といった具合である。もっと後になると、四輪の荷車や帆船のおかげで、エジプトからメソポタミアやインドへ、バルチック海から地中海へと、定期的に隊商がゆきかうようになった[394]。商人は小アジアの中心とメソポタミアとのあいだで、金属や織物の交易をおこない[394]、中国では、ベンガルからカイコが、ゴビから翡翠が、メソポタミアからコムギが、インドからスイギュウ、モルディヴからは宝貝が入ってくる。エジプトは、イランの銅、シリアの亜鉛、アルメニアとヌビアの金、カッパドキアの銀を輸入していた[394]。反対に、アテナイとヒッタイト人には穀物、デルフォイにはミョウバン、アジアの王侯には金を輸出していたのである。フェキニアの諸都市――ティールやビブロス――は相互間でもまたエジプトのデルタ地帯とも通商協定を結んでいた[394]。たとえばフェキニアの一君主、ウナモンは、エジプトのある君主とのあいだで、七本の角材にたいし「四箇の水差しと一箇の金の壺、五箇の銀の水差し、上質のアマ一〇巻き、上エジプトの良質のアマ一〇包み、五〇〇のロープ、レンズマメ二〇袋、魚三〇籠［……］」とを交換していた。彼は書く、「この木材を私が切り倒し、荷運びし、私の船団と乗組員を提供し、エジプトに運ばせたのだ。天命で定められているよりもさらに五〇年永く生きられるよう、アモン神に特別のはからいをお願いするために[434]」と。いつもつきまとって離れないこの存続するという観念……。

紀元前一一世紀の中国では、国際的、国内的な交換手段が一体化されていた。はじめてそこで、青銅の硬貨がインゴットにいれかわり、前七世紀になると、隊商が小アジアにまでこの硬貨を護送し、そのおかげで小アジアでは、やがて明らかになるように、琥珀金で硬貨をつくることを思いついたわけである[368]。

こうした交易の結果、貿易港――といっても必ずしも海の港だけではなく、国境の貨物集散地も意味するが――が富み栄えた。そこでは専門家によって、ごく些細な細部にいたるまで、交換は規制され、管理され、監督されていたのである。こうした貿易港は時として、紀元前三〇〇年ごろ五〇万人もの人口を数えたアレキサンドリアのような大都会にまで成長したものもあった[394]。帝国の秩序はこうして、やがてわれわれの世界を作る基ともなる地中海の方へと移行したのであった。

法による存在

これらの帝国が世界を分有しているあいだに、ほとんど気づかれることなく、少数民族のイスラエルで、所有や生死との関係を一変させるような観念が出現していた。土地をもとめてさまようノマドであり、ついで奴隷となり、征服者となった何人かの人々が、一神教を創案したからである。彼らは、もはや土地ではなく、律法という唯一の所有（固有性）のおかげで生きのび、その果実使用権をうけとり、それを擁護し、宣教すること、つまり、存在するとは、律法をもち、律法を知ることとなったわけである。

ちょうど同じ頃、そこから遠くはなれたインドでも、救いと禁欲を結びつけたもう一つの宗教、ヴェーダが創設されたが、仏教が六世紀にさらに飛躍させるまでは、ほとんど孤立状態におかれていた。

ユダヤ教の特性は、コードの存在の上に所有を確立することではなくて、コードの所有の上に存在を確立することにあったといえよう。メソポタミアからやってきたノマドだったユダヤ人がはじめて明確な形で姿をあらわしたのはエジプトで、ヒクソス人とともに紀元前一九世紀に――あるいはもっと正確にはラムセス二世の治下に――やってきた、ファラオの奴隷の一部としてである。少し後になって彼らはエジプトを脱出――逃亡の数家族といわれる――し、この逃走のさなかで、唯一神と律法への信仰をますます強く結晶させていった。ついで前一一世紀に――前一三世紀という人もあるが、蓋然性は少ないだろう――彼らは暴力と奸計によって、一〇〇〇年も前に先祖が神から授かっていた土地を征服する。そこに居を定めて、フェニキア人とヒッタイト人を駆逐すると、族長ヨシュアは、国土を一二の部族に分配し、こう命じた。「部族ごとに三人ずつを出しなさい。わたしはその人々をつかわしましょう。彼らは立っていって、その地を行き巡り、おのおのの嗣業のために、それを図面にして、わたしのところへ持ってこなければならない。彼らはその地を七つの部分に分けなければならない。ユダは南のその領地にとどまり、ヨセフの家は北のその領地にとどまらなければならない。あなたがたは、その地を七つに分けて、図面にし、それをここに、わたしのところへ持ってこなければならない。わたしはここで、われわれの神、主の前に、あなたがたのために、くじを引くであろう。レビびとは、あなたがたのうちに何の分をも持たない。主の祭司たることが、彼らの嗣業だからである。またガドとルベンとマナセの半部族とは、ヨルダンの向こう側、東の方で、すでにその嗣業を受けた。それは主のしもべモーセが、彼らに与えたものである」〔「ヨシュア記」第一八章四―七節〕。

かつては土工の奴隷だったこれらのノマドたちは、こうして農民になったが、まだ信仰にはためらいがみられた。周辺ではカナン人たちが、バビロン起源の豊饒神であるアスタルテとバアアルを崇拝していたからである。そこでユダヤの首長や士師は、厳格な命令を課し、死との関係を決定した。近隣の民族同様、彼らも都市の外の墓地に故人を埋葬してはいたが、そこに物品や生き物を入れるのをおそらく最初に禁じたからである。死は最高度に不浄なものだが、永遠への道をひらく。本質不可欠の所有、人民の未来を定める所有、それは生者による律法の尊重にほかならない。律法が教えるとおりにおこなうことこそ、最大の富であろう。それに律法は、他者との関係でいえば、相剋の原因とはならないという非常な利点を持っている。各人は、他者から奪うことなしに、律法を所有することができるからである。

前一〇世紀の初め、ユダヤ人はペリシテ人に対抗して単一の王国に結集した。最後の士師、サムエルのもとで、人々は王をたてる決意を表明する。サムエルはしかし、人々にたいし君主制への警戒をよびかけた。以下にそのすばらしいテクストを長々と引用するが、というのも、当時の全帝国の所有のコードがなんであったかを、文字通り時代の心性としてもよく表現しているからである。

「あなたがたを治める王のならわしは次のとおりである。彼はあなたがたのむすこを取って、戦車隊に入れ、騎兵とし、自分の戦車の前に走らせるであろう。彼はまたそれを一〇〇〇人の長、五〇人の長に任じ、またその地を耕させ、その作物を刈らせ、またその武器と戦車の装備を造らせるであろう。また、あなたがたの娘を取って、香をつくる者とし、料理をする者とし、パンを焼く者とするであろう。また、あなたがたの畑とぶどう畑とオリーブ畑の最も良い物を取って、その家来に与え、あなたがたの穀物と、ぶどう畑の、十分の一を取って、その役人と家来に与え、また、あなたがたの男女の奴隷および、あなたがたの最も良い牛とろばを取って、自分のために働かせ、また、あなたがたの羊の十分の一を取り、あなたがたは、その奴隷となるであろう。そしてその日あなたがたは自分のために選んだ王のゆえに呼ばわるであろう。しかし主はその日にあなたがたに答えられないであろう」〔「サムエル記上」第八章一一―一八節〕。

『聖書』によると、人々はこう答えたという。「いいえ、われわれを治める王がなければならない。われわれも他の国々のようになり、王がわれわれをさばき、われわれを率いて、われわれの戦いにたたかうのである」〔同、一九―二〇節〕。

サムエルの忠告にもかかわらず、サウルが、ついでダビデ、その次にエジプトの第二一王朝と同時代にソロモンが、王となった。こうしてサムエルが予告していたとおりのことがおこったのである。すなわち、帝王の君臨、宮廷を率いる《代官の長》による租税の収奪、《宮殿の長》による王族財産の管理、《賦役の長》による労働の管理など。王は、国境に都市を作らせ、国を一二の地方に分けて、部族の長である代官〔地方長官〕にその支配を任せた。各人はすべて、宮廷の必要に必須の財を、年間一カ月分提供しなければならなかったのである(29)。

部族はそれぞれの地方を管理し、氏族外にその土地を譲渡することは、どの家族にも許されなかった。「地は永代に売ってはならない。地は私のものだからである。あなたがたはわたしと共にいる寄留者、また旅びとである」〔「レビ記」第二五章二三節〕。七年ごとに土地は一年間休ませねばならなかった。こうして土地は、それがあたえる果実もふくめて公有財となったわけである。サムソン゠ラファエル・ヒルシュはこの義務をこう注釈している、「神の前で、最も貧しい人々や野の獣と平等なものだと自らを感じること」と。四九年ごとに、土地は、原初の所有者、すなわち最初に分配をうけた一二の部族のもとに返却されねばならなかった。過度のどんな集積をも不可能にするためである。

土地以外でも、王国の律法は、モノと人々の所有について、きわめて明確な規則を定めていた。『旧約』のいくつかのテクストでは、公的、私的、聖的な所有が区別され、モーセの十戒のうち二つ〔第八と第一〇〕は、私的所有を保護している。後代のテクストになると、所有と占有も区別され、合法的に領有され、契約によって獲得した財だけにその使用が許され、権利なき取得は禁じられていた〔「創世記」第三七章二節〕。どの取引きも証人の面前でおこなわれねばならず、どの所有も証人をたてて作成された。動産の所有権は物品の受領によって譲渡され、土地所有は、譲る者がその靴をぬぐという象徴的な取得の儀礼でおこなわれた（「ルツ記」第四章七節）。貸借権は、契約の途中で財産がうられたときでも、継続されることになっていたのである。

ノマド時代には母系だったのが、イスラエル王国になると父系にかわった。子供にたいして父親が全権をにぎっていたので、モーセは、父親が子供を殺すのを禁じたほどだった（「レビ記」第二〇章二―五節、「申命記」第二一章一八―二一節）。長男は他の子供たちの二倍の分け前を相続し、孫息子はオバより優先権があり、息子や孫息子がいないときには、娘が跡をついだが、このばあいは長女相続権がなかった（「民数記」第二七章八―一一節）。子供がないと、父親の財産は父方のオジにひきつがれ、娘たちは同じ部族の男性とのみ結婚ができた（「民数記」第三六章）。故人の母親と母方の親族には、その財産にたいし何の権利もなかったのである（「士師記」第一一章二節）。

律法によって認可されていた奴隷は、手厚く保護されていた。すでにモーセは砂漠のなかで、奴隷に年七週の安息日をあたえていたほどである（「出エジプト記」第二〇章一〇節）。王国でも、奴隷を殺したり、傷つけたりすることは禁じられていた。ヘブルの奴隷は、六年間仕えたあとは、そこばくの家畜や収穫物をもたせて解放しなければならない（「申命記」第一五章一三節）。もしまだ主人のところに留まることを望むなら、その耳に穴があけられた（「出エジプト記」第二一章六節、「申命記」第一五章一七節）。他民族の奴隷たちも、すべて割礼をうければ（「創世記」第一七章二三―二七節）、宗教的儀礼に参加してともに楽しむことができた（「申命記」第一二章、第一六章一一節）し、信頼される男となり（「創世記」第二四章二節）、主人の娘とも結婚できた。

金を貸すことは義務とされたが、利子をとるのは禁じられていた。時間は神のみに属するものだったからである。じじつはしかし、この禁止は消費貸借にのみかぎられていた、と解釈されている。他の貸借では、利子率がゼロではなかったからにほかならない。さらにユダヤ人間での貸借では、この禁止が有効だった。「あなたが、共におるわたしの民の貧しい者に金を貸す時は、これに対して金貸しのようになってはならない。これから利子をとってはならない」(「出エジプト記」第二二章二五節、「レビ記」第二五章三七節)。だが、「外国人には利息を取って貸してもよい」(「申命記」第二三章二〇節)とされていたからである。借り手が担保としてさしだした財の買戻しは期限の定めがなかったが、都市の家だけは一年間で買戻し権がなくなった。期限の定めがなかったのは、そうすれば「その人は、所有していた財のところに戻り、一族のもとにかえれるであろう」(「レビ記」第二五章二三—三一節)と考えられていたからにほかならない。

愛徳は、王国の社会秩序に必須のものだった。「もし、あなたが敵の手または、ろばの迷っているのに会う時は、必ずこれを彼の所に連れて行って、帰さなければならない」(「出エジプト記」第二三章四節)。「あなたは、貧しい隣人の権利を侵してはならない。」「あなたの兄弟が落ちぶれ、暮して行けない時は、彼を助け、寄留者または旅びとのようにして、あなたと共に生きながらえさせなければならない」(「レビ記」第二五章三五節)。神殿のなかには、《秘密の取扱い所》があって、正しい人々が無名で贈与し、貧しい人々がうけとることができた、と伝承は伝えている。

律法が完全に適用されたばあいの王国の理想は、このようなものであった。だがじっさいには律法に従うものは誰一人いなかった。七年ごとに人々は神殿に集まらねばならない(「申命記」第三一章一〇節)とされていたが、じっさいは危機のときにしか集合しなかった。大家族の族長、広大な農地を持つ地主、何人かの商人と高級役人が、一切を決定していたのであろう[29]。王は農民から貢納を収奪し、徴税のために破産した農民は、町で生活しにやってきた。前九三二年にソロモン王が死ぬと、貧民の反乱がおこり、王国は分裂した。北王国は前七二二年に、南王国も前五八七年に消滅し、ユダヤ人はバビロンに強制移住させられる[29]。

まさしくそれは、反逆的な預言者が、あらゆる社会階級から簇生した時代だった。アモスは「いちじく桑《ぐわ》の木を作る者」〔「アモス書」第七章一四節〕だと傲然と語り、イザヤは大貴族であり、エレミヤは地方の裕福な祭司の息子だった[29]。彼らの攻撃文書――歴史上最初の――は、信仰と道義の名において、搾取、貧困、土地の専有にたいし抗議している。彼らにとって、土地所有は権利ではなく、極貧はスキャンダルだった。というのも、人間には誰しも律法を受け、そのもとで生きる権利があるからにほかならない。いかにも彼らのユートピアは、土地奪回の理想にすぎなかったが、しかし《心の奪回》をめざしていたのである。彼らのなかでおそらく最大の預言者であったイザヤはいう。「その日、主は再び手を伸べて、その民の残れる者を、アッシリア、エジプト、パテロス、エチオピア、エラム、シナル、ハマテおよび海沿いの国々からあがなわれる。主は国々のために旗をあげて、イスラエルの追いやられた者を集め、ユダの散らされた者を地の四方から集められる」〔「イザヤ書」第一一章一一―一二節〕。だが、王国がこのようにして奪回されても、もはや以前と同じようにそこで暮せないとして、イザヤはこうつけくわえる。「わざわいなるかな、彼らは家に家を建て連ね、田畑に田畑をまし加えて、余地をあまさず、自分ひとり、国のうちに住まおうとする」〔同、第五章八節〕。世俗的で不器用だが、示唆的なその過度に単純化した筆使いで、E・ルナンが『イスラエル民族誌』のなかで言及したように「イスラエルの預言者たちは、今日社会主義者、無政府主義者とよばれるたぐいの、激情的な宣伝家[342]」だったわけである。

紀元前五三八年に、ペルシア新帝国を興したキュロスが、バビロンの虜囚のエルサレムへの帰還と新しい神殿の建設をゆるしたりしたので、ユダヤ人はユダヤとサマリア地方で再び暮すようになった。

ところが前三三二年に、マケドニアのアレクサンドロスがユダヤ地方を征服し、彼の死後、その後継者たちが、帝国を分割する。メソポタミアではセレウコス家が、エジプトではプトレマイオス家が王朝をたて、後者が前一九八年までユダヤ地方を支配することになる。プトレマイオス朝は、年貢の徴集以外、この国の内政にはほとんど介入しなかったが、紀元前二世紀のアンティオコス三世の勝利によって、ユダヤはセレウコス朝の支配下にはいり、紀元前六四年になってローマの属国となったわけである[29]。

このように、王国の建設以前でも追放以後でも、ユダヤ民族は自らの律法に頼って、そのアイデンティティをそこに求めねばならなかった。律法以外にもはや何も持ってはいなかったからである。それに、どのユダヤ人にとってもユダヤ民族全体にとっても、価値ある唯一の所有、守るに値する唯一の財産とは、律法である、とまさしく律法自体が告知していなかっただろうか。ユダヤ民族は、土地やその他のすべての所有を信用してはならなかったのである。

『旧約』のテクストは、最初の追放、つまり神の知をえたがために楽園にすまう権利を失ったアダムの追放を物語ることで、はっきりとそのことをユダヤ人に伝えていた。最初の殺人、すなわち、農夫カインによるノマドのアベル殺しも同様である。それはたんなる兄弟殺しではなかった。なぜなら、『聖書』をよく読んでみれば、真の犯人は、カインではなくて、犠牲者の血を吸いこんだ土地そのもの、呪われた地、アベルをそこに迎えいれるためだけにカインがうけとった土地であることがわかるだろう。アダムから楽園がとりあげられたように、カインは、殺されたのではなく、追いはらわれて、土地をとりあげられた。アダムにたいしておこなったのと同様、神は、暴力の裏面、無産者、非所有者、ノマドが甘受している暴力の裏面で生きることをカインに教えるために、彼を追放したのである[126]。

だが、本文を読みすすんでゆくと、この二つの最初の教訓だけではまだ不十分であり、人間はふたたび所有の争いにおちこんだことが示されている。ノアにたいしても、バベルの塔を造った人々にたいしても、神はさらに何度も怒りの仕草をあらわし、人間を大地から追いはらわねばならなかった。ついで神は諦め、すべての人間に要求するのを諦めた仕事、すなわち契約によって存続することを、家族とともにおこなうようアブラハムに委任された。神は、アブラハムを世界の用益権者としたが、しかし妻を埋葬するためでさえ、さしあたり土地をアブラハムにあたえるのを拒まれた。地下埋葬所を借りるのにさえ、数シケル銀貨を払わねばならなかったのである。「地はわたしのものである。あなたがたはわたしと共にいる寄留者、また旅びとである」(「レビ記」第二五章二三節)。こうしてアブラハムは律法だけとともに生きねばならなくなった。

何を持っているかにかかわらず、一人の人間が他の人間と同じ価値を持っている、とされるのは、これが人類史上最初のことだろう。ユダヤ人の各世代は、その存続を確保するために、暴力が熄むときまで、こうして旅する民、教典を知り、実践して伝える、その用益権者として自らを指定することになるだろう。律法の尊重による復活のときまで存続したばあいにかぎって、この民族は集団として不遇な境地から脱出できるであろう。

したがって、律法を伝えうるためには、生存が一切に、極限では律法にさえも優越するという、至高の教訓が生まれてくる。それぞれが上へ上へとつみかさなった八つの段階がある――とずっと後にマイモニデスはいうだろう。「愛徳には、もはやその上のない最高の段階とは、イスラエルの息子に贈物や貸付けをしたり、協力して、もはや何も困らなくなるまで存続できるように仕事を提供したりして、彼をしっかりと支えてやる段階にほかならない(270)。」

だが、この現実世界で生きるには、律法だけでは十分でないことを、歴史はユダヤの流浪の民に教えてやらねばならなかった。こうして、世界から逃避するのをやめて、ユダヤ民族は時代に先んじたものとして自らの姿をあらわす。皆で一緒に祈ったり、通婚し、さらに死者を埋葬する権利を買うために、貨幣とともに生きようとするわけである。「お金なしではユダヤの集団は不可避的に消滅する定めにある(327)」と、レオン・ポリアコフは書いている。こうして、社会の周辺で遠慮がちにではあるけれども、所有の第三の大コード、われわれがなお所属している商人の秩序を形成する基礎の一つが二〇世紀も前にはじまったわけである。

生者の都市国家

同じ頃、神の律法とならんで、人々の法を表明するもう一つのユートピアが形成されてくる。紀元前三〇〇〇年代以降人々が住みはじめたギリシアとクレタで、前一六世紀から、ロードス島や小アジアのミレトスのような、エジプトとの通商の中継地がしだいに形をととのえてきた。アルゴリスのミュケナイのようなほぼ一〇ばかりの共同体が、交易港、漁港また軍港として組織されてきたからである。海、軍隊、通商がそこでは本質的な役割を演じていたけれども、首長たちは、通商していた近隣帝国の首長同様、土地を不可欠な財、富の主要源泉とみなしていた。家族のあいだに港周辺の土地を分配し、農民を監督させ、貢納を徴集し、その代りに、地上、海上での保護をひきうけていたのである。こうした都市のなかで最強だったミュケナイは、交易ルートに最善の位置を占めていたこともあって、諸都市を連合し、エジプトやメソポタミアにも似た帝国組織をつくりあげた。もっとも、海に隔てられていたことが、これらの都市国家に最大の自律性をあたえていたという点では、少しちがっていたのだが(82)。

コードはここでは、人々の運命を支配する神々のまわりに組織されていた。神々は秩序をうけあっていたが、ペンテウスの死後、供犠によってうまく無秩序をのりきり、対抗心と欲望をたくみに誘導できること、社会的ヒエラルキーや財と職務の不平等な配分が、平和と秩序の必要条件であることが明らかとなる。身内の一人を供犠することで人々は神々とのつながりを深め、平和の使者、家長の分身にしたてて、それをパルマコンとよんだ(167)。

人々は死者を恐れていた。「勝った戦士は、復讐をおそれて敵の死体を切り刻んだ(6)」のである。死者を手厚く遇しないと、死者のための都《ポリス》、復讐の女神たち《エリニュエス》に脅されると考え、都市の近くに広大な墓所をつくり、巨大な墓室におびただしい財や供犠獣とともに死者を埋葬した。こうして、今日、王墓のなかから、宝玉、金銀、七宝の剣や短刀が発見されるわけである。死ぬ前にはまた、残された人々に感謝され、いつまでも記憶に残るようにと、生者に善行（エウエルゲイン）をしなければならなかった(402)。自分の思い出に宴をひらいてもらうために酒飲みの会に財を遺贈したり、城壁の維持にその収入が役立つようにと都市に土地を遺贈したりする。「有用な事のおかげで、私の記憶がそれにふさわしくいつまでも残るために(401)」と、自分の名前でコンクールをおこなう基金を設置したり、記念碑をたてさせたり、ずっと後にペリパトス〔アリストテレスの逍遙〕学派の哲学者リュコンのように、学校の子供たちに油を提供する人もあった。生前に王冠――最初は月桂樹の、もっと後には貴金属の――や彫像をうけとった受遺者は、ひきかえに、遺贈者が他界したあとで、その名誉をたたえる布告を公共の場所にはりだし、通りすがりの人が、低い声でそれを読んで、《故人をよみがえらせる》ようにした――これは、最も重要なことだった、とポール・ヴェーヌはいっている(401)。

これら各都市国家の王――一般に戦士長だった――は、農民の土地の産物、家畜、織物、武器、銅や金のインゴットを徴集して物財をたくわえ、死の準備に用いた。また戦争の捕虜（ドウロイ）を奴隷として、使用人や職人として使ったり、供犠用に手元にとどめておいたり、あるいは漕手ないし坑夫として私人に貸したりしていたのである。[82]

こうした貢納とひきかえに、ミュケナイ王は、神殿での供犠、祭礼、きわめて正確に管理された祝祭に必需物を供給し、気前のよさを示せば示すほどその評価もあがった。エレンブルクを引用して、セルヴェは書いている。[368]「国家は供犠の数と型を固定し、祭礼に必要な用具を製作させ、神殿の財を管理し、聖域の保護と維持を保証していた。」

供物は富の尺度によって測られ、神々と値切り交渉することも許された。ホメーロスの時代にはこのためにウシが用いられたが、やがて「身分の低い人々には高価すぎたり、あるいはいくつかの伝承によると、清浄さがけがされた[368]」りしたので、動物のかわりに植物の供物が用いられるようになった。その後、硬貨[368]がこの供犠と供物を象徴するようになり、禁止事項の侵犯を許してもらうための賠償金ともなった。信者と祭司との長い議論のはてに、仕えるべき神と供犠の額が決定されたものらしい[368]。

初期の神殿はまた、王や貴顕から交付金、領地、戦利品、没収財産、租税や賠償金をもうけいれていた。オリンピア、デルフォイ、デロス、ミレトス、エペソス、コスの神殿はまた都市の古文書や最も高価な品物を保管していた[368]。アテナイは、パンテオンの宝物庫《オピストドモス》に、デロスはアポロンの神殿に、オイタイオス人の連合はヘラクレスの神殿に、それぞれ都市の財宝を隠し、デロスのようにいくつかの神殿は、王に貸付けまでおこなっていたのである[82]。

王はまた存続のために、終身の長老会議（ゲルーシア）に集まって共に都市を統治する最も古い家柄の家長に、土地をあたえねばならなかった。彼らはオイコス（親族、召使、奴隷、物質生活を保証する財）の領地を統治していた。どこでも同じだが、一番豊かな土地所有者が一番貧しい人々に依拠していたことになる。

資産の規模はきわめてまちまちだった。最貧の農民はウシ一頭、もっと富裕な農民は何人かの奴隷、さらに富裕なものは戦士となり、家内労働（きわめて稀には畠仕事）を奴隷にやらせていた。もう一段裕福な農民は、奴隷、作男、職人をふくむ、真の意味でのオイコスを持っていたのである。[96]

所有の移転は証人の前で、成文証書によってなされ、ついで神殿に委託されるという風に、権利の芽生えもしだいに形がととのえられてくる。各都市の内部では、交換はまずバーター取引き、メタドーシス（「自分の分け前をあたえる行為」とポランニーはいう）[329]の形態で、とりわけ各都市間の接触と交換の機会である宗教的祭礼のときにおこなわれた。沿岸部の都市国家では、遠距離交易が発達し、このことは、前一三世紀のミュケナイの二つの壺が小アジアで発見されたことからも証明されている。とはいえ、取引きと海賊的行為、通商と略奪がはっきり区別されていたわけではなかった。大都市国家のそばには貿易港と軍港が、その保護のもとに開港された。ずっとのちになって、アリストテレスはこう語っている。「都市国家は、都市にたいしてほどよいところに位置する停泊地と港を備えていた。そんなわけで、都市自体のなかにその本拠を持ってはいなかったが、これらの設備は、都市から遠く離れすぎておらず、城壁やその他類似の防禦工事によって、緊密な依存関係におかれていた。[7]」

紀元前一二〇〇年ごろ、秩序が崩壊する。ミュケナイの宮殿や城塞はこのころ焼けおちてしまったらしい。前一二世紀にミュケナイの没落とともにはじまり、前七世紀にアテナイの登場で終る、《暗黒の欠落期》については、ほとんど何も知られていない。相続と負債の進展によって、不動産が土地所有者や牧馬者である少数の貴族の手に集中し、軍備を独占したので、そのため王や小土地所有者の力が衰えたもののようである。またしても、少数者の手中への多産財の集中が、帝国形態の解体へと導いたわけであった。

いずれにせよしかし、前八世紀になると、鉄細工の発展が土地貴族階級の手による都市国家の復興を導いたことは確かだろう[82]。このころから六世紀ものあいだ、ギリシア社会は、ひとしく到達不可能な二つのユートピアのあいだをゆれうごくことになる。つまり、パンヘレニスムとポリス、普遍的なものと特殊的なものとのあいだであって、いずれも一定の所有コードを作りだしたのである。一方は、古典的タイプの帝国のコードだったが、他方の生者の都市国家のコードは、財産の多寡にかかわらず、すべての自由人のあいだで、平等に都市への支配権を分配しようとするものであった[402]。

前七世紀初頭、詩人アルキロコスは、個人主義の芽生えの前兆をつげたが、この時一方ではエジプトやメソポタミアの近隣帝国は瓦解し、ヘブライ国家は、軍事的攻撃をうけて消滅しようとし、ギリシア諸都市の星座のみが平和と権勢をふたたびとり戻していた。アテナイのようないくつかの農業都市国家では、王が追いはらわれ、自ら《市民》と名のった大土地所有者が集会と裁判所（アレオパゴス）を創設し、王にかわる執政官《アルコン》を選んだ。「土地は市民の特権にほかならない。古典時代のギリシア共同体はいずれも、土地所有者の共同体から始まるだろう。たとえその後、動産が土地とならんで発展したとしてもである[402]。」周辺の田園に養われて、都市とともに商人、企業家、戦士、奴隷が発展してくる。市民は誰しも、コムギを挽き、パンを焼き、食事や衣服を作るために少なくとも一人は奴隷を持っていたが、土地の労働には使用しなかった[402]。奴隷は——とアリストテレスはいっている、「完全でよく組織化された家庭に不可欠の構成員である[7]」と。五〇人もの奴隷をもつ市民もあり、デモステネスの父は、剣や寝台を製造するため三二人も使用していたのである[444]。

物の交換は、なお本質的には、バーター取引きの形ないし青銅のインゴットとの交換でおこなわれていた。前七世紀の初めになると、婚資の支払い、殺人や盗みの弁償に貴金属の卵状の硬貨が市民間で流通したが、ありきたりの物品については用いられなかった[368]。が、やがて、エジプト人やバビロニア人が用いていたインゴットに代る交換手段が、大きな財の転移には考案されることとなる。

ギリシアの歴史家や祭司たちは、この刻印のある同一の初期硬貨の起源について、あれこれ考えをめぐらせたものだった。金銀の合金でできた琥珀金製の硬貨は、最初、リディア王国で決済手段として流通しだしたものらしい[368]。ヘロドトスは、「リディア人こそ、われわれの知るかぎり、金銀貨幣を鋳造し、使用しはじめた最初の人であり、また、小売業をはじめた最初の人である[203]」と書いているからである。すでに紀元前一一世紀以来存在していた中国から伝わったもののようだが、貴金属で製造し、その価値を保証した最初の王国は、リディアだったらしい。

当時の二つの神話が物語る、その歴史はつぎのようであった。最初の神話によると、フリギアのミダス王は、手にふれるものすべてを金に変える贈物をディオニソスからうけとったが、濫用して、黄金の砂漠のなかで飢えと渇きで死にそうになった。そこで彼は、この贈物をとりあげるよう神に許しをこうた。代りにディオニソスは、リディアのパクトーロス川で水浴するよう命じた。そのせいでこの小川から砂金がとれるようになり、硬貨を製造できるようになった、というのである。貨幣は大地を殺す、とこの神話は語っている。いいかえると一つの多産財がもう一つのそれにいれかわったわけである。

ミシェル・セールが私に思いださせてくれたもう一つの神話によると、以前羊飼いだったリディアの王ギュゲスが、前七世紀の初め、とある洞穴の奥に指輪をつけた裸の屍体を発見した。その指輪を自分のものにしようとしたとき、指輪のせいでその姿がみえなくなった。そこで羊飼いはカンダウレス王を殺し、王妃と結婚し、権力を掌握して貨幣を作った、というのである。「価値は死から発生する[367]」と、ミシェル・セールはみごとに注釈している。富は、生者に権力をあたえるために、墓から発生する。貨幣は、暴力の姿をくらませ、屍体といれ代ったのである。

ギリシアはかくて、生者の都市国家となった。前八世紀以降、人々はしだいに死者とともに富を埋葬しなくなり、生者のためにとっておいて、流通させようとする。じじつ、前七世紀の後半以降、硬貨がしだいにインゴットにおきかえられていった。サルディニア人が、地中海と小アジア間の国際貿易の中心となり、イオニア、アルゴス、ギリシア内陸へ硬貨を流通させてゆく。前七世紀初頭、アッシリア王セナケリブの碑文には、《円い半シケル銀貨》と書かれていたから、貨幣が到着していた証拠だろう。前六世紀になると、大多数のギリシア都市国家では、ロードスのバラあるいはアテナイのフクロウといった、ポリスの識別標章を持つ銀貨が鋳造されていた[368]。五六〇年ごろ、キュロスとソロンの同時代人であるリディアのクロイソス王は、必要な技術を意のままにしていたので、《スタテール》銀貨と、その一〇倍の値打ちのある《スタテール》金貨を鋳造する。決済貨幣であるこれらの硬貨は、既知の世界を通じてしだいに流布しはじめた。じじつペルセポリスでのダレイオスの王座室《アパダーナ》が創設されたころ――前五一五年ごろ――の日付を持つ、ルディアの金貨四枚と古代ギリシアの銀貨四枚が再発見されているし、ペルシア王も有名なダリウス金貨を鋳造させていたのである。とはいえ、このことから貨幣の役割を誇大視してはならない。所有のコードは本質的にはまだ、バーター取引きと力によって統御されていたからである。

　前六世紀になると、ペルシアの侵入にたいして一体となっていたギリシアの都市国家は、じじつ上分裂し、相互間でひきおこした戦争によって重い租税がかけられるようになった。沿岸部の都市での内部分裂はますますひどくなり、多くの農民は土地を抵当にいれ、生き残るために負債をかかえざるをえなかった。借金を返せないと、彼らは債権者の奴隷となり、以前の自分たちの土地で債権者のために働かされた。巨万の富が極度の貧困と隣りあわせになっていたのである。商人階級は、軍事、民事の負担の大部分を支払っていたので政治生活に参加を要求し、窮民となった農民は都市をさまよい、土地の分配を要求した。

権力者の秩序は不安定化していったのである。

政治的平穏を再建するため、市民たちは、農業施設というよりむしろ交易と軍事の海外拠点である植民地に、無産農民を移民させようとした。こうして、マッシリア（マルセイユ、前六〇〇年ごろ）、ネアポリス（ナポリ、前五八〇年ごろ）、シラクサ（前八世紀初頭）、ビザンティウム（前七世紀）が創設される。植民――ガマロイ、地所を分割する者――は、服属した人々（スパルタのメッセニア人、テッサリアのイリリア人、ビザンティウムでのビテュニア人）を以前の彼らの土地で働かせたのである。

だが、こうした《輸出》も、原因となった社会政治的不安を鎮静化できなかった。前六世紀初頭、都市国家間の戦争がまっさかりのなかで新しい権力が土地所有者の寡頭制をおびやかしたからである。降格した貴族だったが、油の商売で大儲けしたソロンが、前五九四年にアテナイの執政官《アルコン》に選ばれる。以後土地を持たないかごく小さな土地しかもたない（職人、船員、小作農）第四階級の自由人（テース）と土地所有者が区別されることになる。市民であるためには、すでに両親のどちらかが市民でなければならない、とされた。この市民をソロンは、生まれにしたがってではなく、土地財産にしたがって四つの階級にわけ、従属者の借財を禁じた。市民全部に投票権があたえられたが、たとえ土地所有者の地位にあっても、一番貧しい階級からは高官をだせなかった。ソロンはアレオパゴスに加えて、民衆裁判所《ヘリアイア》を創り[161]、より大きな集会であるエクレシアで、市民たちは民衆の意志を表明した。原則として、戦争、租税の徴収、資源の用途、公共建造物、使節の選任を決定したのはこの民会《エクレシア》にほかならない[161]。誰もがそこで法律の撤廃を提案でき、投票は挙手の人数でおこなわれた。いくつかの決定（たとえば、個人の都市外への追放を布告するオストラシスム）は秘密投票とされていた。とはいえ、大部分の住民は、まだなお市民の身分にのぼることができなかった。ソロンはまた、硬貨の価値を変えることで、土地を担保にした農民の負債を軽減したが、これは最初の平価切下げといえよう。彼はまた、借し手がたとい債務者であっても身柄を抵当にとることを禁じ、奴隷となった農民を買いもどして彼らに所有地を返し、所有者の子供全部に大農地を分配させる方策を促進させ、また誰でも《貴族の》土地を買うことを許した。ソロンが亡くなったあと、クレイステネスがその仕事を完成させたのである。

生者の都市国家では、権力のしるしはなお、首長の贈与能力にかかっていた。たとえば、紀元前五世紀ごろ、アテナイのある富豪とトラキア王、セウテース——儀式の各参加者から白馬二頭、若い奴隷一人と妻たちのための衣類をうけとった——とのあいだでとりかわされた協定について、クセノフォンはくわしく語っている。「ついで、アテナイのグネシッポスは、立ち上って、古代の慣習をみごとに表明した。それによると、王に敬意を表するために、富者は王にあたえ、王が今度は何も持たない人々にあたえねばならない、というわけである[444]。」一番豊かな市民は、その権勢をしめすには公共の利益のために出費しなければならないという社会的義務、「人々を喜ばすため」の《公共奉仕《レイトウルギア》》をしなければならない社会的義務を、いぜんとして負わされていたのである。それをなしうる者だけが、直接に政治に関与できたのだった[141]。

僭主時代以後、アテナイの宿敵だったスパルタでは、元老院と二人の王が統治する君主制のままであったが、これにたいしアテナイでは、ふたたび民主制にもどった[82]。文官と武官の長であったペリクレスが、前四六三年から四二九年までほとんど中断することなく、アテナイを統治していたからである。彼は納税額の決定に動産をもふくめさせたが、そのおかげで裕福な商人がアレオパゴスで土地所有者と合流することができた。すべての動産所有者が、土地所有者と同じ権利を享受できたのは、これが人類史上初めてのことではなかったかと思われる。ペリクレスはまた、以前は排除されていた第三市民階級にも、いくつかの公職につく道をひらいた。市民一般にくじ引きで権力の行使にあたらせようとしたのも彼だったが、もっともこのさい市民権をもてる者は、両親がすでに市民であるものにかぎられていた。彼の死後、フォルミシオスとやらいう男が、ふたたび市民権を土地所有者だけに制限するよう提案したが、五〇〇〇人の都市商人が排除されてしまう結果となったので、誰も賛成する者はなかった。権力の実態は富者の手にとどまり、この富者こそ、他の人々を生かす手段を持っていたがゆえに、まさしく生者にほかならなかったのである。

　都市国家の哲学者たち——プラトン、ついでアリストテレスとデモステネス——もこのころ、ポリスの理想を概念化し、理想的な都市国家の理念を意義あらしめ、ポリスを存続させうる所有規則を定義しようと、尽力していた。

　彼らの論争をふりかえってみると、次代の秩序の内部でも二〇〇〇年もの長きにわたって対立する、所有の二大規則がすでに形成されていたことがわかるだろう。プラトンをふくむ一方の派にとって、戦士と哲学者は、妻や子供、全財産を共有し、個人的利害をすべて消滅させて、全面的に都市国家に献身しなければならない。全市民は最高の公職に就く能力をもたねばならない。奴隷制は禁止さるべきだが、ヒエラルキーはそうではない。というのもある人々は命令するように、他の人々は服従するように生まれついているからだ、とされたのであった。プラトンは書く、「虐待されている人々を優しく遇する人々、無慈悲と不正とから身を清らかに保つ人々は、至高の徳にまで身を高めるであろう[325]」と。反対にアリストテレスにとって、土地所有は私有でなければならず、そうあってこそ各人は万人の利害に注意をはらうようになる。運命によってではなく、生まれつき奴隷である人々も存在するのだ、とされたのであった。「体力の使用が、その存在から［……］とりだしうる唯一かつ最善の職業である人々は、［……］肉体が魂に劣っているように、その同胞よりも劣っている[7]。」そのうえ、奴隷は、テクノロジーの現状からすると、家庭経済に必須のものにほかならない。生きた財である奴隷は、生きた道具一切の首位にある。「じっさい、どの道具も、詩人がいうように、神々の集会に一人で赴いたダイダロスの神像やヘパイストス〔鍛冶神〕のように、あたえられたないし予言された命令にもとづいて働くのだとすると、織機の杼《ひ》がひとりで動き、楽弓がひとりでにキタラを奏するのだとすると、事業家は労働者なしでもよく、主人は奴隷なしでもすまされるであろう[7]。」ところが、アリストテレスは死に際して、自分の奴隷をこう書いて解放してやったのである。「私の財産のうちで、一番に目をかけてやらねばならぬもの、それは、最も重要で、最善で、最も優れたもの、すなわち人間にほかならない[7]」

この二つのユートピアは、千年にもわたる混乱のなかに忘却され霧散してしまったが、ビザンティウムからイスラムを通ってローマ教会への長い道のりのはてに再び出現し、やがて後には、別の多産財をめぐっての他の諸都市における新しい所有権を設立するだろう。

ギリシアは前三三八年に、マケドニアのフィリッポス王、ついでその息子アレクサンドロス王の支配下にはいり、政治的支配力を失ってしまった。とはいえ、戦争の合間をぬって、相当程度まで商業を発展させ、後の未来の多産財、つまり貨幣を活用させる技術を考案しつづけた。じじつ、先物売買、漁師、商人、小売商人への冒険貸付け、抵当、担保、保証金、為替契約、為替手形、保険といった方式が現れ、明確になってきたのは、この当時のギリシアの海運業者や商人の経験からにほかならない。たとえば、この時期以降、都市の奴隷所有者の掛金の払込みを資金とする、奴隷逃亡にそなえた保険機構を、ギリシア人はバビロンに設立している[200]。また、負債で破産した農民反乱では、生産用具の集団領有をめざす最初の要求が試みられたこともあった。紀元前三世紀の中葉、スパルタの二人の王、アギス四世とクレオメネス三世は、マケドニア人と対戦して前二二一年に敗北するまで、土地の再分配と負債の破棄を企てた。その後ローマの圧力がしだいに強くなって、紀元前一六八年には事実上併合されてしまう。帝国の中心はだんだんと西の方へ移ってゆき、以後ローマが他の勢力を圧倒してゆくだろう。

分類と排除

紀元前七世紀ごろの西欧は、数千年来人々が住みついていたとはいえ、なお本質的には巨大な森林であって、その間に侵略にできるだけ抵抗しようとする村落がまばらに点在しているにすぎなかった。しかし、ブルガリアのヴァルナの墓地から発見された何千という金の装身具のように、すでに前一〇〇〇年代も前から、墓に宝石を副葬する習慣がみられた。アジア人の圧迫をうけて、ケルト人、バルト人、ゲルマン人が、自分たちの信仰と祭式——最初は葬儀にかんするものだったが——をもって、そこに居住していたのである。ガリア人は、死者の埋葬のさい、人間を供犠していた。死者の魂は危険で有害なので遠ざけておかねばならない、と考えていた原エトルリア人は、ときとして死者の住居で、松明の光のもとで夜の葬儀をおこない、何度も故人の名をよび、各戸で聖なる常夜灯をたやさなかった。ずっと後の紀元前三世紀に、やがてガリ（ガリア）人とよばれることになるケルト人が、南ドイツ、ハンガリー西部、ボヘミア、フランス北部を占拠し、ついでイタリアとギリシアを攻撃する。大きな交易路にそって村落を建設したが[433]、もともと羊飼いだったのかたんなる傭兵だったのかはよくわからない。いずれにせよ、彼らは、鉄を用いて道具を作り、反《そ》りのある犂《すき》を創り、樽を発明し、穀物の輸出者となった最初の人々に属する[433]。死者は火葬にされ、陶器の骨壺にその灰をいれて、家の形を再現した墓碑のなかに安置された。時として首長はなじみの物品とともに埋葬され、王者は金の装身具、衣服、戦車、豪華な武具、胴鎧、あの世での食事用の壺とともに埋葬された。その奥方も装身具やイヤリングと一緒に埋葬されていたのはいうまでもない。たとえば、六世紀初頭ケルトのある王妃は、全装備の二輪馬車、豪奢な物品——なかの一つにブロンズ製のギリシアの深鉢《クラテル》があった——とともにヴィクスで埋葬されていたのである。リブモン＝シュール＝アンクル（ソム県）で発見された人間の骸骨で作られた建造物からも明らかなように、人間の供犠がおこなわれていた可能性もある。紀元前九世紀以降開発されていた岩塩鉱にほどちかい、オーストリアのハルシュタートの墳墓には、豪華な家具とともに二〇〇〇の納骨壺が埋められていたのである[433]。

自分たちの征服を正統化するため、これらの民族はいずれも、大地は神々が自分たちの祖先にあたえたものだという神話を作りだしていた。たとえば伝承によると、ローマは、近隣の王族から追放された子孫、ないしトロイからやってきた子孫である、憎みあう二人の兄弟によって、紀元前七五三年に建設された、ということになっている。妬み深いレムスは、賢いロムルスが未来の都の建設のためにひいた境界線を尊重せずにとびこえてしまったため、双子の兄に殺された、というわけである。カインのばあいとは違って、殺人者は追い払われず、王となった。土地にたいする暴力が、どの帝国でもそうだったように、ここでも所有と権力の源泉だったわけである。

自分たちの支配を確立し、外敵から国境を守るために、ローマ都市国家の最初の土地の支配者たちは、自分用の軍隊を作り、城壁を構築する。伝承によると、彼らは、世襲貴族《パトリキ》によって選ばれ、宗教的権力を担う、サビーナ出身の王を中心にパトレス・ゲンティウム（家長）の百人会議に再結集した。王に従属する祭司たちが、その力を保持するため秘密とされていた法律の形態で、死と所有との関係規則を定めた、ということになっている。

以前のすべての社会と同様に、そこでも、死者の運命は、その持ってゆく財産、つまり死者の富と、墓にささげられる供物、つまり生者の富とに依存していた。死者は怖れられていたので、都市の外に埋葬されたが、一番の金持ちには家の門からでる道の一端が専用とされていた[180]。ごく貧しい人々をのぞいて、紀元前四世紀の墓には、故人の名前、家族状況、物故日、年齢と職業をしるした碑文が刻まれていた。紀元前一世紀になると、埋葬は、白昼、楽師、歌い手、泣き女をともなって、専門家（リビティナリイ）の手で組織的におこなわれるようになる[180]。奴隷たちが、新参者をあたたかく迎えようとしている、故人や姻族の先祖の蠟製の肖像をもってゆく[180]。「仮面をつけた俳優《わざおぎ》（アルキミヌス）が故人の表情や歩き方を再現し、そのあとに葬列がつづき、肉体の最終的な消滅まで、その生命をひきのばそうとする[180]」わけであった。

帝国の初期にはどこでもそうであったように、家族が経済的、政治的な自律単位をなし、父親は、財を管理し、子供を裁いたり罰したりする《家庭執政官》にほかならなかった。土地を獲得した家長は、投資、貯金、投機などをおこない、自分のために耕作する農民を監督し、海上交易を手がけ、商業組合を組織したりする。こうした家父長こそ、ローマが創出した真の企業家といえるだろう。バーター取引きがまだそこでは支配的だったが、所有は、力と法律――その当時でさえ秘密にされていたので誰も知らなかった――に立脚していたのである。

貨幣としてそこで使用されていたのは、まだギリシアないしペルシアの硬貨だけだった。紀元前六一六年にエトルリアの王たちが、サビーナとラテンの初期の諸王の後を継ぎ、敗北した都市の商人、職人、官吏、市民などが、ローマ市になだれこみ、やがてその市民となる。戦争の捕虜、負債のため売られた農民、捨て子などは公共の奴隷となり、道路、神殿、水路建設に使用されたが、まだ農業労働には用いられなかった。

紀元前五〇九年に、エトルリアの諸王が、《世襲貴族》によって追い払われたときでも、ローマ市の面積は限られものにすぎなかった。支配していたテリトリーは、わずか五六五平方キロメートルにすぎない。

そこに《共和国》、しかし事実上は、毎年選出される二人の執政官《コンスル》が代表する、大土地所有者の独裁が開始される。前四九四年、平民《プレブス》が、四人、ついで一〇人の自分たちの代表、《護民官》を獲得して、世襲貴族の決定を妨害できるようになった。

少し後、おそらく五世紀の中葉——「ずっと以前からこうした気ままな歴史再現のアナクロニスムはよく知られている」とピエール・グリマルは非難しているが[180]——一〇人の旧執政官からなる委員会が、ローマ市民に適用される法律を《一二表》にまとめて、一つのコードを作成した。最初は王の、ついで執政官の恣意にそれまでゆだねられていた古来からの法律が宗教的な秘密ではなくなったのだから、これは平民が勝利をかちえたことを意味するものと思われる。

この法典——二世紀にわたる君主権と寡頭制組織を要約したものとみなされている——について知られていることを読んでみると、主たる新しさは、物と所有規則の体系的な分類がそこに導入された点に存するようである。相互に相いれないカテゴリーを決定し、それまで人とモノとの占有を特徴づけてきた曖昧さと両義性を排して、所与の所持者にあれこれの財を帰属させようとしているからにほかならない。

とはいえ、占有と所有はまだそこではきっぱりと明確に区別されていなかったらしい。あるモノの占有は、そのモノにたいする至上の絶対権をあたえる、とされていたからである。同様に、モノへの支配力の諸要素間にも明確な区別がなされていなかった。生産物の使用、収得と毀損とが混同されていたからである。逆に、一二表法ではすでに人間にたいする支配力の四要素が区別されていた。物質的権能（ポテスタス）、日常生活の管理（ディスティンクトゥス）、身体の保護（サルヴァメントゥム）、精神への影響力（アウクトリタス）がこれである。市民もまたその財産に応じてクラス分けされ、異なるクラスの人々間の結婚は禁じられていた。分類は同時に排除でもあったわけである。

財産とみなされたモノ、観念、あるいは人はいずれも res と名づけられていた。その語源は、「贈与、贈物、誰か他の人を喜ばせるモノを意味するサンスクリットの rah, ratih にさかのぼる」[289]、とマルセル・モースはいっている。このコードはモノを明確に神権にかかわるモノ——それ自体、神々に捧げられる神聖なるモノ（res sacrae）、死者に捧げられる宗教的なモノ（res religiosae）、都市の壁のような聖なるモノ（res sanctae）に細分される——と、人権にかかわるモノ——橋や水路のような公共のモノ（res publicae）と海や岸辺のような共同のモノ（res communes）とに細分される——に分類されていた。また、別の仕方では有体物のなかで、奴隷自体——学者の区別によると——私的奴隷と公的奴隷に分類されていた。

これら有体物のなかで、奴隷自体——学者の区別によると——私的奴隷と公的奴隷に分類されていた。

厚意から命をとりとめた捕虜は、「それを殺しえたはずの者」の所有となった[109]。奴隷は相互に通婚できず、土地を占有できなかったし、奴隷女から生まれた子供は、あくまで奴隷としてその母の主人に帰属した。奴隷を盗む者、プラギアリウス（《よこしまな手段を用いる者》を意味するギリシア語、プラギオンからきている）は、死刑に処せられたのである[109]。

もう一つの有体物である土地は、原則として国家の排他的占有とされていた。ローマ兵が征服した土地は、公共のテリトリー（ager romanus）とされ、それ自体三つの部分に分割された。一つは相続財産外とされ、神の礼拝に捧げられた土地（res nullius）、もう一つは、都市に帰属し、譲渡不可能なもの（res publica）、三番目は租税を払えば市民に貸付けできる土地（vectigal）がこれにほかならない[311]。私有地もまた存在はしたが、その占有は文書で正当化されねばならなかった。「証書なき領主は誰もいない」からである。マンキピウムは最初所有行為を指示したが、ついで語義が拡張されて、土地にたいする所有権をあらわすようになった。握取行為（in mancipio）で或るモノを持つとは、この当時、所有者であることを意味していたのである。

動産にかんしていうと、占有――トラディチオ、もっと後にはプレスクリプチオといわれた――は、筆記証書なしの所有に相当していた。

無体財は、なお曖昧で、排他的なものではなかったし、用益権も明白には表示されていなかった。たとえば、原作者（*auctor*）は朗読者（*lector*）から区別されず、原典は原稿の占有者に帰属し、思うがままに写本できたのである[363]。

財産を獲得する方法は、排除権的な仕方で分類されていた。売却、婚資、遺贈がそれぞれ区別されていたからである。売却は、市民である五人の証人のまえで、秤と金属のインゴットを持ち、祭式的な言葉をのべながら、おこなわねばならなかった[102]。売却品に欠陥があれば、売り手はそのことを書字板に明示せねばならず、六カ月のあいだならそれをとりもどす権利と買い手に弁償する義務とがあった。売却はまた訴訟の模擬行為（*cessio in jure*）によっておこなわれた。つまり、売り手は売却品の所有者であることを保証し、買い手が自分のものとして要求すると、司法官が承認する、という具合である[102]。売却後、財の受領は*vendere*とよばれた。この語は――とマルセル・モースはいっている、「*venum dare*〔売りにだされたモノをあたえる〕」からきており、贈与や譲渡を想起させる。すでに売却ではなくて、ヒルンが婚資、花嫁代償を意味するブルガリア語と結びつけた、サンスクリットの売価を意味するインド・ヨーロッパ語[289]」から借用したものらしい、と。

別の財産の獲得法には、婚資と遺贈があった。婚資はとり消すことのできない夫の財産となり、ヘレディタスという語は、相続することと世襲財産を同時に指示していた。文書ないし口頭での遺言には七人の証人の立ち会いが法で定められ、遺贈された世襲財産は、遺言者が相続人ないし仲介の第三者に売ったものとみなされたのである。[102]

一二表法には、物あるいは土地のじっに多数の貸付け形態が分類されている。拘束的義務（*nexum*）、消費貸借（*mutuum*）、使用貸借（*commodatum*）、寄託（*depositum*）、動産担保（*pignus*）、売買、賃貸借、委任、共同財産（*societas*）の各契約、等々。[102] より古い社会の数々の法律と同じく、返済不能の債務者は、幾片かに切り刻まれて債権者間に分配さるべし、とも規定されていた。もっとも、一二表法が生まれた時代に、こうした習慣がじっさいにまだ適用されていたかどうかは、知る由もないのだが。

所有形態のこの最初の細々《こまごま》とした分類は明らかに急速にすたれたとはいえ、ローマでは誰もあえてそれを廃止しようとする者はなかった。失効した法律をとりかえないで、新しい法律が急速にその上につけ加えられていっただけである。四四五年に、平民と世襲貴族との結婚が認可され、すこし後になると、離婚したり妻が亡くなったときには、夫は義父に婚資を返却しなければならないとされた。ついで植民地やラティウムつまりローマの一番古くからの同盟都市の住民も、私的所有と政治的権利を取得したのである。[311]

法をすべて超えていた大家族は、国庫に地代を一銭も払わずに、共和国の領土を分有していた。帝国の秩序ではじめて、奴隷に土地を開発させ、属州から流れこんでくる剰余の大部分（食料、香辛料、動物、奴隷）を領有し、植民地の地主に財を送りこんで、ローマ風の生活様式を倣えるようにしてやった。平民が執政職になることを拒否したが、これは権力がまだ土地所有者の関心事だったからにほかならない。

半世紀ばかりたつと、何人かの政治家が、この土地と富の集中に反撥しようとした。紀元前三七六年に、富裕な平民で護民官だったリキニウスは、所有地を五〇〇イウゲルム——一二五ヘクタール——に制限し、大型家畜一〇〇頭、小型家畜五〇〇頭以上をそこで放牧するのを禁じ、最低の比率ででも自由人を雇うべきだという提案をおこなった。また、貧乏な市民に一人当り七イウゲルムの土地を分配すべきだとも要求したのである。その後一〇年間深刻な危機がつづき、世襲貴族はこうした処置の大部分の中味を実質無意味にしようと努めて、まんまと成功した。前三六六年に、平民セクストゥスついでリキニウス自身も執政官の職についた（三〇〇年には平民も祭司職につくことがみとめられた）とはいえ、土地所有者と成り上りの商人は、元老院でも他のどこででも、いぜん権力を掌握していたのである[311]。

前二世紀になると、イタリアや北アフリカの大領地で搾取されていた何百万という奴隷だけでは経営してゆけなくなったので、一二表法では予想もされていなかった新しい所有形態が出現する。つまり自由な労働者を長期間賃貸した土地に住まわせ、子供の相続権をともなう実質的なプランテーション所有権を認めてやって、ひきかえに貨幣ないし現物地代をうけとる、というやり方がこれにほかならない[394]。

このときからローマは、これらの地域に収税吏を派遣することになるが、それにはふつう特別の階級、つまり騎士階級のメンバーがなった。商品経済はますます発展し、アジア起源で、外国にしかまだなかった貨幣がついに現地ローマで鋳造されるようになる。二六九年に、最初の硬貨鋳造所がユノーの神殿のそばのカピトリウムの丘に創設された――そこからデナリウス銀貨やアウレウス金貨といった貨幣にモネタ（予告する女、ユノーの別名）という名前がつけられたのである[349]。

しかしながら、商品経済の発展にもかかわらず、主要な多産財はいぜんとして土地だった。権力全体がなおその土地所有で評価されていたのである。護民官や執政官が権力の座にとどまろうとすれば、一番自分に身近な書記や下級官吏に土地を分配したり、一番危険な敵対者に譲ったりしなければならなかった[311]。征服もまた、権力を永く保持する条件の一つだった。紀元前二一八年に、北イタリアのガリア人を征服し、奪ったテリトリーの一部を士官たちに分譲してやったカイウス・フラミニウスがその一例である。同年、第二次ポエニ戦役がはじまり、土地所有者からなるローマの民兵軍も参加した。この戦争は、最も貧しい農民を破産させ、イタリアの土地所有をすっかりかえてしまった。貧しい農民たちは、戦争からかえると、休耕のままほうってあった所有地をみすて、奴隷として身を売らねばならなかったのである[394]。そのことで、多種作は消滅し、農地はもっぱら、賃労働者を使ってヒツジやウマを飼育し、食糧や小低木を栽培するラティフンディアに集中してしまった。そこでイタリアは、シチリアから、ついでスペインとアフリカから、コムギを輸入しなければならなくなったのである[311]。

土地所有権は、イタリアの残された地方へのローマのテリトリーの拡大につれて、しだいに統一されてくる。以後、どこにある土地であれ、兵士あるいは植民者に懇願されて（*in precaria*）土地を譲った裕福な地主は、収穫（*fructus*）、造成と植付け（*aedificamentum*）、農耕改良（*amelioratio*）などの負担金や地代とひきかえに、土地を授与することになる[444]。土地や他の物の占有権に三つの様相を区別しはじめたのもこのころにほかならない。「個人あるいはその家族が、非生産物ないし非開発物を享受することにある」使用権（*usus*）、「ある財からの収入を取得する権利[79]」としての果実権（*fructus*）、「モノを破壊しても、他人にあたえても、譲ってもよい、所有者にみとめられた譲渡権」としての処分権（*abusus*）がこれである[79]。ついに国家は、未耕地を活用するため、長期の賃貸借（*emphyteosis*）を考案する。その期限が終ると、耕作者は、開墾の義務とひきかえに、一〇年間租税を免除されたのであった[394]。

紀元前三世紀の初め、ローマ市は、ローマ市民が作った植民地や独立植民地の一種の連邦のイタリアにおける首都の観を呈していた。国境の安全はこうした植民地によって保障されていたのである。公共地（*ager publicus*）は、二万六〇〇〇平方キロメートルをこえ、三〇万のローマ市民と何百万という他の農民からなる《同盟》人口は、一〇〇万平方キロメートル以上を覆っていた。西地中海の周囲を自分の手に独占したいと夢想したローマは、カルタゴを粉砕し、北アフリカを奪取し、地中海周囲をすべて網目のように連なる大農地に分割していた。当時の平均的な領地は一〇〇ヘクタールにもおよんだといわれている。大土地所有者の勢力をそぐために、商人と騎士階級の徴税吏（プブリカヌス）は前二一九年に一つの法律を獲得したが、これは、商業に従事することを元老院のメンバー――商人や徴税吏はそこから排除されていた――に禁じるものであった。徴税請負いで豊かになった彼らは、ローマ市の支配を手中にしようと望んだが、そこでは、戦争で追いだされ、破産した小土地所有者が増大してプロレタリア階級を形成し、秩序を脅かしていたのである。

紀元前一三三年に、農民をその土地に帰農させるために、もとは平民だった貴族階級からでた護民官ティベリウス・グラックスが、イタリアでの土地所有を五〇〇イウゲルム（一二五ヘクタール）、子供一人当り二五〇イウゲルムの規模に制限する案を提起し、残りの土地を都市の貧民や失業者に一人当り三〇イウゲルム（七ヘクタール）再分配しようとした[311]。この改革はしかし歓迎されず、ティベリウスは暴動のさなかに殺される。同様に裁判官への登用権を小土地所有者にあたえることを念願していた弟のカイウスがこの闘争をひきついだが、貴族たちが、煽動して平民を立ちあがらせたので三〇〇〇人の仲間とともに一二一年に滅んでしまった。一二五年にローマ軍はガリア南部を占領したが、混乱はますますひどく、一世紀にわたって、凱旋した軍人が、政治の中枢的な役割を演じたほどだった。マリウス、スラ、ポンペイウス、カエサルなど属州出の軍人が、自分の軍隊に土地を約束し、高官につけてやるといって、あいついで政権の座にすわったからである。

それはまさに、内乱、奴隷と破産した農民の反逆の時代だった。ローマには、国家からのパンの配布をうける人々が三二万いたといわれている。紀元前八二年に、過酷な粛清をおこなったあと、スラは、元老院議員を六〇〇人とし、多数の騎士を列せしめた。ついで、ローマ市民権を半島全体の《自由な》住民、いいかえると土地所有者にまでおしひろげたのである。紀元前五九年に執政官となったユリウス・カエサルは、将軍たちの大土地所有を縮減し、都市のプロレタリア階級に職をあたえるために、羊飼いの三分の一を解放するよう命令する。紀元前五一年には、征服したばかりのガリアで将校たちに土地を付与し、ガリアの農民――自分の土地にへばりつく農奴的な保有農――の村落のかたわらにふつう建設された、要塞化された農地である《ヴィラ》を開設する。

紀元前四四年にカエサルが暗殺されると、いくつかの有力家族の権勢は並ぶものがなくなった。その手段さえあれば、誰でも私製の硬貨を鋳造でき、お金の方が金よりも重宝された。二〇〇人の奴隷でも、たんなる一私人にとって大した数ではなくなり（ホラティウス『諷刺詩』）、ある解放奴隷は、四一一六人を下らぬ奴隷を死後にのこした（プリニウス）といわれている[444]。

数多くの農業改革案が出されたが、世襲貴族やその代表者である政治家たちは、それを拒否した。たとえば紀元前四〇年に、護民官、P・セルヴィリウス・ルルスは、将軍たちに釈明させて、特別に任命された十人委員会の統制下に土地を再分配することを狙った法案を人民に採択させようとしたが、キケロは、独裁的な権力奪取案だとつぎのように撤回を要求した。「誰がこの法律を起草したのか――ルルスだ。誰が大部分の人民に投票させることを妨げたのか――ルルスだ。誰が民会《コミティア》を牛耳っているのか――ルルスだ。監視なしにくじ引きさせて、必要な部族を召集したのは誰か――ルルスだ。自分の考え通りに十人委員会を任命したのは誰か――同じルルスだ。首席を任命したのは誰か――またもやルルスだ。いかにも、自分の奴隷にこうした一切を賛同させることは彼には難しかろうが、ましてや全国民の主人であるあなたがたに賛同させることは、もっと難しいであろう[444]。」クウ・デタの企てだと思わせて、土地再分配を失敗させ、金持ちの財産を守るために、貧乏人にたいする恐怖をもちだしたのは、何もキケロが最後の人ではない。

紀元前三一年にカエサルの甥で養子となったオクタウィアヌスがアクティウムでアントニウスとクレオパトラをうち破ると、アウグストスの称号を名のり、古来からの秩序を独裁的に復活させようと試み、軍人が奪取していた権力のいくつかを、共和国の元老院と高官に返還した。ローマ史上初めて、強力な中央集権的行政を備えた真の帝国（*principatus*）の確立に、何年かかけて彼は成功したのであった。金銀貨の鋳造は国の特権となり、個人権、所有権、家族権が統一された。ユリア法は、市民の娘が結婚し、持参金を持ってゆくばあい父親の不公正さを拘束する権利をどの市民の娘にもあたえ、持参金の譲渡不可能性の原則をうちたてた。パトロナ法は、奴隷の境遇を改善し、野獣と戦わせることを禁じ、主人であれ他人であれ奴隷の殺害を処罰し、奴隷虐待と夫婦あるいは兄弟姉妹の引き離しを禁じ、国外追放になった人に二〇人の奴隷ないし解放奴隷をつれてゆくことを認めた[444]。一種の社会的安定がこうして回復され、ネロとカリギュラの乱暴な治世が突然やってくるまで続いたのである。少しずつだが奴隷も解放され、属州は自治権を持つようになり、巨大な開かれた市場が創出されてきた[109]。

まだなお強力ではあったが、貧しく不幸な人々にこの世でもあの世でも何ももはや提供することのできなくなったこの帝国のさなかで、ローマの理想が変質してしまったとき、ヨーロッパは永遠との別の関係をうけいれ、このことが、帝国の《中心部》を決定的に中近東《オリエント》にたち戻らせたのであった。

貧しく死ぬ

今やキリスト教が出現し、貧者もついに希望を抱くにたる新しい死と所有との関係の方へと、ローマ帝国を導いてゆくことになる。この教義によれば、よきキリスト教徒としてふるまう、つまり、神を崇拝するならば、愛徳の態度を示し、貧しき者であれば、誰でも死後パラダイスに到ることができる、とされたのであった。富者も施しや教会への寄進によって慈善をおこなわねば、富自体かえって永遠の生への障害となるだろう。すでにユダヤ人が自らのためにとりいれていた、富と永遠性とのこの区別は、今や万人に理解できるものとなる。各人は他の人間と等価であり、他者を愛するとは、他者を助けることにほかならないからである。ところで、慈愛深いということは、今度はその慈悲をうけた人が慈愛深くなることを何ら妨げない。それは無限の善き財にほかならない。排他的な欲望の敵対関係が消滅するやいなや、身代りのヤギはもはや不必要となろう。だが、そこにはすでにある曖昧さがひそんでいた。永遠の生への希望は、悲惨なこの世の生活を耐えしのばせ、反乱を禁じる手段となり、しかも同時に富の共有への呼びかけともなるからである。

『福音書』には、永遠の生のために、貧しい人々にあたえる義務が説かれている。「マタイ」（第一九章二一節）では、財産を貧しい人々にわけ与えるよう、イエス・キリストが金持ちの青年に説き勧めた、と書かれている。ルカはいう（第六章三五節）、「人によくしてやり、また何も当てにしないで貸してやれ」、また「持っているものをみな売り払って、貧しい人々に分けてやりなさい。そうすれば天に宝を持つようになろう」（第一八章二二節）と。『福音書』はさらにもっと進んで、貧しく死ぬべきことまで命じている。というのも「財産のある者が神の国にはいるのは、なんとむずかしいことであろう」（「マルコ」第一〇章二三節、「ルカ」第一八章二二—二五節）からにほかならない。

「使徒行伝」（第二章四四—四六節）では、キリスト教徒は存命中その全財産を共有するようにとさえ要求されている。「信者たちはみなと一緒にいて、いっさいの物を共有し［……］資産や持ち物を売っては、必要に応じてみんなの者に分け与えた。」あるいはまた、「彼らの中に乏しい者は、ひとりもいなかった。

地所や家屋を持っている人たちは、それを売り、売った物の代金をもってきて、使徒たちの足もとに置いた。そしてそれぞれの必要に応じて、だれにでも分け与えられた」〔第四章三四―三五節〕。あるいはさらに、「信じた者の群れは、心を一つにし思いを一つにして、だれひとりその持ち物を自分のものだと主張する者がなく、いっさいの物を共有していた」〔同三二節〕。ここには何か根本的なものがあり、ずっと後に何人かの人々は、所有の放棄を要請したものと解釈するだろう。

とはいえ、労働によって獲得したものであるかぎり、私的所有は非とされてはいなかった。さらに、慈愛が必須だったにしても、物乞いは権利ではなかった。「働こうとしない者は、食べることもしてはならない」〔「テサロニケ人への第二の手紙」第三章一〇節〕からである。

それゆえ『福音書』は時流の外にあったわけではなく、奴隷制も否認していない。「エペソ人への手紙」のなかでパウロは、「僕たる者よ。キリストに従うように、恐れおののきつつ、真心をこめて、肉による主人に従いなさい」〔第六章五節〕と奴隷に説いていた。「テモテへの第一の手紙」でも、ことに主人がキリスト教徒であるばあいには、自分の主人を「真に尊敬すべき者として仰ぐ」〔第六章一節〕べきだと、奴隷に要求し、「テトスへの手紙」では、「万事につけその主人に服従して、喜ばれるように」〔第二章九節〕すべきだと、パウロは命じている。「コロサイ人の手紙」では、神の目には奴隷と自由人とのあいだにいかなる差異もないとのべたあと、ふたたび万事につけ主人に服従すべきだと奴隷に命じていたからである。同様に、時代精神に順応して、利殖をはかることも禁じられてはいなかった。

この教義は、何人かのローマ人、それも主として、下層民の心をとらえた。だが、教会の方はといえば、ローマ政体のレプリカとして自己を構築する道を選ぼうとした。帝国の生活に慣れ親しんでいたので、初期のキリスト教徒は、中央集権的組織と愛徳の給水系の設置を選んだのである。新しい神殿は、もはや神々の家ではなく、貧者の家を代表していた。台本は同一で、ただ俳優がいれかわっただけなのである。

こうして二、三世紀もたつと、初期キリスト教徒の個人主義的傾向と教義は対立するようになり、富を共有する義務も、財の蓄積権を正統化するものと解釈されるようになった。帝国に反対して考えつかれた教会が、かくてそれ自身帝国となり、諸他のすべての帝国の教会同様、《死》の善悪を判定する権力を手中にする[6]。教会は、行いの善悪の審判官を持って自ら任じ、天国、地獄、練獄——これまでいわれてきたよりもずっと早い時期に——を考案する。火葬が禁じられて土葬が義務づけられ、殉教者の遺骸のうえに教会の建設が教唆され、同じ教会のなかに信徒を埋葬するよう勧められる。死者にたいする怖れがもはやなくなったわけである[6]。死者の運命は一にかかって祈りと教会への寄進（《とりなしの祈り》）に左右される。「教会は、永遠の生命、現世、神の国という分割のうえに一挙にして確立されると、汲々としてこの区別を見張りつづけていたのである。なぜなら、もしこの区別が消滅すると、その権力も失われてしまうからである。教会は、差異化された永遠性で生きてきたのだ」と、ジャン・ボードリヤールも適切に書いている[38]。

ユリウス＝クラウディウス朝とアントニウス朝治下のこの時代を通じて、ローマ帝国は、宮殿での殺人や属州の反乱があったにもかかわらず、なお持ちこたえていた。ひきつづき、トラヤヌス、ハドリヤヌス、アントニウス、マルクス＝アウレリウスなどの時代にも、ローマの版図はその絶頂の極みにあった。二世紀以降、ゲルマン人がケルトの領土に侵入し、フン族が東ゴート人をクリミアの外へおしだし、今度は東ゴートがブルガリアやローマの方へ西ゴート族をはじきとばすことになる。いずれもゲルマン民族に属するバンダル人、ブルグンド族、フランク族が、互いに押しあいながら西へとやってくる。ついに絶対的な終末のしるしである、一九三年の笑うべき日がやってくるが、この時、いわば将軍たちは帝国を競売にかけ、今日では忘れさられてしまったある富裕な土地所有者に帝国を売りとばしてしまい、この大地主は一〇週間だけ帝国を統治したのである。貨幣が権力を買い、帝国はもはやローマにはなかった、といえるだろう。

バガウダエ、コロヌス、ヴィラ

三世紀初頭、この七〇日天下の皇帝のあとをついだセプティミウス・セウェルスは、これを限りと帝国を再編成し、大土地所有者に租税の取り立ての保証を義務づけようとした。二一二年その息子カラカラは、戦争と虐殺をちりばめた短い統治期間に、帝国の全《自由人》（外国人と土地なき農民は除外されたが）に市民権を支え、ローマ法を適用する。が、軍人や侵略者の襲撃で、文民政府は形骸化していたのだから、新奇な錯覚にしかすぎなかった。ゲルマン人、ペルシア人に侵入され、ゴート出身で二三五年に権力の座についたマクシミヌス一世のように、外国人の皇帝がいまや帝国の王位についていたのである。

何一つ法や価値をささえるものはなかった。うろつきまわって農民を襲撃する連中を指す新しい言葉、バガウダエ（おそらくケルト語で戦闘を意味するバガからきたにちがいない(136)）があらわれた。侵入者や反乱奴隷からテリトリーを守るため、大土地所有者は、農民が保有地を離れることを禁じ、農民を準兵士にした。他の所では、多数の小所有者が最大の土地所有者のもとに自発的に集まってきた。いずれもが、自由小作人《コロヌス》となったのである。もはや強制と自発的服従、解放奴隷と従属農民との区別がなくなっていた。恐怖から何人かの手中に土地所有が集中したことも、再三ならずあったわけである。

二八四年にイリュリア出身の特進した兵士、ディオクレティアヌスがもう一度帝国を再建し、神授王権者たろうとする。だが、ローマはもはや富の流通の中心ではなくなっていた。ディオクレティアヌスは、ローマとビザンティウムにそれぞれ二人の正帝（アウグストス）と副帝（カエサル）をおく四分統治の組織をとらざるをえず、やがて後のコンスタンティノポリスとなるこの都市の役割がしだいに増大することとなったのである。

三〇五年にディオクレティアヌスが退位すると、帝国は、東方に三人、西方に三人という六人の皇帝の対抗によってひきさかれる。三一二年にコンスタンティヌスは西方領域の唯一の君主として認められ、同様にリキニウスも三一三年には東方領域の支配者にのしあがる。一〇年ばかり王朝に混乱がつづいたあと、東ローマの中心は全面的に倒れ、三二四年にコンスタンティヌスは全帝国の暫定的な支配者となった。キリスト教を合法化したので、キリスト教会に最初に埋葬されたのも、彼にほかならない。

三三七年に彼が死ぬと、ふたたび分裂した帝国は、改めて三九四年にテオドシウスによって復興される。彼はキリスト教を帝国の宗教としたが、三九五年に二人の息子に帝国を最終的にわけあたえた。五世紀初めになると、フランク族、ゴート族、ブルグンド族、西ゴート族がガリアとイタリアに侵入し、四一〇年八月二四日には、アラリックの西ゴート族がローマに侵入する。ブールスタンの引用によると、エドワード・ギボンは、いささか荘重にこの情景をつぎのように書いていた。「ローマ建設後、一一六三年目に、あれほど多くの人類を服属させ文明化させた帝国の都市は、ドイツとスキタイの遊牧団のほしいままの略奪に委ねられたのである(59)。」だが、重要な細部についていうと、外国人はローマの教会を燃やさなかった。教会は破壊すべき障害物ではもはやなく、奪取すべき新しい帝国だったからである。

四五一年にアッティラがオルレアンにまで到着し、四七六年にはローマは別の外国人、オドアケルに占領される。四九一年になるとクロヴィス王は洗礼をうけ、五〇七年に、フランス南部から西ゴート人を追い払った。しかしその間、東ゴート人のテオドリクスがイタリアを支配していた。各王はそれぞれ自分の所有法を作成する。アラリックのブレヴィアリウムは西ゴート人に、ブルグンド部族法典はブルグンド人に、という風に。[444] 新しい秩序が素描されはじめたわけである。

ゲヴェーレとモルゲンガーベ

五世紀になると、ヨーロッパの地上に、定住民ないし征服民の多様な伝統が、からみあってゆっくり融合しはじめてくる。ヨーロッパはまだこのとき、小さな政治中心のまわりにいくつかの《ヴィラ》——軍事的に保護された数百ヘクタールの農民集団からなる小さな農村の砦、脆くこわれやすい秩序の小島——が点在する巨大な森林にすぎなかった。

フランスでも、ドイツ、イタリアでも、ローマ人、ガリア人、ゲルマン人の土地所有者は、武装家屋にすみ、組織的にテリトリーの防衛をおこなっていた。労働を指揮するヴィラの長（*villacus*）は、近隣の家にすみ、[136] 農民、奴隷、小作人あるいは小土地所有者が、自発的にせよ強制的にせよ、そのまわりの土地を耕作していたのである。彼らは、ローマの懇請による貸借地（*precaria*）にひとしい土地ないし保有地を入植主からうけとり、監視されながらも身を養い、生涯を通じて同じ主人のもとにとどまり、家人を主人のもとで働かせていた。[68] 妻はたきぎを、息子は塩を持ってきたわけである。

こうした《ヴィラ》の外では、自由農民のいくつかの村落が、バガウダエ、征服者、領主から身を守ろうと苦心していたが、反対に北部でのように領有地への暗黙の流入（一年と一日同居すれば財産をあたえる《黙約共有制》）や、南部でのように明白な移入を許すばあいもあった。[136] 時として、自分たちの権利の一部を領主から買いもどしたり、協定で森や荒野を開拓したり、租税を支払わないですますこともできたのである。

こうした村落のなかでも最大のいくつかは、交通の中心線にそって配備され、何人かの職人、小売商人や商人をもふくんでいた。人口が増加すると、都市（*civitates*）に成長し、自己防衛のために門を閉じて侵入者をうけいれないこともあったのである。

農村でも都市でも、所有権を保証する、いかなる権利、法廷、警察も存在していなかった。所有権は用益権によって確立され、力と伝統によって維持されていたのである。証人だけが証拠であり、判事がいたばあいでも、事実だけがものをいった。「権利はその相手方よりもむしろ当事者に属するものと現われている」というのが判決の決まり文句だったからである[136]。ゲルマニア、イングランド、スカンジナヴィア諸国でこの当時ラテン語で作成された証文がごく少数のこっているが、そのなかにみられる相続（*hereditas*）や占有（*possessio*）という用語が、ローマ法で付与されていたのと同じ意味をもっていたかどうかは定かではないのである[136]。

事態をややこしくしているのは、テリトリーの広さではなく、民族に適用されるそれぞれの法律を各集団が持っていたことにほかならない。とはいえ全体としてみると、死との関係ときわめて類似した概念構成に諸権利が立脚しており、そしてこの死との関係の考え方が、今度は土地との関係の考え方を規定していたといえるだろう。

これらすべての民族にとって、大切な財とともに葬られた死者は、生者とあの世との媒介者にほかならなかった。死者にたいする恐怖が失せた――キリスト教徒のばあいのように――ときに、人々はアトリウム、つまり死者の村の周囲に自分たちの村を作って居住し、このアトリウムで、住民たちの相互扶助の誓いをたてたり、連帯性や集団のアイデンティティを確認するために集会したのであった。死者を移転させたり、放置したりできなかったので、人々は大地から離れるわけにはゆかなかったのである。

装身具、道具、食料品、家畜などを、これらすべての民族は私有品とみなしていた。ゲルマン人では、所有、つまり特別占有（*gewere, saisine*）、占有取得（*vestitura*）は、ある人ないしあるモノへの力の行使とされ、占有と混同されていた[444]。フランク族では、たとえば、敵から盗んでくることは合法とされていたが、これにたいしフランク族同士では不法行為とされ、盗まれた《物》（動物、奴隷、ワイン樽あるいは挽き臼）にはそれぞれ決まった罰金が対応していた。反対にブルグンド族では、農具（青銅の犂、一対のウシ）の盗みだけが、罰されたのである[444]。

集団のアイデンティティを規定し、その生存を決定したのは、祖先の土地にほかならない。その用益権を失うこと、それは、集団から追放され、生きる権利を失い、たちまち危険な世界に転落して物乞いして歩かざるをえないことを意味していた。ブルグンド族やゴート族では、所有地を私有化して、譲渡することもできた[444]。が、その権利を移譲した者は、土地に生えた木の枝と幾掴みかの土をばらまき、受納者の腕をたたかねばならなかった。西ゴート族では、集団の成員だけが牧草地に立ちいることができ、土地からの労働の産物は、その所有者に補償しさえすれば、そこで働いた者に帰属したのである[444]。

ゲルマン人のところでは、共同体ないし領主の土地権の方が、個人のそれより優位にあった。彼らにとって、「領主なき土地は存在しない」とされていたが、しかし領主もまた、各村落が共有地（森林、荒野、天然の草原）を自由に使用し、個人の土地に集団の権利（共同放牧権）を行使するのを容認せざるをえなかった[444]。共同体の成員であるかぎり農民は、所有者ではないが、自分の思うままに定期的な輪作で畑地を耕せる区画地（*hufe*）をもらっていた。だから、「本源的な共有形態はもっぱらスラヴやロシアにのみ見られるのではなく、またローマやゲルマニアにも見られた[283]」と書いたマルクスは、正しかったといわねばならない。

こうしたすべての民族のもとで、女性はなお不可欠の財であった。ゲルマン人では一夫多妻婚が慣例で、第一夫人だけが、その子供とともに相続権を享受していた。家長が死ぬと、遺産と裁判・防衛権、つまりバン権が、彼らのあいだで分配されたのである。

ブルグンド族では、女性は、夫に売られるまえは、その父の所有物だった。父権にさからって結婚しようとする女性は、姦通と同様にみなされ、泥のなかで窒息死させられた[444]。ガリアでは、女性の値段は、家畜や、家具、装身具、衣類で定められた。どこででも処女性が女性の価値の不可欠の構成要素とされ、フランク族やゲルマン族では、初夜の翌朝、その婚資の一部を妻にあたえる後朝《きぬぎぬ》の贈物（*morgengabeq*）という習慣があり、ガロ＝ロマン人やフランク人では、姦通した妻を殺す権利が、夫に認められていた[444]。

奴隷の境遇におちる人々もあり、そうなると家畜なみに記帳された。フランク族では、負債がかさんだり、賭け事や戦争で財を失うと奴隷とされ、西ゴート族では、罰金を支払えないと奴隷にされたものである。奴隷の財産は、時としてその用益権だけ残して主人の手に渡ったし、ブルグンド族では、奴隷が何かを盗んだりすると、自由人よりも苛酷な罰をうける慣習があった。「ブタ、ヒツジ、ミツバチの群、ヤギをくすねた者が自由人であるばあい、盗んだ物品の三倍の価値のものを支払わねばならない。同様の盗みをおかした者が奴隷のときには懲罰に付され、三百の棒叩き刑に処せられる[444]。」盗みや誘拐はどの法律でも有罪とされ、罰金刑に処せられた。「他人の奴隷との性交は、たとえ同意の上であろうと禁じられる。なぜなら、主人の名誉と資産への侵害にかかわるからである[444]。」

こうした矛盾する諸権利の多様な乱流を制して、教会は、財産を自分の方によびこみ、支配力を強化するために、固有のコードを押しつけようとする。生まれつつある帝国のばあいと同様、教会はまず死にたいする影響力を手にいれることから始めた。それはさして困難なことではなかった。聖人のかたわらで、教会に埋葬されない人は、誰しも地獄におちる定めだったからである。こうして富者たちは、もはや貴重品と一緒にではなく、聖人——それ自体貴重財とみなされていたので——のかたわらに埋葬されたいと願うようになった。そのために富者たちは教会に財産を寄付し、そのおかげで教会は、礼拝所を建立したり、時として貧者を救済できるようになったのである。西暦三七〇年に、聖バシリウスがカッパドキアのカイセリに貧者のためのアジールを最初に建設したのもその一例といえよう(12)。

司教区の境界が、そのまま帝国の行政区域の境界とされていた。三二五年に、ローマ司教の地位は、ニカエア第二宗教会議で司教中の最高位として認知される。教会の清貧を強く主張していた修道士たちは、もっぱらオリエント地方に居たが、それもバシリウスの厳格な修道者共同体にひかれてそこに集まっていたからである。一方、体制化された教会は、土地と奴隷とで豊かになりはじめていた。アンティオキアの司祭、聖イグナティウスは、教会の奴隷たちに「神の栄光のために献身的に仕え、自由を欲して情念の奴隷とならないよう」に勧告していた。「奴隷は善き心を持って神の栄光のためにその主人に服従すべきだ(444)」と考えていた聖バシリウスはまた、「聖なる修道院に避難した奴隷を説諭し、矯正してその主人に送りかえすべきだ」と勧告する。聖ヨアンネス・クリュソストモスにとって、「主人の命令に忠実な奴隷は、神の戒律を遂行する者」であり、ペルシウムの聖イシドロスは、「解放の申し出があったときでも、なお奴隷の身分にとどまるよう忠告する。さすれば、天上の主にも地上の主にも仕えることができ、はるかに満ち足りるだろうからである(444)」とつけくわえていた。

商人の秩序はまだ現われていなかったので、教会は貨幣が多産財になることを阻止しようと試みていた(241)。エルヴィルス（三〇〇年）とニカエア（三二五年）の最初の会議では聖職への貸付けが禁止され、五世紀中葉に教皇レオ一世は、「貨幣の暴利貸付は、魂の死にほかならない」と書いている(241)。しかしながら、教会自体にこの規則は適用されなかった。初期の修道院は貸付けをじじつおこない、複雑な手続きを考案して、両替の利ざやを通じたり、あるいは資本の活用不可能性の《埋合せ》として貸付けからやむなく利益をえていたからである(241)。

五世紀も末になると、普遍性をつねに追いもとめていた帝国の政治権力は、こうしたすべての法律を統一しようと試みる。ひどい無秩序状態だったにもかかわらず、ローマ法、キリスト教法、異国法を寄せ集めた集成がこうしてでき上る。ローマでは、四三八年にテオドシウス法典、五〇〇年にテオドシウス法令、五〇六年にはアラリック小法典があいついで布告され、さらに五一七年には、とくにアルザス、ブルゴーニュ、フランシュ＝コンテ、スイスのローマ住民のためのその要約版『パピアヌスの回答集残簡』が公布される(444)。そこには、婚姻契約だとか夫婦共有財産制だとか、その他の規則——「指定相続人の設定は随意とする」、「動産につきては占有は資格に等しい」、「相続人はただちに被相続人の遺産をあたえられる」等、今日まで近代法のなかになおその痕跡がのこっている法規——がみいだされるのである(444)。

五三四年に、ブルガリアで育ち、アナスタシオスの後をついでビザンティウムの皇帝となったユスティニアヌスは、それまでに発布された全法律を整理、摘要した法典を制定する。「公布令が規定するがごとく、発効の日付けがなく、かつては個々の成文にすぎなかったとはいえ、本法典に記載された基本法以外の法により、何人たりとも訴訟をおこし、また弁護士が他の法を援用することは禁ぜられる。さもなくば偽証として有罪に処せられるであろう。」この法典では、《占有》と《所有》は、「誰かに固有のもの、特有のもの」という意味の形容詞 *proprius* から派生した *proprietas* という一語で表わされていた。動産、不動産をとわず妻の婚資は譲渡不可能と宣言され、土地放棄を断念させるために、法典はコロヌスの身分をこう追認していた。「三〇年間その土地を耕作した自由民はいずれも、卑属とともにそこにとどまる義務を負う。」

だがこれは、最終の幻覚にしかすぎなかった。というのも、統一の最後の幻影が明記されたとき、ローマの秩序は解体しはじめていたからにほかならない。

マンスと自由地《アルウ》

六世紀の半ばに、ユスティニアヌスは北アフリカ、スペイン、イタリアを再制覇する。だが、今や中央アジアから侵入してきた新たな異民族がヨーロッパを荒らしまわり、ゲルマン民族間の差異を際だたせることになった。大土地所有者や新しい領主がいたるところで征服者に対抗して団結し、諸王の指導のもとに結集したからである。

たとえばフランスでは、メロヴィス王の孫、クロヴィスが、ガロ＝ロマン人、ブルグンド族、西ゴート族の大土地所有者を再編成する。四九六年から九八年のあいだに、ガリアで最初のキリスト教徒の王となった彼のもとで、アウストラシア、ネウストリア、アキテーヌ、ブルゴーニュ、アレマニア、ババリア、チューリンゲンをあわせたフランク王国が建国された。といって、ビザンティン帝国との象徴的なきずなをすべて断ちきってしまったわけではない。帝国から執政官の印綬をうけとり、イタリアやスペインでその利益のために尽してもいたからである。[136] パリから彼は、ローマ行政地のうちでまだ残っているものを集めて、国家を組織する。《勅命》や《訓令》といった王の文書はパピルスにラテン語で書かれていた。クロヴィスは、その一部を領主やフランク族の戦士にあたえた上で、自分の領地を管理させるために伯を任命する。彼が死ぬと、妻クロティルデとともに教会に埋葬された。[136] フランク法にもとづいて、その息子たちは、王領を分割し、ガリアの残領、アレマニア、フランケン、チューリンゲン、ザクセンなどをキリスト教化するという口実のもとに、征服ないし再征服する。ヨーロッパの他の王たちも、キリスト教化の要求を前提に、同様に土地を領主たちに授与し、土地と交換に忠実な家臣を作りだしたのであった。六世紀にたとえばバイエルン公テオドルスは、ザルツブルク付近の地方全体とライヘンハールの製塩所とひきかえに、臣下をキリスト教化するようウォルムスのルプレヒトに促している[209]。

だから教会が、《キリスト者の土地[136]》に埋葬する権利を規制することで、所有を秩序づけたのは、ヨーロッパの諸王との完全な協調の賜にほかならない。世界を根本からひっくりかえしたのではなく、巧みに世界のなかに教会は忍びこんでいったのである。古代の神々と新たな聖者とが混同され、聖水、宗教画、奉納がキリスト教団のために用いられるようになり、告解が過ちの告白に必須の手段とされた[6]。来世の存在が明確となり、以後、天国、地獄、煉獄の三つにはっきりと分割されて、各人の運命は司祭にお見通しとなる[6]。司祭は罪を推算し、贖宥、大斎と悔悛にかわるとりなしのミサと祈りの価格を決定する。貧しさが永遠の生を保証することとなり、貧者はたたえられると同時に従順さを要求されたのであった。

教会のなかに全員を埋葬できないほど信徒がふえたものだから、ブラガ宗教会議では、《キリスト者の土地》の概念をひろげて、宗教的な建物のまわりの空間もふくめるように決定された。墓地の価値は、教会からの距離と、そこにある聖者の威光とによって計算された。地獄をまぬがれ、永遠の憩いにやすらうためには、教会の壁に一番近いところ、つまり《屋根の庇》の下が最善とされたが、そこは聖なる建物から流れおちる聖水をうけることができたからにほかならない[136]。ブリウードでは聖ジュリアンの、リモージュでは聖マルシアルの、パリ近辺では聖ドニの、ランスでは聖レミの傍に埋められることを、人々は理想としていた[136]。大物たちもやはり教会内部にもはや埋葬されなくなったので、土地や貨幣を寄進して、自分の名前の碑銘や、もっとよいばあいには肖像を教会の内部においてもらおうと努力した。一般庶民が死ぬと、粗末な墓か、共同墓穴に埋葬されたのである。
当時の遺言書で知られているものは数少ないが、それによると、信者が《腐乱死体[6]》になる例はめったになかった。重要なのは純潔な墓地であり、ふさわしくない人物が埋められた墓地は汚れたものとみなされた。司教が《復聖した[6]》後、ふさわしくない死骸が除去された後でなければ、再利用されることがなかったのである。こうして教会は、異教徒、自殺者、瀆神者、破門された人々の、キリスト教の墓地への立ち入りを禁止したわけである[136]。

ここでもう一度、死の経済が生の経済を規定する。存続のため財産を墓にもってゆくことはもはやおこなわれなくなったが、代って教会へ委託されることとなった。教会も当時この財産をもはや譲渡できなくなっていた。五四九年のオルレアンの公会議で、ヒルデベルト王がリヨンにたてた救済院が大いに称讃され、「この基金からの収入は、いかなる理由があろうとも決して減少されてはならず、その財産の一部を奪いとる者は、貧者を殺す者として破門制裁に付される」という布告がでたほどである[12]。オータンやランスでもこうした施療院が建設された。

五八五年になると、「貧民を救済し、捕虜を買いもどし、聖職者を養うために[12]」、すべての土地所有者が司教区の司教に毎年十分の一税を支払うことが、マコン公会議で義務づけられ、違反した者は破門に処されることになった。その代り、教会は貧者を養わねばならなかったのである[136]。

自分の魂の救済や生命の保護、あるいは負債の張消しや税金逃れのために、《権利放棄》ないし《自己献身》の機運がもりあがってきて、多くの人々は、自分たちの財、さらには自身の人格や子供（*oblats*）までをも――時として終身の、あるいは何世代にもわたる献身者の土地用益権だけは保持して――教会に委託しはじめた[136]。王や皇帝自身、宗教機関に巨大な寄進をしたものである。たとえばオットー朝の諸帝は、その塩田を大司教、司教、あるいは修道院に譲渡している[209]。六〇三年に聖グレゴワールは、未来の聖ジャン援助修道会――ずっと後になるとマルタ騎士修道会に変ったが――の起源となる組織をつくっている[12]。

結局、六世紀末には、教会は極めつきの大土地所有者となっていた。ル・マンの司教は、ボルドー、ブルターニュ、ノルマンディ、パリジ、オルレアネ、ベリー、ロレーヌ、リムウザン、ブルゴーニュに土地を持っていたし、ノワールムウティエの修道院は、大西洋岸の塩田を、マルセイユのサンヴィクトワール大修道院は、地中海沿岸の塩田や野菜畑を持っていたからである[209]。大修道院長はまた経済不況にもかかわらず有利な商売に専心してもいた。六九二年にサン＝ドニの大修道院長は油とブドウ酒を売っていたし、フェリエールのルウ大修道院長は九世紀にブドウ酒とコムギの売買について言及していたからである[136]。

このように豊かになった教会に対抗して、清貧と奴隷制廃止を説く聖コロバンの修道制度が、フランス、イタリア、スイスにしだいに根をおろしてきたが、しかし教会の方はといえば相変らず富みつづけていた。六五八年のナント宗教会議で、「徴収された十分の一税や供物の四分の一を、宗教共同体は貧者のためにとっておかねばならない」と命じられていたにもかかわらずである。

建設途上のこの新帝国のあちこちの隙間で、大領主たちが少しずつその自立性を獲得してゆく。いくつかの地域では真の地方宮廷が作りだされたところもあった。大領主にとって財産を築くことはそれ自体が目的ではなく、自分の寛大さを示す手段、権勢の記号、戦いを恐れぬ勇気の証しにほかならなかった[187]。「社会的威信への関心は、魂の救済への関心と重要さにおいて何らひけをとらない。」そしてこの威信は、要塞、狩猟、裁判所、軍隊、とりわけ領地を媒介にして発揚される。マルクスがいったように、領主は「土地との人格的、婚姻的関係[283]」にあったからである。可能ならこの土地は家族の手に代々大切に伝えられてゆかねばならなかった。遺産を分割してはならなかったので、高貴な家族の第二子以下は、ヴィラを

創設しに辺境や森林山岳地帯に派遣され、娘たちは持参金つきであるいは無しで、修道院にやられたのである。(136)

こうした領主のもとで、土地所有農民が、すでに貴族化するかあるいはその途上にあって発展をとげていた。法律の古文書では、彼らの世襲財産は *alodis* という用語で指定されている。おそらくこの語は古ドイツ語 *odal*（*od* は《富》を、*al*《すべて》をあらわす）の倒置形にちがいない(187)。ゴート語では *opli*、ザクセン語では *odil*、フリジア語では *édila*、スカンジナヴィア語では *odal*、イングランド語では *epel* の形でみいだされ、スズメレニィーによると「おそらく父を意味する」共通の語根からきたにちがいない、とギュルヴィッチはいっている(187)。この *alodis* が二世紀後フランスでは *alleu* となり、ギリシア語のオイコスやラテン語のヘレス同様、家屋、家畜、武器、衣類、荷車などの家族の全財産を意味するようになったのである。

アルウはヨーロッパ南部によくみかけられる。ローマの伝統がそこではまだ根強くのこっていたので、所有は資格（「資格なき領主はなし」）を前提とし、どの土地もアプリオリにアルウだったからである。反対に北欧では、ゲルマンの伝統にしたがって、「領主なき土地はなし」とされ、アルウの自由所有者と主張する農民は、そのことを証明しなければならなかった(136)。北でも南でもしかし、領主が自分の権力を尊重させる手段を欠いているところでは、農民自身が《自由地保有者《アルウティエ》》と自称し、可能なかぎりそのままの状態で居られたのである。

数は少ないが自由な城壁都市では、まだローマの自治都市制度の痕跡がのこっていたらしい。六五〇年頃までのプロヴァンス地方、さらに北部のパリやオルレアンでも、都市評議会や帝国の弁務官の名残りがみられたからである(136)。

王領やヴィラのなかで、農民は、(自由な)コロヌスであれ農奴であれ、フランク族やガロ゠ロマン族の領主の権力下——古ゲルマン語によると罰令権(*ban*)の下——におかれていた。服属と租税と軍役が必須だったが、ひきかえに保護がえられた。その地方に戦争や掠奪がおこると、大多数の自由地保有民は、自発的に領主の保護をもとめてその下に集まった。やがて彼らは無差別に農奴(*serfs*)とよばれはじめ[65]、かなり財をためた者は、王領のなかで保有地(*tenure*)を獲得できた。主人の土地につなぎとめられてはいたが、農奴は公的生活、集会、軍役に参加し、宣誓し、証言にたつこともできた。ガリアではマンス(*manse*、ラテン語の *manere* つまり住む、留るからきている)、ゲルマニア地方ではフーへないしフーべ(*hufe, hube*)、イングランドではハイド(*hide*)、デンマークではボル(*bol*)、スウェーデンではアトゥング(*attung*)、アルモリカではラン(*ran*)とよばれる[65]、家産一式を占有することも時にはあったらしい。自由地が支配的な地方では、マンスの所有は世襲となり、そこに確実に留まらせようとして領主も、マンスを十分に活用するようコロヌスを励ましたりしていた。当時マンスは農民を《自由人》にするものだったのである。

なおその下に、しだいに数少なくなったとはいえ、奴隷が共同体の周辺で生活していた。奴隷は市民ではなく、忠誠を宣誓することも軍役につくことも、集会に参加したり聖職者に近づくこともできず、また遺産を譲渡することも居住地を選択することもできなかった[136]。主人の意のままになる物体だったのである。時としてイタリアでのように、外敵の侵入とその結果としての混乱とから、主人がやむなく耕地から都市に奴隷を移転させ、そこで奴隷が職人仕事で重要な位置を占めるばあいもあった。たとえば、大領地の作業場で製作された最初の物品であるフランク族の武器は、専門の奴隷によって鍛造されていたからである[136]。六世紀初頭のイタリアの東ゴート王、テオドリクスの勅令にはこうのべられていた。「主人は、その出身をとわず法的に正統に身柄を保有する両性の田舎の奴隷を畑地からひきぬいて都市の地に移転させ、都市家族のなかに正当に加入させる権利を有する。主人はまた、一片の土地もない上記の身分の人間を、契約によって譲渡し、委譲し、気にいった者に売却し、あるいは贈与することが許される。[136]」同じ土地で家族と共に働いている奴隷が何らかの自由をえることも、六世紀以降往々にしてみられた。証人が副署した証書である世帯給与（*chasement*）によって、所有地のなかで狭い畠をもらったが、農奴同様、主人に忠誠と尊敬をはらわねばならなかった。主人の同意なしには通婚することも、自分の財を売ることもできなかったのである。「移動の自由の拘束とひきかえに享受の保証がえられた[136]」わけである。

しかしながら、費用がかかりすぎ、反抗が多すぎ、あまりにも数が少なくなって、奴隷制はしだいに消滅していった。ここでもまた教会は、時代をのりこえる方向転換をともなったのである。この時代の話によると、司教アカシウスが、教会の金銀の壺を売って、ペルシアの七人の捕虜を買いもどし、祖国に送りかえした逸話が驚嘆の念をもって語られている[444]。六世紀末にはグレゴリウス大教皇が自分の奴隷を解放したことで有名となった[444]。もう少し後の七世紀の中ごろ、ダゴベルト王の司教エロワは、ザクセン人を買いもどして解放し、ウィルフリード司教が、ザクセン公の面前で、うけとった五〇〇人の奴隷を解放した、と伝えられているからである。

ヨーロッパ社会はこうしてしだいに統一され、平和になっていった。だが、村落間の交換は大部分までバーター取引きの形態でおこなわれていた。塩、武器、織物、ブドウ酒、農産物などが相互に交換され、領主への貢租も、コムギ、織物、衣料品、羊毛、リネン（いくつかの農村の領地にはその名にふさわしい織物工場があった[136]）で支払われていたのである。村落とヴィラとのあいだでは、商人たち——時にシリとよばれる、ギリシア語を話すシリア人やユダヤ人——が、貴重な織物、香辛料、薬種、奴隷、時として金などを流通させていた。硬貨はまだほとんど使用されず、遠距離交易ではインゴットが使用されるばあいもあった(349)。国家貨幣は消滅し、領主、大修道院、司教、王侯などが、金貨や銀貨を鋳造していたが、相互に換算不能だった。一方、別のところでは、ブザン、ディナール、マラヴェディとよばれていた、コンスタンティヌスが作ったソリドゥス金貨が幅をきかせていた(349)。フランス語化されて《ソル》ないし《スー》とよばれていたこのソリドゥス金貨は、しかしヨーロッパではデニエ銀貨とともに、大商業センター間での計算貨幣の役割を演じたにすぎなかった。金が東ローマ帝国を支配していたとすれば、西ローマ帝国では銀がなお命脈をたもっていたのである(349)。

包囲されたイスラム

ヨーロッパのかたわらに突如新しい帝国が出現し、その固有の所有規則を定め、東ローマ帝国を包囲し、征服した民族の法に新しい形態をあたえる。

ムハンマドがメディナで権力を奪取し、ついでアラビアを支配した六二四年が、一切のことの起りにほかならない。イスラムを用いて、彼は、併合した諸地方に既存の法律をモデルとして一つに融合した所有教義を徐々に構築していったのである。

アラビアの遊牧民にとってと同様『コーラン』にとっても、神は一切のモノ、被造物の占有者であり、人間はそのカリファ（代理人）にすぎない。存在と所有は神の贈り物であり、人間は「神の命に服し、神の目に正しいとされることをおこなって」感謝の意を表さねばならない。《イスラム》とは《帰依》を意味し、生命はつかの間のものであって所有物ではない。死後、肉体は無に帰し、いかなる財産をも持ってゆくことはできず、礼拝の場所は厳粛でなければならない。あの世での生活は神の名をたたえるために信者の共同体にあたえられる財に依存している。遊牧民《ノマド》社会と同様、贈り物の価値によって、贈与者のランク、威信、永生の存続がそこでは評価されていた。贈与は、相手の同意の必要がない、撤回不能の贈与、サダカと、高位の人物から社会的に下位の人物——神から人間へのように——への贈与、ヒバと、社会的に下位の人物からより高位の人物への贈与、ハディイヤとに区別されていた[447]。

遊牧民《ノマド》のところでと同様、所有と占有は明確に区別されず、ベドウィン族で《占有》、《財産》を意味する語（*mal*）が、アラビア語では *melk* となり、同じく《占有》と《所有》を意味していた。無用なモノ（野獣のような）や禁じられたもの（ブタや汚物のような）をのぞいては、土地もどんな物も人間も、私的所有とすることができた[447]。

ムスリムになった人々のところでも、法はしばしば以前の法律をまねて作られていた[262]。たとえば土地が私有財産になるのは労働によってであって、所有者のない土地に植えた者はその土地を領有でき、他人のコムギをまいたものは、種子分を返却しなければならなかったが、残りの収穫は自分のものとしてとっておき、売ることもできたからである。

土地はまた、宗教関係や国家の所有（ワクフないしハブウ）ともなりえた。カトリック教会の財産をまねて、征服地から徴収されたワクフ（ないしハブウ）は、宗教団体に用益権があたえられ、神の名において管理されていたのである。

『コーラン』で命じられた規則に従うと、土地をあたえる者は「心身ともに健全」でなければならなかった[447]。土地自体多産的なもので無償で委譲されねばならなかったのである（アナス・B・マリクの『コーラン』釈義によると、預言者は、「モスクをたてるためにバヌル・ナジジャルから庭園を買おうとしたが、後者は提案された価格での売却を拒否し、神への愛のためにその土地をあたえた」とのことである[447]」。ハブウ財からの収益は、モスク、コーラン学校、慈善施設の職員への支払いにとっておいたり、あるいは都市の城壁の維持にあてたりしなければならなかった。イブン・オマールの別の注釈によると、ムハンマドの補佐役で二番目の後継者だったカリフのオマールが「自分にとってたいそう価値のある領地をカイバールから分割させて獲得した。預言者にその土地をあたえるべきかどうか訊ねたところ、次のような答えがかえってきた。『土地そのものは手元に保管し、その収益を貴重な目的に捧げよ』。オマールはその領地を貧者、奴隷、通りすがりの者、客人に、信仰をひろめるためにあたえた」とのことである[447]。

他の諸帝国での伝統同様、カリフがかちえた公共地は、兵士やイスラムへの改宗者に保有地（*iqtā'*）としてまた割りあてられたわけである。

異教徒は、人々の所有とされることもあった。しかしムスリムになるだけで、奴隷から解放された。預言者はのべている、「同類を解放した信者は、人間のさまざまな苦痛や永遠の業火の責め苦から自分を解放したことになる[447]」と。所有者は自分の奴隷を結婚させることができたが、奴隷をその子供たち——子供の母の所有者に帰属していた——からひきはなす権利はなかった。母親が自由の身になると、子供たちも自由民となり、主人は自由に女奴隷をめとれたが、しかしその前に彼女が解放されていることが唯一の条件だった。

奴隷と自由人とのあいだには保護関係（*dhimi*）があったが、これはとりわけ貢納の支払いとひきかえにイスラム諸国でユダヤ人が持っていた社会的地位にほかならない[262]。『コーラン』は一夫多妻婚を認め、負債が支払いずみであれば、父方の最近親の遺産相続もみとめていた。「少年には、二人の娘の取り分と同じだけのものが帰属する[447]」とも明記されていたのである。

商人や小売商人の権利にかんしていうと、ベルベル族の慣習法や『スンナ』の注釈にみられるように、共同契約（*shirka al akd*）、組合契約、物的結社、労働結社、《任意契約》結社（参加各人の意のままに解消される契約）、合資会社（すでに前イスラム期にキャラバンが実施していた）、播種契約、灌漑契約などが『コーラン』では認められていた。同様にまた、労働によって正当化されるという条件づきだが、利得の発生契約も認められていたので、したがって一定期間、不動産を担保に貸付け（*rahn*）て、期日がきても返済されないときにはその果実の収益権を享受することも認められていた。そのばあい債権者は法に訴えでなくとも当該物を売却できたのである[447]。

『コーラン』はまた、最初は非ムスリム教徒の土地から国家（*diwan*）が地租（*kharadj*）を徴収することを認めていたが、少し後になると、とりわけ非ムスリム教徒に租税一般（*djizya*）が課されるようになる。

イスラム法はこうして、全征服地にしだいに浸透していった。ムハンマドの死後、ウマイヤ朝の初期のカリフたちは、パレスチナを帰順させ、マグレブを横切って、スペインの大部分を占領し、コンスタンティノポリスを攻撃したがこれには失敗し、ダマスカスに首都を定めた[262]。七五〇年に、アッバース朝がその後を継いでバグダッドに首都を移す。当時彼らは、主要な通商ルートと世界で最大の港をいくつか保有し、産業、農業、鉱業生産で、経済的にきわめて豊かなテリトリーを支配していた。経済的に統一された広大な領土を作りあげて、「一握りの征服者が高度な都市文明の群衆のなかに溶けこんでいた[262]」のである。

蛮族法に包囲されていたイスラム自体が、今度はアジアの諸帝国を包囲していたといえよう。いわばイスラムは、祭式慣例法を帝国法に翻訳する《機械》を用いて、**商人の秩序**の周辺部の大部分に服従と行動の指針を提供していたといいえるかもしれない。

領主制とバン権

ビザンティウムが光り輝いているあいだに、ヨーロッパは崩壊しつつあった。六三九年にダゴベルト一世が死ぬと、メロヴィング朝の諸王は、その土地をすべて譲ってしまい、ほとんど権力を失ったからである。別のメロヴィング朝の治世下では実質的な権力は、国家や属州の主要な職務に就いて、収穫の剰余を支配していた教会や大土地所有者に属していた。

神が定め、人々に世界の領有を認可する法を、今や教会が神にかわって実質的に動かしていた。教会自体が悔悛の規範やその料金を細かに設定し、もはや行いだけではなく人々の意図にかんしても善悪の判決を決定していた(241)。王を祝福し、諸侯は教会に、王は大聖堂にというふうに死者を埋葬していたが、勲章の頸飾や装身具以外もはやいかなる財をも副葬するのを許さなかった。世俗権力が乞食や無産者を追いはらったり片づけたりするのにできるかぎり力を借してもいた。ナルボンヌでは盗みが死刑になったのに、殺人は罰金だけで済んだことに、オルレアンの司教テオドゥルフは七八九年にびっくりしている。「生存ぎりぎりの人々にたいして、人間存在よりもモノの所有の方が重要(136)」であるかのようだ、と。教会はいぜんとして利付き金銭貸借を禁止し、禁を犯せば破門を宣していた。

シャルルマーニュが王座につき、フランク族のテリトリーに王権の首位性を復元させたときも、当然のことながら教会の後押しあってのことだった。バンが王の排他的特権となったのも、聖職者が管理する尚書院の間接的な指示があったからにほかならない。直領地の産物を移動させるよりもむしろ、君主の方がヴィラから修道院へと移動し、各領地の収支を自ら監視していた。七八一年になると、シャルルマーニュは、貨幣の統一を再建し、自らの刻印をおしたドゥニエ銀貨を鋳造し、地方で用いられている他の刻印を制限して帝国全体に法定通用力をもたせようとした。七八九年には、戦時をのぞいて、聖職者にも一般信徒にも高利貸しを禁じたのである[241]。

八〇〇年に神聖皇帝となると、彼は帝国を再編成し、約二百のパグスに分割し、それを統治するために宣誓をした伯を任命して年に二度報告させた[136]。伯の方も自分たちの管区の一五歳以上の全自由民、つまり軍役を強制され、集会に参加する者に、皇帝の名において宣誓させる[136]。皇帝はまた、王の家士（*vassus* という語は《仕える者》を意味するケルト語のラテン語訛りである）と巡察使（*missi dominici*）――王の指令をたずさえて地方権力機関の監督に帝国中を巡回し[136]、土地、コロヌス、村落の状況を調査、記述した――を頼みとする。こうしてついに、王の個人的所領を行政官が管理することになるわけである[136]。


カロリング朝の機構がすっかり崩れおちてしまうと、フランスでは *seigneur*、イングランドでは *lord* ――アングロ＝サクソン語の *hlāf-ord*（パンの作り手）ないし *hlāf-weard*（パンの守り手）からきた――ドイツでは *brotherr*（パンのあたえ手）と称される領主が、戦争に随行し、土地やヴィラを付与した武装騎士たちからなる宮廷を、皇帝同様にそれぞれ持つことになるだろう[136]。領主たちは宮廷で豪奢にくらし、その城館には少なくとも大広間（*aula*）、私室（*camera*）、礼拝堂が備わっていた[136]。「テーブルの周りの腰掛け、櫃《ひつ》、マットレス付きのベッド、枕、シーツと掛け布団、タピスリー、薪台、自在鉤、炊事鍋、大串、油ランプ、大燭台」など、多数の物財が配備されていたようである[136]。

これら直臣のさらに下では、その支配下に各地方でも戦士たちが荘園に集められ、まだ法的に規定されていなかったけれども貴族階級や陪臣の家士が現われはじめていた。

家士たちは領主に貢納を支払い、ひきかえに保護をうけていた。彼らは「主人が約束を破ったときには、上級領主の封地を受授したり、それを自由地にかえる」ことができた[65]。九世紀末のちょうどこのころ、ブルゴーニュ、オーヴェルニュ、中央イタリアの聖職者の文書に、領主が家臣に授与する土地ないし収益を指示するのに、封地（*fief*）という名があらわれた。これは、二つのゲルマン語（*fehu*《家畜》と*ôd*《財》）から合成されたラテン語形で、最初は譲渡可能な動産を意味したが[65]、ついで、軍務の報酬に授与された土地を、さらに後になると、土地管理、大工、金銀細工師、塗装工、あるいは司祭の仕事といった民事職務も指示するようになったのである[136]。[187]

シャルルマーニュの考えでは、位階制のどの段階にあろうとも、初期の《恩給地》は終身的なものとされていた。封臣が死ぬと、その土地は領主の手にもどり、領主が死ぬと、封臣はその後継者に委譲の更新を願い出ねばならなかった。一般に、封臣を追放することは「すべての家来を不安におとしいれかねなかった[65]」ので、後継者は異論なくこの願いをききとどけたようである。

じじつ、相互黙許の駆け引きによって、はじめは一番上の貴族層で、ついでもっと下って土地保有農民にいたるまで、世襲制がしだいに安定化していった。この当時社会の全運営は、その場で存続することからなりたっていたからである。そんなわけで封臣たちは「労働の場所の世襲相続権を創出し、強化しようとたえず心を砕いていた[65]」のであり、領主たちも利害からそれに同意していた。当時のきわめて有名な格言は、「みなし児よ、封地を奪いとられないように用心せよ」といっている[136]。

領主と家臣の下には、貴族階級には入れなかったが、きわめて裕福で有力な農民層がいた。イングランドでの自由人（*ceorl*）、フランク族での自由人ないし解放人（*liberi, franci*）は、家僕や被保護民を持ち、司法会議やオスト（軍隊）にも参加していたからである[65]。彼らはただ王にのみ忠誠をちかい、一種の自由人の農民貴族層を形成し、「時として進んで大領主の支配下に入ろうとしていた[65]。」彼らは自由地売買の取引きで生活していたのである。

フリースラントからスペインにいたるまでヨーロッパを碁盤目のように分割していた大直領地のなかで、自由土地保有民、奴隷、解放奴隷、農奴たちが、土地を耕していた。食料、道具、樽類、衣類といった生活に必要なものをすべて生産し[200]、ときとして、武器、家内工業、風水車、窯、搾り機の生産に特化した奴隷もなかにはいた[65]。たとえば、カロリング王朝の大直領地の一つであったコルビィの大修道院——何世紀も前にたてられていた——は、武具製作の奴隷をかかえていたのである。農民の運命は均質化されていた。九世紀初頭のある王例集で宮廷のある役人は、「全くもって自由人と奴隷がいるだけだ」と書いていたからである[65]。唯一の違いといえば、奴隷は主人の意のままにこき使われたが、これにたいし自由民はきちんと決められた奉仕義務を負っていたことぐらいだろう。

その後しだいに奴隷は農作業から排除されてゆく。もっとも、ガンのサン＝ピエール大修道院長のように、九〇ヘクタールのガンの直領地で三〇人ばかりの奴隷を使い、二五のマンスに住んでいる土地保有民に賦役をなんら要求しないといった、稀な例もありはしたが[444]。じじつ何人かの奴隷は自由農民よりもよい生活をおくり、サン＝ジェルマン＝デ＝プレ修道院の一人の奴隷のように、三〇ヘクタールの土地を占有しているばあいもあったのである。

奴隷があまりにも高価となってきたので、その取引き——ルアンが大市場だった——も、しだいに衰退してきた。そのうえさらに、進展を察知した教会の道徳的批判もそれにつけくわわった。たとえば、「トレドの司教は、シャルルマーニュの主要な顧問官の一人アルクインが、自分の四つの大修道院で二〇〇〇人もの奴隷を抱えていることで、彼を非難した[65]」すこし後に、サン＝ミエルの大修道院長スマラグドスは、ルートヴィヒ敬虔王に奴隷制度を廃止するよう要求したとも伝えられている[444]。

領主たちはむしろ、「封主が封臣に封土を提供するように」、一片の土地（《保有地》）の提供とひきかえに農奴を雇用する方を好んだ。帝国のコロヌスや奴隷（*servi*）、グレート・ブリテンのゲブール、解放奴隷、日雇い労働者や保有農の手元には、その収穫のうち生活に最低必要なものしか残らなくなった。前もって一定に固定されたりあるいは収穫に応じた地代であるサンス地代を支払うか、あるいは農奴保有地代（領主の意のままに人頭税と賦役を課されたばあい）を支払うか、せねばならなかったからである。[136] 主人はつねに保有地をとり戻して、農奴付きで売却できたが、農奴の方は、主人の認可なしには、宣誓も入信も、他の主人に属する女性との結婚も、証人にたつこともできなかった。一三世紀になってもなお、リムウザンのボーリゥの慣習法文書のなかに、つぎのような記述をみることができるだろう。「結婚できる女が自分の属する領地のなかに見出せるかぎりにおいて、サンピエールの地の男はよその領地の女を妻となしえない。[200]」

彼らの生活は、浮浪者になるかならないかといった境目の悲惨で暗澹たるものであり、共同放牧からスープの椀にいたるまで、相互扶助だけが、生存の頼りにほかならなかった。

こうした生活に必須だが目にみえない物々交換の外部で、農産物の剰余がどのように交換されていたかは、よくわからない。認可王令やトンリゥ（市場取引税）の記録帳簿をみると、農村市場がほとんどいたるところで組織されていたらしい。[136] とはいえ貨幣はまだ、きわめて限定された役割しか演じてはいなかった。

反対に遠距離交易の方はずっとよく知られていて、東ローマ帝国の金貨やイングランドのスターリング銀貨を用いて、豊かな中近東の諸帝国に商品の支払いをしたり、ノルマンの侵入を防ぐために貢納をおこなったりしていたのである。[439]

ポルトゥスやヴィキとよばれた小さな都市がこうした市場のまわりにあらわれ、穀物、ブドウ酒、油、家畜、魚、塩、布地と衣類、香辛料、武器、奴隷などが交換されていた。最初の職人である鍛冶屋もまた市場向けに働いていた[136]。快適な邸で暮す何人かの大商人以外、住居はまだ質素なものだった。やがて、ブリュージュ、ディナント、ナミュール、ガン、ヴァランシエンヌ、ドレシュタトがその名にふさわしい都市に変貌するが[136]、他の都市はいぜんとして商人のたんなる会合地点にすぎなかった。アジアの大都市と見比べると、取るにたりない規模だったといえよう。というのもこの当時、エクス＝ラ＝シャペルは、住民三〇〇〇人以下のほとんど都市なき宮殿にすぎなかったが、一方中国の長安ではすでに一〇〇万人以上、コンスタンティノポリスでは二五万人、バクダッドでは一〇〇万人以上、コルドバでは五〇万人の住民が数えられたからである[446]。

「労働用具も肉体的、精神的な健康ももたないので、零落にさらされた[297]」新しい無産者のカテゴリーが都市には出現した、とミシェル・モラはいう。農村では貧困であっても土地権を奪われることがめったになかったが、都市では所有を剝奪され追放されると、浮浪者となって暴力沙汰にまきこまれ、死ぬしかなかったからである。貧者（*pauper*）と富者（*dives*）、貧者と強者（*potens*）はもともと対立するものだったが、いまや貧者と軍人（*miles*）も対立するようになる[136]。というのも、当時の心性では、貧者とは身を守るための武器をもたない者、武器を買う術のない者を意味していたからである。武装権は土地と連れだつものなのだ。

警察〔都市〕が秩序の道具、所有コード遵守の道具となる。この新しい無産者から身を守れなかった封建秩序は、その崩壊に一役買うだろう。

シャルルマーニュの帝国は、統一されるや否や分裂する運命にある暫定的な形態、完成されたかと思うとすでに崩壊に脅かされるユートピアにすぎなかった。「自発的であれ強制的であれ、カロリング王朝は、ほとんどすぐさま王権がひっくりかえる政体を建設した」[136]のである。荒々しい権力の行使に非常な努力をはらったにもかかわらず、シャルルマーニュは、すべての先行者同様、存続に必要な以上の剰余や土地を領主たちにあたえることで、滅亡の坂道をころげおちていったといえる。

こうして、市場と貨幣にちょうど適した、いっそう小さな国民国家がうまれでることとなる。フェルナン・ブローデルが「カロリング王朝はヨーロッパと封建制、つまり多様性と細分化を創出した」[68]と書いたのは正しかったが、とはいえこれが王朝の本来の野心では断じてなかったのである。

衰退は急速だった。死の直前の八一三年、シャルルマーニュは、生き残ったただ一人の息子ルートヴィヒ一世敬虔王を皇帝に指名する。が、亡くなるや否や、帝国の主だった諸侯は、その領地のあらゆる種類のバン権を、以前のようにしだいに手中にし、貨幣を鋳造し、輸送や風水車、搾り機、パン焼き窯、市場の使用に税を徴収し、農民を徴用し、自由人を自身の費用で軍役にむりやりつかせ、私的な法廷で司法権を行使した。いくつかの《公国》が出現したのは、まさにこの時期にほかならない。

社会的ヒエラルキーのさらに下でも、別の領主たちが同じようなことをやがてやりはじめ、上位権力の樹立に反対した。自分たちの城塞のまわりなら侵略からも安全だと請けおって、大修道院、司教館、教会、塩田の統制権を手中にし、王に対立する公や伯の関係になってゆく。塩税（*bansel*）や酒税（*banvin*）のような、土地の生産物にたいする課税権をも手にいれる[136]。しかし自分たちだけでは行使すべき多数の職務を遂行できないので、官吏、法官、代官に分担させ、巡回裁判を主催させたり、細々した賦課租（夜警義務税、エンバク税、メンドリ税）を徴収させ、貧弱な軍隊を指揮させたりもした。(439)さらにその下では、裕福な農民が土地や保有地を蓄積し、領主の実権からのがれるために、同時に何人かの領主の保護をうけたりしていた。土地台帳も証書もなかったので、自分の保有地を自由地にかえる農民もいたのである。帝国の秩序は崩壊し、まだ「封建制度はできていなかったが、すでにして封建性は存在していた。(65)」ルートヴィヒ敬虔王が八四〇年に亡くなると、それまで古代の秩序の外見を保っていた帝国は、永遠に瓦壊してしまったのである。

このとき、その特有の輪郭をえがきながら生まれてきたフランスの歴史について、語っておくだけの値打ちがあろう。というのも、肥沃な土地の統制がなおどれほど帝国の建設の鍵であるかを、その歴史は示しているからである。ハンムラビにとって真であったことが、ほとんど三〇世紀後でもなお、ユーグ・カペーにとっても真だったのである。(431)

ゲルマンの伝統にしたがって、帝国のテリトリーは、先帝の長男、ローマ皇帝の称号をもつロタールとその二人の弟、ルートヴィヒとカールとのあいだで分割された。全体がこの家族の共有世襲財産であり、帝国の統一は君主の《兄弟愛》で維持され、ローマ、パヴィア――イタリア王国の首都――エクス・ラ・シャペルをふくむ領地を所有していたロタール一世が、原則として兄弟より優位にたっていた。ところがその翌年、ヴァイキングがルアン、パリ、ナント辺まで南下してきたとき、ロタール一世は兄弟と戦い、ヴェルダンの条約でカール二世はのちにフランスとなる土地を、ルートヴィヒ二世はゲルマンを、ロタール一世がその残りを、という風に帝国が分割された。八四二年二月一四日に、ルートヴィヒ二世《ドイツ人》とカール二世《禿頭王》は、ストラスブールで同盟をむすび、前者はロマン語で、後者はチュートン語で、ついでお互いに相手の言葉で宣誓をおこなった。ここにはじめて、言語学的境界が領土を規定し、土地を分割するという、その重要な機能が示されたわけである[136]。

　諸侯は当時、弱体化した王にたいして、大いに気勢をあげていた。八四三年のクーレーヌの貴族会議では「恣意や背信から、あるいは不正な強欲によって、王が恩給地をとり戻すことはできない」と決定されたからである。八四七年のメールセンの法令では、公権力にたいする行政官の絆を犠牲にして、家士の紐帯（主人《オム》と家臣《オム》との）がコード化され、公認された。自由人は誰しも一人の領主に《保護を求めねばならない》が、王には必ずしも託身しなくてもよかったのである。

　やがて《フランス》とよばれるようになる地域の君主、カール禿頭王は、小さな直轄領しか占有せず、その個人的な財以外から所得を徴収するいかなる手段も持っていなかった。だが、幸いにも、この小さな直轄地はヨーロッパのなかでも最も肥沃な土地だったので、そこからあがる資源だけで、後継の土地所有者たち（王ないし領主）は、やがて強力な王国の主人となることができたのであった。

　八六一年にカール禿頭王は、ネウストリア（アンジェ、トゥール、シャルトル、オルレアンなど）のいくつかの伯管轄地を指揮して、ノルマン人とブルトン人の侵略者と戦ったロベール屈強伯を、《セーヌとロワール間》の地域での支配権の資格保持者にしなければならなかった。ロベールは八六六年にブリサルトの戦いで殺されるが、これら伯管轄地の支配が義父（？）の手で守られていた中断期のあと、ロベールの二人の息子、ウードとロベールは、カール王の名において、ノルマン人との戦闘の指導権をふたたびとり戻した。

　八七〇年に、王はロタリンギア王国を占領し、ルートヴィヒ二世《ドイツ人》と分割してしまう。八七七年に禿頭王が死ぬ——二年間、帝国全体に君臨したあとだが——と、その子供たちはもはや王国を維持できず、多くの隷農が開拓した森やヴィラからなる巨大な相続地を基盤に、お互いに親密な関係にある約五〇ほどのオーストラシアのフランス人の大家族によって王国は分割されてしまう。キエルジイの王令によって、カール禿頭王は、息子のルイ二世吃音王（八八二年没）には権力を上手に残せたが、八八五年にノルマン人からパリを救ったウード——王国の真の軍事的実力者だった——は、八八八年に西フランスの後継者、シャルル二世〔カール三世〕肥満王を廃位し、物故するまで（八九八年）フランス王となる。彼が死ぬと、カール二世禿頭王の孫、シャルル三世単純王がふたたび権力を奪回し、この賢明な王の治世は九二二年までつづいた。が、ウードの兄弟ロベールにとってかわられ、その翌年今度はロベールがその婿、ブルゴーニュ侯ラウールにとってかわられ、ラウールは九三六年まで王位にとどまるだろう。ひきつづき、ルイ四世、ロタール、その子のルイ五世が三代カロリング朝の王位をついだ。しかし彼らの背後で《フランク公》の称号で事実上支配していたのは、ブルゴーニュ侯ラウールの義理の兄弟で、ロベール屈強伯の家族と縁組みし、イール・ド・フランスの主人であったユーグ・ル・グランにほかならない。彼は、一定数の修道院（サン＝ドニ、サン＝ジェルマン＝デプレ、サン＝マルタン）を個人財産として意のままにし、在家の大修道院長だったので、その息子に《カペー〔僧帽〕》の異名がついたのも故なしとしない。

九八七年にルイ五世が死ぬと、カロリング朝のルイ四世の子供、ロレーヌ侯シャルルではなく、ユーグ・ル・グランの息子が、北方の大領主たちによって王に選出され、ユーグ一世を名のった。以後、ロベール屈強伯の子孫であるカペー朝は、カロリング朝の者にもはや決して権力をかえそうとはしないだろう。ユーグはしかし、選出してくれた領主たちのなかでも一番小さな所領しかもたない人々に属し、オルレアネとパリにしか直接の権限を有していなかった。いくつかの土地について彼は、固定賦課租権（サンス地代、地代）を持ち、他の土地では変動賦課租権（土地開発からの上り、家士の貢納・国王特権——裁判権からの利益、流通・市場税、司教館、修道院にかんする諸特権）を持っていた。彼の領地はしかし、アキテーヌ公のそれより五分の一も小さく、北海で生まれつつあった都市まで支配していたフランドル伯、ブロワ伯、ノルマンディ公、アンジュー伯、ブルターニュ、トゥルーズ、バルセローナ諸伯の領地に比べても、ごく小さなものであった。

王位についたその年、ユーグは自分の息子を後継者に指名させ、選出原則を世襲制に転換させてしまった。一切は土地にかかっており、土地がカペー朝の人々を王に選んだのである。きわめて多産な土地が、政権を決定したのは、これが最後のことであった。

神々の血

西暦一〇〇〇年代が終り、ヨーロッパで新しい秩序が出現したとき、世界は国境も定かでない諸帝国に分割され、その国境を権利も法律も持たないノマドと侵略者が自由にこえて、打ち破った人々を遠くに押しのけながら好きなところに居を定めていた、そうした状態だったことを思い描いてみなければならない。ヨーロッパが、何度ものクウ・デタや反乱にもかかわらず、なお勝利に輝いていたビザンチン帝国の、よく知られていない周辺部だったことを想像してみなければならないのである。大西洋から太平洋まで、メキシコからアフリカまで、カロリング、ロシア、ハザル、アッバス、唐、インカ、マヤなどの諸帝国がつぎつぎに勃興していた[65]。これら諸王朝は、権力と所有のヒエラルキー的、行政的、軍事的な概念を共通に持っていた。どこででも、土地の多産性こそが、氏族、村落、王国の権力と存続の条件だったのである。どこででも不安定で危険にさらされていた領主たちは、上位の権力——存在しないばあいには創出してまでも——に服従していた。どこででも従属や貢納とひきかえに君侯の保護がおこなわれた[65]。どこででも、土地所有者が、上位権力の中枢となり、司法、財政、防禦を管理し、委託された土地で、無産者や外敵から人々を保護していた。どこででも、家士は自分の土地では力を持っていたが、その外では無にひとしく、人間やモノは、その地位や価格が組織的に管理され、規制されていた。どこででも、労働が強制され、最善のばあいには存続手段の酬いがあったが、最悪のばあいは死の恐怖がまっていたのである。いたるところで王や大僧院が巨大な領地を持ち、その一部を小作農に貸し付けていた。いたるところで、人口が増大し、大土地所有も増加して、それが帝国の滅亡をみちびいたのである。

アメリカでは、この種の帝国が二つ、一つはユカタン半島に、もう一つはペルーに存在していた。いずれも、最古のアジア諸帝国では想像もできないほど、度はずれな特徴を示しながら、上述の諸規則に従っていたのである。

メキシコの南東のユカタンでは、マヤ人たちが紀元前二世紀ごろから、城塞化された村落に居住していた。マヤ族では、死後もなお存続できるようにと、人間の血で神々を養わねばならなかった。土地所有が重視され、それをめぐって戦争がおこなわれ、血を手にいれていたのである。パレンケ、ボナムパック、ウシュマル、チチェン・イツアのような都市は、ピラミッド——その近くに王族が埋葬されていた——の上部にたてられた神殿の周りに建設され、周辺の土地を耕作することで、発展してきた。土地は村落に帰属していたが、農民は相続人に譲渡可能な個人的用益権を持ち、[264]三年間自分の土地を耕さない者は、権利を失ったとしてその土地は公有地に戻った。一〇世紀頃、おそらく地力が枯渇したためだと思われるが、これらの都市はひそかに放棄された。ついで、メキシコ北西部のトゥーラから、そこで村落を形成して暮らしていたトルテカ族が、伝説的な首長、ケツァルコアトルに導かれてやってきて、チチェン・イツアに二世紀間定住し、マヤの秩序をくつがえしてしまった。

アメリカ原住民の第二の帝国、インカ族のそれは、ペルーのアンデス山中で一〇世紀以降にはじまるが、農村共同体アイユが土地を占有し、農民は労働とひきかえに、各家族の生存に必要な単位面積であるトウプの形態で土地をあたえられてその果実を私的に享受していた[213]。毎年アイユの長は、暦を用い、土地儀礼をおこなったうえで、土地割替えを監督したが、事実上それは、土地所有の集団的性格と氏族の存在を思いおこさせる象徴的行為にすぎなかったのである[213]。五世紀以降、アイユは各部族ごとの大きな全体マルカに組織され、はじめは有力者であるクラカによって支配されていた。やがて帝国とよんでもよい支配権があらわれ、隷属民の賦役の所産をその同盟者に贈与することで、権力を確保したのである[213]。

　インカ皇帝は、太陽の子孫と自称し、太陽の気にいろうと金銀をおびただしく蓄積した。神々が欲する血を供給するために、戦争がこれほど必要とされたことは、かつてないだろう。インカ王が死ぬと、クスコの宮殿内の私的な広間に、その動産一切とともにミイラとなって密封して埋葬された。この宮殿の墓のなかで、王の黄金製の像が、召使たちによって永遠にかしずかれ、召使が死ぬと新たに補充されつづけた。新王は自分のために別の宮殿をたてさせたのである[448]。

　土地は、未耕地であっても、帝国の所有だった。灌漑によって都市の建設が可能となり、人々はそれぞれ強制的な仕事をあたえられていた。インカの商人や官吏は、国家の財産であるウマや宿泊所のある中継地から中継地へと旅をしていた[264]。

　インカ帝国が、現在のコロンビアからアルゼンチンにいたるまで、その境界を拡大していったのは、スペイン人がやってくる一、二世紀前のことにすぎない。征服者《コンキスタドーレ》たちは、一六世紀ヨーロッパの自分たちの概念にもとづいて、インカの現実を解釈し、記述しようとした。帝国の土地は、四つのカテゴリーに分割されている、と彼らは思ったからである[213]。一つは、太陽神、つまり宮殿の維持に捧げられた土地、別の一つはインカ王に捧げられ、今一つは人民にわりあてられた土地だった。そして、人民とインカ王の土地を耕す以前、太陽神の土地のすぐあとで耕される最後の土地は、老人や病人を養うために用いられていた。行政・軍事階級も土地をうけとっていたが、人民に耕作させていたのである[213]。

スペインの征服者がやってきたとき、ペルーを植民地化するにはインカ王と太陽神の宮殿を攻略するだけでよく、数年のあいだで原住民の大部分は消滅してしまった。人民は土地なくして生きることができなかったからであり、だからここでは、多産財の剝奪による民族大虐殺があったといってよいだろう。もっともそれだけが唯一の理由ではないのだが……。

商人の秩序に向けて

この惑星の大部分では帝国の秩序がなおしばし永続していたが、一方、ヨーロッパのいくつかの地域では、帝国の秩序が崩壊して、封建制の名でよばれる社会になるには、数世紀が必要だった。これらの地域の周辺にあるさらに小さな地方では、解体がずっと急速にすすみ、主人の消滅によって貢納も消滅し、新しい多産財、つまり貨幣の力をときはなったのである。

ヨーロッパでのこの貨幣秩序の誕生には、何千年にもわたる秩序の流転の果てとしての封建制が一役を買った。封建制というこの語は、農村の支配階級の成員間の関係全体、つまり「不平等だが、軍事的使命、資産、命令権によって《一般庶民》とは区別された人々のあいだの垂直的な連帯[184]」組織を指示している。封建制と領主制を混同してはならない。後者は、農民にたいする領主の支配、要するに、封建制の土地所有の組織化を明示したものだからである。この区別についてG・フールカンが巧みにこう要約している、「領主制は一人の主人に農民を結びつけるが、封建制は主人たちを相互に結合させる[145]」と。

用語の遊びを複雑にしているのは、マルクスと彼以後の多くの人々が、封建組織あるいは封建制度とよんだものが、事実上領主制とよんだ方がよいもののほとんど同義語として使われていたからにほかならない。ところで、領主制は一〇〇〇年も続いたが、封建制はたった三世紀間だけだったのである。

一〇世紀以来、ロワール河とライン河のあいだ、アレマニア、フランケン、チューリンゲン、ロンバルディアで、封建制が帝国に、領主制が王国にうち勝ち、古い権力のピラミッドは崩れおちてしまった[65]。王が存在したところでも土地にたいする多くの権力をもはや失い、その正統性も以前よりもいっそう宗教的なものに依存していた。たとえば、フランスでは伝統にのっとって、クロヴィスの聖別戴冠式で用いられたのと同じような聖香油を、王は大司教からなお塗油されていたからである[136]。王の領土は、購買、征服、婚姻、封地共有契約（そのことで王は家士の領地の管理権をえた）、後継者のない家士や裏切った家士の封土の没収などで、拡がった。が、いぜんとして家士の《封主》のままであり、家士がやってくるたびに、領主のテリトリーと王のそれとのあいだの象徴的な所有関係をその都度つくりだす忠誠の宣誓をおこなわせていた。封臣の封土の相続に介入したり、直系相続がないばあい有資格者を指名したり、あるいは自分の気にいった息子を有資格者に選んだりもした（たとえば、一〇〇二年にロベール敬虔王はブルゴーニュ公領を占拠し、アンリ一世は一〇三二年にブルゴーニュのロベール一世にその領地を委ね、一一三年戦争ではブルゴーニュの司教や貴族にその税を納めさせた）。とはいえ、王は土地にたいして真の所有権を行使したのではなく、その政治的封主にすぎなかっただけなのである[136]。

王の下部では、一つの《ピラミッド》組織がしだいに確立され、直臣は世襲的なカストを形成してきた。公爵、侯爵、伯爵、領主、城主、バン領主は、その土地を息子たちに分配する。彼らはもはや、租税や軍役についてしか王に報告しなかった。その下でも、宮廷の軍人、大修道院長、司教、城主、土地領主が、それぞれ世襲的なカストを組織するようになってくる[136]。さらにもっと下では、国家の官吏、代官、荘吏、法官、さらには大修道院では直轄地を管理する院長代理までもが、その面倒をみていた土地を子供に譲渡したのであった[52]。

長男が弟たちを扶養する義務――王家にとってはきわめて古くからあったが、時に人民のあいだでもおこなわれていた――とひきかえに、長子権がその他残りの貴族のなかでも確立された[52]。後継者が未成年のときには、大きくなってその義務をはたせるまで《暫定家士》にその封土が委託された[52]。領主は、「非嫡出相続人に、新しい臣従の誓い《オマージュ》に先だつ占有引渡しを拒否する力[52]」を失っていた。が、忠誠を誓った家臣が代々同じ土地を継承し、「自分たちの子孫がどんな運命になるかまさに懸念していた他の家士たち[52]」の信頼をつなぎとめていたことは、ほぼ確実だったといえよう。

この世襲制は、戦士の家族を地所につなぎとめ、軍隊の離散をくいとめ、領民と領界を固定し、人々や都市にその名を冠したのであった。マルクスが明察したように、「世襲的な封建的土地所有は［……］王国が王にその名をあたえるように、その名を主人にあたえていた[283]」からである。

この特権階級が、農民や土地に行使していた権力は、きわめて複雑なものだった。「どの人間《オム》も他の人間《オム》の家臣《オム》だった。農奴がその村落領主の従属民《オム》であったと同じく、伯は国王の家臣《オム》であった[52]」と、マルク・ブロックものべている。

とはいえ、土地所有権はなお不安定なままだった。（ローマ法の記憶が息づいていたイタリアを除いて）まだそれは訴訟の対象とはなっていなかったからである。「一般に父から息子へと代々その土地で働き収穫する土地保有農民、彼の年貢をうけとり、時には農奴地を再没収できるその直接の領主、この領主の領主といった具合に、封建的階梯にそって誰もが同じ正当さで、『これこそ私の畠だ』ということができた[52]」わけである。

農奴は土地所有者でなく、長期遠征の軍役義務（*ost*）がなく、タイユ税を免税されることもなかった。ブルゴーニュでは、その主要な財産といえば一群のウシとブタだけだった。一〇世紀以前に解放された人々に賦課される人頭税（*chevage*）は、自由の象徴となっていた。放牧権、落ち栗拾いや枯枝集めなどの入会権のおかげで、最貧困層も村落共有地の一種の所有権を享受していた[444]。時として領主が女性に初夜権を要求することがあり、また、うるさいカエルの鳴声を黙らせるために、ある領主は毎晩男たちに城のまわりの堀を叩きにゆかせた例も知られている[65]。原則として、農奴にはその相続人に労働の場を遺譲する権利がなかった。いわゆる《マンモルト》がこれにほかならない。領主がそれを相続するきまりだったが、じっさいには土地を離れる農奴の家族はめったにいなかった。封建制が確立した地域ではむしろ稀だった自由地や保有地では、相続規則はきわめて明確に定められていた。たとえば、ブルターニュでは、農民の息子たちが土地の三分の二を、娘たちが残りの三分の一をうけとっていたのである[439]。

とはいえ、封建制がヨーロッパ全体にまで波及していたわけではない。フリースラントには農村領主制がなかったし、ザクセンの社会構造は家士の紐帯とは正反対のものだった。ロタリンギア、ドイツ南部と中部では自由地が多すぎ、カロリング朝の中心から遠くはなれすぎていた南部イタリアでは、成文法がなおルールだったからである。

∴

道路の治安と安全を保証し、人々のあいだに所有権、つまり《人々にたいする異質の権力[283]》を拡散させることで、封建制は資本主義の出現を可能にしようとしていた。城館の陰で、ブルジョア、職人、市場をふくむ最初の都市を、封建制は育み、発展させたのである。この市場で、農民、領主、修道院は、道具、土地と家内工業の生産物を交換する。塩、塩漬け食品、保存食品などが、新しいエリート階級――彼らは軍務にも、(65)騎士に要求される寛大さや勇敢さにもなんの魅力も感じていなかった――が盛んに活動する農村市場で集散されはじめていた。

貨幣が、別の見果てぬ夢へとヨーロッパを誘ったのだといえるだろう。お金がお金を生みはじめ、多産財、蓄積、預金、自分の存続と痕跡、剰余の源泉として、土地といれかわったのである。

領主に従属していた土地のあとを、貨幣＝王がひきつごうとしていた。一〇世紀末のこのとき、貨幣とともに、われわれが今なおそこで苦しみもがいている、生死や自由との新しい関係が出現してきたのである。

第三章　自己のために持つこと

《自己の死》――名前の生――名前、それは貨幣――三つの名前――交差と初夜権――財布と生命――記憶から記録へ――代理すること――合資会社と株式――富、貧困、警察――エンクロージャーと所有――貨幣、逓信、塩税――私生活と自己の権利――帝国と植民地――国民国家と独占――アイディアを稀少化する――労働での貧困――水平派《レヴェラーズ》とリヴァイアサン――他の誰よりもまずロック――死の美苑――活動する〔株式〕資本――商標と特許――エンクロージャーと重農主義者――市場か王か――諦念の道徳主義――コンドルセの逆説――商人のコード――ブルジョアの生と死――匿名、商標、独占――労働＝商品――疲れを知らぬ都会人――結婚と相続――万人のための組織網――平等な人々の職業――奴隷制の終り――労働の進歩――社会主義的計画、一緒に存続すること――節約による存続――音、イメージ……そして酵母帝国の秩序西方の周辺に、ヨーロッパ封建制の周縁に、一一世紀になると、新しい所有の考え方、新しい秩序、商人の秩序が現われてくる。もやは土地によってではなく、貨幣によってそこでは存続がかちとられるようになったのである。

所有のコードは、もはや力の上にではなく貨幣の上に、万人にとっては交換手段であり、ある人々にとっては蓄積手段である貨幣、暴力を象徴し、誘導し、物の表象〔代理〕となり、その価値を表示する新たな方法である貨幣の上に立脚することになる。貨幣は、農民の労働が抽出したさまざまに異なる剰余を対比するための尺度でもはやあるだけではなく、剰余を横領する手段、まだ生産されていない財への所有権ともなったのである。暴力は競争のなかに消えうせ、所有欲は、市場で、他人の時間を含有する物品の占有欲へと巧みに誘導される。

教会自体が是認したように、時間はもはや神にも君侯にも属するものではなく、商人に帰属するものとなった。商品の発送とお返しの対価貨幣の受けとりとの間の時間のずれ、つまり象徴物引渡し（*traditio*）の時間自体が、商品となり、売られるようになる。貨幣が貨幣をうみ、多産財となる。節約〔蓄財〕はもはや神々に供犠されたパルマコスにも、君侯に上納された《貢納》にもなく、蓄えられ、活用された貨幣部分に存している。貨幣を蓄積すること、それは自分の利益のために時間を蓄積することにほかならない。それはまた、自分の持っている貨幣を誰か他人に委託して物財の生産に使用させることで、貨幣を生みださせることでもあった。モノの秩序は世俗化し、道徳的価値が存在するとすれば、それは禁欲に、新しい蓄財を正当化し、救済を保証する質素倹約にもとめられたのである。

たんに生活してゆくためだけではなく、剰余を作出するための貨幣を十分に持っているばあい、新しい多産財の所有者である商人は、時代の夜警、狩人、見張者となる。リスクを分析し、技術革新を利用し、価格を決定し、交換、在庫、倉庫を統制し、競争相手を監視してそれと戦い、市場の持ち分を防衛し、他人の労働時間を横領して、この他人の時間を含有する物品を他人に売りつけるからである。そのため彼はしだいに複雑化する技術を用いて、他人が貸し付けてくれたり、委託してくれた貯蓄を利用する。こうして、資本家が出現するわけとなる。以前の夜警同様に、資本家は軍隊に出資し、遠隔地を略奪し、国家をコントロールする。もはや記念建造物でも、土地でも祈りによってでもなく、自分の名前によって永生し、存続することが、彼の野心となり、そのために一族の死者たちにではなく自分の子供たちにその蓄財を委託しようとするわけである。

首長とは、こうした夜警たちに指名された、その《代表者》にほかならない。価格が物を表象する象徴、縮図であるように、首長は貨幣所有者を代表し、象徴し、縮図し、無産者から保護してやる。

無産者とは、ただ生きのびるほか何をするにも十分なお金をもたず、それゆえ蓄財できない者の謂いにほかならない。秩序を尊重させるために、夜警たちは彼を監禁したり、あるいは秩序に組みこんで、ちょうど生活し、消費できるだけのものを稼がせ、ついで、ずっと後になると預金できるだけのものを稼がせてやろうとする。

商人の秩序は、貨幣が交換を増殖させる場所に生まれたのだから、あくまでも都会的なものにほかならない。まず最初は、諸帝国の生産物を再分配する単なる集散地、土地と商品の新しい所有者が漠然と集まって商品にかんする事柄の決定権を手中にした場所にすぎなかった都市[275]が、貨幣剰余の蓄積の場となり、そのことで、独占的地位を作りだすことになる[67]。

ちょうど西暦一〇〇〇年ごろ、はじめはささやかないくつかの場所で、富を蓄積し、価格と市場を管理し、権力を構造化した都市網のまわりに、こうして商人の秩序の最初の形態が組織化されたのであった。中心部のこれら諸都市のまわりに[410]、《中心部》がその生産物を売る中間地帯が形成され[67]、ついで、ずっと遠くに原料を買う周辺部が組織される[67]。

この最初の形態は、以後の形態同様《中心部》に財産を蓄積し、技量ないし敏腕さで、その利潤によって秩序を維持できるあいだだけ続いた。だがやがて、この集中された富に農民や無産者がひきよせられ、秩序の維持には、剰余の相当部分をふりむけねばならなくなった。《中心部》は負債をかかえこみ、脱落する。ひとたび負債が完済されてしまうと、秩序はふたたび、新しい《中心部》、新しい剰余の政治的、技術的、文化的源泉のまわりに、再構築されるだろう。

以前の諸秩序同様に、どの形態も、多産財の所有の過度の集中で滅びさり、それを分散することで再生するのである。以前の諸秩序同様に、この秩序も、再生にはじまり、デカダンスに終る、束の間に実現されるはかないユートピア以外のものではありえなかった。しかもこの急変は、何度となくくりかえされるのである。

何世紀にもわたって形態が変化しながらも、帝国の秩序では枠外におかれていた貨幣が不可欠なものとなり、それが仕えるモノよりも優勢となり、土地は、剰余生産の用具であることをやめて、剰余を消費する方法となり、こうしてわれわれが現に存在している惑星的な秩序が組織化されることとなった。この秩序のなかで、個人は自分自身を財産と考えて、人為物を占有する人為物と考えるほどまでに、自己自身の所有者となったわけである。

《自己の死》

一一世紀になると、まず北イタリアやトスカナの、ついでロアール河とライン河のあいだの諸都市といった、ヨーロッパのいくつかの地域で、帝国の秩序の統一と普遍性は消えさっていた。死の政治経済学の激変がそこでおこって、その後に生の経済学があらわれ、促進されていったからである。

蛮族の大移動はすでに熄み、しだいに安定をとりもどしてきた村落には、商人や職人が住みつくようになった。村々では、将来に備え、存続し、自分や家族のために永生について考え、子供を産み育て、彼らに名前をつけ、富を譲渡できるようになってきたのである。

この時まで、あの世でもアイデンティティを保持できるのは土地の主人だけだという気持がみなぎっていた。彼らだけが、教会の境内やそのそばで自分の肉体の行く末を正確に予見でき、愛徳をおこなえば天国に入ることができる希望がもてたのである。

貧者の方はといえば、地獄におちないようにするためにはひたすら信心にすがり、この世の有力者に服従することで未来の恐怖と戦わねばならなかった。農奴、職人、村人いずれにとっても、存続にはなんの意味もなく、家族があったばあい、自分の死後になんの遺産を残してやれず、残してやったにしてもほんの少しのものだけだった。それどころか、徴税権を持つと主張する人々が永遠につづくと信じこませていた重い租税を背おって、何とか家族がうまく切りぬけていってくれるのを願うだけだった。

ところが、蛮族も山賊ももはや横行しなくなった平和な一一世紀のヨーロッパがくると、職人、商人あるいは船乗りのなかの何人かは、自分たちの個性、「自分たちの魂」や肉体、財産を「自由に自決する権利と義務[6]」を、自覚するようになってきた。貧民という無名集団から脱して、天国、練獄、あるいは地獄にゆくことを自分で個人的に選択するようになってきたのである。アリエスが自己の死といみじくも名づけたものは、[5]もはやこの当時、土地の主人だけの専有ではなく、貨幣でのみ生活する職人、村人、商人にもひろがりはじめていた。まさしく彼らは、存続について、従来とは異なる考え方をしていたのである。

こうして今や、所有はもはや自己の死を生きることにではなく、自己の名を永生させることに役立つという、商人の秩序を特徴づける大逆転がはじまるわけである。土地をもはやほとんど持たず、ただ名のみが不滅であるこの都会の秩序では、もはや死者を維持するためにではなく、生者に役立てるために節約〔蓄財〕がおこなわれるようになる。

もっとも、方向転換は緩慢なものだった。一一世紀と一三世紀のあいだに、教会は以前よりも孤独な信仰との関係を信者に要求し、悔い改めこそ最後の審判と死後の運命に不可欠な要素だと決定する。たんなる過誤の一覧表によってではもはやなく、各人が自分の行いや意図を規範と照らしあわせて内省する良心の糾明によって、神の裁きが下される、としたのである。[241]こうして、複雑な内面性を持った個人が信仰のなかで出現することになる。一二一五年のラテラノ第四公会議では、毎年その罪を告白する義務が定められた。教会はこの時、猶予の可能性、それゆえ、練獄と罪の赦しという、すでに古くからある観念を押しつけたのであった。審判の本質的契機としての臨終が、今や各人の所有となり、その人の生命を決定する。「この当時の人間は、自分固有の死にあずかることを強く望んでいた。というのも、自分の個性が最終的な形態をうけとる例外的な瞬間を死のなかにみていたからにほかならない。死にゆく人は、自分の死の持主であるかぎりにおいて、自分の生命の持主でありえた。その死は、彼に、ただ彼にのみ属するものだったのである」[5]と、アリエスはいっている。

葬儀を組織化することが、やはりある程度永生を左右する中心的な要件とされていた。この当時、最初の商人や金融業者である貨幣の主人たちは、土地の主人たち以外の組織的な葬儀モデルを持っていなかったからである。王たちが、サン＝ドニやウェストミンスターといった王室の大聖堂に、都市を盛大にねり歩いたあと埋葬されたように、金持ちたちもまた、中央の十字架のそばか、聖人の像のかたわらにか埋葬されること、あるいは少なくとも礼拝堂の壁か柱に、自分の名前が刻んだプレートをつけてもらうことを夢みていた。いくつかの装身具をのぞいて、自分とともに物品をあの世までもっていこうとはもはやしなくなっていたのである。

自分たちの死に出費する手段を持つ人々が多くなってきたので、彼らをうけいれるには教会の数が足らなくなってきた。墓地に埋葬する必要が生じてきたのである。墓地は、かつてのように清らかな来世を奪われた一般庶民だけを共同の墓穴に埋葬する、誰にでも開かれたにぎやかな空間ではなくなってきた。教会同様に、聖地、静寂と黙想の場、準＝教会となり、閉ざされて、村落や町の私有財産となったのである。墓地は教会が支配するところとなった。一二三一年に、ルアンの公会議では、墓地でのダンスが禁じられ、禁を犯せば破門と決定された。一二七四年のリヨンの公会議では、「教会の柱廊玄関ないし墓地で、とりわけミサのあいだ金品を商うこと」が禁じられた(6)。この事実は、当時でもなお、昔からの習慣がなお残っていてそれと戦わねばならなかったこと、および墓地はやってくる人々につねに深い感動をあたえたわけではなかったことを、よく物語っているといわねばならない……。

ひとたび墓地が聖化されると、金持ちたちは、人目をひく壮大な墓をたてさせ、そのうえに自分の名前を刻みこませ、そこへ家族全体が死を実感しにやってくるようになった。家族の名前――目新しい取得物――が、親族全体の共有財産であり、しばしば都会のブルジョアには唯一の土地であった、墓の上に現われたのだ。墓はそこに埋められた死者をあらわす浅浮き彫りで飾られ、ミサと祈りが捧げられるようになる。

とりわけ封建的モデルがまだ支配的だったところ、つまりロワール河とライン河のあいだでは、「疑わしい手段で富を蓄積したために[5]」劫罰に処せられるのを怖れた大商人たちは、以前の領主同様、教会に莫大な贈与をすることに決め、「いわば二つの目的のための契約として、富と救済とを結びつけた[5]。」施療院にベッドを贈ったり、貧しい娘に持参金をあたえたり、修道院に地所を寄贈したり、あるいは――これまでになく重要なことだが――教会に資本を遺贈したりした。

たくさんのお金を奉献しても、自分の子孫を完全に信頼していなかったので、大商人は、この貨幣が流用されないような安全手段を切望する。最善の方法は、相変らず最後の意志を文書にして、人々に認知させることだった。一一世紀になると、死の政治経済学が、生者の権利より先に、文書をめぐって組織化される。「天国へのパスポート[242]」、「この世での通行許可証」、「信仰、神や人々との関係、魂の救済と肉体の休息のための決意を表明した、きわめて私的な文章[6]」にほかならぬ遺言書が、すこし後に特許状や商業上の契約がもつのと同じ資格の契約書、永生の――たいていは貨幣での――一種の購買形態となるわけである。一二世紀になると教会は遺言をコード化し、その段落ごとの書式まで定め、違反したら――他のばあいでも有効だったように――破門だと脅迫する。教会は、最大の富豪――彼らだけが文字を読むことができ、ふつう聖職者がおこなう代書の仕事に報酬を支払うことができたのだが――と手を結ぶ。一一七〇年のアレクサンデル三世の教皇令によると、司祭の立ち会いなしで作られた遺言は無効とされ、遺言者は破門とされた[241]。司祭は、文書を聖別しただけではなく、種々の慈愛施設と家族とのあいだで遺産をどのように分配すべきかを、忠告、指導、命令したのであった。

こうした文面の変遷をみてゆくと、どのようにして教会がほとんど全ヨーロッパで書式を標準化していったかがわかって印象ぶかいだろう。いたるところで《よき》遺言は、まず信仰の表明、過誤の陳述、赦しの乞いからはじまり、ついで、墓所の選択を指示し、さいごに、慈愛施設や教会への遺贈リストや、《寄付された》、つまり墓の上にたてられ、招かれた司祭が毎日《恒《とこ》とわに》[6]といわれるミサをあげる礼拝所の称号を指示しておかねばならなかったのである。

ヨーロッパの多くの地域で、司祭や受益者が忘れてしまわないようにと、遺言は、教会や死者が創設した施設の内部に、銅版に刻まれた寄付金板で掲示されていた。[6] 姓名、資格、死亡日とならんで、遺言者の遺徳、魂の安息のために唱えらるべき永代ミサの原文が、要約されていたのである。時がたつにつれ、この銅版が墓そのものよりも重要となってくる。文書と名が肉体以上に重要視されたわけである。これと同じ文言はまた、教区の主任司祭が保管する記録（*marteloyge*）にも写筆されていた。[6]

こうして、基金の流用を防ぐための万全の策があらかじめとられたようにみえたが、それも無駄だった。依頼事項を二〇年、三〇年と尊重する教会は、めったになかったからである。しかも、全ヨーロッパ、とりわけ農村地帯で、この贈与のおかげで、大聖堂や修道院は何千という直轄領地と、そのうえさらに莫大な資本を今や手に入れ、きわめて多様な用途に使用しだした。たとえば一二世紀に、ヴァンドームのトリニテ大修道院、あるいはアンジェのロンスレ大修道院は、その地方の塩の生産全体を支配していたし、[209] ラングルの司教は伯管轄区をそっくり占有し、トゥールのサン＝マルタン大修道院長は、二〇〇〇人以上の農奴を持っていた。イタリアのボローニャの司教は、二〇〇〇の領主直轄地を占有していたといわれている。一一世紀でも、オータンの大聖堂参事会は、シャンドートルの領地で飼っていた二〇〇〇頭ものブタを商売していた。[366] シトー会修道士やテンプル騎士団員は、きわめて広大な農地を保有、耕作していたし、スペインのラス・フエルガスの司教は六四の村を牛耳っていた。[65] カスティリアの四分の一、イングランドの五分の一、ドイツの三分の一までも、教会は占有していたのである。[65] ル・マンの司教は、パリに持っていた家屋の一階に居酒屋をひらき、よそで作られたブドウ酒を売っていたといわれる[166]……。

ジャック・ル・ゴフが指摘したように[241]、生まれつつある社会に教会は多くの危害を流した。富と資本の相当な部分を回路外におしとどめることで、商人の秩序の到来をおくらせたからにほかならない。と同時に教会は、より安定した家族形成を促進させて、秩序を安定させようとして、何でもかでもあっさりうけいれようとする。存続のためには、悔い改めるだけで十分だと述べたからである。もはや遺言は、祈りとあまり重要ではない遺贈についてしか作成されなくなり、名前を存続させようとする人々の方に重点が移ってゆくだろう。

教会は秩序と経済の進展を支配できると思っていた。じじつはしかしはじまった秩序は世俗的なものであり、この世の富と貨幣蓄積の欲望とを称賛したのである。ヨーロッパのいくつかの場所で、死は以前よりも自律的なものとなり、富は教会の手を逃れていった。新たな秩序が支配したところでは、商人はその物財、家屋、称号、船などを後継者に遺贈し、教会には、お祈りを唱え、豪勢な葬儀をおこなうに足るだけのものしか残しておかなくなった。まさしくここで、死は真の《自己の死》となり、生は名前の生となったのである。

このルールに従って行動しようとすると、教会は自らに多くの危険をよびこむこととなった。デュランはみごとにまた非情にもこう指摘している。「組織されなければ滅びさり、組織しようと試みるや物質的欲求に汚染されるというのが、霊的な事柄につきもののドラマである[122]」と。

名前の生

同じ場所で生活できるようになったどこの田舎でも、家族が誕生しはじめた。自発的にせよそうではなかったにせよ、土地につながれていた人々は、平和が回復すると、世襲財産を作り、譲渡しようと願いはじめる。名前の存続こそが生き残りの主要形態となったのである。名前は、世代から世代へと伝えてゆき、維持、管理し、繁殖させてゆく財産、以前の秩序で土地あるいは女性でそうしたのとまさしく同様に、貨幣でもって拡大させてゆく本質的な財産となった。土地も女性も、名前を存続させる手段となったわけである。

女性は、《婚姻同盟の用具》、いや高貴な家族ではそれ以上のものだった。妻は《許された血族のまさに一親等》から、つまり最も近い従姉妹のあいだから選ばれる傾向にあった。一一世紀以前では、インセスト・タブーは、三親等までだったからである。家士たちがあまり強力になりすぎないように、あるいは何人かの家士たちへの報奨として、領主は家士の娘に縁組を強制した(136)。子供ができないと、妻はまだ簡単に離婚され、ふたたび自家の流通財に戻った。たとえば、アンジュー伯ジョフロワ・マルテルは一〇三二年、ギョーム・ダキテーヌの寡婦アニェスと結婚したが、一〇五二年に離婚して、クレシィの領主の娘と結婚、ふたたび別れてウード伯の娘と結婚、もう一度離縁してゲルマニアのアデライデとやらいう女性と再婚した(136)。他のところでは、結婚は、商人にとってと同様、「若い野心的な騎士にとっても社会的昇進(23)」の手段、社会的上昇の用具にほかならなかった。どの父親も、より上位のランクの妻を、長男にみつけようと努めたものである。一二世紀以来、教会は家族の構成にしかもはや役立たない結婚を統制しようとする。田舎でも都市でも、商人のところでも貴族のところでも、教会は、モノの売却をまねて、結婚を二つの時期にわたって儀式化する。まず、未来の夫の権利下に娘が移る契約としての婚礼、ついで結婚が完遂される初夜という風に(136)。

重要なのは、子供、とくに男の子を持つことだった。子供は、教会、商人道徳の被保護者、神の被造物、

《神からの預り物》となる。父親は、子供の所有者ではもはやなく、子孫の用益権者として、神にたいしてのみ子供に責任をおうことになり、子供を殺すと罰をうけた。自分の名前を維持するために、大部分の世襲財産を子供に遺贈しようと努める。封地は世襲化され、封地を授与した領主も、家士の相続人から奪いとることができなくなったのである。

慣習法の地域だったヨーロッパ北部では、すべての子供たちへの均等配分以外に特定の相続規則は存在していなかった。そこから世襲財産の拡散がおこってきた。直系の相続人がいないと、全親族に潜在的な相続権があり、相続人が幼いと、封地は暫定的な管財人に委託され、夫婦に嫡出子がないと、財産は夫の家族に戻ったからである（妻に相続権のあったイングランドを除いての話だが）。細分化をさけるために遺産はしばしば《集団で》相続され、一人あるいは何人かの子供に有利な配分も、慣習ではみとめられていた。たとえば、ザクセンでは、息子たちのあいだで遺産を相続する者が選ばれていた。ときとして弟や妹に独身が強要されることもあり、ある者は軍隊へ、他の者は幼年時代から修道院へ送られることもあった。さらにはまた、二人の兄弟と姉妹の二重交叉婚、つまり、兄がある家の妹の方を娶ると、その弟が同家の姉を娶る、ということもおこなわれていたのである[136]。

ローマ法がまだ痕跡をとどめていた南欧では、家父長が遺言でその相続人をきめることができた。しかしながら、やがてヨーロッパのほとんどすべてに統一した規則ができあがってくる。領主、とりわけ商人は、遺言によって単一の相続人を指名できる、一種の家族法が定着してきたからである。この法は、一三世紀になるとあらゆる階級に拡がり、農奴も子供に自分の作業場を譲渡できるようになった。生命は家族を通じて伝わり、遺言によって保持されたわけである。

名前、それは貨幣

一一世紀以来、貨幣は封建的秩序の間隙にすみついていた。いかにも、ブルジョアたちの資本と所有という重要な概念が、聖を俗に転換させた中央集権的な大君主制のさなかで[275]花ひらいたのは、一六世紀以降のことにすぎないかもしれない。だが、商人の秩序がこの時にやっと始まったのだとか、神学が高利を認可した一三世紀にやっと初登場したのだとか考えてはならない。もっと早く、帝国の秩序の周辺部の華やかな諸港で一一世紀以来、現実には商人の秩序が開花していたのである。ブリュージュ、ジェノヴァ、ヴェネチア、アマルフィなどの小さな漁港、海上制覇にのりだした港が、商品価値に明確な形をあたえ、私的所有と個人的自由のあいだの整合性を最初にうちたてたのである。司祭や君侯の制裁を恐れることから、市場や定期市で儲けを手にいれる希望へと、冒険家たちは大きく変貌したのであった。

イタリアやヨーロッパ北部のこれらの諸港では、中央権力がなく、土地は狭隘で、海に面して開かれていたため、人々のあいだの交換に貨幣がどこよりもたやすく忍びこんでくる運命《さだめ》にあった。皆を養うのに十分な耕地をもたず、あまりにも狭く快適でなかったこれらの場では、生きてゆくためには交換せざるをえなかった。つまり、きわめて特化された製品を高い効率で生産し、新しい技術——輪作、有輪犂、引き具用の頸環[136]——を使用せざるをえなかった。さらには、新しい家内工業技術——カム軸、横形織機、糸車、索具——によって、こうした農産物からさらに付加価値の高い織物をたくさん製作することができた。その超過分を商品化するには、資本が修道院や城塞からでて、流通しなければならなかったのである。

商人の秩序は、そこで、なおためらいがちでおぼつかなくはあったが、都市の出現から始まった。野生林と未耕地の荒野でも、いくつかの店、露店、造船所が、商業路の交わる封建的な城や修道院あるいは港のまわりに発展しはじめる。自分たちの財産を守るため、初期商人や船員、職人たちは、占有するテリトリーのまわりに城壁をたて、そのなかに自分たちの家、教会、市場、また基地を造った。これら初期の市場町《プール》——portus《倉庫》——は、まずもって、交換、河川輸送、貯蔵場所、両替の場だったのである。

イタリアでは、これらの船乗りやブルジョアが、アラブ人を追いはらったあとで、アフリカの金を横奪して、国際貿易のため、また国内交換を活性化させるために使用した。半島北部のレノ、ノヴァ、ブレシア、ボビオでは、一〇世紀以降、直領地の産物が貨幣と交換され(200)、たとえば、ノヴァレ近くのフォンタネト・ダゴニヤ大修道院では九〇八年以来農産物のための市《いち》が月一回開かれていたのである(200)。時として、こうした港がエネルギー源や森にちかいばあい、そのまわりに造船所、船体やマストを作るための木材商、帆や索具のための布地商、武具のための金属商などの店がみられた(200)。

都市の商人が、そこで暮していている職人やそのまわりの農民を支配下におくのにそれほどひまはかからなかった。生産に必要な貨幣や原料を前貸しし、ひきかえに職工や陶工は、定められた日に大量の財を、自分たちでは統御できないし、しようとも思わない価格で、商人にひきわたさざるをえなかったからである。最終生産物は商人の手に帰した。時折り職人が自分自身の主人になろうと試みることはあったが、初期の市場町の商人は、彼らの生産を支配し、自分の勘定で、初歩的な鉱石破砕機、毛織機(200)、風水車を作らせていた。商人たちはまた、都市への出入りを通行税によって統制し、周辺の農民から紡いだり、織ったり、染めたりする権利を奪いとる方が利益になるかどうか、あるいは反対にそうした権利を農民に残しておいて(68)、生産物を買った方がもっと利益になるかどうかを判断してもいた。同様に、農民の収穫や牧畜民の家畜にも融資していたのである。

都市の頂上にたつ主人、商人の秩序の夜警であるこのブルジョア、市民は、自分の資産の主人でもあれば自己自身の主人でもあったが、その権力は、貨幣の所有と、この貨幣で市場で買いうる財と労働の所有とに依拠していた。ある都市の市民であるためには、ふつう土地ないし家屋を都市で持ち、他の人々からブルジョアと認められ、世襲財産の十全な法的能力をもっていなければならなかった[324]。この当時、ブルジョアはすでに、何日かの役務をのぞいては、都市の地所を占有する領主にほとんど何も負わなくなり、その考え方は、以前の秩序のエリート層とはもはや異なっていた。ブルジョアは欲ばりで冒険好きで、きわめて俗世的だったからである。自分や子供のために現世での報償をもとめ、儲けた貨幣でぜひとも存続したいと熱愛していた。もはやその富を教会に遺贈せず、自分で保持していたが、また富を湯水のように使って、領主風の気前のよさを示すこともできたのである。

都会の地所は、しだいに商人と貴族が競いあう商品、金で買える商品となってゆく[324]。家屋の所有はついには「家が建てられている土地の所有権ないし少なくとも占有権[324]」までを獲得させるにいたるだろう。土地を占有している人は、土地所有者に賃貸料を払うだけでよくなり、その土地も自由に移転、譲渡でき、「地代を課したり、借入資本の抵当にしたり[324]」できるものとなった。

イタリアやヨーロッパの北部では、一一世紀以降、ブルジョアが都市を領有するまでになったが、一方、一一五〇年のフランスでは、職人、大小の商人は、領主の占有する「都会の地所をまだ例外的にしか支配していなかった[431]」。たとえば、シテ島はその当時、司教と君侯とのあいだで分割されていたのである。

政治権力はなお当然のことながら、土地所有と歩調をそろえていた。たとえば一三世紀にフィリップ・ド・ボーマノワールは書いている、「足下によき都市をもつ領主は、毎年都市の状態をよく調べ、どのように統治されているかを知らねばならぬ［……］幼児についてなすがごとく、件の都市を援助することが、往々にしてきわめて有用であろう[136]」と。ブルジョアもまた、一度地所の所有者になるや、その人格的自由を復権し、自分たちの財にたいする所有権、貨幣鋳造権、裁判権と徴税権を主張した。都市の政治的支配を手中にし[324]、権力の道具と象徴――貨幣、自警団、租税、主塔（鐘塔）、鐘――を手に入れる。都市を指導するために、最も豊かな家族の長は、平等者間の誓約（*conjuratio*）によって協同団体（*communio*）に団結し、市参事会員、同輩員、宣誓共同体員、選出市参事会員などが、それと認識していたわけでは必ずしもないが、ギリシアの寡頭権力の伝統を再発見したわけである。

　彼らと領主との関係が古来からの慣習法にきちんと適合していなかったからにせよ、慣習法のないところでは成文法をいっそう信頼していたからにせよ、いずれにしても彼らは法律を発布し、諸権利を憲章に書きはじめる。

　知られている最初の文書は、トゥレーヌのボーリュ＝レ＝ロッシュにかんするもので、一〇〇七年の日付をもち、〔ベルギーの〕ウイでは、一〇六六年にリエージュの司教から憲章を獲得していた。一〇七六年のカンブレ、一一一一年のランでのように、時として力づくでもぎとった憲章もあった。一一九六年にはフィレンツェで、貴族、金満家（*ditiores*）、良家の人々（*boni homines*）が、領主から権力を奪取したこともあった。これらの憲章のおかげで、市民は、財産相続の全的権能、自治体管理への参加権、往来、結婚の自由、監禁を防ぐための保釈金支払い権などを手にいれたのである[136]。いくつかの都市は、こうして自由身分（*franches*）となった、つまり全面的な自由を獲得したわけである。プレヴォテとよばれていた他の都市は、代官《プレヴォ》に代表される領主のくびきになおつながれたままだった。

　これらの新しい主人は、小売商人、小両替商、法律家、露店の所有者――金を貯めて時に商売に従事することもあった――などをよりどころとしていた。さらにその下には、賃労働者ないし職人、職工、漁師、船乗りなど、残りの都会人が、封地の買受け所持者としてであれ、比較的自由な労働者としてであれ、自分たちの労働で日々を送っていた。中間的な状況では、村落の他の職人たちを支配する封地の所有者も往々にしてみられた。たとえば、一二世紀にシャルトルの司教は、いくつかの市場の独占権と、都市の他の全大工の支配権とを、年五〇スウで一人の大工に売りわたしていたのである[136]。

封地の所持者である職人は、領主と他の職人とのあいだの仲介者となり、その権利のもとに職人仕事の所有者としての閉鎖集団に職人たちを組織し、同業組合（*compagnonnage*）の組織によってあらゆる競争から身を守ろうとする。二世紀のあいだに、この移行は完遂された。開業権はもはや都市の領主の所有ではなく、同職組合の所有となり、《親方作品》とひきかえにこの権利が売られたのである[200]。職人仕事（*ministerium*）はしだいに果たすべき義務ではなくなり、市場で売る富を生産する自由な労働になっていった。一二世紀中葉、ストラスブールの司教は、都市の毛皮業者、鍛冶屋、製粉業者から、その生産物を買いいれ、職人が義務として差しださねばならない以上の超過分に貨幣で支払いをしていた[136]。まだきわめて副次的な形ではあったが、ここに自由な労働の出現をみたといえるだろう。一二世紀初頭、トゥレーヌのマルムウティエ大修道院の証書の下に、はじめて専門職別に特定された人々が、職人（*artifices*）、職工（*operarii*）といった形で現われてくる。労働が、最もしばしば銅銭とひきかえに労働を売り、ともにその生産物を売る人の所有物としての商品になったわけである。

一般に職工や職人は貧しかったので生計をたてるのも容易ではなかった。寝台とテーブル以外の所有者、あるいは住居の所有者であることもめったにない。一二世紀末に、クレチアン・ド・トロワは、プロヴァンの紡績女工のそうした状況を描写してくれている[136]。労働者は、たとえなお田舎の財産で身を養うことができても、もはや家族の連帯やそういったことをほとんどあてにできず、ゆきつく先は村のはずれの共同墓穴であり、唯一あてにできるのは子供だったが、とはいえほんの少しの希望も子供たちには残してやれないのであった。

こうして、新しい無産者があらわれてくる。土地から追いだされ、都市のまわりの道路や森をうろつき、所有者を脅かす農民に、財産も墓もなく、不安定な生活においやられた労働者がつけ加わったからである。この周辺的な都市住民は、失うべき何ものも持ってはいなかった。根なし草で、商人に搾取され、領主の富とよりもずっと顕著にブルジョアの富と対立していた彼らは、盗みをはたらき、秩序を脅かす。彼らから身を守るために、ブルジョアは、自分たちの秩序と存続の道具であり、自分たちの財と名前を防護するための主要手段である、自治的警察をはじめて作りだす。

商人の秩序は、都市で始まり、都市をとりかこむ、人々、土地、原料を領有した。存続のため、各都市は、その維持に必要な剰余を蓄積する手段をもたねばならなかった。

こうして都市はしだいに大きくなり、富者を、ついで貧者をひきつけだす。警察は高くつき、都市は負債をかかえ、借金をかえさなければ破産してしまうだろう。こうして、社会化、貨幣価値の低下、再組織化がおこなわれ、われわれはまだそのなかに存在しているのである。

三つの名前

あまりにも多くの歴史家に誤解されてきたが、商人の秩序の理論的基礎が構築されたのは、《西欧の教育者》[344]、《時代の会計係》[241]であった、一一、二世紀のイタリアの初期都市においてにほかならない。印刷術が発明される以前のヨーロッパの漆黒の知の闇の中で、ほとんどじっさいに知られていない理論家、商人、政治家が、後代の主要都市の哲学者が明確な形をあたえるはるか以前に、新しい秩序の基本概念をすでに考案していたのであった。まさしくそこで、家族、個人的自由、投票権、さらには遺産、企業、競争、為替手形、保険、株式会社といった観念が、ヨーロッパで最初に形成されたのであり、以後これらの観念がわれわれの経済的、政治的地平を今も限っているのである。

とりわけ、今日まで商人の秩序のあらゆる形態にみいだされる、三つの主要な存続方法、資本主義がその後八世紀もの永きにわたって決着をつけかねている、名前を生きのびさせる三つの主要な方法を作りだしたのは、イタリアの都市にほかならない。

イタリアは何も、アプリオリにこうした先駆的な役割を果たすようとくに準備されていたわけではない。強力な影響力を行使していた教会は、財にせよ金銭をあつかうにせよ、商人を快く思っていなかった。教皇は、抵当貸付けを修道院に禁じ、貨幣は不毛であって自己を再生産できず、また増殖させてはならず、利子を生ませることは何か近親相姦にも似た非道な行為だ、とたえず万人にくりかえしていた[241]。高利は盗みであり、高利貸しは盗人だと、一一世紀末に聖アンセルムスは何度もくりかえしていたのである[444]。高利は《罪》だと、少しのちにギョーム・ドオーセールはいうだろう。トスカナの諸港に商人や両替商が蝟集しはじめると、さらに激しくこのことがたえずくりかえされた。一一三九年のラテラノの第二公会議、一二七四年のリヨンの公会議では貨幣の貸借が非とされたのである。

しかしながら、五世紀の西欧の帝国の終焉以後の長い成りゆきまかせの時代のあいだ、イタリアは一度もビザンティウムとの関係を断ちきったことがなかった。ミラノ、ヴェネチア、ボローニャ、アマルフィ、ピサ、シエナ、ジェノヴァ、ついでフィレンツェ、コモなどの諸都市は、ヨーロッパとオリエントの産物を交換し、オリエントの技術や貨幣を利用して、富を築き、周囲の農村への影響力を強めていた。ヨーロッパの他の残りの地方とちがって、田園地帯を統治していた王や司教から自由になるために、領主たちはそうした都市へ生活しにやってきていたのである。

同様にブルジョアもまた、他のどこよりも早く、そこで権力を掌握した。ミラノでは一〇三五年、ボローニャでは一一二三年、シエナでは一一二五年、フィレンツェでは一一三八年に最初の《市参事会》が作られ、無産者（*ciompi*）に対抗して結集した領主、土地所有者、商人からなる《元老院議員》の集会によって監督されたのである。

この生まれつつある秩序では、ジェノヴァ、ヴェネチア、フィレンツェの三つの都市が最有力だった。ほとんど忘れさられている大著のなかで(344)、ルヌアールは、一一世紀のイタリアで商人の秩序にかんする三つの考え方がそこでどのように生まれてきたかを、みごとに記述している。私としては、存続のための三つの考え方、商人にとって生きのびさせることが重要問題である三つの名前をそこに読みとりたい。つまり、ジェノヴァでは自分自身の名前、フィレンツェでは家族の名前、ヴェネチアでは都市の名前をいかに存続させるかが重要な関心事だったわけである。最初のものは、冒険資本主義の、第二は家族資本主義の、そして最後のものは国家資本主義の形態であって、それぞれ生まれてきた都市の地理的、政治的立場と対応している。自己を組織化するためにいずれも、軍隊と行政に依拠していたわけだが、驚くべきは、すでに一一世紀に、以後資本主義が試みようとする一切に早くも先鞭をつけていたことだろう。

数世紀前から小さな冒険港だったジェノヴァでは、何人かの商人や海賊が途方もない交易回路を作りあげていた。まず北欧の農産物、中欧の織物、イタリアのガラス製品を集積し、これをセネガルやニジェールの金、サハラの塩と銅(344)、アフリカの奴隷、木材、武器と交換し、これらをアレキサンドリアで、香辛料、織物、豪華な毛織物と交換し、当時の大帝国の中心だったコンスタンティノポリスにもちこんで、絹地、香辛料、ずっと遠くからきた奢侈品と物々交換し、さいごにジェノヴァに集めて、全ヨーロッパにまきちらしていたからである。恐るべき冒険家だった彼らは、こうして近東のラテン諸国からアラブの港、シャンパーニュの大市《おおいち》にいたるまで、既知の全世界で商業を活性化させ(344)、西欧の方へと秩序の《中心部》をおびきよせていた。彼らにとって、冒険と通商、戦争と駆引きとのあいだに境界がなく、船乗り、船主、船団の指揮官すべてが事業家だった。ジェノヴァ人は、地中海のまわりに、船の補給に必要な中継地をめぐらせ(344)、サラセン人との闘争から進取の気象、冒険心、危険と功績への好みを育てていた。ずっと後にヴェネチア人とともに、彼らは、十字軍がコンスタンティノポリスを略奪するにさいして船を提供し、ひきかえに略奪品の一部を入手してもいたのである。

彼らはまた、大金融家でもあった。一〇〇〇年代以上も前に西欧では消滅してしまっていた、資本主義に必須の金融技術を考案――むしろ再考案――し、イタリア、ビザンティウムとイスラム諸国との通商に融資し、往復の資金を融通するために、長期にわたる危険をものともせず莫大な資本を動かしていた。一人では無理だったので、何人かの商人の基金を集め、ギリシアからはじまり、ローマ帝国をへて、ビザンティウムやイスラムでおこなわれていた海運会社を再興させた。この会社は一隻の船を共同購入するために何人かの商人が集まって作ったものであり、この船を抽象的な部分（*loca*）にわけて(344)、権利証として売ることもできた。地上にとどまって、資本の大部分を出資する社員もおれば、船にのりこむ社員もいた。商人たちはこうして、地上ないし海上での手工業ないし産業活動に融資するために、何人かの商人の資本を契約によって集める地上での冒険貸借と発注契約とを再発明したわけである(67)。

家族も土地ももたないこれらの冒険家たちは、その動機づけからみると、彼らが出会った騎士たちや、彼らが仕えた十字軍に、大層よく似ている。自分たちの財を家族に譲渡しようとも、自分たちの都市に名誉をもたらそうとも望んではいなかったからである。彼らはただ、生き、戦い、威信と気前のよさによって存在し、自分たちの名前を轟かそうと望んだにすぎない。それは、土地も城もない戦士と領主の、かげろうのような、華麗だが一時的で虚しい絶対の王国、偉業の思い出のなかで存続を確保しようとする、蓄積なき贈与の時代にほかならなかった。ジェノヴァはこの点で他に擢んでて、その刻印を世界にしるしたのである。だがやがて、この都市は、投機的な金融と危険な貨幣の賭博とに翻弄されて、死滅してゆくだろう。

同じころ、ビザンティウムから北ヨーロッパへ向けての絹と富の道の通過点に位置していたヴェネチアは、そのほとんど止むをえない地理的状況から長い幼年時代を脱皮しようとしていた。孤立し、土地が狭く、自然の力や敵に脅かされていたので、商人たちは交易路と都市を共同連帯して防衛せざるをえなかった。そこでは個人の栄光ではなく、共同体の栄光がもとめられたわけである(70)。剰余全体が都市の防衛にあてられ、存続させるべき名前は、ヴェネチアという名前そのものだった。上流の商人家族の同業組合が、一種の国家資本主義を指導し、私的資本主義の金融と軍事の防衛を支えていた。事業同様、国家全体が海の方に目を注ぎ、都市は自分の費用でその所有する造船所で商船（*galere da mercato*）(67)を建造させ、市民に公債を発行して造船に融資したりしていた。西欧で初めて、共同出資契約によって、私的商人に資本を提供し、輸送船団を組織して、軍艦でとりかこんで護送したのも、このヴェネチアにほかならない。共同出資契約の一番古い日付は一一三八年にまでさかのぼっている。ヴェネチア人はさらに抵当貸借を認め、オリエントの金貨を、イギリスのスターリングといった珍しいヨーロッパの銀貨と両替することも学んでいた(349)。

旅商にさいして資金を持ってあるくのは危険だったので、商人が自国で持っている貨幣を他国でも自由に処分できるように保証させて、ある場所から他の場所への振替が可能な組織も作られた。いわゆる手形振替制度がここに出現したわけである。両替商は、契約によってあたえられた保証にたいする預託金をうけとってそれを動かして利潤をえ、依頼人はその対価を別のところで、別の貨幣で、別の両替商からうけとるだろう。こうしてついに特約取引先と手形決済の相互作用が組織化されることになる。[137] 大商人たちは、数多くの支店をもつ国際的な事業網にとっての利益をそこにみいだしたのであった。[137]

商人の家族は、都市の庇護のもとにうちたてた権勢と、他の人々や都市自体にたいする確固たる貢献のお蔭でますます高まる信頼とによって、今や存続してゆくのである。だがずっと後になって、ヴェネチアは、過度の軍事費と通商ルートの切断とによってやがて滅びることになるだろう。[70]

同じころ、資本主義の第三のタイプが、トスカナの諸港の後背地に形成されてくる。織物産業のまわりに建設されたフィレンツェがそれだが、海とはちがって、繊維産業はあいつぐ海賊風の奇襲によって作れるものではなく、長い時間と多数の職人の組織化を必要とする。家族はそこでは、剰余の永続的な蓄積単位にほかならない。したがって生存させる必要があるのは、家族の名前だった。所有者が死んでも企業を維持しなければならず、よそでのように、取引きが終れば企業を解散させるわけにはいかなかった。資本の新しい集積形態、つまり家族の名前を冠した同族会社（*compagnies*）が出現し、資本は、全面的に連帯し、その財産全体に責任を有し、——ここが主要な点だが——自分たちの分け前を死後その子供に譲渡する家族の成員間に記名株券として分配されていた。たとえばチェルチ社は二〇の出資者からなり、子会社をルッカ、ピストイア、シエナ、フィレンツェにもっていたが、いずれも家族の成員が掌握していた。[344] もはや教会に財産を贈与することは問題にもならず、家族を存続させ、ますますきわめて広い方向に家族を拡大させてゆくことに関心があったのである。

何世紀ものあいだ、都市は独占、通商ルート、顧客を確保するために互いに戦った。ルッカ、シエナ、フィレンツェ、ピサはそのために破産し、ジェノヴァとヴェネチアがこもごも商人の秩序の頂上にたとうとした。しかしながら、やがてみるように、一九世紀に無名〔株式〕会社が出現するまで、しだいに幅をきかせていったのは、資本主義のフィレンツェ的考え方にほかならなかったのである。

一二世紀末になると、イタリアのかなた、全ヨーロッパで、平和、農業剰余生産物の増大、商取引きへの課税の低下といったことから、いっそう適切な貨幣手段が創設されはじめ、商人たちは相互に市場町を緊密に結びつけることができるようになった。《資本》、《利益》、《投資》といった概念が明確な姿をとり[67]、はるか後に資本主義とよばれるようになるあの商人の秩序が、ここに始まるわけである。

もっとも資本主義という言葉は、まだ発明されてはいなかった。がすでに、「資金、商品のストック、あるいは利子をうむ貨幣量[67]」を指示するのに、資本という言葉が用いられていた。ある人々は、この言葉がラテン語の《頭（*caput*）》からきたと考えて、《家畜》ないし《食物》を意味する英語の *cattle* からきたという人もあるが、こちらの方はどうやらあまり信がおけないらしい[369]。一切の発生源であるイタリアでは、当時《資本》といえば、商社についてのみいわれていたが、ドイツ、オランダ、フランスではすでに「会社ないし商人の貨幣」を指示していた[67]。リヨンでは一六世紀まで、《corps（身体、団体、財物）》という言葉が同じ意味で使われていたが、やがて、フェルナン・ブローデルがいったように、「頭がついに身体を制した」わけである[67]。

交差と初夜権

商人の秩序が生まれたイタリアやフランドルのまだ脆弱な小地帯のかたわらに、なおしばし封建制が、ヨーロッパ人の大部分の生活を規制していた。

イングランドでは、ウィリアム征服王がもちこんだ封建制が、王権神授説によって人々に押しつけられていた[145]。国の土地全体は王に帰属し、最も高い地位にある貴族もふくめて、万人はとどのつまり王の借地人にすぎず、王の同意なしでは何人も一片の土地すら譲渡できなかった。(330) 君主の所有地を管理するために、国家機関と国庫がこうして誕生する。一一世紀初頭、ノルマンディでは、ロベール公一世が、直領地の会計報告を聴問するために年に二度最高法院を招集していた。(136)「大きなテーブルの上に、七つの格子の入ったテーブルクロスがひろげられ、それぞれの格子には一定金額が割りあてられている。数字が告げられるたびに、点数札の袋を持った会計係が、告げられた金額を実際においてゆく。どの格子も数字でうめられると、点数札を数えれば、公の金庫のなかにある――あるいはあるはずの――総額がたちまちわかるのだった。同じ最高法院は、支出をきめたり、収支を決算したり、ほとんど予算とよんでもよいものを作るのにも利用された(382)」。貴族たちが自分の分け前とひきかえに公のために集めたものは、まだ租税ではなく、戦利品だったといえよう。しかし「その究極目的は富にあった。豪胆な人々にのみ神は富をわけあたえたのである」と、シュペングラーは注記している。(382)

フランスでも国家機関は、豊かな土地所有者やそれより多少とも貧しい領主たちの貴族団を支配する王朝のまわりに再構築されていた。土地にたいするさまざまな権利の《ピラミッド》が再建され、所有は年金と所得の複雑なシステムに溶解していたのである。社会の各階層で、所得、サンス、地代、恩給地、裁判利益をめぐって人々は相争い、商人や職人の利益は、まだ極度に二次的なものにすぎなかった。剰余の大部分は土地利用からあがってきていたからである。徐々にではあるが、領主や教会のお偉方は、縁組によったり、贈与によったり、さいごには――シトー会修道士のように――それまで半ばうちすてられていた耕作適地に一種の国内植民をおこなったりして、資産を増やしていった。(65) シトー会のばあいには新しい労働者が必要になり、浮浪者たちはこうして職をみつけてつるはしや鍬を手にするようになり、王や領主も彼らが主張する土地の所有権を認めるようになったのである。

王は家士によりかかり、家士たちはまたサンス上納小作人や農民を頼みとしていた(235)。こうして境界と所有地、国土と直轄地の区別がしだいに形をなしてくる。だがそれには長い年月が必要とされるだろう。フィリップ尊厳王の時まで、フランスの王は、自分の所有地のテリトリー、直領地にしか立法権がなかったからである。聖ルイ王のときまで、自分自身の土地の収入で王には十分だった。土地の私的所有と国家のテリトリーとは、当時相互に区別されて組織されていたのである。私有地から王は収入をあげていたが、国土からは税を徴収していた。私有地では家士をもっていたが、他のところでは代官をおいていた。家士にたいして王は絶対権をもっていたが、代官には影響力を行使できるだけだった。刑罰を決定し、階級にわけた住民に租税を割りあて、伯、王侯、聖職者に封地を分配していた。しかしながら聖ルイ王は、代官の世襲に終止符をうち、バイイ、セネシャル、徴税請負人に、新しい封地形態である官職の競売をおこなった。

王の下には、第一級の領主が、固有の名誉のコードによって他と異なる擢んでた位置をしめていた。以前の諸帝国でと同様、気前のよさ、勇敢な行為が彼らのあいだのヒエラルキーを決めていたのである。彼らは、自分たちだけが馬にのって戦い、剣を佩する権利のある、理想に仕える自由人だと思っていた、同輩の大貴族の判決にしか服さなかった。彼らは自分の名前をもつ土地に支配権、裁判権、警察権を行使し、そこから所得、栄光、由緒をひきだしていたのである。

領主たちの下では、その家士が、同じ特権をわがものとし、封地の私有権を獲得しようと努め、しだいにそれに成功していた。一二世紀の中葉になると、自分の土地を子供に遺贈し、騎乗で戦い、佩剣できたからである。土地を買うことで、ブルジョアや大土地所有農民も、二、三世代で貴族への道をあゆみ、近辺の大領主の家士となって、現物、金銭あるいは時間で賦課租を支払っていた。

この賦課租は、地域により、領主からの独立度により、また貢納徴収形態や何千年もの伝統によってじつに無限に変化していた。領主にしても直接年貢徴収領主、主封領主、地役領主、上級地役領主、上級裁判権領主、上級領主、実効領主などさまざまによばれる種類があった[444]。その起源と懇請的恩貸の種類によって、封地も、名誉封、利益封、専横封、単純顕位封、優先封、公有放牧封、無防備封、庇護封、支配封、削減封、十全封、不在封、自由騎士封、相続権消滅封、相続権継承封、貴族封、農村封、平民封、大貴族〔同輩衆〕封、共有契約封、再取得封などといわれるものがあった[444]。きわめて奇妙な家士の義務も時にはみられた。たとえば、ル・メーヌのラヴァレの小貴族は、よっぱらいをまねて、いささか卑猥な歌をうたい、走りながら竿の先に帽子をなげつけることが、領主へのオマージュの義務とされていたのである[65]……。

家士たちは組織的に自分の土地を防禦し、その境界線を引いていた。近隣の動向を監視し[65]、混乱から身を守るために、テリトリー全体にたいする権力の中継地である砦、《人口丘》をあちこちの農村に築いていた。そこで暮す小領主たちが今度は、風水車、かまど、搾り機、ビール工場の使用にたいして、地域の農民から強制使用料を徴収し、周辺のテリトリーを支配ないし領有していた。

さらにその下で、ヨーロッパのいたるところで、農民たちは、土地領有の程度におうじて、じつにさまざまな身分におかれていた。地方や歴史伝統にしたがってその数はきわめて可変的であったが、ある者は、自分の耕す土地の所有者だった。たとえばイングランドでは、農村人口の二〇分の一以下の農民が、ささやかな土地を占有して、そこで労働していた[65]。ドイツ西部、イタリア北部、フランス南部ではその数はもっと多かったらしい。封建制の中核であるロワール河とライン河のあいだのきわめて肥沃な土地では、さらにそうした農民の数が多かったようである[65]。平均してみると、西欧農民の四分の一が、一二世紀には土地を所有していたといわれている[366]。

カロリング朝時代の《自由農民》の継承者であるこれら自作農は、周囲のものから自由人（*hommes libres*）とみなされていた。租税を支払い、戦争に召集されたとき武器を調達するのに十分な現物手段をもっていたからである。原則として、田舎では自分の土地を所有していなくても、《自由》でありえたが、現実にはこの二つの概念は混同されていた。土地所有者でないと、租税や武具にあてるべき剰余をもつものは誰もいなかったからにほかならない。自由民は村落で集会に集まり、伯や領主があるばあいにはその《保護》のもとに「村長を選び、習慣法を伝え、その欠落を埋めていた[166]」のである。

土地所有は複雑な共有形態にあった。イングランドやヨーロッパ北部では、古いゲルマン的慣習法にしたがって、村落が、森林、荒れ地、沼沢、河川を集団所有していた。数多くの共同体が、村落の自立性とアイデンティティを構成する不可欠の要素だった。ボータリックは土地所有の交差があった、といっている[64]。収穫がすむと、村落の土地全体は再び共有にもどった、いいかえると、誰でも、一番貧しく不自由な農民でも立ちいることができるようになった[166]。誰もが共有地の所有者であり、生きのびるに必要なものをそこにみつけられたからである。だから、都会へ行っても誰も土地を放棄するよう強制されるものはなかった。しかしながら、大土地所有者は大きな家畜群をそこで放牧させるためにせよ、開墾するためにせよ、自分たちの土地で生活する農民に使用料としての年貢を要求するためであるにせよ、すでにして共有地を解体させようと虎視眈々と狙っていた。

これらの農民の身分もきわめて複雑なものだった。賃労働者はめったにいなかったが、臣僕（*homines*）、解放奴隷（*colliberti*）、従属民（*mancipia*）、緊縛半自由民（*coloni*）、隷属民（*vassaliti*）、農奴（*servi*）、服属民（*servou*）——この最後の言葉は、一一世紀以降、ノルマンディではごく数少なかったが、イール・

ド・フランスやロアール渓谷、ポワトウでは数の多かった、服属した農民を指示するのにやむなく用いられた――などが一般だった[65]。農奴には自分の耕す土地の所有権がなく、自由人や領主の私有地で落穂拾いや拾集権、《共同放牧権》があるだけだった。自己の労働からよそよそしく疎外され、マルクスが巧みにいったように土地の付属物にすぎなかったのである[283]。土地を離れる権利がなく、アヴネルがいったように「頭のてっぺんから爪先にいたるまでの農奴」だったのである[19]。主人の意のままにタイユを課され、自分の財産や自分で獲得した《地所》、あるいは建築させた家であっても「領主の認可と許可なしでは」何一つ売却できなかった[136]。

　農奴には重税が課されていた。一一世紀以来、人頭税――はじめは安全の抵当に解放奴隷に課された――、タイユ――はじめは領主の保護とひきかえに、自由農民に要求された――はいずれも、隷属のしるし、主人の所有物の象徴と目されていた[136]。日常生活のどんな行為も、領主が農奴に課税する口実となった。たとえば、自由農民の女性あるいは他の領主の隷属者と結婚するばあいには、領外結婚税（*formariage*）を、動産を取得すると買戻し税（*mainmorte*）を支払わねばならなかった。収穫にさいしてはサンスを支払ったが、これは南フランスでは《perpétuelle pagésie（永代地代）》、アルザスでは《co-longe（保有地代）》、その他のところでは〔いずれも比例地代を意味する〕《シャンパール（champart）》、《テラージュ（terrage）》、《アグリエ（agrier）》あるいは《タスク（tasque）》とよばれていた[166]。ブルターニュではケヴァーズとよばれる税を払わねば家をたてることができず、他のところでは、ブドウ酒を買えば領主独占酒税（*banvin*）、塩を買えば領主独占塩税（*bansel*）を支払わねばならず、狩猟、船の揚陸、刈入れ、ブドウの収穫、屠殺、私生児をうむこと、マンモルトの遺留品の取得、初夜、通行、軍役などの権利にも税を支払わねばならなかった[444]……。こうした租税は現物ないし賦役で、きわめてさまざまな人々に支払われたのである。たとえば、保有地税はある領主に、サンスは他の領主に、塩税は三番目の領主に、支払うという風に。

農奴にとって最も屈辱的な負担の一つは、何千年この方、領主が直領地の女性の所有者として勝手に行使してきた《初夜権》にほかならない。一三世紀に作成された法典である、ブルゴーニュの《慣習法》の一一七条には、「結婚した農奴が、婚礼の最初の夜、その妻を領主荘園の臥所《ふしど》につれてこないものは、全財産を没収される」と書かれていた(444)。同じころ、リシュブールのブールデは、『新慣習法提要』のなかで、「マンモルトの代りに、結婚した娘は、婚礼の最初の夜領主の枡や篩のおいてある建物に寝に戻れば、その相続分をとりもどすことができる」と書いていた。同様にアミアンのバイイ裁判所の慣習法にはつぎのような条文があった。「前述のドリュカ地域の臣下の男女はいずれも結婚にさいしては〔……〕当該領主の許可、認可、承認なくしては、あるいは当該領主が、当該新婦と寝たあとでなければ、新夫は新婦と最初の夜共に寝ることができない(444)。」リヨンの司教座聖堂参事会員もまた、その農奴の妻との初夜の権利を所有していたのである(444)。

だが、農奴階級は当然のことながら反抗にでた。いたるところで、ささやかな自分たちの所有権を守るという名目で、農民たちは領主に反逆したからである。グリムはその『古代ゲルマン法(444)』のなかで、一三世紀初頭の農民詩を引用しているが、そこではきわめて明白にこう歌われていた。

畑も岩も、小川も森も、
野獣も家畜も、
乱暴にも王侯に没収された。

奴等は共有財産である空気、
あの空気までも俺達から奪い、
太陽、風、雨さえも、えてして
俺達からとりあげようとしている……

時として――とりわけ、農民の数が少なかったイングランドや、あるいは貴重だったオランダやトスカナのような地方では――、なんらかの利益を農民が獲得したばあいもあった。移動禁止義務が、滞在権に変ったからである。当時のイングランドの法学者、ブラクトンによると、農民はその土地からひきだす収入の《所有者》にある意味ではなり[166]、さらに領主が土地を彼らに売却したところでは、土地所有者ともなった、とされている。

ここに異なる二つの世界が分離する。フランスでのように、農民が小土地所有者を形成した世界と、イングランドのように、土地所有領主が農民からその労働を買う世界、とが。

ついで一切が、初夜権までもが売却されるようになる。たとえば、ラ・フレールの領主、ギー・ド・シャティヨンは、一三世紀にその土地の住民にこう書いている。「マルゥイユ卿は当該荘園の娘や少女と密通する権利をもち、またもっているはずなのだから、もし口説かれたくなければ、当該領主権にたいし二ソルを支払うべし[444]。」オーヴェルニュでは、この権利を、新婦の婚資の半額で買いもどすことができた。

一三世紀は階級（ordre）と貨幣の世紀になろうとしていたのだから、まさに来たるべき貨幣による秩序（Ordre）の前兆といわねばならない。

財布と生命[241]

一三世紀のごく初頭は、商人の秩序の支配をめぐって、ブリュージュとヴェネチアが相争った時代にほかならない。一方は北の消費者市場の、他方は極東の生産者市場の支配を狙ったのだが、決着がつくというにはまだ程遠かった。他のいくつかの中心地でと同様、この二つの都市でも、貨幣が蓄積され、土地はもはや剰余の生産手段ではなく、見栄えの手段となっていたのである。

ヨーロッパじゅうで、商人はまだ、権力と法律の選良からはよく思われていなかった。貴族からは妬まれ、司祭からは軽蔑されていたが、富と進歩、快楽と権力の主要な源泉で長くありうると信じて、彼らはその運命を確信しつつ冒険への道を歩んでいたのである。

しかしながら一三世紀になると、どの都市や地方の教会と国家の有力者たちも、貨幣の論理に屈して、自らその言説をとりいれるのにさして手間ひまかからなかった。ためらいながらも魅了されて、ヨーロッパ全体が新しい秩序、新しい文化、それまで決して人々が希望を抱いたことのなかった自由の創設者として自らを認めたのである。

先駆的な都市でも王権神授説をとなえる王制でも、いたるところで、貨幣が堂々と心おきなく、剰余作出の主要な源泉、創意と技術の原動力、交換の道具、力と存続の動因となるにいたった。

一一世紀に東方諸国からやってきた金とともにはじまり、一二世紀に国際交易の冒険によって続行された一切が、一三世紀には帰りきた平和と繁栄とともに海上で継承されたわけである。

このたぎりたつ激動の輪郭を描きだし、その骨組をえぐりだすことは難しい。非常におもしろいある本のなかで[137]、ジャン・ファヴィエは、中世の商人についてきわめて適切にこう書いている。「バルチック海は地中海ではなく、大西洋は両者の中間ではなかった。ミョウバンの市場は、塩の市場となんら関係はなく、ガスコーニュのブドウ酒――われらがボルドー酒もふくめて――の市場は、ボーヌのブドウ酒とはなんら共通点がなかった。」《商品化》するには、パリであれフィレンツェであれ、セヴィラであれダンチッヒであれ、どこかの都市に人がいて、何か役割を果たしているだけではまだ十分ではなかったのである。[137]

とはいえ、こうした商人たちすべての慣行にはある種の普遍性があった。本性上、彼らは均質的なコスモポリタンだったからである。事業の必要から、彼らは旅行し、他の人々の言に耳を傾けて情報を交換し、国籍を顧慮することなく貨幣を流通させて、ヨーロッパの財的、人的資源を活用しなければならなかった。[137]たとえば一二八七年に、バルセローナから運ばれる船荷の海上でのリスクを保証するために、フィレンツェのある商人がおこなった操作の足跡をたどってみよう。まずシチリアの船主にこの船荷を委託し、一定の資本を名目上借りて、船が着き積荷が売れたあとで同じく名目上返済する。しかも擬制貸借の弁償として一定の現金を提供していたが、これは、じじつヨーロッパではじめて支払われた保険料だったといえるだろう。[344]

国際的な商人同様、選良の趣味も均質化してきたとき、商品自体が今度は普遍化してくる。ブリュージュで買われた毛皮、ディエップのニシン、ブールヌゥフの塩、アルトワのコムギ、東方の香辛料、フィレンツェの織物がパリで販売されるようになったからである。

新しい知的エリート層がこうして、ヨーロッパ的規模で、緊密な網の目をしだいに形成し、封建的、君主制的な網の目に重ねあわされ、やがて後者を爆破するにいたるだろう。

大商人たちは、この封建的秩序の外部で生活し、「公的な司法に頼ることなく、自分たちで問題を解決しよう」と努力していた。[137]いくつかのその共同体は、たとえばイタリア人がシャンパーニュの大市で、ハンザ同盟都市の人々がブリュージュでしていたように、[137]ヨーロッパでおこなわれていた関係する慣行を統一して、偶発的な内部の紛争にたいする裁判権すら獲得していたのである。

彼らは、船主や船員にかわって、貨幣の主人となり、もはや商旅にでる人々だけではなく、地上での貸し主が以後海上でのリスクをひきうけるようになった。たとえば一二五〇年ごろ、ジェノヴァの大商人、スピノラは、陸地にとどまったまま一人で一二ばかりの海運会社を支配していたのである[341]。

通商の必要から、当時世界を制していた四つの貨幣、つまりビザンティン貨、ディナール、マラベティー金貨、スターリング銀貨だけでは商人たちはもはや満足できなくなっていた。固有の貨幣が必要となり、商人が主導していた都市で、新しい金貨や銀貨が発行されるが、これは権力のヨーロッパへの移転を示す兆候にほかならない。一二二二年に、ヴェネチアではグロッソ銀貨が、一二三五年にはフィレンツェでフローリン銀貨が、ついで一二五二年にはフローリン金貨が発行されるが、最後のものは一〇〇〇年来ヨーロッパで発行された最初の金貨だった[349]。一二六二年に聖ルイ王が、四世紀近く忘れさられていた王室による貨幣独占権の勅令を再布告し、グロ銀貨を鋳造させ、つづいて一二六六年にはエキュ金貨、一二八四年にはヴェネチアでドゥカート金貨を鋳造させる。これらの硬貨は、任意の権力による一定のテリトリー内での貨幣使用の強制なしに、すべて同時に流通したのであった。

「目利きし、重さを計り、鑑定する両替商がいないと、会計係も商人もあまりに多くの種類のために頭がぼうとなるほどだった[137]」両替商というこの新しい商人階層が、今や通商の拡大に特別な役割を演じはじめる。彼らは「さまざまな硬貨がどこで刻印され、どんな特徴をもっているのか、原産工場はどこで発行種類の日付はいつか、識別の目印は何で金属の質はどうか、といったことを書いた」カタログを手にもっていた[137]。こうした硬貨の価値を決定するために、彼らはまた、取引きのあるすべての商人都市での日々の金属や硬貨の相場変動も知悉していなければならなかった[137]。商人たちは、これら補佐人の助けを借りて、貴金属の重量で、あるいは現物や、フィレンツェのフローリン貨のように誰にもよく知られた貨幣で契約を結んでいたのである[137]。

それどころか、商人が大金を持って商旅にでなくてもすむように、ヴェネチアをはじめとする全イタリアの両替商は、貨幣の寄託をもうけいれていた。「依頼人は、自分のお金を投資するとか、ましてや利益をうませようとかいう気はさらさらなかった。安全な場所にあずけて[137]」別の場所で契約によってお金に確実に再会できればそれでよかったのである。こうして大商人は、国際的な大事業網を拡張するために、両替商に依存することとなる[137]。だが、やがて一二二五年ごろシエナで、少し後にフィレンツェとジェノヴァで、契約を簡略化するため、そこにサインした人にたいする信用以外の法的有効性がなく、したがって署名者の名前だけが有効なたんなる通知状ないし支払い状に現金がとってかわられたのであった。

こうした寄託の発展につれ、両替商は貨幣の貸し手になってゆく。そもそも《銀行》という言葉は、両替商の机を意味するイタリア語のバンコがその語源にほかならない。ユダヤ人は、農業、手工業、行政、軍隊に就くことを永らく禁止され、そこから排除されていたので、当然この分野で重要な役割を演じるようになった[327]。彼らの律法は利付き貸付けを認め、むしろそれを義務とさえしていたのだから、君侯や司教に指嗾されて、何人かのユダヤ人が喜んでこの仕事に就いたわけである。

この異常な一三世紀に、貨幣はいたるところへ、宮廷、修道院、教会、都市、市場町、最も聖なる取引きのなかにまで、忍びこんでいった。

種子を買うのに農民は商人から借金し、借金の返済が終るまで土地の収入を商人に譲渡し[187]、返済できないと土地の所有権までを譲渡した。概して多くの借り手——農民や貴族——はこうして、しだいしだいにその保有地、バン権、工房、滝、水路、風水車、運河、職人の地盤を売りわたして、貸し手の手中におちていったのである。

商人はまた労働者にも貸し付け、ひきかえにその製品を買い、労働者を支配していった。ドゥエーの大ラシャ商、ジャン・ボアヌブローク卿にかんする研究――当時のきわめて稀有だが正確な証拠の一つなので、諸家によってしばしば引用されるが――のなかで、エスピナスは、北部の大ラシャ商が、どのようにして負債に苦しむ職人を自分たちの所有する家屋に住まわせ、彼らに売りつけた道具で働かせはじめたかを、記述してくれている(136)。

自分の労働力をこんな風に譲渡したわけだから、労働者は暗に自分の労働の所有権をある程度持っていたと推定されるかもしれない。だが、現実にはこの所有権は擬制的なものだった。なぜなら、まさに商人が、労働力の価格を決め、鐘で労働日のリズムを定め、生活する場所をも強制していたからである。労働者にとって、労働の所有権とは、生きるために貨幣とひきかえに自分の時間を譲りわたす義務にすぎなかった。一二八六年のある裁判文書には、実労働時間に文句をいった女性に同じドゥエーのラシャ商が、賃金支払いを拒否して解雇した一件が報告されている(「さあ行っちまえ、あばずれ女め、お前の顔をみるだけでうんざりだ……(136)」)。同業組合に組織された職人だけが汲々として守ったその技倆の所有権を享受できた。秘訣が所有権の源泉だったわけである。

だが、貨幣の背後には、貨幣を価値化する労働がつねにひそんでいる。このころから、商人の秩序の現実を近くで観察できた、アラブやイタリアの著述家たちが最初に、労働が職人の所有権、さらに商人の所有権を正当化し、モノの価値を貨幣で規定することを理解したのであった。アラブの著作家、アブダル＝ラーマン・イブン・ハルドゥンはこう書いている。富は「技芸の生産物」に存し、商品とは職人労働の産物であり、「この地の有力者の利益とは［……］他人の無償労働ないし贈物の横領に相当する(274)」と。土地について昔から周知の事柄が、今や都市についても同じく認められたわけである(274)。

徐々に経済生産の外部でも、社会のあらゆるところ、工房から宮廷まで、農地から修道院にいたるまで、一切が貨幣と市場によって侵略されてくる。罰金、悔悛、教会への遺贈も、もはや耕すべき土地や基金によってではなく、価値化する資本、免罪された資本によってしだいに計られるようになってくる。同様に、封建制の規範の内部でさえ、領主間の権力関係が貨幣化されてくる。「王に使節団派遣の費用を支出し、宮廷に近い常設通信員の費用をひきうけ、政府高官に年金を支払うことは、最も当をえた投資にほかならない(136)。」王が金持ちのブルジョアに授爵状を売りつければ、家士はまた領主への貢納を貨幣で支払い、封臣の身分は貴族身分の一番下の水準にいたるまで賃貸借の対象になってしまう。領主と土地保有農とのあいだでも、ブドウ畑の植つけにたいする《現金貸借契約》だとか、牧畜民にたいする《役獣賃貸借契約》だとかいった、さまざまな前貸しや賃貸借の方式が続々とあらわれてくる(166)。同様に塩田の開発者は、それまで所有者の修道院に塩水で支払っていた地代を貨幣で支払わねばならなくなった(209)。「自由、解放、賦租課の免除あるいは再調整、遺贈権あるいは結婚権など一切は、周知のように貨幣で支払われるようになった(136)」のである。

所有地や権力の獲得には、もはや力は不必要だった。都市商人は、豊かになってもなお服属していたので、その法的特権を領主から買い戻していたが、地位を維持するのに必要な貨幣を王、司教、王侯に貸し付け、封建制度の銀行家となっていたからである。だが、商人の富はまさしく封建領主の悩みの種だった。一三世紀末、フランスの王妃、ジャンヌ・ド・ナヴァールは、自分と同じように豪華に身を装った六〇〇人のブルジョアの女性にブリュージュで出迎えられて、びっくりしたほどである。

こうしたすべてのことに、教会も不満だったにちがいない。いつも《高利》とよんでいた貨幣貸付けが、農村を疲弊させ、すでに肉体と魂をその手で御し難くなっていた都市にたいする自分の権力をひっくりかえすのではないかと教会は明察し、またくりかえし述べていたからである。しかしながら不可避な進行にたいしては、教会もお手あげだった。新しい富の明白な力に直面して、教会はやむなく後退する。教会が貨幣の活用化を禁じつづけられなくなり、商人と両替商を旅芸人や娼婦と同一視できなくなったのも、何ら不思議ではない。それどころか、公会議の決定や禁止にもかかわらず、修道院、神父、司教は、信者から貰った貨幣を利子をとって貸し付け[241]、遺言作成費を土地や硬貨の価値でいぜんとして定めていたのである。西ではテンプル騎士団がヨーロッパの最初の銀行の一つとなり、東ではチュートン騎士団が大毛織商の一つとなったのも、このころのことにほかならない。

こうして、プロテスタンティズムが出現するはるか以前に、教会は新しい秩序をついに正当化するにいたる。マヌーバー的な巧妙さで、半世紀のあいだに教会は、制約を教義の要求にかえてしまう。本来の教義によって強制されたからではなく、反対に、変身しなければその権力の大部分を失ってしまったからにほかならない。ジャック・ル・ゴフがみごとに書いたように、「封建制との妥協から資本主義との妥協へ」移行することで、教会は、資本主義のなかで自己を救おうとしただけにすぎない。財布がその生命だったわけである。

この方向転換は、じっさいには明示的に決定されたわけではないにしても、この上ない厳密さでおこなわれた。まず教会は、結婚破棄の禁止を布告し、このことで同時に貯金、遺産、租税の基礎細胞を創出する。各家族がその相続財産を完全に保全できるよう手助けしてやったわけである。この当時、教会は、いくつかの地域では、裕福な家族の娘や二男以下の半分以上を修道院に迎えいれていたのである[136]。

ついで教会は、あの世での罰をもはや怖れなくてよいだけではなく、この世での報いを望むことも背徳的なことではない、と周知させる。福音書にかなった生き方——と教会はいうわけだが、つまり質素で禁欲的な生活、要するに語のあらゆる意味での *épargne*〔節約、預金、蓄財〕の生活——をして教会と和解できる人々に金融による富の追求を認可したわけである。富は放蕩で消費させるものではなく、今や節約されるべきものとなる。ルイス・マンフォードが書いたように、教会は七つの大罪のうち五つ（吝嗇、傲慢、羨望、大食、貪欲）を、肯定的な経済的価値にかえてしまった(308)。あるいはむしろもっと正確にいうと、商人の会計管理の規則を、キリスト教徒の道徳的な行動規則に融合させることで、この転換を非とすることなく遂行してしまったわけである。

さらに教会が認可した富は、道義的な仕方では労働からしか生まれないのだから、いまや労働が、もはや原罪の懲罰としてではなく、救済の基礎として認められることになる。そんなわけで、聖ルイ王の側近だったヴァンサン・ド・ボーヴェは、「たんに生きるためだけではなく、富のより豊かな生産を可能とする蓄積の見地から、働くように人々」を激励したのであった(308)。

この移行の最後から二番目の段階で、教会は、商人のような、それまで軽蔑されていた職業の名誉を復権させる。一三世紀の初め、当時の重要な神学者だったトマ・ド・ショバンは——ジャック・ル・ゴフの引用によると——その告白の手引きのなかで、つぎのように書いていた。「ある場所で豊富なものを、その同じモノを欠いている他の場所に商人が運んでゆかなければ、多くの地方は大変な困窮状態におかれるだろう。そのゆえに彼らがその労働の価格をうけとっても当然のことである(241)」

同じころ、商人から両替商へと一歩とびこえるのに、教会はさして難儀をおぼえなかった。一一七九年の第三回ラテラノ公会議で問題になったのは、《明白な》高利、つまり《不正な》利率での貸付けだけで、だからもはや全面的な利息の禁止はなくなったわけである。ついで教会は完全に譲歩する。一二一五年の

第四回ラテラノ公会議では、利子が支払いの遅延にたいする代償、あるいは両替商や会計係の労働にたいする賃金、さらには、貸付資本の損失リスクの代価とみなされるときには、貨幣貸付けに報酬がなされてもよい、といささか偽善的に容認する[241]。ただしあまりに《高い》利子は認められなかった。八世紀この方忘れられていたユスティニアヌス法典をひっぱりだして、教会は、西欧では三三パーセントが貨幣の《正当な価格》の認可ぎりぎりの線だと認めたのである。

正当な価格という概念は、さらにその後二世紀にわたって、貨幣と市場の侵入にたいする教会の新しい防衛線となった。一二七〇年ごろ、トマス・アクィナスがその厖大な『神学大全』の経済にかんする箇所で、所有にかんする当時としては最も首尾一貫した神学理論をうちたてたのも、この観念を中心としてにほかならない。彼によると、どの人間もこの世界で《自然》権を有している[245]。いかにも、神から発する《客観的》法則によって宇宙が支配されているのは確かだが、宇宙はまた自然の観察によって自然法則を発見する人間にも帰属している。必然的にこの人間的な法則の《正当さ》こそ、必然的に神的な法との両立性の条件にほかならない。したがって、正当なものは真であり、《自然的》なものは《客観的》であり、道徳的なものは合法的なものとされる[245]。人間の権利は、神の要求にかなうためには、神が人間に吹きこんだ自然的英知を反映しなければならず、人間理性とキリスト者の信仰とを共存させているはずである。

とりわけ私的所有への権利――つまり用益権と財を消費する権限、《所有》と《占有》二つながら――は、つぎの二つの条件のもとでなら、人間の諸権利の一角をしめている。すなわち、一方では、私的所有は、《正当な》仕方、つまり労働によって獲得されねばならない。他方ではしかし私的所有を過度に重要視してはならない。この限界内でなら、人間は、「モノの配分でとくと周知のように」、物財、生産用具、奴隷すらもを《私有》することができる。正義が社会関係全体を支配しているのだとしたら、貧困もまた自然秩序の一部なのだから、貧者が楽園にはいることを禁じられているわけではなく、貧困に反対すべき理由もない。

したがって、交換は自由人のあいだでのみ、「都市の共通利益のために」、《正当な価格》でおこなわれねばならない。いいかえると、ある財の、生産に必要な労働量に相応する価格で、また、売り手が剰余を蓄積するのではなく、自分自身の労働の《正当な》報酬を得て、「財を他の自由人の自由な処分にまかせることのできる」価格で、交換がおこなわれなければならない[245]。貨幣はこうした交換にのみ使用されるべきだから、利付き貸付けは《不当》であり、禁止さるべきである。——少なくとも、利子率があまりにも高すぎるばあいには[245]……。

こうして、一三世紀末に、私的所有権、各人がモノを支配できる権利にかんするキリスト教的な概念構成が定着してきたのであった。この考え方が万人に不可欠の自然権という観念になおかかずらい、そのことで所有とは自然権の一つ、権利というより要するにむしろ社会的事実だという観念を相変らず保持しようとしていたとしても、にもかかわらずやはり深刻な変動をうみだしたのであり、教会に二度と戻れない転換をうながしたのであった。

とはいえ、一切がこれで解決したわけではない。この当時の意味深い神学的なある紛争から[245]、この困難な転換の過程で教会をおそった特有の思想的大混乱があったことが示唆されるのである。この小事件とはフランシスコ修道会と教皇庁との対立がそれにほかならない。アッシジの聖フランチェスコの教えにもとづいて、この当時数多くの有力な宗教団体が設立され、「最後の審判なしですます」ために[308]、今から即刻清貧に生き、こうしてこの地上に永遠の来世状態を創出すべきだという観念を流布させていた。だが、教皇庁はその言葉に耳をかそうとしなかった[245]。とどのつまり、フランシスコ派修道院は、他の宗教共同体同様に、信者から多くの贈物と遺贈をうけ、教皇庁が嫉妬するほどの莫大な財を蓄積する。一二七九年に教皇ニコラウス三世は、こうした富は、財の領有にかんして修道会の創始者がたてた清貧の誓いに反する、といいがかりをつけた。抗弁陳述に選ばれたのはフランシスコ修道会の一員、オックスフォードの教授だったウィリアム・オッカムで、フランシスコ修道会員はなんらモノの所有者ではないのだから、その富を譲渡できない、と教皇の前で主張する。この目的のため、キリスト教神学の枠内で彼がひっぱりだしたのは、ローマ法が樹立した使用権（*usus*）と処分権（*abusus*）との区別――彼はこれを《usage》と《pouvoir》とよんだが――であった。オッカムによると、フランシスコ修道会員は、これらの富に《作用し》、消尽し、売却する権能をもたないのだから、信者からうけとった財の所有者ではない。ただその使用権をもっているだけである[245]。そして使用権はそれ自体では所有権に相当しない、とトマスに反して主張する。いいかえると、所有は財の使用以上の何かを前提としているわけである。フランシスコ修道会員は、自由に財を売れないのだから、その所有者ではないことになる。

　このようにあるモノの《所有》が、明白に《権能》、《裁量権》、個人の私的な能力、究極的には個人的自由と私的意志の行為と同一化されたのは、これが初めてのことだった[245]。トマスや以前の著述家のように、所有はもはや、自然な、客観的事実、世界のある状態ではなくなったのである[245]。所有権と個人の自由は、こうして神学的論争のなかで合致する。あたかも二世紀以来、少なくともイタリアやフランドルの商人や両替商の現実の生活のなかで一致していたように。

　この論争は些細なものではない。商人の秩序が教会におしつけた所有権の世俗化への重大な一歩とすらなったからである。この論争によって、すぐ直前に道徳と節約とが結びつけられたように、しだいに個人的自由と私的所有とが結びつけられ、しかもそのことが異端とされなくなったのであった。

しかもこの論争はいつまでも教会内部にとじこめられてはいなかった。多くの余震が教会をゆるがせ、その結果、教会はこれら一切を是認し、世界の秩序を押しつけることを諦めてしまったからである。一三二〇年にもう一人の教皇、ヨハネス二二世は、修道士が自分の食べるスープの所有者であるように、自分が自由に処分する富を占有しているのだから、《占有》と《所有》という二つの概念は絶対的に同義語だ、となお説明するだろう(119)。一三二九年になると同じ教皇は「永罰の人のために」にはじまる教書で、「所有は人間に内属し、批判されるべきでない自然権である〔……〕」。人間はこの世の束の間のものを占有する(119)」と書く。所有は、意志的行為ではなく、一つの事実だったわけである。そのうえ、彼にとって、「原始キリスト教徒が、清貧と共有からなる理想社会に生きていたという信念」は、「地獄落ちに値する異端」にほかならなかった(308)。

しかしながら教会の公式的立場にもかかわらず、現実には変化が完了していた。どの《個人》も、《諸権利》の有資格者として現われるが(275)、そのなかでも所有と自由の権利は分ち難く融合している、とされたからである。

少しのちの一四世紀中葉に、二人のフランスの神学者、パリ大学の総長だったピエール・アイイとその後継者ジャン・ジェルソンは、ウィリアム・オッカムの論理にそって、人間の生命を、もはや自然な能力ではなく、人間の所有、権利だと認めるにいたる(245)。プロテスタンティズムよりはるか以前に、教会の有力者たちはこうして商人の秩序に味方したわけである。

だからといって、ブルジョア的価値がいたるところで勝利をえた、というにはまだ程遠かった。一四世紀中葉になっても、ヨーロッパの他の多くの場所でよりも急速に市場が発達していたイングランドにおいてさえ、「守銭奴と浪費家との箇にして要をえた論争(187)」という寓意詩のなかで、ほとんど金を使わず、つつましやかに生活している《守銭奴》と、「着飾り、食べ、飲み、高価な毛皮を手に入れ、土地を耕さず、軍事的冒険や狩猟の支払いのため道具まで売り[187]」、贈物をばらまき、資力以上で生活し、要するに、《尊大不遜》にも金を湯水のように使う《浪費家》とが、対比的に歌われていた。前者は、「ねたみ、憎しみ、軽蔑あるいは恐怖」をかきたてたが、「決して尊敬」されなかった。これにたいし後者は、「尊敬と賞讃をかきたてた[187]」というのである。

記憶から記録へ

一三世紀はまた、成文法が都市で生まれた世紀でもあった。都市で商人たちは、伝統や力、たんなる信頼のうえに、その財産を確立することができず、所有規則を文書に記入する必要があり、恣意的でも禁制的でもない有効なゲームの規則を決定する必要があったからである。

ヨーロッパの大部分の人がなおそこで生活していた田舎では、歴史と風土が作りだした伝統と力関係の微妙な作用につまるところ法は左右されていた。ウシの放牧権、ウマないしブタの牧畜権が詭弁的に区別されていた。さらに、原則として口頭で伝えられるさまざまな慣習法では、暖房、ちょっとした修理、大規模な建設あるいは樽の製作、いずれに使用されるかにしたがって木材も複雑なカテゴリーに区別されていたからである[444]。

しかもこうした概念は、現実でも同様、この上なく漠然としたものだった。私的であろうと共同であろうと、領主的あるいは自由地的であろうと、土地所有権は、なおたんなる《占有》――《特別占有(sai-sine)》――と混同され、地図や土地台帳を照合することなく、きわめてしばしば事実にもとづいて認められていた。真なるものは遵守されてきたものであり、権利とは力を持っていることにほかならなかった。

一三世紀に書きとめられたノルマンディの慣習法には、「土地の特別占有をもつものとは、そこで刈り入れ、そこを耕し、その果実と生産物を受けとる者の謂いである[166]」と明確に書かれていたのである。

さかさまに都市では、事態は変っていた。英語やフランス語で自由という言葉が、《ある社会集団から独立した》という意味で、また所有という言葉が権利を意味するものとしてはじめて使用されるようになったからである。俗ラテン語に由来する所有という言葉がヨーロッパの全言葉にみられるようになったのも、このころのことにほかならない。ラテン語の形態にきわめて近い、この言葉のイタリア語、フランス語、英語の形態は、ある物の所有権、占有権、特有権を同時に意味していた。占有物を意味するようになったのは一世紀もあとのことで、所有は、持つことを意味する以前、在ることを意味していたのである。言語の不思議な英知といえようか……。

都市では、ほとんど廃れて判じもののようになった文献の痕跡を保存すると同時に、形成途上の新しい規則を定着させるために、法文が成文化されはじめる。これらの文献は無から突然出現したわけではなかった。僧院の静寂のなかで、聖職者や司祭が、ローマやビザンティウムのそれまで保存されていた、ないしは新たに発見された法概念から、既存の慣習法と新たな慣行――それらは相互に背馳し矛盾しあっていた――との整合的な所有権を、姿をあらわしはじめた秩序のために、再構築しようと努めていた。その一方で――しばしば聖職者や司祭にかわって――王侯や都市の裁判官、官吏が、贈与、売却、契約、遺贈を証明し、所有権に異議申し立てがあれば裁定し、《平和のために》商取引を調整し、意見の一致がみられないときには裁判し、権利を宣言し、悪党を罰していた。そうしたことから徐々に形成されてきたのである。

都市社会の発展につれ、刑罰の宣告もしだいに変化してきた。いかにも、私有であれ共有であれ、土地の所有権を犯したものにたいする制裁がきわめて苛酷だったのは事実である。一三世紀のドイツの文書にはまだつぎのように書かれていたほどだった。「堤防を保持するヤナギの樹皮を切りとった者は、その腹をさき、腸をひきだして、損害をあたえた木のまわりに縛りつけらるべし[444]」と。だが、しだいに《血償》にかわって、投獄か罰金に処されることの方が多くなってきたのである。

だが商人には、こうしたことは不都合だった。慣習法は地域によって相互に異なっていたので、ある地域の住民が、他の地域の口頭による検証不能な法律を適用されることがしばしばだったからである。訴訟をおこしても、適用されるのは対人法ではなく管轄地域の法であって、契約法にではなく伝統に従わされたからである。だから、慣習法ないしキリスト教道徳からみて《不正な》決済期限と判事がみなしたばあいには、契約者が債務から解放されることもあった[245]。イングランドでは、《正当な交換》とみなされないと、商取引きの期限を白紙にもどされることさえあったほどである。

こうした状況は、判事や神学者の恣意をいつまでももはやうけいれられない商人にとっては耐えがたい事態にほかならなかった。

したがって、都市や商人国家では、いっそう普遍的な所有規則を決定し、商人仲間のあいだ、土地の主人と土地保有農民とのあいだで契約条項を確定し、会社や海運会社の約款を交渉によって調整し、さいごに発注や長期の冒険貸付けを明確化する手段として、法があらゆる水準で成文化されるようになったのも故なしとしない。

前世紀にうまれたコミューン特許状が、しだいに一般化してくるのもこのころのことだが、もっともその対象はごくつまらぬものも、重大なものもあった。一二五〇年のローラゲ地方のガルドゥシュの《特許状》では、農民が最も近い《立入り禁止林》で、資材のその場での修理に必要な材木をとることが文書で認可されていた。一二六六年の別の特許状では、ロット川でエスパリオンの住民が魚をとる権利が認められた。だが、都市全体に関与する特許状もあった。自分の家屋や工場にたいする、あるいは、他の都市住民や周辺の農村の住民の労働と財にたいする所有権[409]を、そこでは商人たちが文書によって保証されていたからである。イングランドでは、一二六五年以降、自治都市が自律権を獲得してもいた。

地方でと同様に、都市行政にもこのことは利益をもたらした。大法官の法令、法廷の判決、租税債権、契約を保存し、財産を調査し、所有地の境界を画定し、資格を記録し、地図を保管するのに、文書は大いに役立ったからである。資料集成——証書や特許状の——のなかに、こうして世俗的ないし聖職の領主の直領地や世襲財産が記録されたのである。[136]

都市と国家にこうして収入がはいりはじめたおかげで、記録を作成したり、領地を管理したりするための官吏を雇用でき、所有権の比較や、統一が、文書によってしだいに可能となってきた。一二五一年四月にフランスでは、王令によって、北部のガリア慣習法（*Consuetudo gallicana*）と南部の成文法（*jus scriptum*）という、二つの伝統的な法制度に王国が分かれることが法的に確認された[136]。ここに早くも法律の多様性が著しく減少したのである。

成文化のおかげで、条文や法文の有効期間もまた永続的となった。条文がとりまとめられ、記録保管所がつくられ、存続が可能となったからである。たとえば、一三世紀以降、フランスやその他で、王はもはや自分だけのためにではなく、自分の後継者のためにも、諸々の決定をおこなったのである。所有は安定化し、真の行政が確立されたわけである。

フィリップ尊厳王の時代になると、フランスでは、国務諮問会議、高等法院、会計法院が王宮から独立する。これらの官庁では、ローマ法に熟達した、きわめて高度な一般人がバイイの会計報告を検査し[136]、王領地の財政管理を監督し、慣習法の条文を編纂し、そのいずれを許容すべきか反論すべきかを決定し、都市の特許状を認可したりしていたのである。ここに国家がうまれたといってよいだろう。

一二一五年のイングランドで、ジョン王がマグナカルタを強制されて発布したが、これは一世紀前にヘンリー一世が粗描した法文のいくつかの規定を再編したものにほかならない。そこでは、《封臣会議》に集まった直臣や司教と各州の小貴族や都市の代表それぞれ二名とに、租税管理権と、「投獄、勾留、裁判、有罪判決、財産没収にかんする条件」全体の保証権があたえられていた[308]。王が大憲章を尊重しないばあい、二五人の直臣が王の城や土地を領有して、王を拘束することが約束されていたのである。

こうして設立された行政機関のおかげで、中世の都市や国家は、租税を徴収し、その地所への立入り権を規定し、商取引きを記録し、基本的な必需食料品の専売を組織し、財やサーヴィス、時として地中や地下にある一切をすら《公共財産》に仕立てあげる。たとえば一三世紀のサクソン慣習法にはこう書かれていた。「鋤の刃がとどかぬ深さの地中に埋まる宝はすべて、王の財産である[444]」と。コムギ、鉄、鋼、塩、油、魚の専売権を他に先駆けて最初に領有したのは、おそらくシエナ市にちがいない[209]。同市はまた、周辺の田舎の地下資源やそこに通じる道路も管理していたのである。

集団的な所有財のなかで一番重要なものは塩にほかならない。大部分の生産物の重要な防腐剤だったからだが、共同でのみ貯蔵するのではなく、保存食物を各自で貯蔵しようとしたがっていた商人の秩序では、とりわけかつてなく重要な物品だった[209]。ヨーロッパの数多くの都市は、こもごも塩の専売権、さらには独占的生産をも企てようとする。その採取、貯蔵、輸送、販売は一粒にいたるまで、自治体の役所で管理されていた[209]。おそらく徹底的な独占を最初にはじめたのは一二世紀のアルプス地帯の岩塩坑だったらしい[209]。一二〇三年にシエナ市は、塩の独占販売を管理するためにドガナという公社を設立し、グロセットで生産された塩を全部手中におさめ、他から買った塩をシエナで売るのを禁じ、そのテリトリー内で新しい塩田を建設するのに反対した(209)。ラングドックやロレーヌなどの最も封建制の色濃い他の地方では、領主が塩田を領有し、自分の倉庫に蓄蔵して、ほしいままの値段で売っていたのである(209)。

次の世紀になると、この独占は塩税にかわるだろう。市場が国家にかわって、塩を流通させたからである。もっともこの当時、国家が報復措置に事欠かなかったのも確かだが……。

代理すること

一四世紀になると、死の政治経済学がまたしても生の政治経済学を告知する。大王朝で、王の葬儀に変化がみられたからである(164)。イングランドでは一三二七年から、フランスでは一四二二年から、死者の嫡子であれば、後継者は葬儀にもはや参列しなくなった。新しい葬儀のさなか、蠟で正確に相貌をうつしとった故人の肖像が安置され(220)、この肖像〔代理、代表、表象〕——この言葉が商人の秩序にあらわれたのはこれが最初である。——が王国の全象徴を顕示する、宮殿をたちさるまで、人々は生者のごとくこの肖像に仕え、王に定められた時刻に食物をそなえ、食卓を整え、杯や皿を並べる。ついで、本当の死体が埋葬さるべき教会にむけてひそかに柩にいれてはこびだされるあいだ、聖別の衣服で粧った王の《肖像》が盛大に都市をねり歩くのであった。

ある人々は(220)、死体の展示の期限をながびかせ、巨大都市と化した首都で、より多くの人々に見せようと狙った新しい策略にすぎない、といっている。他の人々(164)は、王侯の姿をした供犠の分身の観念はなんら新しいものではなく、帝国の古い伝統を再現したものと考えている。だが、私のみるところでは、それ以上のものがある。この演出は、神々や王侯に捧げられたものではなく、王の全臣下に示されたものにほかならないからである。藁や蠟で作られた《代理》の身体は、王を超えてその外に権力が永続することを表示しているのだ。

《肖像》は、権力の最初の抽象化であり、王の身体の外部にある権力の最初の現実化にほかならない。それは初めて、支配する人々を超えて、国家や人民を体現したものであり、モノがすでにその価格によって代表され、モノの所有者がその選出者によって代表されていた都市で、商人の秩序がすでに実現していたことを、国民国家的規模で、告知したものにほかならない。都市では市場と投票権が、物や人間を世俗的な均質性によって平準化し、無差別化していたのである。

田舎では死はまだ「メシア的、平等主義的な大祭」だったが[38]、都会ではいたるところで、個人的なものとなっていた。都市の死者は、埋葬の場所が不足していたので、段々と教会から離れた墓地に埋められるようになり、死は抽象的となり、もはや名前のなかにしか故人の存続はあてにできなくなってきた。それまで副次的なものにすぎなかった《死亡者名簿》が一四、五世紀に発展する。「この寄付が当該の教会ないし小修道院の過去帳に追憶のために記入されんことを[6]」と一四一六年のある遺言書はしたためている。とはいっても《魂の救済》のために施療院や基金に贈与する領主が完全に姿を消してしまったわけではなかった。たとえば、一四世紀初頭のある騎士の施療院への寄付証書は、こんな風に書きはじめられている。「ひたすらわが身の救済を願い、この喜ばしい和解によりて、この世の財とひきかえんことを望みて……[6]。」時として、なお莫大な贈与がみられることもあった。メスのある商人は、その都市の諸教会に、相続財産の半分以上も遺贈していたからである[6]。ミサを必ずおこなってもらうための寄進も、それにおとらず健在だった。セルジィ＝シュール＝オワーズのある教会の、一四〇四年の壁碑には、つぎのように書かれていた。「生前、ダマルタンの近習にて領主たる貴人、ピエール・グロサール、ここに眠る。彼は、ポントワーズ在の家屋の年間地代六スウ・パリ鋳造貨の金額をこの教会の慈善団体である財産管理委員会にのこした。この家屋は、ロジェ・ド・クオスに帰属し、マルトル街の角に位置し、一方のロバン・ル・トゥルヌール側はリシャール・ド・クオスの相続者に、他方のパヴマン・デュ・ロワ側は、サン＝クリストフ・ド・セルジィ教会財産の主任司祭および教区財産管理員に提供される。故人の命日には、毎年かかさず本教会の主任司祭が歌唱ミサをおこない、追悼してくれたことを条件に[6]」アリエスの引用するところでは、フランス貴族の経済的滅亡の原因の一つが、ここにみられる、とジャック・エールはいっているらしい。「節約し、自己の家族の未来を洞察することの拒否、これこそ、この事業の世界に遅れをとった階級の心性の象徴にほかならない[6]。」

他方の商人の世界では、死は世俗的で個人的なものとなり、その間に絶対的な断絶があった。遺言は家族に財産を譲渡する証書となり、死にゆく者は、教会に譲る富によってではもはやなく、自分の信仰において裁かれると考えていたからである。

こうして、それ自体で存在し、かけがえのない生者としての個人が出現する。個人は、フィリッポ・リピやジャン・フーケの初期の自画像のなかで、自己を再現し、奴隷あるいは性対象といったような、物々交換ないし取引きの対象とみなされることをもはや容認しない。一四世紀になると、初夜権の転売がしだいに禁止されるようになり、一四〇九年三月一九日の判決では、賠償金を支払わねば新夫が新婚の夜に妻と寝てはならないというアミアンの司教の要求を非とした。「各住民は、司教の許可なくとも、新婚の最初の夜、妻と寝ることができる[444]」とされたのである。

こうした動きをさらに技術革新がいっそうの拍車をかけたが、というのもイデオロギー的にちょうど必要となった瞬間に狙いをさだめたように、印刷術という技術革新があらわれ、この動向の完全な一環を成したからである。一四五四年にマインツであらわれた、組み活字によるグーテンベルクの最初の聖書が、まさにそれにほかならない。この方式は電撃的な成功をおさめた[59]。一四八〇年になると、ヨーロッパの一一一の都市が、この印刷機をそなえ、一五〇〇年にはさらに二三八都市でみられるようになった。この印刷術のおかげで、ヨーロッパの土着言語で、人々がおのがじし黙読する習慣が飛躍的に増大し、以後、これら諸言語が書かれ、発展していったのである。

当時の知識人が考えていたように、ラテン語がヨーロッパの共通語とはならないで、逆に印刷術はラテン語の消滅の原因となった。大量生産物が、集団サーヴィスにとってかわったとき、多様性が勝ったのである。このことをよく肝に銘じておく必要があろう……。

合資会社と株式

一四世紀初頭、相対的な平和と繁栄のゆえに、ヨーロッパの商人たちは、海へ、東洋へとかりたてられていった。ヴェネチアがブリュージュをおしのけ、ヨーロッパ北部と極東の市場とのあいだの商品の流通を掌握していた[67]。市場と人口の増大とともに、より大きな船、いっそう大きな資本を作り、運用しなければならなかった。海上でも地上でもいたるところで、事業の危険性があまりにも高まりすぎたので、船主やラシャ商人の手におえなくなっていた。取引き規模は、かつてのように一人で融資できるようなものではなくなっていたので、お互いに資本を集めて、原料を買い、輸送し、製品を売らねばならなかった。そこで商人たちは、他の商人、土地領主、金持ちの職人、法律家、あるいは聖職者など、要するに貨幣形態での貯蓄をもっていると思われるすべての人々をくどいたのである。会社を設立するための構想力には事欠かなかったし、それに、国際交易のための近代企業のほとんどすべての組織、ともかくも筆頭所有者の名前を冠した組織が設立されたのは、まさにこの時代にほかならない。

しかしながら現実には、出資、管理、賃労働がすでに区別されはじめていた。「真の資本主義はこの区別から生まれ(137)」、数世紀後に法によって追認されることになるだろう。

集団融資の最も古いシステム、つまり共同発注(commande)は一一世紀のジェノヴァで《海運会社》という形ですでに発生していた。そのさい貸方商人は、資本の三三パーセントを提供すれば利益の五〇パーセントまでもうけとることができ、しかも損失のばあいは、出資額の限度まで放棄すればよかった。それはまだ、ある商人の一時的な取引きに、他の商人に投資させて利益の一部をあたえる、公証人の前でとりきめた商人間のたんなる契約にすぎなかった(137)。が、しだいに「少額預金者の標準的な投資法の一つ、中小企業の通常の発展手段となってゆく(137)」。時として《出資者》の方がじっさいに多少働き、《現役商人》が資本を提供するばあいも間々あった。同じ商人が、その種の会社の出資分担を増大させて、真の《合名会社グループ》を設立することもできたのである(137)。

共同発注とはちがって、自ら働く商人がまた取引きの《出資者》の一人であるばあい、他の資本の助けをもとめるために、一般に時間的に有限で、一定の取引きに限られた損益参加組合が創られることもあった(137)。利益は、投下資本と投下労働とに比例して分配されるわけである。それは、技術的に相補う活動のあこがれの枠組み、「中小企業の理想的な枠組み(137)」だったのである。

ずっと大きな資本の必要な、国際交易といった大事業のためには、合資(commandite)によって、時間的に無期限な会社での、平等で譲渡可能な分担形態で、資本を集めることができた。取引き操作は駆け引きの自由を手中にし、実現利潤におうじて資本に報酬をあたえたのである。たんなる契約にすぎなかった共同発注とはちがって、合資の出資者の誰もが、取得者をみつけたばあい、望むときにその持ち分をひきあげても、会計監査をする必要がなかった[137]。この事実から、「合資は評判の継続性に立脚する[137]」といわれるのである。一五世紀のジェノヴァでは、合資会社の資本は二四の持ち分に分割され——純度の高い金のように——それ自体また分割することができた。あらゆる種類の取引き——「小アジアのミョウバンから、チュニジアの珊瑚、スペインの水銀にいたるまで[137]」——のために、こうした会社が続々と創立され、蓄財をもとめてきわめて遠くまででかけることも時にはあった。イタリア人、ドイツ人、ギリシア人がボスニアの鉱山の持ち分を保有していることもあったし[137]、出資者がその労働者自身である例も時にはみられた。たとえばドーフィネでは、アルヴァールの鉱夫が、自分の働く鉄鉱の合資会社の持ち分を保有していたのである[136]。

一二世紀以来、フィレンツェにはまた、出資者が集まって永続的な組合形態をとった会社 (*compagnie*) がいくらか実在していた。これは、合資会社とは反対に、損失の集団責任をひきうけるもので[344]、また資本とは別に預金もうけいれていた。株主はすべて、一、二の家族からなっているのが一般的だったようである。たとえば、ジェノヴァのバルジ家は、一三三一年当時、五八の株券に分割され、一一の株主に配布された資本からなる会社で営業していた[344]。家族的土台が、「事業、名前、商標の永続性を保証[137]」していたわけである。これらの会社には、メディチ、ペルッチ、ピジュリ、フッガー、ルイス、ウェルサーといった、創設家族の名前がつけられていて、多数の子会社をもっていた。本店をもつ家族がいつもたいてい支店の資本の大株主であり、一四八〇年にブリュージュとロンドンのメディチ家が破産したときでも、残りのメディチ帝国は無傷のままだった。支店網の利益が如実に証明されたわけである[344]。その国際的な性格と、また情報伝達が遅かったせいで、意志決定は比較的地方分権的だった。そこにはまた、メディチ家のジョヴァンニ・ベンチやフランチェスコ・サセッティのような、真のサラリーマン《社長》もいたのである[137]。

同じ会社という言葉は、一五世紀初頭のロンドンでも、遠距離貿易や新しい土地の発見のために、国家と私的株主とが連合して作った最初の組織でも使われていた。だが、フィレンツェの会社とはちがって、イギリスの会社は、ヴェネチア同様、利害関係のある商人全部を閉鎖的な組合に結集して、国家の名前で対外貿易の一種の独占をむしろ狙っていたのである。こうして、毛織物輸出商組合が、一四〇七年には、オランダ、北ドイツと通商し、イギリスの毛織物を輸出していた商人を結集することになる(41)。

産業活動に融資するため、資本を集めるのに適した最初の会社が出現したのも、またこの時期にほかならない。シエナに近いマサ・マルチナ市では、最初の産業株式会社らしきものが一四世紀初めに創設された、とジャック・エールはのべている(200)。文献によると、マサのブルジョアは誰でも、司教区の銀の地下資源を自由に開発できた。「土地所有者は、鉱山技術組合の三人の親方が合議で決めた、補償金を要求することしかできなかった(200)」。この鉱床をさらに開発するために、都市のブルジョアは集まって、平等で譲渡可能だが、まだ市場で流通不可能な三〇の持ち分に分割された資本からなる会社（*societas*）を設立する(200)。その後、同種の会社がいくつか創設されて、塩田や鉱山が領有された。同じごろ、トゥルーズのブルジョアも、ガロンヌ河流域の水車に持ち分を出資していたらしい(371)。

時を同じくして、貸付けや為替の技術も発達してきた。ロンバルディア人は、離れたところと同意契約を結ぶのに、もはや公証人契約を用いず、署名した為替手形ですませていた。陸海上貿易のための最初の銀行が出現し、財産を築いたが、やがて破産した。一四世紀にヴェネチアの三〇〇の銀行のうち九六行までが誤った取引きのため破産したが、これは結局のところ、一四五三年にコンスタンティノポリスが陥落して、ヨーロッパがオリエントとの通商や貨幣を支配下においたためにほかならない。

富、貧困、警察

ヨーロッパのブルジョアは、以前の秩序の成功モデルからなかなか自由にはなれなかった。節約家で、控え目で、禁欲家ではあったが、いぜんとして貴族に魅惑され、貴族の称号、名前、土地、家紋、浪費法をうらやんでいたからである。したがって、イタリアでもフランスでも、貴族になろうとして、多くのお金をつぎこんでいた。そこでまず封地を買い、ついで一四世紀になって、土地を取得しても必ずしもその取得者が貴族に列せられないようになると、財務、司法、警察の職務を買おうとする。また城を象った建物、塔付きの家屋、石造ないし、練瓦造りの大きな建物を都市に造らせる。トゥルーズで最も富裕な金持ちの一人ラシャ商ギィエム・アズマールが一四〇一年に建てた館[136]、あるいは、倉庫、応接間、一連の小さな続き部屋をそなえていた巨大な建物で、一五世紀ブルジョアの最も豪華な住居であるブルジュのジャック・クールの館などがそれにほかならない[136]。極端に贅沢な例としては、主人の居室に浴場のついているものまであった。こうした一切は、顧客を信頼させるのだから、事業にも好都合なのだとかこつけて、ブルジョアジー自身も安心していたのである[137]。

北イタリアでは、金持ちはコレクターにもなった。内部を改装し、芸術品を迎えるために特別な家まで作りはじめていたのである。芸術品は格付けされ、展示され、その価値をいやますような家具まで考案された。こうして芸術市場が創出されることになる[331]。単一の保護者の後見から解放された芸術家たちは、アトリエで自分の作品を金持ちの商人に売りはじめた。

高位の貴族たちと同じ毛皮を身にまとう大ブルジョアまで現れてくる。貴族同様、彼らも衣服を注文して作らせ、その結果たとえばブリュージュでは一三四〇年に一九七の洋服仕立屋と二六のショース〔タイツ風のズボン〕仕立屋ができ、それほど金持ちではない商人のためには、プレタポルテの衣服を売り、輸出する既製服センターまでできていた[136]。極端なばあい、本当に金持ちの商人は事業から離れて、もはや金儲けではなく、公益事業に専念して、湯水のようにお金を使う者まで現れた。「トゥルーズの市参事会員やフィレンツェの行政長官と同じくらい、リューベックで評議員であるには[137]」高くついたのである。

自分の栄光だけで満足する商人はいない。自分の名前も栄光に輝くことを欲するものである。そこで商人は、事業からあげた貯蓄の大部分を娘の婚資や、息子に公職や土地を買うために用いる。「土地が金貨を綺麗にする[137]」わけである。

富のこうした並はずれた誇示のすぐそばで、都市の他の住民は、時として絶対的貧困のなかで暮していた。高級住宅街はまだなく、労働者はしばしば、ブルジョアの大邸宅の最上階の部屋、中庭の奥に住んでいた[136]。自分たちが消費する農産物や手工業産物を買うために必要な銅貨を手に入れるだけで[67]、その他の何も彼らは所有していなかった。暖をとり、架台のついた食卓、ベンチ、大箱があればそれでもう最高の贅沢だった[136]。寝台はといえば、マットレスをのせた単なる板で、長枕、枕、シーツ、毛布があるだけだった[136]。家をもっているばあいでも、燃えやすく、氷結や湿気に弱く、しばしば古着しか買えなかった。たとえば一四世紀のブリュージュには、一八四の古着屋、七二の古毛皮店があったほどである[136]。雇主の気紛れや不運のせいで職を失ったとき、大部分の労働者は、社会のおちこぼれになるかならないかの境にいたのである。

さらにその下には、真の無産者、住いもない乞食が、眠るところも食べるところもなく、あちこちうろついていた。街路にすんで、失うべき何物をも持っていなかったのである。「これらの放浪者のなかに社会はすでに恐るべき浮浪者をみていた[163]」と、ジェルメックは書いている。時としてこの恐怖が現実化することもあった。一三〇二年にブリュージュで、貧民がブルジョアに反乱をおこしたからである。「道路は、他に何一つ持たぬ者の所有である」とは、当時の俚諺にほかならない。

道端には、病気とペストが一杯だった。民衆の英知は、またつぎのような言葉をのこしている。「自分の頭〔資産〕を食べつくしたら、あとは施療院への道が待つだけだ。」都市に災禍をもたらす流行病に金持ちがかからなかったわけではないが、統計学的に貧困と病気は相関的なのである。しかも無産者の管理は恐ろしく困難だった。

施療院は、治療するところではなく、田舎の貧乏人を何人か泊めるところにすぎなかったが、一四世紀には、都市の大量の貧窮者をもはや管理する手段をもっていなかった。一方では、聖職者たちがその収入を利潤獲得に流用していたし、他方でブルジョアたちは、以前ほど教会にその蓄財を寄進しなくなっていたからである。全ヨーロッパで、教会、修道院、施療院の所得は、以前の半分かそれ以上もおちこんでいた。パリのメゾン・ブラックのようないくつかの施療院は、設立後一世紀足らずで、ひどく貧しくなり、院長の報酬や礼拝堂の維持に支出するだけで精一杯だった[12]。いくつかの施療院に融資するため、教会財産の譲渡不可能という古い規則に反してまで他の施療院を売却していたのである。たとえば、一三五四年一二月七日にマルセイユの市参事会は、司教に代って、「時代の貧困と施療院の困窮とを考慮し、不動産売却を司教に認可した[12]。」その二〇年後の一三七二年、同じマルセイユの施療院はさらに遺贈された建物を一軒売っていた[12]。

こうした破綻に直面して、ブルジョアが今度はその役目をひきつがねばならなかった。彼らにとっていわば地獄とは貧民だったので、途中で自分の命を失わぬようにしなければならなかったからである。貧者はもはや同情さるべき者ではなく、恐怖の的だった。もっと簡明にいうと、お金を持っていなかったので、貧者は悪にほかならなかった。そこで、ブルジョアは、教会には拒んだお金を警察に提供することになる。

一四世紀から、ブルジョアの名において警察〔都市の人〕が、貧民を監視し、隔離しはじめる。商人の秩序の所有コードの守護者となったわけである。ヨーロッパのいたるところで、市長、市参事会員、町役人、市役人、王の官吏が、警察を組織するためにかなりの資金を当てたが、さしあたり警察の仕事はといえば貧民を排除することだった。フランスでは、何も持たず、稼ぎもなく居酒屋に通う怠け者は、逮捕され、安逸な生活について尋問され、「嘘がみやぶられたり、生活がよくないと立証された」ときには、都市から追放された。どの都市にも、その富と力を誇示するために鐘楼がたてられていたが、敵軍や乞食が攻めてきたときには、合図に鳴らされた。毎晩、日が沈むと都市の門はとじられ、武装した夜警が、街路をまわって、盗みや殺人を予防していたのである。

だが、警察に監獄ができるには、さして手間暇かからなかった。多数の監獄が都市に造られ、必ずしも悪行をおかさなくても、無産者はそこに閉じこめられた。一三五〇年二月、イングランドでは、健康な乞食は四日間牢にほうりこまれ、再犯のばあいにはさらし刑に処せられ、三度目になると「灼けた鉄で額に印をつけ、所払いにされる」という王令がでたほどである。監獄の数が足らなくなると、施療院が代用された。もっとも、健康な貧民を一晩以上、受けいれ、援助してはならないという規定が、どの乞食対策の王令にもあったわけではないが。

都市の富を守ろうとして、しかしやはり警察は逆に都市を衰退させるはめとなった。費用がしだいに増大して蓄財の一部を食いつぶし、そのことで、都市がその権勢を維持する能力を脅かし、ついで破壊してしまったからである。ブルジョアが富を蓄積したのも、農民から土地を、職人から資本を奪ったからだったが、その結果農民や職人は都市に流れこんで貧困を増大させた。都市は負債にあえぎ、ついで、商人の秩序の新しい別の変化形態にとってかわられるまで、破産の淵に沈んでしまったのである。

以前の諸秩序同様、多産財の集中は、無産者から所有者を守るためにしだいに大きな剰余を注ぎこむ必要から、秩序を破壊したのである。生き残るためには、成長が必須となるだろう。

エンクロージャーと所有

商人の秩序が飛躍的発展をつづけてゆくには、物々交換、無償の贈与、農村生活と封建制を組織的に縮小してゆくことが要請される。それゆえ、商人の秩序は、都市の門の外で、とりわけ土地所有の集中するところで、発展する。農民が賃労働者となり、市場で買った財だけを消費するところ、いいかえると、一四世紀中葉の大疫病が農民の家族をそっくり消滅させ、土地所有の集中が可能になったところで、発展するのである。

とりわけヴァイキングの影響力が顕著だったイギリスの農民は、こうした進化に特になびきやすかった(245)。土地所有とはかかわりのない戦士の気質をもち、すでにして《個人主義者(269)》だったからである。労働で稼いだ貨幣を何よりもあてにし、所有より所得の方が重要だったので、よろこんで自分の土地を売り、大土地所有者のところで小作人として雇われた。だから、一四世紀になると、真の不動産市場が成立し、土地権移転の半分以上が、すでに農民家族の外部でおこなわれていたのである(269)。

土地の集中には別の事情もあずかって力があった。都市の需要が強かったので羊毛の値段が高騰し、農業よりも牧羊の方が利益が大きかったからである。イギリスの大地主は努めて多くの牧草地を買い集め、家畜を育てようとする。小画地を再統合し、共有地を横領し、伝統的に土地の立ち入りを認められていた借地農の家畜群から守るために、良質の牧草地を囲いこむ。そのためにはまず賃借契約が切れたときに借地農を追いだし、残った農民に共同地の閉鎖を強制し、ついで可能ならば法律を盾にとった。一五世紀末に、最初のチューダー朝の王、ヘンリー七世が、最後のヨーク家の王、リチャード三世と戦ったとき、彼は私兵を解体し、大土地所有者に依拠して絶対王制をうちたてようと試みた。この目的のために、囲い込み運動が法律によって促進され、一四八一年の勅令がそれに一役買ったのである。入会地のおかげでやっと生きていた小農や日雇い労働者は、この処置で手痛い打撃をうけた。当時の文書には次のような農民の怨嗟が残されている。「牧草地でヒツジや大型家畜を飼育するために、何もかも奪われた。その結果、この七年間に、半径六マイルの私のまわりにみえるだけで五〇〇ヘクタールほどの土地が放棄された。そこには以前四〇人以上の人が暮らしをたてていたのだが、今ではヒツジの群れをつれたたった一人の手にすべてが帰している。[41]」

イングランドでと同様、ヨーロッパの他の地域——スペイン、南イタリア、デンマーク、オランダ、プロイセン、オーストリア、ポーランド、ボヘミアなど——でも大土地所有が発展する。[65]だが、イギリスのばあいとちがって、そこでは農民の賃労働化の発生はみられず、逆に農奴の増加をともなったのであった。たとえば、一五世紀末に、イザベラとフェルナンドとの結婚によってカスティリアとアラゴンとが統一されたとき、カラトラヴァ、サンティアゴ、アルカンタラなどの大領主と聖職者集団は、モール人から奪いかえした広大なテリトリーを領有する。[65]カスティリア人口の二パーセントをしめるにすぎない大地主が、土地の九八パーセントを占有し、農民の八五パーセントは、農奴に近い状態にあったのである。[65]ロシアでも、モスクワのまわりに建設された帝国は、莫大なテリトリーを集積し、ために共有地や大領主の領地で暮していた自由農民の数が減ってしまった。土地を離れたり結婚するためには、彼らは領主の認可をえなければならず、その子供たちは何年か領主のもとで家内奉公をしなければならなかったのである。[65]

反対に、フランス、ヴェネチア、トスカナ、ドイツ西部では、封建組織の分解が小土地所有者に有利に作用した。これらの国々では、経済的収益性よりも家柄を守ることに汲々としていたので、貴族は開発した土地を農民に売って、貨幣を手に入れていたからである。土地の細分化が急激に進まなかったのには、修道院の力も大きくあずかった。一三四〇年に、騎士アンベール・ド・シャランは、八〇〇リーブルの持参金をつけて長女を嫁にやったが、他の娘二人は、年五リーブルの終身年金をつけて修道院に送られ、以前からいた三人の姉妹と一緒になったのである[136]。同じころ、王もまた、主人なき財産、相続者のいない遺産、外国人遺産、私生児遺産などの没収や、大土木工事や鉱山開発によって拓かれた土地を領有することで、そのテリトリーを広げていた。一六世紀の初め、アンヌ公妃がシャルル八世、ついでルイ一二世と結婚したので、ブルターニュは事実上フランス国王の領地となった。農民は少しばかり自由になり、領主のための賦役が減り、さまざまな地代は、サンスの名で統一された。ブルターニュの農奴は、それまで領主の直接的な開発がおこなわれていた封土の一部を小作地としてとりもどし、土地の準所有権と遺贈権を手にいれたのである。

一四〇二年に、エーヌのサン＝ニコラ大修道院は、「土地が未耕のまま放置されないように、荘園の農民に相続権と自由身分の人格権とを[136]」五リーヴルの地代で授与した。以後、一家の父親が遺言で後継者を指名するときには、ほとんどつねに子供のうちから選ぶことになる。たとえば、一四三八年にはリヨネ地方の小教区、ドワジウのある農民は、四人の娘のそれぞれに数フロリンの持参金をあたえ、二人の息子を教会に送り、残りの二人の息子を折半した土地の相続者として指名している[136]。

結婚や継承のたびに土地が細分化されたり、再び集められたりして、世代から世代へと伝達されていったこれらの地方では、分割が累加より優位をしめていた。フランスでは一五世紀末に、耕地の面積の半分以上がとどのつまり、小所有者のものとなっていたのである。

こうした小私有地間の境界画定も、正確で厳密で、不可侵なものとなってくる。ウェストファリアでは、一四五四年の勅令にこう規定されていた。「隣人の境界を動かした犯罪者は、頭だけを土からだし、生きたまま埋めるべし。ついで、ウシでその土地を耕し、その後でなければ人手で耕作してはならない[……]。さすれば、人は最善をつくそうと努力するであろう(444)。」

貨幣、逓信、塩税

一四世紀以降、資本主義が発展してくると、都市国家や王国は、国民的アイデンティティに不可欠な財である貨幣や輸送手段を管理し、他の集団的な所有物を租税の源泉にかえ、まだ脆弱であった私的資本家を保護しはじめる。

貨幣発行権は君主の手に集中し、一三六〇年にはジャン善良王が、フランという名の金貨を鋳造させる。鋳造権は国家の独占となり、貨幣が国民的な財産となり、その保証を国家がおこなったわけである。たしかに商人は自由に他国の貨幣を使っていたが、国家は自分が管理し、制定した貨幣に、そのテリトリー内では交換するよう強制した。所有が《ある》と《持つ》の両義をもち、貨幣がそのことを他の何にもまして雄弁に物語るようになったのである。

フランス、ドイツ、イタリア、オーストリア、オランダ、ロシアの多数の都市間の逓信が、公的なサーヴィスとして、公的メッセージを伝えるためにおこなわれはじめる。アンリ四世は一五九七年に貸駅馬の徴税請負人の職を二つ設けた(398)。ルイ一三世のときから、王室の飛脚は、私的なメッセージもあつかうようになり、こうして商業の発展を助けたのである。同様に、橋や道路も公的所有とされた。フランスでは道路は、《王道》、《公道》、《間道》、《小道》に分類され、国家はまた、シャンパーニュからアルザスへ、パリからヴェルサイユへ、ソワソネからフランドルへ、つまり商業に最も有利な道路を建設したのである。

諸帝国の時代から、塩は、国家や都市の一等重要な財産の一つだったが、このころ国の専売を離れ、都市の租税の土台となっていた[209]。一四世紀に、塩の取引きをまだ独占していた多数の都市は、自治体予算の主要な収入源としていたからである。ヴェネチアでは、塩はサルテの倉庫に集中され、関税検査官が収入の収納を国庫に保証していた[209]。一三二四年に、リュネヴィルでは、ブルジョアの利益のために、公爵が塩田の権利を失い、半世紀後には市から追いだされてしまった。一三九六年にノアヨンでは、塩の独占所有権は、自治体の塩税局にゆだねられ、商人はこの町で塩を売り、この塩税局に預託しておかねばならなかったのである[209]。スペインでも、アラゴン、カスティリアあるいはグラナダ周辺に何百という塩田がちらばって塩を生産していたが、塩田の所有はしだいに集中化されていった。一三三八年四月二八日の勅令によると、すべての塩田は王冠の所有であり、それを管理する者――大領主、聖職者団体、修道院、軍隊――は、塩田を国家に返却すべしと再要求されている。しかしじっさいには王冠は、塩の所有権をしだいに租税に、王の徴税権にかえるのをうけいれた[209]。

ヨーロッパのいたるところで、国家はやがて塩の所有権を放棄し、価格統制と塩税とで満足しようとする。間接税は、国家の所有権の放棄からうまれたわけである。

一三一五年九月二五日に、ルイ一〇世は、商人の売り惜しみのせいで塩が払底したので、《適正な値段で》一週間以内に塩を売るよう商人に命じている[209]。こうして、間接税であるガベル（アラビア語の *kabala* すなわち《税》を語源とし、イタリア語の *gabella* からきた）が誕生し、最初は穀粉に、ついで毛織物にかけられた。一三二四年になると、この語は、王国外からの輸入塩にたいする《税》にもっぱら用いられる。一三六〇年には、フランスでの塩の売買すべてについて、商品価格[209]の四分の一に相当する租税を意味するようになった。ブルゴーニュ伯領では、ガベルは直接塩の生産にもかけられ、プロヴァンス地方の塩には入領税が徴収された。シャルル七世は、一四四五年に西部にもガベルを導入する。ベローナでも、スカリジェロ家とヴィスコンティ家がまた、農民が所有する塩から租税を徴収していたのである[209]。

商人国家は同じく、かつて帝国がおこなっていたような必需財にたいする所有権を、放棄する。所有権を、市場でえられる利潤の一部に課税し、徴収する権利にかえてしまったのである。

税を最も有効に徴収しようとしたところから、王ないし商人の管理行政機関が発達してくる。一三二〇年にフランスでは、会計法院とその固定スタッフが、王領の収支を管理し、一三二八年、ヴァロア王朝のフィリップ六世は、「小教区と世帯の状態」を調査作成させるが、これは最初の国勢調査の先駆けといえよう[136]。反対にイングランドでは、ブルジョアに租税の管理行政権がゆだねられ、貴族ぬきの集会である下院が作られ、ブルジョアが財政の主導権を握って、王制をコントロールしたのであった。保護国家の陰で、資本主義の勝利の鐘が時を知らせたわけである。

私生活と自己の権利

一六、七世紀が、資本主義発展の際だった一時期であることには、何の疑いもない。マルクスはそこに、資本主義誕生の瞬間をみていたほどである。「資本主義的生産の最初の兆候は、地中海の諸都市で早くからあらわれていたとはいえ、資本主義時代の始まりは一六世紀からのことにすぎない[283]。」じじつ、この両世紀は、イタリアやフランドルで以前から創出されていた技術や法権利の、いっそう大規模な実践によって、とりわけ特徴づけられる。

ヨーロッパは、信仰と貨幣の関係をめぐって、明確に二つに分割された。商人の秩序――一三世紀以後教会はそこから外れてしまっていたのだが——に最もふさわしいキリスト教の別の解釈を自ら唱えることで、新しい秩序とそれが要求する権利の世俗性をたくみにうけいれたのは、アムステルダムにほかならない。この都市は、ヨーロッパの《中心部》となったのである(67)。

商人の世界では、死は以後、皆のいる幸福な異界への移行ではもはやなくなった。唯一重要な生活、この世の生活との断絶となり、何の明確な希望もない虚無、準備おさおさ怠りなく最悪の不幸をさけるべく努力しなければならない虚無へおちこむ《領界侵犯》となったのである。「重要なのは、清らかな死に方であって、いつかそうできるためには、生涯にわたってよく学んでおかねばならない。なぜなら、人生で犯した過ちはとりかえしがつかないのだから(5)。」人生が死を前にした貯蓄となったわけである。ほとんど重要性のない祭式にあえて手をださないかのように、しかし葬儀はいぜんとして実際にはしきたりどおりにおこなわれていた。いくつかの所では、墓地は教会から遠くはなれて、都市の周辺にひろがっていた。大部分の遺書は、子供に財産を譲渡するために認《したた》められていたので、一六六七年のあるフランス人のつぎのような遺書を読むことは、もはや珍しくなっていた。「私は、サン・マルタン教会に毎年一〇〇リーヴルの永代年金を贈与し、遺贈する。ピュトーの村の娘たちが教理問答を読み、学ぶことができるように、婦人ないし娘の教師を雇うためである。この教師は、私の遺言執行者が存命のあいだは、彼によって選ばれ、その死後は、助任司祭、教会管理人および村の主要住民のあいだで選ばれるものとする(6)。」何世紀も前から、都市の葬儀では、四つの托鉢修道会(カルメル会、フランシスコ会、ドミニコ会、アウグスティヌス会)の修道士が、葬列に列席して、施し物の大部分をうけとっていたのである。

生が死を制圧し、社会全体で家族の名前が固定化し、富は子孫に譲渡されるようになってきた。ブルジョアのところでは、すでにずっと以前から、名前が定着し、保護されていた。というのも、名前こそ会社あるいは両替商の価値を示すものだったからにほかならない。貴族階級でも、新たな土地を取得するたびに、家名をかえることはなくなっていた。父が死ぬと、長男が世襲名をつぎ、弟が、それまでの兄の名跡を継承した。一五三九年八月一五日のヴィレ＝コートレの勅令によると、各教会が洗礼者の正確な名前を記録し、名前も確定するよう、フランソア一世は厳命している。同じ文書に、パリ弁をフランスの国語とすることも命じられ、以後法律行為は、「フランスの母国語で、口述され、記録され、当事者に交付されるべきだとされたのであった。他の王たちも積極的にのりだし、たとえば一五五五年三月二〇日のアンボワーズの王令では貴族にその名前を変えることを禁じ、「さもなくば罰金、訴追され、貴族の称号を剝奪される」と記されていた。家名を存続させるためには子供の保護が必要となり、離婚や幼児殺しはかつてないほどきびしく禁圧された。一五五六年のアンリ二世の王令では、妊娠を偽りかくした母親は死刑に処すとさえ命じられていたのである。[104]

個人が出現し、確立するためにこれほど必要なものはないのだから、じつにさまざまな名前がつけはじめられた。モンテーニュが語るところによると、あるノルマンディ公が家臣の貴族を集め、「祝宴で、似た名前で組分けしようとたまたま思いついて戯れにやってみたところ、ギョームという最初の集団には一一〇人の騎士がいた[444]」とのことである。

名前の所有は、譲渡すべき財産の本質的な要素となったのであり、だから家名をけがしてはならないとされていた。家名の保持者である父親は、子供たちが好き勝手に誰かとその名前を共有することを許さなかった。フランスでは一五五六年の同じ王令で、両親の同意なしに結婚した子供の相続権は剝奪されると規定されていた。一五七九年の別の王令では、親の同意なき結婚は誘拐と同等視され、死刑に処せられたのである。一六二九年一月の勅令でもこの命令は追認され、利害関係者の提訴がなくとも、主席ないし代理検察官が罪人を訴追するよう命じていた。一六三九年一一月の宣言では、もっと明確に、たとえ事後に両親の同意がえられたばあいでも、勝手に結婚した者——三〇歳までの男性、二五歳までの女性——は死刑に処せられると明示されていたのである。[435]

新しいエリート層にとって、気品、慎み、控え目、孤立、孤独が、気前のよさ、剛毅さ、浪費、大勢の取巻きにとってかわって、積極的な価値となった。もはや共通の皿から手でとって食べるのではなく、銘々のフォーク、スプーン、グラスが食卓にならび[436]、浴場も公共的なものではなくなった。肉体の所有同様、精神の所有も私化され、記憶を補綴する本が重要な役割をもってくる。一六世紀初頭になるとすでに一〇〇〇万冊もの書物が印刷されていた。[59]科学、知が、人気の高い財産となり、商人、つまり記帳できる人が、知識人とされる。神の代理者としてではなく、自分の知性と文化によって、世界を領有する人が好ましく思われる。ルッターがいったように、「占星術の成上り者[59]」だったコペルニクスが一五四三年に惑星の自転と公転を証明し、一五八三年にはガリレイが振り子の等時振動を発見する。[59]それまでの自然な秩序が生命をおえたのであり、教皇庁にまで浸透してきた貨幣は、最も忠実な信者の信仰を動揺させたのであった。

この商人の個人主義のせいで、商業ヨーロッパでは、貨幣と信仰がはっきり区別されるようになってくる。このため、対立する二つの戦略があらわれてきた。一方は教会が共同の清貧の理想と貨幣の拒否にもどることを希求し、反対に他方は、商人の成功と教会が和解することを希求したのである。

広汎に流布していたのは、最初の戦略の方だった。アウグスブルクの金融家、ヤコブ・フッガーの兄弟でさえ、「こうした罪深い事業をつづければ、自分の魂の救済の機会が失われかねないと主張して[308]」一緒に働くことを断わったほどである。同じころ、パリ大学の神学者たちは、銀行の開設をなお批判していた。[308]

こうした思潮の極限に立っていたのは、トマス・モアであって、彼は一五一六年に、財が共同化された社会を描くことで、商人の秩序の内部でおそらく最初にその政治的帰結をひきだした人だった[299]。彼のユートピアの島では、政府が計画的に生産し、無償で分配する。私的所有は禁止され、労働は義務化され、誰もが二年間、農業かあるいは都市の職業に就かねばならない。家には錠をかけず、一〇年ごとにくじ引きで居住者を変えねばならない、とされていたからである。

反対に、第二の思潮では、信仰と商人の個人主義との折りあいをつけるために、教皇制との関係を断ちきろうとした。トマス・モアの本が出版されてわずか四年後、マルチン・ルッターが『キリスト教徒の自由について』を公刊する。そこでは、キリスト教徒は「あらゆることにたいする自由な主」であると同時に「あらゆることの自由意志的な僕」であるとされていた。一三世紀の何人かの思想家にみられたのと同様、ルッターにとってもキリスト教徒として生きるためには、私的所有を放棄する必要はまるでない、と考えられていたのである。厳格な生活を送れば、資本を蓄積し、同時に日々永世に値することができる。真摯な信仰の基準として《節欲》が《正義》におきかわり、日常の節倹が清廉のしるしとして愛徳におきかわった。ルッター、とりわけカルヴァンにとって、だから企業家とは、道義的存在にほかならず、その活動は神意と合致するものだった[305]。カルヴァンはさらに進んで、商業上の成功は「神の選択のしるし[305]」と考え、こうして、商業と利子付き貸付けを正当化したのであった。

この運動に反対して、カトリック教会は、一三世紀のその大胆な試みを忘れ、フランスとスペインで君主制権力――それ自体、すでに時代錯誤的な多産財である土地の所有者に依拠していたのだが――と結んで、オランダをのぞく支配諸国が資本主義へと進展するのを何とか抑えようとする。

しかしながら結局のところ、北ヨーロッパが南ヨーロッパにうち勝った理由を、宗教改革によってよりも、権力と土地との分離によって説明する方が、多分ずっと重要で、いっそう根本的であるように思われる。自然秩序の重圧から解放された社会では、法は自然秩序によって押しつけられ、やむなく受けいれねばならぬものではなく、人間が意志的に構築した人為物であり、《客観的》で種にかかわる普遍的なものではなく、主体的なもの、各社会に固有の人為物だからにほかならない。

所有権法思想のこうした進展の最初の具体的な表現は、商人の秩序の新《中心部》だったオランダの法学者、グロティウスが一六〇四年に公刊した書物のなかにみられる。すでにずっと以前からイタリアの商人にとっては明々白々のことだったが、人間は、その時代に最適の法律を自ら選ぶ道義権をもち、証明できない自然法に従う必要はない、とあえて書いた最初の人こそ、じつはグロティウスにほかならなかったのである。法律が盗みを禁じるのも、裁判官が契約を尊重させるのも、警官が財産を保護するのも、海軍が敵船を拿捕するのも、社会的人間が決めたことである。何者も、神さえも、人間に代ってそうすることはできないだろう。一六二五年の『戦争と平和の法』では、グロティウスはさらにすすんで、私的所有こそ、法と政治秩序、したがってまた国家の正当性の主要な基礎だと述べている。商品の新たな発展のための一切が、ここに整備されたわけである。

帝国と植民地

商人の秩序がめざめはじめたヨーロッパの周辺では、まだ諸帝国がふかぶかとまどろんでいた。中国では、有力な商人都市とならんで、代々の王朝が、仏教寺院、皇帝、屯田兵集団、貴族、特権者たちのあいだで土地を争いながら離合集散をくりかえしていた。唯一つ変らなかったのは、小農、奴隷、農奴の悲惨さだけだった。同様に日本でも、世襲的な支配カストが土地を代々うけつぎ、ついで、その保有地の用益権者である小農に分配していた(305)。いくつかの大王国からなるインドでは、土地はいぜん各村落の共同所有であり、灌漑によって集約農業が可能になると、人口が大量に増加し(274)、鉄、鋼、織物、造船、金属加工に有能な職人階級が発展していた(274)。これらすべての帝国では、奴隷制度が維持され、西ヨーロッパはこれらの帝国と通商するだけで事足れりとしていた。たとえば、ヴェネチア人は、アドリア海沿岸のスラボーニア族を捕えて奴隷とし、ムスリムに供給していたのである。

ヨーロッパ自体もまた帝国らしきものを再建しようと努力していたが、といってもそれは、自分のテリトリー内にではもはやなく、通商にまず必要な植民地においてのことだった。商人は取引きのために金銀を必要とし、探し求めるためにきわめて遠くまで出かけねばならなかった。彼らの夢には限界がなかったのである。アゾレス諸島から中国への通商路を支配するだけでは満足せず、アフリカに出張所を開設したり、インドへのずっと経済的な別の道を探査したりしはじめていた(59)。

このときから、植民地化された土地の所有問題が提起されてきた。一三世紀に大航海がはじまって以来、キリスト教の君主は、わがものと主張する土地すべての所有権の認可権が教皇にあるとしていた(59)。一三世紀のある文書によると、「イエス・キリストの代理者たる教皇は、キリスト教徒のみならず、すべての異教徒にも権限を有する［……］。なぜならば、信者も非信者も、たとえ教会の羊の群でないばあいでも、万人は、創造によってキリストの小羊とされているからである」と書かれていた(59)。このゆえに、教皇は、異教徒に福音をつたえ――そしてついでに彼らの財を横領する役目を担ったキリスト教君主を選ばねばならなかったのである。こうして一五世紀が終ると、「祭司ヨハンネスの王国まで、キリストを崇拝するといわれる原住民にいたるまで(59)」のアフリカ沿岸にたいするポルトガルの権利が、すでにいくつかの教書によって認知されていたわけである。

一四九二年、ヴァレンシア生まれで、放縦な人物だった一人のボルジア家の男が、スペインの銀のおかげで教皇に選ばれ、アレクサンデル六世を名乗ったが、就任早々、アメリカの土地配分の問題に逢着する。が、彼は早速、一四九三年三月三日、つまりクリストフォルス・コロンブスの帰国後一カ月もたつかたたないかのうちに、スペインとポルトガルとのあいだに獅子の分け前の分割線をひいて、全《インド》をスペインにあたえてしまった。一説では[59]、コロンブスが教皇にこう提案したとも言われている。「アゾレス諸島とヴェルデ岬諸島という名で一般に知られている群島の西と南一〇〇レグアのところで、北極から南極に現在引かれている境界線の西で発見され、しかもキリスト教徒の君侯の誰にもまだ帰属していないすべての土地[59]」をスペインの支配圏に、と。これは事実上、全アメリカを、という意味にほかならない。スペインはこうして、「東廻りのインド航路と、そこで発見されるだろう土地[59]」とを手に入れたわけである。ポルトガルのジョアン二世はこの決定を拒否し、変更のため直接フェルナンドとイザベラに交渉をもちかける。一四九四年六月七日、トルデシリャス条約によって、ジョアン二世は、境界線を西へ押しやることに成功したが[59]、その結果ずっと後にブラジルを所有できることになったのである。

アメリカの発見は、所有関係にも別の重要な変化をもたらした。それまで、発見された土地にはそれを領有した君侯の名前がつけられるのが慣例だった。たとえば、フェリペ二世がその名をフィリッピンに冠したように。ところが、アメリカでは、言行いずれにおいても、君侯が発見者、冒険家にその地位をゆずった事実を確認しておくことが重要だろう。こうして、サン＝ディエの名もなき参事会員マルチン・ヴァルトゼーミュラーは、発見者だと誤信した男の名を選んで、《アメリカ》の名を押しつけたのであった[59]。彼は書いている、「今や地球のこれらの部分［ヨーロッパ、アフリカ、アジア］は広汎に探査されているが、その四分の一を発見したのはアメリゴ・ヴェスプッチにほかならない。ヨーロッパとアジアという名前が女性からきていることにかんがみ、この部分をアメリゲ、すなわちアメリゴの土地［ギリシア語の*gē* は《土地》を意味する］、あるいは、偉大なる才人、その発見者たるアメリゴの名にちなんでアメリカと呼ぶことに、誰一人有効な反論の根拠があるとは思えない。[59]」

インドへの西方航路を発見したわけではない、とやがてわかったとき、ヨーロッパ人はまずこの新しい土地に金を求めた。宝の掠奪が始まったわけである。しかも、北アメリカが乏しい分だけ、南米と中米とには宝の山が埋もれていたのであった。

スペイン人は、メキシコのアステカ人のところにすぐさま豊かな世界を発見する。発見者の一人、ディアスは「金銀、宝石、羽毛のマント、刺繍などの商品」について記述している。「ついで他の商品、インディオの奴隷があった。ポルトガル人がギニアの黒人を輸入したのと同じほどの奴隷が大量にその大市場に供給されたといえよう。[264]」宝の山が空になる――急速だったが――と、征服者たちは現地で銀の生産を発展させ、メキシコに造幣局を創出した。

一旗あげにやってきたスペイン人たちは、一五三〇年以降、土地を占有しはじめる。はじめは戦略的な拠点に住んで、農地を放置していた。が、時のたつにつれ、不足していたコムギをアステカ人に作らせようと試みる。しかしうまくゆかなかったので、自分自身で農業生産をひきうけ、土地を分配しあってアステカ人を奴隷として使用したのであった。[88]

この占有開始は全く無秩序なものだった。払下げ牧場（*estancias*）は、五〇〇頭から一五〇〇頭のウシを飼える一七五〇ヘクタールに王命によって原則的には制限されていた。[88] スペイン軍の隊長は、スペインの君主やカトリック教会の名で、村落を建設する。教会の地所、公共建築、街路などの主要な場所を線引きし、宅地（*solares*）を分配し、共有地（*ejido*）の境界を定め、地区官吏を任命し、自分の名前を村にあたえる。軍人のあとにつづいて、さらに大量の貧しい植民者や職人が、そこに住みついたのであった[88]。

現実にはしかし、戦士や宗教当局が非公認で広大な面積の土地を横領し、後からそれを合法化させていた。一五二三年の勅命では、副王が認可した分譲地は、さらに王によってすべて承認さるべきことに注意を促していた。一五四二年になると、副王は、「教会、修道院、施療院、その他の聖職者の法人[88]」に土地を譲渡できず、農業のためではもはやなく、牧畜のために植民者に土地を分譲するよう布告する[88]。ヨーロッパの共同放牧権の慣行を適用するのだという口実のもとに、スペインの牧畜者は、インディオの畠に侵入し[88]、莫大な領地を手にいれた。メキシコ北部でのいくつかの地域では、何人かの植民者が、一五万頭のウシを牧養できる五〇万ヘクタール以上の土地を占有したのである。一五五〇年に二人の大貴族は、合法的に分譲地を手にいれ、数十年も占有していたし[88]、一五五二年には副王の息子、フランシスコ・デ・ヴェラスコはたった一人で、父から合法的な人頭税付きの一一の分譲地を貰っていた。こうしたスキャンダルが非難の的となったので、以後副王たちは、同一人に認められる分譲地の数を制限しようと骨を折ったが、事実としては、こうした分譲地の市場をまぎれもなく準備しただけだった[88]。征服者や鉱山所有者の子孫が集まって、名義人となり、その名前や土地を、より富裕な牧畜業者に譲り、払下げ鉱山を農地にかえてしまったのである[88]。

一六世紀末になると、人手不足のため、多数の払下げ地が荒れ地のままやむなく放置され、払下げ牧場《エスタンシア》が農場（*hacienda*）にかわっていった。牧畜の目的で認められた多くの大払下げ地は少なくとも部分的には農業に利用され、大富豪がスペイン人やインディオのカシケ〔有力者〕から買った分譲地や無主の地を集積していったからである。たとえば、その当時、アメカ渓谷は、三つの領地に集中されていたが、その一つだけで五万七〇〇〇ヘクタールもあった。インディオたちはもはや耕すに足る土地をもっていなかっ

たのである。(88)

スペイン人が一五二〇年ごろ南アメリカにやってきたときは、ちょうどインカ族が、コロンビアからアルゼンチンまで守備隊を駐屯させたばかりの時期にあたっていた。そこでもまた、スペイン人は、広大な所有地を創出しようとする。複雑なペルーの状況にスペインの現実を押しつけて、インカ帝国の土地を、王、教会、植民者、エンコミエンデロス――王によってその信託地（*encomienda*）を認可された人々――のあいだで分配する。(213) 鉱山がみつかると、エンコミエンデロは、唯一商品化できるアメリカの生産物、貴金属を、ヨーロッパに発送し、またインディオを奴隷として所有地で搾取した。賦役（*mita*）は原則として、一村当り七歳以上の成人男子一人に制限されていたが、現実には植民者たちは、土着のカシケから農民（*yanaconas*）を奴隷として買っていた。(213) しかも病気や苛酷な扱いのためインディオが大量に死ぬと、アフリカ沿岸から買ってこられた多数の黒人が代りに上陸してきた。たとえば、あるフランドル人は、年に四〇〇〇人の黒人奴隷を輸入する特権を、カール五世から得ていたのである。(444) 一六世紀の初め、インディオを保護するためにラス・カサス司教は、むしろ黒人を雇用することを忠告し、フェリペ二世は、一五七三年七月一三日に、インディオの奴隷化を禁止する。ラス・カサスは喜んでいう、「手職や商売を教えたおかげで、インディオはすばらしい生活を送っている。こうした特典のおかげで、インディオはわれらの聖なる信仰を理解し、われらが王に従い、王の役にたつであろう(59)」。

メキシコでも事態は同様だった。一六〇一年に、教会の圧力に屈して、副王がインディオの賦役を廃止したからである。むろんなお働かねばならなかったが、彼らは自分の望む人に雇ってもらうことができ、賃金も目にみえて増加した。一六二七年に副王は、インディオの働く義務を廃止し、一六三九年になると教皇ウルバヌス八世が、インディオ奴隷化の禁令を更新したのである。

パラグアイでは、イエズス会の宣教師たちが、一六一〇年以降、土地の共同所有にもとづく交易組合を組織していた。ほとんど他のどこでも、インディオはすでに絶滅させられたのにたいし、イエズス会士は「インディオをキリスト教団に迎えいれ[196]」、スペイン軍の乱暴から《保護する》ために、愛徳の方を選んだわけである。一六二八年以降になると、イエズス会士は武器を手にいれ、教皇庁の支援をうけて、スペイン人の襲撃から身をまもるための民兵を組織した[196]。自分たちの《子供》とみなしたインディオの保護者として、スペイン人とポルトガル人の占有地の境目に、村落、布教村をつくり、グアラニ族の首長たちに土地を配分し、どのインディオも十分な土地区画をもって耕作できるようにしてやったのである[196]。「どのインディオも望むだけ工作できるが、不幸なことに、そう望む者の数がきわめて少ない［……］。パンをうるために働くことがキリスト者の義務であるとすれば、インディオの鉱夫をそのように教化するのがイエズス会士の義務にほかならない[196]」インディオは道具を占有し、イエズス会士がしばしばその一部を種子として保存するようすすめたので、収穫を保管しておくようになった。牽引用、輸送用の動物は、共同体から貸しだしされたが、「なげやりな人をのぞけば、自分でそれを占有することを妨げるものは何もなかった[196]」。家長は、家屋、家財、ささやかな身の廻り品、家畜、家禽、小型家畜、狩と漁の所産を終身的にうけとっていたのである[196]。

一世紀半たつと、イエズス会は、ヴァチカンからみすてられ、ついでスペイン、ポルトガルで停止制裁をうけ、パラグアイからも退去させられ、大方のキリスト教団からも追放されてしまった。ジャック・スーステルは書いている。「時を隔ててみると、パラグアイのイエズス会士は、今日のわれわれの目にはその功績と映ることのために、まさしく有罪とされた。つまり、その当時の彼らのうけた知的教育のやり方で、ともかくも粘り強くインディオを守ろうとしたから、有罪とされたのである[196]」いずれにせよしかし、彼らはグアラニの人々を民族大虐殺から救った、といえるだろう。

ずっと北の、北部アメリカの植民地の入植者も、イギリス国王の統制下で、土地を平等に分配して定住していた。というのも、植民地建設は今やきわめて遠くまでおよんでいたからである。一五八三年には、サー・ハンフリー・ギルバートがニューファンドランドに植民地を開拓し、翌年、サー・ウォルター・ローリーが、ヴァージニアに最初のイギリス植民地を創設する。[59] そこでもまた奴隷制が定められ、最初に黒人奴隷が北アメリカにやってきたのは一六一九年、ヴァージニアでは一六六二年に奴隷制が制度化されれた。

オランダの植民地でも、奴隷交易は盛んだった。一六三六年から四五年のあいだにオランダ西インド会社は、二万三〇〇〇人の奴隷を売っていた。フランスの植民地でも奴隷制が制度化され、ナントの勅命の撤回の年である一六八五年に、ルイ一四世は、奴隷の運命をみかけ上緩和する《法令》を公布する。そこでは、王の代表者以外、何人も奴隷を死刑にしたり、虐待してはならないとされ[444]、人種間の結婚が認められ、黒人が白人の包括受遺者、あいは白人の子供の後見人になることも認可されていた。ルイ一四世はまた、主人が「一家のよき父親」のように奴隷を扱い、主日の安息をあたえ、奴隷の子供をその両親から、少なくとも母親から決してひき離してはならない、と命じていたのである[444]。だが、イリアール・ドオーベルトゥイユがその『サント＝ドミンゴ植民地考察』で書いたように、「一六八五年の勅命は、黒人が日々鎖につながれたまま、あるいは鞭の下で死んでゆき、正式の手続きなしに撲りころされ、窒息させられ、燃やされるのを防ぐことはできなかった。かほどの残忍さもつねに罰せられてはいない［……］。奴隷に理不尽なことがおこなわれても、判事はその値段が落ちはしないかとだけ心配するのを常としていた[444]。」

とりわけ奇妙なことに、黒人法の第一条にはこう規定されていた。「当該諸島から、そこに定住するユダヤ人すべてを追放し、キリスト教徒の公然の敵として、三カ月以内に退去命令をだすよう、全官吏に厳命する……。[444]」太陽王は、ナントの勅令を廃棄し、黒人法を公布することで、差異ある一切をフランスから追放し、資本主義と貨幣との二つの関係のあいだの亀裂を深め、フランスを商人の秩序の《中心部》から締めだしたわけである。

国民国家と独占

一六世紀に、それまで地方都市だったアムステルダムが、ヴェネチアにかわって、商人の秩序の《中心部》となる。[67]それはいわば、巨大な物資の集散地だったといってよい。ライデンの毛織工業、ハールレムの布工業、絹、砂糖、ビール、蒸留酒、ダイヤモンド・カットの産業を支配していたからである。[41]もっぱら農村でおこなわれていた平織工業は、小土地所有農民、小作人、あるいは日雇い農民を雇用していた。[41]釘、フライパン、鍋などは、農民の住居で製造されていた。[41]時として毛織物などは、小工場で集めて生産されることもあったが、製糸や機織りはあくまで家内工業としておこなわれていた。[41]しかしながら、しだいに工業規模が拡大してきたのである。

こうして、最初の株式会社が創出され、長いあいだオランダの独占となるだろう。株(*action*)という言葉は、オランダ語の*aktie*〔債券〕からきたものにほかならない。[293]さらに有価証券取引所も創設され、一七世紀末には、アムステルダムの証券取引所は数千人のスタッフを集めて建値をつけていた。

イングランドでは、前世紀の数百トンにたいして、年間二万五〇〇〇トンもの石炭が、炭坑から掘りだされていた。高炉、ミョウバンや紙の製造には、莫大な資本が必要となり、そのため貯蓄からのいっそうの資金吸い上げが必須だった。公共サーヴィスを管理するため地方自治体が創出した企業のうちで、ロンドンのシティのようなコーポレーションが法的地位を獲得し、その個々の構成員をこえて永続できるようになった。もっとも、その創出権、少なくとも自由特権を売りつけて認可する権利は、王だけがもってはいたが。新しい仲買人としてのリーダーが商人とラシャ製造業者に入りこみ、最終製品を集めたり、原料を配分したりしていた[41]。マニュファクチュアが出現し、労働者はしだいに資本の直接的、連続的な支配下におかれるようになった。このとき、はじめて製造業者《メーカー》という用語が一般化したのである。

一六四〇年、チャールズ一世が、ロンドン塔にしまってあった金塊を差し押えたとき、金銀細工師が代って、商人に貸し付けた。最初の銀行券らしきものが現われたのは、一二年前に導入された銅貨の信用が失墜したので、一六五六年にストックホルムで発行されたものだが、一六六〇年ごろ、イギリスの金銀細工師が確立した、手書きの持参人払手形こそ、その真の出現だったといわねばならない[349]。

こうしてついに、オランダ、フランス、イギリスで、強力な国家組織が完成し、私的資本主義以前の国家資本主義として、国有産業が生まれることになる。

この時また、《重商主義》理論が形成され、首尾一貫した整合性を作りあげた。当時のエリートにとって、主要な富とは金銀にほかならない。金銀によって、他の一切の商品を領有できるが、その獲得は、商品の輸出かあるいは土地の植民地化、いいかえると、当時まだ広くそうだったように軍事行動によるしかない。他のところから奪ってくる以外の剰余は、なかったのである。だから、同じ国の輸出企業間の競争は悪とされた。自分の役に立つ国家のない商人資本主義はありえなかったわけである。一二世紀のヴェネチアにとって真だったことが、ここでもなお真だったわけだが、しかし一七世紀にはテリトリーはずっと大きくなっていたので、より大規模な形でそうだったのである。

世界の富の最大限の利益配分をわがものにするためには、各国とも通行税や国内関税を切り下げ、強力な軍隊と有力な船団を備えねばならない。国営工場を創出し、重要部門での独占を実現しなければならない。たとえばフランスでは、一五七二年に王令で武器製造が独占された。一五七六年に、ジャン・ボーダン[57]はこう説明している。輸出には保護主義が必須であり、輸出可能な付加価値は、農業の方が工業より低いので、前者を犠牲にしなければならない、と。共有地を私有化し、都市で売られる農産物の価格を低下させねばならない、とも彼はいう。重商主義は田舎をみすてて都市を選んだ、ということが肝要な点なのである。

ヨーロッパ北西部の王侯たち、とりわけフランス王は、今や特権と独占を産業家におしみなくあたえ、新しい生産を創出ないし発展させようとした。織物のような外国商品の輸入を抑制して、税をかけ、他の有力な海洋・植民国家への、付加価値なき輸出を禁じ、こうしてスペインやイタリアの諸都市の前にたちはだかったのである。

国家の資力と私的産業のそれとを結びつけるために、前世紀のイングランドの冒険商人組合をモデルに会社が創設される[67]。それは一般に、利潤の一部とひきかえに、遠隔貿易の独占権を国家からえた、私的資本の出資による企業だった。一切はきわめて速やかに進行する。一六〇〇年に、イギリス東インド会社とアフリカ貿易のフランスの会社が一社創設され、一六〇一年には、東インド、ギニア、中国会社がいくつか創設された。これらフランスの初期の会社の私的株主は、国家主導の経営になんの権限も行使することなく、ただ配当金だけをうけとっていた[41]。一六〇二年には、オランダもまた、インドとネーデルランドとの貿易を独占し、他国の商人にこの貿易を禁じる目的の会社を設立する。一七人の商人からなる執行部によって経営されたこの会社は——必ずしも国家の願望とつねに完全に一致していたわけではないが——船団組織、目的地、商品相場などを決定し、一万人から一万二〇〇〇人にものぼる陸軍と、六〇隻からなる船団をインドで保有していた[41]。一六〇六年には、ヴァージニアで最初の安定した植民地経営をおこなうための会社が、ロンドンで創設されたのである。

したがって、貿易の手助けとなる、その名にふさわしい軍隊を保有するための《公共》支出が、たちまち異常に膨張する事態となる[293]。たくさんの乗組員をのせた重装備の武装商船につづいて、乗組員の数も少なく、非武装だが、海軍に護衛された商船が現われる[293]。オランダの会社の活動に融資し、両替商の仕事と為替手形組織とを統一するため、アムステルダム銀行ができたのは一六〇八年のことだったが、これは為替取引きを実行し、アムステルダムとインド会社に貸し付ける任務の国立銀行とみなされていた[293]。アムステルダム銀行は、貨幣ないしインゴットで預金をうけいれ、最初は、計算貨幣での支払い銀行、つまりフローリン・バンクの役割を演じていたが、のちには全ヨーロッパの預金者をひきつける預金銀行と徐々になっていった[293]。私企業への貸付けが主だったが、世紀末には預金、振替えの機関を援助し、これがまた保険会社になってゆくのである。

アムステルダムにとって、出費は過大になりすぎていた。「ヨーロッパで最大の購買力をもっていたにせよ、その人口と税収力とからみると、巨大な陸海軍の二重負担をひきうけることは[293]」困難であったろう。

こうして、その負債のゆえに、経済の《中心部》は、アムステルダムからロンドンへと移動しはじめる。一六二一年にイングランド王は、輸入支払いのための金の輸出からはじまった景気後退のあと、全く私的な企業、特許会社に、輸出を促進させるために独占権を授与した。東インド会社の支配人、サー・トマス・マンが、ロンドンで《重商主義》理論をより明確に表現し直したのも、この年のことにほかならない。貿易常設委員会で、原料購入に融資するため、毎年三万リーヴルもの金のインゴットを輸出していることを咎めた人に、彼は、自分の会社を弁護して、こういったからである。「重要なのは、貴金属をためこむことではなく、流通させて、流出した以上の金を獲得することである。原料の輸出を減らして、最終生産物の輸出を上昇させねばならない[41]」いいかえると、金とひきかえに、原料を外国から購入し、ついで輸出生産物のおかげで、いっそうの利益を得られるようにしなければならない。だから、輸出の拡大は、輸入制限よりも今や重要なわけである。

こうして、重商主義の衣の下に、自由貿易が透けてみえ、国家資本主義の背後に、私的資本主義があらわれてくる。マルクスは上記の文章の重要性をよく見ぬいていた。「トマス・マンによると、貿易はその固有の諸法則をもつ一つのシステムであり、その法則の第一位に、不可欠の互恵貿易があげられているのも尤もである。世界のさまざまな部分間の互恵交換を阻害すること、それはイギリス商人の利潤獲得の機会を制限することにほかならない[283]。」

私的な産業の発展をまず手助けしたのは統制経済だったが、ついで前者にその席を譲ることになる。翌年、ロンドンの私的諮問会議での毛織物委員会報告ではこう指摘されていた。「謹しんで提案する対抗措置は、以下の通りである。外国での製造を防ぐために、羊毛、〔脱脂用の〕白土、木灰の、イングランド、アイルランド、スコットランドからの輸出を禁止し、違反した者は厳罰に処すること〔……〕。悪質のごまかした染色や不正品の製造を防ぐため、明確な規則を公布すること〔……〕。毛織物やその他の布地の良質で公正な製造、染色、仕上げを検査するために、各州で最裕福かつ有能なスタッフからなる法人を組織すること[41]。」

他の列強がまだその理論にしがみついていたのにたいし、このころイングランドでは、重商主義は消滅しかけていた。一六二三年に、議会の圧力をうけて、ジェームズ一世は独占法を施行して、私企業を制限する一切の独占を廃止し、コーポレーション設立権の売却を禁じたので、イギリス東インド会社は、もっぱらインドでのみ活動することになったのである。

イングランドがゆっくりと自由貿易へと移行しているときに、重商主義は、オランダを破産させ、一方、どの大工業も多かれ少なかれまだ国有だったフランスで、開花した。フランス国家は、いくつかの手工業的なセンターを統合して《王室マニュファクチュア》を作り、所有企業を強化しようとする。[41] ゴブラン、セーヴル、オービュソン、サン゠ゴバンなどに新しく王室マニュファクチュアが創設され、一六六一年にはボーヴェにも設立された。同じ一六六一年にゴブランは、「王冠の紋様のついた王室マニュファクチュア」となり、《王室の保有官僚》によって経営されるこの《王のマニュファクチュア》は、国家が決めた価格で、タピスリー、磁器、ガラス細工、製鉄、製紙、武具、羊毛と亜麻織物を国家に引きわたさねばならなかった。[41] 労働者はそこでは同業組合組織によって保護されず、企業は、補助金と無利子貸付けの恩恵にあずかっていたのである。私的な工業会社も、この当時、王の認可があれば、設立できた。アベヴィルのヴァン・ロベの製造所やサン゠ゴバンのガラス工場——以前からあったいくつかの製造所を合併して一六九二年に創設された——のように、じっさいは私企業だったが、しかしなお《王室の》マニュファクチュアと呼ばれていた。マニュファクチュアとは、単一の管理のもとに、自宅で働いていた単能工を集め、労働者に原料を供給し、その製品を買うシステムをいう。[444] いくつかのマニュファクチュアはまたその名にふさわしい工場の規模にまでなっていたものもあり、最大のアベヴィルの毛織物マニュファクチュアでは、当時でも、一五〇〇人の労働者を集め、さらにほぼ二〇〇〇人の農民を自宅で働かしていたのである。[41]

フィリップ尊厳王以来、国家の体裁をととのえはじめたフランスは、逓信、租税、土地を支配することで、いまやその配備を完了しようとしていた。一六七二年には、私的な逓送の清算、貸借を認可された逓信の包括的代行契約を、ルーヴォアが創設する。この当時また、租税徴収のための包括的徴税請負制が設立され、ガベルは租税のたんなる一部にしかすぎなくなっていた。一六九二年八月の勅令で、ルイ一四世は、土地にたいする《直接的、普遍的な王の》権限を再確認するが、しかしなお《自由地》と成文法の地方はそこから除外されていた(136)。

フランス王はこうして、田舎を疲弊させる一方で都市の産業に課税する手段を手中にするが、だからといって、私的産業や貯蓄を促進させたわけではなかった。ナントの勅令の廃止と黒人法が、その悲劇的で愚かな表れといえるだろう。

土地にかんして一五世紀におこったのと同様のことが、一八世紀初頭に産業にかんしてもおこったのである。つまり、イングランドは市場法則を選んだが、フランスは国家の法律を強化した。同一の現象が、他の領域、すなわち思想の領域でも、世紀末に再現されるのがみられるだろう。

アイディアを稀少化する

輸出用の剰余は、他から奪いとってくるだけではなく、技術進歩からも発生する――じじつ以前からそうだったのだが――ということを実際に人々が実感しはじめるようになったのは、この時代のことにほかならない。複製可能な物品や大量生産の技術にはその《母型》――いかにしてコピーがでてくる鋳型を作るか、という意味だが――の発明なしにはありえないこと、アイディア、手先の器用さ、技術は本来稀少なものではないこと、それが稀少なのは、秘法と独占のせいであり、そのおかげで財を成したり、他の人々を駆りたててひたすらそれに没頭させるのだということ、そうしたことを人々は理解しだしたのである。こうして、アイディアと記号の所有という概念が形成されてくる。

このときまで、技術者、芸術家、音楽家、作家、工芸家は、王侯の気ままな手当か収集家の気まぐれで、生活していた。

注文を待ちつづける自由人か、あるいは永遠に美への奉仕者か、いずれかである芸術家は、金を支払ってくれ、保護してくれる金持ちに依存して暮していた。[11]

技術についていうと、国家は独占を維持し、優越的な立場を失うことを避けたい、あるいは反対に、外国人を招いて技術を移入したいと種々工夫していたのだが、そのことから徐々にヨーロッパの王侯や都市は、《独占権》を持つ人々に、発明にまつわる使用権、ある地域と一定年数にかぎられた、譲渡できない準＝所有権を認可するようになってきた。

ヨーロッパでのその最初の事例は、周知のように一二三六年のことで、アキテーヌをも支配していたイングランド王が、ボルドーの一住民に「フランドル流、フランス流あるいはイングランド流のやり方で」毛織物を製造する排他的特権を一五年間だけ許可した時にはじまる。第二の事例は一四七四年にさがり、ヴェネチア総督が、ヴェネチアの発明家たちにその技術輸出を死刑でもって禁止した時のことにほかならない。

一六世紀の中葉以降こうした慣行はしだいに増加し、周囲の重商主義をもまきこんでいった。オランダやイタリアの大都市の行政官、フランスやイギリスの王は、企業創設権を売ったように、産業人や職人に、司法当局や技術官庁の意見を徴して、特許認可状の形で輸入されたり新たに発明された製造法の排他的独占権を、組織的に売却する。特許期間は、発明の価値によってさまざまではあったが。

アイディアの開発権が、こうして、商品価値を獲得したわけである。といってもアイディア自体が商品財だったわけではないが。国家の特許をうけた者は、それを譲渡できず、自分で開発する以外にそこから利益をうることはできなかった。要するに特許はまだ、商品体にではなく、官職に似ていたのである。

フランスでは、一六世紀に二つの特許状がはじめて出されたが、それは、アベル・フーロンとやらいう人が考案した印刷活字と、「ヴェネチア風のあらゆる種類のガラス器を一〇年間一人で」作るために、ボローニャのイタリア人、チェスコ・ムチオにあたえられた輸入特権にかんするものだった[59]。オランダでは最初の特許は一五八一年に交付され、一五九四年にはガリレイが、「水を引きあげて、土地を灌漑するための」構築物にかんする《特許状》を取得している[59]。

同じころ、類似の問題、つまり原本をコピーして売る著作権の問題がすでに提起されていた。印刷術の発明によって、本は大量に生産される商品となったからである。そこで著者と印刷者は、複製した原本を売り、競争相手となる偽造者にたいし、自分たちの権利を保護しようとした。流通する原本の内容を統制したがっていた政治当局も、喜んで版元に独占権をあたえ、ついでに著作家たちを監督しようとする。たとえばフランスでは、一五七一年四月一六日に、前もって許可をえていない書物の出版、公刊をなんびとにも禁じた勅令が発布されている。

一七世紀になると、英国で最初に、アイディアにかんする所有権が、市場の利益に屈する。自由貿易論が重商主義のあとにやってきたからである。一六二三年の独占法は、商工業特権の売却権を王からとりあげたが、また《新技術》の発明家に、その発明にかんする暫定的所有権をみとめていた。「どの新しい製造法」ないし「どの技術、製法、機械、あるいは新しく有用な装置、その改良」にたいしても、保護があたえられたわけである[444]。一四年から二一年間の期限のこの特権は、《発明特許》と名づけられた。

こうしてイングランドには、あらゆる国の発明家たちが押しよせてきた。たとえば、メダル鋳造機、シリンダー付きパルプ圧搾機、靴下編機、木綿赤染め法、そして示唆的な象徴といえるが、新しい造幣鋳型などがフランスから送りこまれたのである[444]……。

フランスではこの制度はなお国家の統制下にあり、一六三四年に国王は商標にまで統制を拡大させた。ラシャや絹の布巻に付された商標を偽造した者は、処罰されたのである。一六六九年になるとこの制度はさほど専制的ではなくなったが、それというのも科学アカデミーが独自性と有用性の審査をおこない、特許の授与を王に助言したからにほかならない。

国家資本主義と私的資本主義、重商主義と自由貿易主義のあいだに掘られた溝から、都市の無産者が今や提起しはじめた問題を処理する対立的な二つの方法が出現してきた。

労働での貧困

社会の底辺では、農村労働からの《解放》が極貧に苦しむ広大な人々を生みだした。エンクロージャーの発展――イングランドでは一五一五年、一五四八年、一五九七年の王令によって――につれ、大土地所有者が追いだした、土地も仕事も寄る辺もない貧しい農民が都市に流れこみ、浮浪者や乞食になり、いたるところで著しくその比率を高めて、コントロールできない様相を呈した。ヴォーバンによると、当時のフランスの人口の四〇パーセント、キングによるとイギリスの人口の四七パーセントもが、貧民だった。トマス・モアは書いている、「あちこちうろつき、最後のリヤール銅貨まではたいてしまうと、盗みを重ね、あらゆる法手続きで吊りさげられるか、それとも物乞いをするか以外に、彼らは為すすべもないのである[299]。」

彼らに対して、大土地所有者や国家権力は立場を硬化させた。無職のゆえに有害な貧乏人は、社会のなかにもはや身のおきどころがなかった。援助は抑圧となり、「慈善の心はいつも必ず強権体制の残酷さと結びついて」いた[163]。そこでトマス・モアはこうつづける、「流浪の生活を送り、働かない――しかし世の誰も仕事をあたえようとしないのだ――ので、浮浪者として彼らは投獄されている。[299]」一五三六年のイングランドでは、壮健な乞食は笞打ちの刑に処せられ、まだ止めないと右の耳を切りおとされ、三度目になると逮捕されて裁判にかけられた。新たに累犯した者は絞首刑になり、ヘンリー八世の治世にはその数七万二〇〇〇人にものぼったという[283]。

一七世紀になると、無為の監禁が刑務所での労働にかわった。賃労働は、本質において土地を奪われた農民をとじこめる方策として始まったのである。《自由な》労働者がすでに自分の労働を二束三文で売っていたので、貧民は労働を国家に支払わねばならなかったわけである。

労働を懲罰と考える観念は、たちまち流行の時代精神となった。マニュファクチュアの規律は牢獄のそれであり、日労働時間は一二時間から一六時間にものぼった。一日の始まりに労働者はミサに出なければならず、讃美歌のリズムにあわせて労働時間が刻まれた。違反すると罰金や首枷あるいは投獄の刑に処せられ、しかも団結することができなかったのである。

牢獄から労働へ、というこの貧民管理の変化を、マルクスはみごとに叙述している。「この労働力は、一切の自分の財、対象的、物質的などんな生存形態からも解放され、どんな所有からも自由であった。生きるためには、自分の労働力を売るか、さもなくば物乞い、放浪、略奪するか、いずれかの選択しかなかったのである[283]。」ブルジョアはといえばむろん、貧乏人を働かせ、乞食や無産者を強制的に生産者とし、施療院に入れるのではなく、工場ないし自宅に閉じこめ、警官を現場監督にとりかえる方を選んだのである。

この当時、同じ亀裂がつねに市場と法律とを分断していた。その負担はイングランドでは自治市に、フランスでは国家に委ねられていたのである。

一七世紀初頭――一六〇一年以降――イングランドで最初の《貧民法》が公布されたが、それによると各地方行政区は、「障害者、老人、手足の不自由な人、目の悪い人、働けない他の土着民」に労働と最低所得とを提供するよう義務づけられていた。この労働は「彼らの自宅でも、前述の視察官がこの用途のために、自治体の土地に、地方行政区の費用で建てさせることのできる労働の家〔授産所〕においてでも構わない[444]」とされていたのである。逃亡するものは死刑に処せられた。自治体はまた、貧しい子供の見習い期間の費用を支払い、「父母がほったらかしにしている子供に」仕事を提供しなければならなかった[12]。あきらかに困難な措置であり、それに自治体間の格差のゆえにどこででも適用できる措置ではなかったのである。

こうした困難を回避するため、フランスの法律では、監禁の費用は国家が負担することになっていた。まず、貧困との戦いをより有効にするためという口実のもとに、フランス王は、ボローニャの和議条約（一五一六年）を適用して、聖職者の巨大な相続不動産を細心の注意をはらって攻囲しようとこころみる[12]。《空位聖職禄の国王収益取得権》を利用して、司教座が空席になったとき、あるいは基金証書が失われたとき、司教区を管理するため寵臣の一人を任命する。ついで、パリの施療院の信じられないほどの無秩序を口実に、一五四三年一二月一七日の王令は、王室警察の吏員にその監督を委ねた。都市治安があまりにも重要な問題になっていたので、宗教者にはまかせられなかったのである[12]。「南北フランスの裁判所長官と判事に、パリの施療院の悪弊を鎮圧し、無能な管理者をとり替える」よう、王は命令した[12]。その二年後、一五四五年一月一五日の勅令では、この警察権力を王国の全施療院にまでおしひろげた。これらの財産の非譲渡的性格に注意を促すべく、教皇が「そのおかげで寄付財は、聖物の世界に入り、その強奪は破門に処せられる」と反対したにもかかわらずである[12]。

その二年後の一五四七年——だからイングランドよりも早く——貧民を閉じこめる便法として労働が利用された。勅令はこう宣明していたからである。「三日間進んで働こうとしない壮健な困窮者は、告発者に二年間無償で奉仕する刑に処せられる。逃亡して逮捕されると赤く焼けた鉄で烙印され、一生密告者の奴隷にされる[12]。」この勅令は、他の王令同様ほとんど適用されなかった。じっさい、いたるところで貧困がはびこっていたので、自治体は《その貧乏人》を養うことができないほどだった。たとえば、一五八三年九月のアンジェでは、貧民援助の自治体予算はゼロだった[12]。公債、ついで特別公債を発行しても、この穴をうめることができず、負債が増大するばかりだったので、《貧しい病人[12]》をのぞいて、乞食を都市から追放する決定がなされた。彼らは街道にあふれて、一〇〇〇年前のバガウダエのように王国の治安を脅かしたのである。

そこで王は、自分の手で事態を収拾しようとして、労働者を集中させて組織的に労働させようとする。一六五六年四月二七日、高等法院長、パリ大司教、会計法院と租税法院の院長の支配下におかれた、《綜合貧救院》の創設がそれにほかならない[12]。この行政的な分離の背後には、同業組合が指定した五二人の労働者が管理する工房で、すべての壮健な乞食を《その能力に応じて》働かせる諸施設がじつは存在していたのである。乞食の《精神教育》をひきうけていたのは、サン＝ラザールの宣教師団だった[12]。だが、すべての無産者をそこに送りこむことは、施設の数がたりなかったので不可能であり、その結果都市のいたるところで依然として乞食の姿がみられた。週に二度、「凶作によるパンの値段の高騰の埋めあわせに[12]」警察は、市場を無視して、援助金を彼らに配らねばならなかった、と当時の文書には公然と書かれている。

要するに、一七世紀が終ろうとするとき、監視も、密告も、監禁も、慈善も、強制労働も、ヨーロッパでは悪を根絶するにはいたらなかった。農村はもはや万人に労働を提供できず、都市もまだそうはできなかったのである。無産者が所有者をとりかこみ、富者は自分の身をまもるための有効な解決手段をみいだせないでいた。**商人の秩序**は、以前の秩序の破産した所有者によって、その《心臓部》を脅かされていたわけである。

こうした一切から、**秩序**の《中心部》では重大な社会的危機が発生する。だが、無産者が反逆しても、貨幣所有者の土地領主にたいする、都市の田舎にたいする支配を加速化するだけにすぎなかった。すでにずっと以前から、イタリアやオランダの都市でおこっていたことが、大国家の現実となっていた。つまり、貧者の騒音がまたしても**富者の秩序**を作りだしていったのである。

ブルジョアジーが始めて（といってこれが最後ではないが）君主制をのりこえる革命の遂行に単独で失敗したあと、貧民を利用して君主制にたいして立ちあがらせ、ついで貧民を支配しようとしたのは、一七世紀中葉のイングランドでのことにほかならない。

水平派《レヴェラーズ》とリヴァイアサン

一七世紀の中葉、一方では既存の教会を頼みとする大土地所有者と王党過激派、他方では羊毛産業家、中小商人と小土地所有者――だいたいピューリタンだったが――とが対立し、国民国家的な規模でのブルジョアジーと君主制との最初の衝突がおこった。この紛争をこと細かに叙述しておくだけの価値があるだろう。というのも、それはエリートのブルジョアジーと私的所有との関係の歴史に決定的な事件であり、ホッブズからロックやスミスへと、啓蒙の世紀と流された血を通って、一九世紀と自由主義にいたる投げられたさいころだったからにほかならない。

一世紀前から、ピューリタンたちは、イギリス議会をあらまし支配し、租税案を可決していた。シュペングラーが巧みに叙述したように、「どんな行動も企画されたという事実だけで正当化されると考えるシニックなエリート[382]」として、自分たちの力をよく弁えていた。彼らはよりいっそう望もうとし、手に入れかけていたが、それには厳しい屈折が必要だった。

じじつこの時代に、ずっと急進的で《共有地を建設する人々》といわれたレヴェラーズの運動が出現した。水平派とよばれるこの名前の背後には、じっさいには、商人、職人、都市の小所有者などがいて、神の律法によって誰しも「自分の人格と能力の所有者[265]」である——つまり自分自身の所有者である——のだからと、投票権や政治的諸権利を要求した。しかし賃労働者や貧民はこの運動に関心を示さなかった。水平派は、「裕福な所有者が小所有者を支配、搾取して、時には非所有者の状態へおとしめる[265]」、所有者間の不平等を告発したにすぎない。一六四〇年代に、水平派のなかの何人かは、さらにもっと過激な批判的言辞を弄するものもいた。万人に関係し、君主制を廃止する《平等主義的な共和制》、《キリスト教の社会》を夢想していたからである。指導者の一人、リルバーンはこう書いている、「この世界で呼吸している男女はみな、本性上、能力、尊厳、権限、威厳において平等であり、誰も本性上権限や権威その他いかなる種類の権力をももっていない[370]。」

衝突が始まったのは一六四〇年のことで、チャールズ一世がスコットランドのプロテスタントと争い、軍事的、財政的な窮地に追いこまれて、強権的に、議会の租税決定権を奪い、ロンドン塔に保管されていた商人の財宝を横領しようと試みたことに端を発している。議会は譲らず、民兵を後楯にしたので、王はロンドンを離れねばならなかった。水平派の首領——リルバーン、オヴァートン、ウォルウィン——は王に反対し、議会に味方する。一六四三年六月、《ウェストミンスター集会》では宗教改革が決定され、一六四五年、王は、議会が認めさせようとした妥協案を拒否、並はずれた指導者だったクロンウェルは、議会軍を再編して王の軍隊をうち破る。一六四六年国王は議会の捕虜となり、翌年、水平派は君主の罷免を要求する。ブルジョアジーの要求は利害関係からそこまでいってはいないことをよく知っていたクロンウェルは王を救いだし、立憲君主制を作ることで王と交渉するが、チャールズ一世は拒絶し、逃れてスコットランド人と秘かに手を結んだ。全国にひどい混乱がまきおこったのである。

この年――一六四八年――時代をはるかに先取りし、次の世紀のスミスの自由主義になってはっきり姿をあらわしてくる、並はずれた新綱領が水平派によって公表される。異例の予兆を示しているので、そのほとんど全文を引用してみよう。

「われわれの希望は以下の通りである。諸君が、名誉ある議院で人民の至高権力を確立し、王や諸卿のみせかけの反対権力をとり払うこと［……］、毎年議員を選出する法令を公布すること［……］、王、王妃、王族、公、伯、諸卿および全市民を、現存するあるいは将来のすべての国法に平等に従わせること［……］、係争中のあらゆる人民を諸卿の裁判権から解放すること［……］、会社その他による独占や専有から取引きや商業を解放すること［……］、援助金を別として、物品税、あらゆる租税を廃棄すること［……］、沼沢地帯や他の共有地の最近の封鎖をすべて解除するか、あるいはもっぱら主として貧民のために囲いこませること［……］、十分の一税という重い負担を廃止すること［……］、諸君自身および全議会のために、所有を廃棄せず、土地所有の平等あるいは全財産の共有を求めない約束を将来にわたってとりつけること……(41)。」

当時途方もないと思われたこれらの改革は、やがてほどなくイングランドでは実現されることになる。だが、二世紀たってもフランスではまだ革命的だとみなされるだろう。

一六四八年末には、こうした混乱に直面して、軍隊がロンドンに入る。クロンウェルは、再逮捕されたばかりの王を支持する党派を議会から追放しようと決意する。翌年一月、《残部議会》が立法権を手にいれ、臨時高等法院を設けて王を裁き、死刑を宣告し、ここに王制が廃止されたのであった。一六四九年一月三〇日、チャールズ・スチュアートは、息子たちに王冠を拒否するように約束させて、処刑される。「イングランド、スコットランド、アイルランドの護国卿」に任命されたクロンウェルは、商人の支持をうけて《共和制》を宣言し、しだいに過激化していた水平派と敵対する。彼らは、もはやたんなる自由主義ではなく、私的所有の公然の敵となっていたからである。最も過激なディガーズ——《土方》——は、ジェラード・ウィンスタリーによって指導されていたが、私的所有——まずもって標的となったのは土地——を、諸悪の根源だとみなした。「私的所有は社会を腐敗させる。搾取階級を作らないためには、制限されねばならない(370)。」もう一人の指導者、ジョン・ボールも書く、「一切が万人に所属し、農奴も領主もなく、全員が平等であるとき、そのときだけイングランドではすべてがうまくゆくだろう(268)。」もっと激烈なパンフレットには、「富と権力の保持者の陰謀が告発され、終止符をうつことが提案(268)」されていた。財産があろうがなかろうが、各人が自立した自決権をもつ社会を望んでいたのである(119)。勝利をおさめたブルジョアジーにとって、これはうけいれ難い議論だった。クロンウェルはそこで一種の独裁制をしき、貴族の権利を抑圧するとともに、水平派の指導者——リルバーンとオヴァートン——を逮捕し、商人に有利な一連の措置をとった。最初の航海条例を発布し、イギリスに揚陸されるヨーロッパの商品は、原産国の船でのみ運ばれ、アフリカ、アジア、アメリカの生産物は、イングランドないし植民地の船でのみ運ばれることを義務づける。教会と王室の土地をとりあげ、エンクロージャーを促進させもした。

まさにこの年——一六五一年——この激動のさなか、処刑された王の子供たちとともに追放されていた、王党派の哲学者トマス・ホッブズは、商人の秩序の政治制度はいかにあるべきかを考察した主著、『リヴァイアサン』を公刊する。これは、当時の正確な現実、暴力とカオスに陥ったブルジョア革命の現実のなかにおきいれてみなければよく理解できない書物にほかならない。

ホッブズにとって、無秩序――とりわけ当時のイングランドが体験した無秩序――には三つの源泉があった。死の恐怖に導かれた、人間の根源的本能、ギリシア精神、ピューリタン精神がこれである[275]。人間は、「相互利益の目的のためいっそう広大な実体に従属するのでなければ、攻撃的、獣的、残忍な存在である[207]」と彼はいう。他人の身体をもふくめた万物にたいする権利が自分にはあると信じ、何であれ自分から尊重しようと努めない。彼の弟子の一人、ヒュームはずっと後にこういいさえする、「人間は誰しも、そのあらゆる行動において、自己の私的利害以外の目的をもたぬペテン師だ」と。ホッブズにとって人間とは金銭のことしか考えも思いもせず、自分を売ったり買ったりする存在だった。「人間の価値とは、他のモノ同様に、その価格、つまり、自分の能力の使用にたいし人が付与するものにほかならない[207]」。脅かされると、社会秩序が妨げないかぎり、人間は他人の生命の売買権を勝手に自分のものにする。したがって、自然法やよき未開社会など存在しない。法は主観的なものにすぎないからである。それゆえ、人間の恐怖をしずめ、暴力を誘導することが必要だ、とホッブズはいう。よき社会とは、人間が構築すべき人工物にほかならない。しかもどんな人為物でもよいのではなくて、革命が暴力のなかにのみこまれてしまわないためには、個人が全体性に立脚し、この全体性によって代表されることをうけいれるような、そうした政治秩序を建設しなければならない[275]。《主権》とは、彼が《リヴァイアサン》とよぶ抽象的存在、万人を代表し、万人からその一切の権利をうけとり、万人の名で一切を所有する可死の神であるべきものだった。この代表制（*représentation*）のなかで、個人の意志は万人の意志と一体化される。法律の隙間をぬって貿易と私的所有を発展させるため以外には、個人的自由は消滅する。墓石の《肖像（représentation）》にきざまれた死せる王の形象が、すでにしてここでその政治的翻訳をみいだしたわけである。

ホッブズにとって——同時代のパスカルにとっても同様——所有権とは、市民権力によって構築され、《人間的な体制》として要求された人工物であるべきだった。だが、パスカルとちがって、ホッブズは、社会秩序を恩寵の上にではなく、政治の上に基礎づけるべきだと考えていた。リヴァイアサンの秩序は、個人の恐怖や利害によって確立される。所有はリヴァイアサンに帰属するが、必要なら人々に委託することも可能であり、(263) 国家を全能の主人とする法律の限界内でのみ、人間は自由であるにすぎない。市民社会と国家との主要な区別は、前者が権利の平等性の場であるにたいし、後者が「そのおかげで秩序と平和が保たれる、市民社会の道具(275)」にほかならないことを原型とする。

こうして結論では、独裁制が資本主義に不可避の形姿、暴力なしに資本主義を管理、運営する唯一の方法である、という途方もない観念が導きだされたのであった。

それに当時、イギリス革命の頂上では、現実にリヴァイアサンの如きものが不可欠だった。クロンウェルが後退し、議会が《嘆願と助言》で提供した王冠を彼が拒否した一六五七年までは、そうだったのである。一六五八年九月三日、クロンウェルが死に、彼の息子が権力を維持できなくなったとき、《共和制》は崩壊する。ブルジョアジーは、王のもとで国の統一を再建しようとし、一六六〇年、モンク将軍がチャールズ二世を王座につけて、スチュアート朝と議会から追放された代議士の復帰を準備する。軍隊保有地が廃止され、整理統合がおこなわれ、諸卿には共有地が、教会と王室には奪われた土地が返却された。一六六一年、新しい金貨ギニーが作られ、第二航海条例では、イングランドへ商品を輸送する船の船長と少なくとも乗組員の四分の三は、イギリス人でなければならないと定められた。

しかしながら、反乱はなおあちこちで勃発していた。「囲い込みで、羊の群れは肥えふとり、貧民はやせさらばえた[370]」とラプトンは一六六二年に書いている。この年、貧民が教区を変えてならないという別の法令も公布され、農奴の身分への回帰がおこなわれた。チャールズ二世とともに、ホッブズが夢想したあの絶対王制が力強く復帰し、無産者は、労働者、つまり都市の農奴となったのである。

他の誰よりもまずロック

この革命が所有者につきつけた疑問は、ヨーロッパの人々の精神にもはや止むことなくいつまでも鳴り響いていた。私的所有を保護するために国家はどうしても独裁的でなければならないのか。それとも反対に、所有は労働に基づく自然権でもあれば、同時に自由な所有者間の社会契約に基づく実定法なのか。ブルジョアジーは、ホッブズ、クロンウェル、ついてチャールズ二世がこの疑問にあたえた回答をうけいれる覚悟がつかなかったのである。

数年後、はじめ医者でのちに哲学者、政治理論家となり、ついでオックスフォードの教授、さらに後には商務省の要職につき、スチュアート家の主要な政敵アシュリー卿の友人となったジョン・ロックは、自由主義者に有利な政治的情勢のなかで、はじめてホッブズのペシミズムにたいする節度ある回答を提出した。個人には権利を、私有財には法的地位をあたえうることを証明しようとし[288]、絶大な成功を博して、ヨーロッパでもアメリカでも時代に大きな影響を及ぼしたのである。

まだ当時の哲学的、宗教的伝統のなかにたたずみ、自然秩序の探究においては人間を神の所有物とみなしていたけれども、「使命を果たす唯一の手段[261]」とみなしていた私的所有によって、人間は自律的な存在となる、と彼は考えていた。C・B・マクファーソンが《所有の》個人主義[286]とよんでいたものを基礎づけ、商人の秩序のなかで初めて、個人と社会、競争の熱情と公益とを和解させた[119]。ホッブズ同様、彼もまた、人間が社会に参加するのは財産を守るためだと考えてはいたが、ホッブズとは逆に、所有者を代表する立法府に、財産を保護する規則制定の処置を任すべきだと提案する。

じじつ、イングランドでは、政治情勢が変化し、いまや立憲制を熟考する時代になっていたのである。一六七〇年から、チャールズ二世の力は弱まり、下院議長の任命に署名するだけで満足せねばならず、下院は上院議院が投票決定した財政措置をすべて拒否することができた。彼の弟ジェームズ二世は、一六七二年にカトリックに改宗し、一六八五年に兄のあとを継ぎ絶対主義を再建しようとする。ロックは、フランスへ、ついでアムステルダムへ追放され、一六八八年一一月になってやっと戻ったが、それは、約五万人の土地所有者によって大部分選ばれた議会が、ジェームズ二世を廃位して、「議会の同意なしに、法律の適用を一時停止させたり、租税を徴収したり、平和時に軍隊を召集、保有すること」を王に禁じた《権利宣言》とひきかえに、その婿、オレンジ公ウィリアム三世を王位につけたときのことだった。議会はこうして、王に対抗する権力を獲得し、ウィリアム三世は以後統領として支配していたオランダにしか、その死まで関心を抱かなかったのである。

このとき権力の組織化が焦眉の急となったが、ロックはその二年後、その可能性を論証する。彼の言では、私的所有と自由を両立させる方法があり、それは、議会民主主義——まさに当時設立された体制——にほかならない、というのである。

彼の論証の論議は模範的なものだった[156]。それによると、私的所有（*property*）は、諸個人の権利全体から構成される。一六九〇年の『市民政府論』のなかで、彼は次のように書いている。「所有という言葉によって、人間が自分の財にかんしてと全く同様、自分の人格にかんして持つ固有の権利と解さねばならない」と。別のところではいっそう明確にこうのべられていた、「人々の生命、自由、財産を一般的に私は所有と名づける[261]」と。ところで、この所有とは自然的事実にほかならぬことを彼は論理的に証明する。同年出版された『人間悟性論』では、一切は合法的に私的領有の対象としうることが、じっさい明らかにされていたのである[156]。

始原以来、人間は、その最初の欲望、つまり飢えをみたすために食べ物を領有し、したがって飢えが大地の産出物にたいする最初の所有権の基礎となる。身を養う物を持つことで、人間は自分自身の生命の所有者となるわけである。「自然状態では人間は自由で平等だった。所有への権利は、生と自由への権利に等しかった[261]。」ついで、生きている間、人間は彼の行為、したがってまた「その人格、為すこと、果たす労働の[261]……」所有者となる。人間は「働くがゆえに所有し、所有者であるためには働く人でなければならない[275]。」それゆえ、人間は、その労働の生産物の所有者なのであった。「自然が置いたままの状態から物をひき離すたびごとに、人間は自分の労働をそこに加え、自分に属する何かを合体させ、このことによりそれを領有する[261]。」

その結果、人間は大地の私的所有者になりうる。なぜなら、私的利用は共有よりもはるかに高い生産性をもたらすからである。この土地の私的所有権は、しかしながら、その土地の最初の占有権に必ずしも立脚するものではない。なぜなら、他人が生存手段を持つことを妨げるものは、何もないからである。

こうしてロックは、私的所有の正統性を、食物から身体へ、身体から精神へ、精神から労働へ、さいごに労働から土地へ、この労働に必要な財へ、ついには労働が創出した財へと、徐々に拡大させてゆくのである。

「この意味で、所有原理は、自由、固有性、安全性、抑圧にたいする抵抗」という、「人間の取消し不能の自然権尊重の原理と一体化する。[261]」所有権を人間の諸権利と結合させた重要な一句といえよう。個人主義は今やその精神的指導者をえたのである。

というのも、ロックはそれだけに止まらず、私的所有をさらにもっと論理的に進展させようと試みたからである。ひとたび財を生産すると、今度はそれを蓄積しなければならない。そのためには貨幣が必須であり、この貨幣のおかげで、自分が生産したものでない財を、蓄蔵のために獲得できるようになる。[156]働かなくても、土地や物品を合法的に領有できるのだ。貨幣のせいで人間は、「暗黙かつ自発的な同意によって、何人にも不法を加えないで蓄蔵できる金銀を、剰余物とひきかえにうけとることで、自分がその生産物を利用できる以上の土地を占有」できるからである。しかも「これらの金属は、その占有者の手中で滅失毀損することはない[261]。」

ところで、貨幣はまた、市場経済の作用によって、個々の利害と公益の整合性を確立し、人権と合致した経済関係を組織し、《自然状態》ではできないことを実現する。すなわち、個人的野心と本源的欲望とを両立させ、人間と集団、個人の存続と集団の存続とを和解させる[156]。市場法則は、客観的でのりこえられない新しい自然法則であり、おのずから公共福祉の条件を創出する。私的所有という個人的欲望を基礎とする社会は、だから、必然的に集団的幸福を実現するものにほかならない[156]。「[個人的な]富への愛は、たくみに誘導されるなら、社会に有益となる。これにたいし慈善は怠惰を作りだすので、むしろ有害である[261]。」政治経済学が自然秩序の補完物となったわけである（私見では、論証に必要な政治経済学の論理をまだ発見していないので、ロックの労働概念の一番脆弱で粗雑な面がここに現われている。一世紀後にアダム・スミスがこの問題を解決するだろう）。

ロックはこうして、その推論の政治的帰結にたどりつく。自分たちの《所有》、つまり権利を守るために、人間は、ひたすら《自然法》を維持することだけが目的の国家を、契約によって創出する方が有利だと考えた。「自然法の必要性は、社会のなかで消滅するわけではない［……］。永遠のルールとしての自然法は、それゆえ立法者にもその他の者にも、万人に不可欠である。[261]」だが、《自然法》とは、人々が対立、抗争し、国家がさけるべき《自然状態》ではない。[156]だから、国家は絶対君主制、独裁制であってはならない。というのも、そうなると、主権は法のはるか上に、市民社会のはるか外部にあることとなり、「自然状態の欠点にたいする真の治療薬」とはならないからである。[261]リヴァイアサンにたいする何とみごとで巧みな回答だろうか。

国家はだから、市民——「貴族、聖職者、開明的所有者、自分たちの所有物をすぐれて管理できる政治能力を示した人々」——が社会契約を結び、共同で統治する民主政体でなければならない。市民だけが投票権をもち、自分たちを代表する主権立法団を選出し、立法府が召集されない場合には補完する行政権力と、ロックが連邦的とよぶ、外部から任命された第三の権力を指名する。[156]全体として国家を構成するこの三権に王も参加する、とされたのであった。

無産者にかんしていうと、ロックはただ力ずくで抑えこむことしか推奨していない。「一四歳から五〇歳の物乞いして歩く壮健な浮浪者は、三年間艦隊での強制使役刑に処さねばならない。一四歳以下の若い乞食は、笞打ちの刑に処した上で、労働教習所に入れねばならない。[41]」

このようにロックは、啓蒙期の思想家より半世紀も早く、国家的規模で、商人の秩序の政治理論の最初の整合的なヴィジョンを提出したのであった。彼こそ初めて、私的所有と個人的自由を融和させ、市場による経済の表象〔代表〕と議会による政治の代表〔表象〕とが不可分なことを証明した人にほかならない。

イングランドとオランダの指導階級、フランスの法律家や哲学者は、こうした理論の集成を待望し、そこに自分の姿を認めた。議会主義と自由主義が双手をあげて賛同をえたわけだが、イングランドでまず最初にそれが制度化される。一六九四年の三年議会法では、三年ごとの決まった日に選挙をおこなうべきことが早くも規定されていた。議会がこれほどポピュラーになったことはかつてなかっただろう。コンドルセは一世紀後に書いている、「革命以来、貴族の息子たちは議院に入る名誉を熱望しているが、結局のところ呼びこまれるのは、ほとんど生まれ、財産、地位あるいは才能によって抜擢された人々にすぎない(95)」と。

一六九〇年——意義深いことにロックがその『市民政府論』を公刊した年——に、一二〇万リーヴルの資本金でイングランド銀行が設立されるが、私的株主の投資という点で、オランダ銀行とは違っていた(349)。この総額は、ルイ一四世との戦争に融資するため、即座に国家に貸し付けられ、すさまじい価格騰貴をまねいた。ロックの発意——いつも公論の渦中にいた——で、銀貨の全般的改鋳とイギリス貨幣の平価維持の法律が発布されたが、インフレーションが商人を破産させようとしていた。

ロックは「世紀の立て役者だった」と、巧みにアザールは書いているが(199)、しかし何という世紀だったことだろう。

死の美苑

一七世紀末にはだから、国家資本主義から私的資本主義、重商主義から自由主義、絶対主義から民主主義への転換がヨーロッパで準備されていたわけである。さらにそこでは、死との関係の進展が、所有関係のこの変化を予兆しそれに先行していたのである。

死は全面的に都会的で俗世間的なものとなり、ブルジョアとそれ以外の人々とをもはや土地ではなく、貨幣の溝が残酷なまでに分離、敵対させていたからにほかならない。

死はまず、衛生学の必要を予示していた。衛生学は生者の都市より先に、死者の都市と関係していたのである。都会の発展につれ、死骸がみちあふれ、死体で一杯の墓地の状況は悪化するばかりであった。一七三七年、パリの高等法院は、墓地衛生にかんする調査を命じ、一七四五年にポレ神父が、都市の外へ移すことを提案する。これが「極度に重要な対象である、健全な空気、都市の清潔さ、住民の健康をもたらし、保持するのに一番確実な方法である」と彼はつけ加えている[12]。この文章から明らかなように、教会も以後、死者よりも生者を優先させ、死者たちを隔離しようとする。生者と死者の和解、富者と貧者の平等を根源的な力の土台としていた教会が、今や時代遅れにならないために、救済よりも重要な特性として健康を認めるにいたったわけである。

一七八〇年にイノサンの墓地が、ついでショーセ・ダンタン、サン＝ルイ島、サン・シュルピス、サン＝トゥスタシュの墓地が閉鎖され、そこに眠る死者は、より静かで遠くはなれた広大な墓地にまとめられた。いたるところで墓地は、教会から遠くはなれ、家族が墓参りできるようしつらえられた公園と考えられるようになったのである[6]。

衛生はまた差異の中心課題ともなった。ブルジョア家族は、貧乏人と同じ墓地に死者を《共葬》しようとはもはや願わなくなったからである。都市でお屋敷町が貧民街と区別される前に、ブルジョアは自分たち固有の墓、固有の墓地をもとうとした。死者のために、平和、休息、固有の〔清潔な〕終《つい》の棲家を望み、墓はまるで「両親の家へゆくように[5]」訪う譲渡財となった。墓地は、同時に追憶と都市の予兆の地ともなったのである。

資力に応じて、死者の眠る墓はますます豪華で堅牢となり、愛惜、哀惜の念は個人的となり、死者の物質的名残りに人々はしがみつくようになる。「スタール夫人の両親、ネッケルとその妻のように、アルコールの大きな広口瓶に遺骨を保存するまでになる。死者を一種不滅にするのはその思い出にほかならない。」⑹ロマン主義の足音が近いといえよう。

著名人たち——芸術家、政治的英雄ないし実業家——はいまや生者の追憶のなかで永生し、その名誉をたたえて、彫像、記念碑がたてられ、街路、とりわけお屋敷町にその名がつけられる。

墓地と同様、都市社会も二つの階級に分割されだし、一九世紀になると、はっきり資本家階級と賃労働者階級にわかれるだろう。遺言はいぜんとして、死の政治経済学を生の政治経済学に翻訳する主要手段だったが、ヨーロッパのほとんどどこででも、もはや敬虔な書式でミサや布施の寄付にかんすることは記入されなくなった。公証人の立会いのもとで近親のために財産を分配する証書にしかすぎなかったのである。つねに名前による存続が重要な関心事であり、家族の持続性は家名と相続規則によって強固となり、この点では商人、貴族、農民いずれにおいても同一であった。

人間が自己の死の所有者となったのと時を同じくして、人間は自分の生を領有し、他者の生を尊重しはじめ、その結果、貧乏人のところでさえ、堕胎が減少する。当然、《捨てられた》子供がしだいに増加し、パリの慈善施設では、孤児院の《回転受付け口》に捨てられる子供が一六四〇年には三〇〇〇人だったのが一七五〇年には一万七〇〇〇人に増大する。これは当時パリで生まれた子供の二〇パーセントにたっし、一七七一年には四〇パーセントにものぼるだろう。

内心での信仰、私的生活が大部分の社会層——当時の言い草では《別にとってある》あるいは《余裕の》お金が少しでもある人——の理想となる。所有者の数が著しく増大するにつれ、その権力の基礎となる新しい多産財の支配する時代が到来したのである。

活動する〔株式〕資本

貨幣が大部分の社会関係に浸透してくると、市場が価格をしだいに決定するようになってくる。職人仕事が工業に、独占が競争に、製造所が工場にかわり、石炭が木炭に、蒸気機械が水車にとってかわる。実業家はもはや前世紀のマニュファクチュア主ではなく、小生産者と小商人の媒介者となった。労働者を徴募してかき集め、職人から廻ってくる製品を仕上げ、小生産者に前貸金を与え、職人を賃労働者にかえ、機械と人間の労働時間とを買いとるのである。

資本という言葉はまだ、産業の財源を指示するための、他の多くの表現のうちの一つにしかすぎなかった。《元金》という言葉の方が一番よく使われ、資本家的という言葉は、《金に目のない人》、《有力者》、《手強い男》、《物持ち》といった言葉と並んで[67]、その一つの形容詞としてあらわれ、土地所有者にたいして、動産ないし金銭の所有者を指示するのに用いられた[67]。他者の労働を占有し、横領する人という意味ではなかったし、一九世紀中葉以前までは、決してそうした意味で使われなかったのである。

宿敵フランスよりもずっと前から、この新しい要請に対処していたイングランドは、その孤立政策によって戦争の災禍を蒙らなかったので、思想の動きを機敏に感じとり、新しいエネルギーと富の源泉を結集させて、秩序の《中心部》となり、ヨーロッパの貯蓄の大部分をひきつけることができた。

一七世紀末には、公債の発展のおかげで、《金融市場》が出現し、英国は、支出のために借金し、この負債の利子支払いのためだけに、租税を徴収する。公債（国債）は当時まったく自由に交換され、外国人もイギリス人にならって、参入していた[326]。ついでブローカーたちは、コーヒー・ショップ——ギャラウェイやとりわけニュー・ジョナサン——で会合して、取引きをおこなったが、これが有価証券取引所の萌芽にほかならない[326]。やがて、公債と関連する証券に、いくつかの大会社の株券が付けくわわってくる。一六九八年には東インド会社が株式の応募を開始し、南海会社がそのあとにつづいた。一八世紀の最初の数十年間には、驚くほどの金融の発展がみられた。だが、投機とスキャンダル――パリでのロー、イングランドでの南海会社――のせいで、預金銀行の出現がそれだけ遅れ、預金による保証手形が振りだされ、商業手形が割引されていたのである。一七六〇年になると、有価証券取引所でブローカーは国家資金まで扱うようになり、銀は金と銀行券のためにしだいに消滅していった。

一七六二年になると、コムギと羊毛の取引所が創設され、銀行数は、一七五〇年の約一二から世紀末には二〇〇行以上に増加する。一七八八年、ロンドンでは銀貨の自由鋳造が中止され、金本位制が始まった。

初期の工場では、雇用労働者には規則も限度もなかった。資本の所有者の所有物とみなされ、ほしいままにこき使われていたのである。当時のイングランドのはやし歌は、いかに雇用主が哀れな織工、梳毛工、製糸工を低賃金で働かせたかをこう歌っている。「粗《あら》があろうがなかろうが、きっと見つけだし、ネズミのように賃金をかじってやる。[41]」スコットランドでは一八世紀末まで、炭坑や塩田の労働者は、まさしく農奴にちかく、所有者の名を刻んだ首輪をつけられ、作業所もろとも売り買いされていた。[41] 孤児院の子供も、院内でか工場でか、羊毛を梳いたり、綿糸をくったり、衣服を作ったりして、働かされていた。日労働時間はきわめて長く、当時のベルトロン神父はこう誌していた。「長時間労働によって、安い不十分な賃金を補おうと、労働者は日の出前から働き、夜も更けるまで労働を延長するのが常態だった。」一七七〇年、当時有名だった弁護士のシモン゠ニコラ゠アンリ・ランゲは書いている、当時の日雇いの運命は、奴隷や農奴の後継者で、彼らの父の運命より無限に悲惨な状態だった、と。「稼ぎといえば、いつも餓死するのではないかという恐怖に脅かされるだけのもので、少なくとも人類の最低ランクにいた前世代の人々にもみられなかったほどの不幸に悩まされている。[260]」

警察はもはや貧民をとじこめようとはせず、強制的に働かそうとしていた。「警察の第一の活動はといえば、労働させせることだ」と、ヴォルテールは書く。イングランドの一七六九年の法律では、機械やそれをいれてある建物の意図的な破壊は、重罪とされ、犯罪者は死刑の運命がまっていた。

植民地では、農業労働での奴隷制がさらに発展しつづけていた。一七五六年、ヴァージニアには二万人の奴隷がいたが、一七二八年から一七六〇年のあいだに、ル・アーヴルを出航した船には、セネガル、黄金海岸、ロアンゴで買われた二〇万三〇〇〇人の黒人が、アンチール諸島向けに積載されていたのである[444]。商人はすでに、こうしたアナクロニズムから脱却したいと考えていたが、しかしそのためには二つの革命と一つの内乱とが必要だったのである。

商標と特許

商人資本の発展につれて、技術革新を改良したり、利用したりする権利の一般化が、ますます重要性を帯びてきた。一七三〇年、イングランドでは、最終的に特許が公開され一般の自由使用を保証するために、きわめて詳細な登録書が要求された。どういう性質の明細書が要求されたかは、一七八五年のアークライト事件でのブラー判事の規定にみることができる。「特許に付与された独占利益をえようとする者は、特許が認可された当該発明を、第三者が直ちに利用できるように、その秘密を開陳し、上記の発明を説明しなければならない。なぜなら、特許申請の目的と意義は、特許の期限切れを公衆に知らせ、特許所有者と同じく十分に公衆が利益をあげられるように、誰もがその秘密を所持できるようにすることだからである［……］。なぜなら法律によれば、特許とはある発明にたいしあたえられた報酬であり、したがって、この発明が虚偽であり不法であれば、特許は無効処分とされるからである[438]。」これは今日でも特許明細の国際的規準となっている。同様にどんな発明にでも特許を登録できるわけではなかった。一七九〇年の法律は、保護される発明について、こう明確化している、「有用な技術、製造法、装置、機械ないし仕掛け、あるいはその改良」に限られる、と。一七九三年になるとこのリストは拡げられ、「技術、機械、製造法ないしその合成物あるいはそれに関係する新しい改良法」となったが、このリストは現代でもなお有効なのである。(438)

フランスでは、王の恣意の及ばない客観的な方法で発明者を保護する最初の立法文書は、一七一一年一〇月二五日のリヨン商事裁判官の決定にみられるが、そこでは、商人と工場労働者にたいし、「委託された製法図を盗んだり、売ったり、貸したりあるいは自分で利用すること」が禁じられていた。(444) 一七一八年二月三日の勅令では、製法図の製作者に模作者の告訴権が認められている。一七六二年九月二四日の王令では、発明者がその方法を利用する権利、および工程の製図家がその所有する製法図で工業再生産をおこなう権利を、一五年に制限した。もっぱらリヨン市にかんすることだが、一七八二年の評定院の判決では「調度品と教会の装飾向けの絹織物にかんする」製法図再使用の排他的特権期限は一五年に、「衣類やその他に使用されるブロケード織りについては」わずか六年に、いずれも決定されている。(444) 所有権はだから、売却しないかぎり、発明家のものだったはずである。

書物については事情がちがっていた。出版業者のダヴィド——興味ぶかいことに、一七五五年の『百科全書』第五巻のなかの《コピー権》という項目の編集をまかされていたが——の考察によると、原稿や印刷物にかんする出版業者の所有権は、議論されることもなかった。「作者がその作品についてもつ所有権に由来する権利(156)」だったからにほかならない。だが、作家たちはもっと権利を拡大しようとする。一七六三年にディドロは、その『書籍商にかんする手紙』のなかで、文学上の所有権は出版者から著作者に移行すべきだと説明している。「著作は、家や畑と同じように、作者に帰属しないのか。その所有権をいつまでも譲渡できないのか。作者がその作品の主人であり、さもなくば社会で誰一人その財の主人ではないだろう。出版業者は、作者に成り代ったかのように、著作を占有している。何度も再版するにふさわしい部分を印刷する明白な権利を持っているからだ[156]。」ディドロにとって、出版業者の特権は、作者の所有権の購買にあるだけだった。こうして作者は《終局占有[156]》を手にするわけである。文学上の所有権は絶対的なものだから、ディドロは、公有財産の概念を棄却する。彼によると、国家は公共の要請を厳守させる手段をもたないのだから[156]、作者だけが所有者であるべきだ、とされたのであった。

しかしながら、作者が真の所有権を獲得できたのは、やっと世紀末になってからのことで、著述家組合が創設された時だった。フランスでは一七七七年七月三日にボーマルシェがはじめて創設する。数週間後の八月三〇日、書物出版の特権は「直接に作者自身に授与されるうるはずであり、かかるばあい、この特権は永久に作家の相続人に継受されよう」と、評定院の判決は《認めた》。この判決によると、版を新しくするたびに、特権の更新が必要となり、出版社の特権もさらにしばしば永久化されたのである。

今日からみると、一八世紀ヨーロッパは、所有権をどのように組織すればよいかをめぐって、広汎な思想上の論争がまきおこった時代のように思われる。もっと正確にいうと、国民国家は、すでに前世紀に生産手段の私的所有が市民社会の発展の鍵だと認めていたのだから、私有を保護するために国家の編成変えを決定した時だったのである。どの国もその方向に道を切り開いた。なかでも、すでに政治的、経済的革命をすませていたイングランドは、まだ自分たちの革命をおこなっていなかったフランスや合州国よりも、ずっと早くこの道を進んでいったのである。

つづめていうと、この当時三つの流れが対立していた。すなわち、土地所有と権力をいぜん結合させ続けようとしていた思潮（重農主義者）、貨幣市場と自由民主主義のなかに、王権にたいする必須の平衡錘をみようとしていた思潮、さいごに、やっとまだ姿をみせたばかりの集団所有のうちに、資本主義をこえた彼方を夢み、諸革命、その勝利とやり過ぎとに門を開いた思潮、がこれにほかならない。

エンクロージャーと重農主義者

所有欲にもとづく個人主義が、イギリス社会を自由主義へと押しやり、資本が土地から都市へと移動したのにたいし、フランスは、封建制と和解し、土地を小土地所有に分割することばかりにまだ気をとられていた。

工業に転換したイギリスの貴族階級は、非常に長期にわたる貸借契約の複雑な作用によって、その土地の管理を農業賃労働者に委託していた。生産方法の変化、休耕の廃止、三圃式輪作、ウマゴヤシや飼い葉用植物の周期耕作などで、農業生産性が増大する[274]。主要都市に必要な食料を充足させられるだけのものを生産するには、大々的な組織的開拓が必須だったが、それには財政的な投資が可能でなければならなかった。

そのうえ、織物産業のすさまじい発展が牧羊のすさまじい拡大を必須とし、そのために共有地の閉鎖が必要となった。一七六〇年、イギリス議会はふたたび囲い込み条例を可決し、なお共有地で暮していた最後の不法占拠者を追いはらってしまった。二〇年のあいだに、六〇〇万エーカーの土地が五〇〇〇の囲い地にかえられ、世紀末には独立農民がほとんどすべて姿を消してしまった[208]。農業が一つの工業になったわけである。「経済的生産性の面からみれば、この社会的転換の成功はめざましいものがあった。人間の苦悩という面からみれば、まさに悲劇にほかならない[208]。」

フランスでは状況は根本的にちがっていた。西部、中央、フランドル、ブロヴァンス地方の肥沃な地域では、いくつかの大土地所有が形成されたのは確かである。だが、いたるところで小土地所有者が優勢で、囲い込みに反対して全所有者が団結した。農民は共同放牧権の喪失を拒否し、地方の高等法院も彼らの側につき、領主たちも、牧畜の危険をおかすよりはむしろ農民に土地を売ることを好んだからである。「ぬけ目のない利害の輻輳が人工草原に敵対的な作用を及ぼした(68)」

政治的にいうと、共有地はなお、領主権とは無関係な土地を意味していた。レスティフ・ド・ラ・ブルトンヌは書いている、「私は自由な村［オーセーロアのサシ］で生まれたが、そこでは君臨する支配者に苦しめられる光景は一度もみられず、銃を扱える者なら誰でも自由に狩ができ、皆で共有林を占有し、人々は集会を大切にして、共益委員、募金係、共同の羊飼いを選び、学校の先生を任命し、共同の収入を自由に使っていた(156)」共有地のおかげで、前世紀の重商主義がひきおこした貧困のなかでも生きのびることができたのである。一七三九年、アルジャンソン侯はこう注記している。「この一年来、貧困は王国のなかで前代未聞の域にまでたっした。まるでハエのように人々は貧乏のせいで草を食べながら死んでゆく(41)」と。

一七六〇年から一七八〇年まで、フランスでもある政治的な潮流が、大土地所有とエンクロージャーを促進しようと努力したことがあった。重農主義がそれであって、「政治経済学における、封建的所有解体の直接的表現(283)」とマルクスはいっている。世紀初頭のボアギュベール、ついでグルネー、ケネー、父ミラボー、チュルゴ、メルシェ・ド・ラ・リヴィエールなどは、大農地所有に囲いこんで耕作する全面的自由の復権を要求する。彼らにとって、商工業的所有は二次的なものにすぎず、農業こそ富の主要源泉にほかならなかった。農業だけが純生産物をとりだすのであって、諸他の活動はこの生産物を変容させるにすぎない。そこから彼らは、生産階級（農民、鉱夫、漁民）と不毛階級（工業家、商人、弁護士）および自然の保存者である大土地所有者を区別するわけである[156]。彼らにとって、共同放牧とは《自然法的》自由の反対物であり、農業の進歩の障害物にほかならない。それゆえ彼らは、一切の租税の廃止、徴税請負人の廃絶、土地生産物にたいする単一課税制度[156]、農産物価格の引上げと工業生産物価格の引下げを提案する。農産物を輸出するために貿易と競争の自由を推奨し、競争の自由のために同業組合の廃止[156]を強く勧めたのであった。

メルシェ・ド・ラ・リヴィエールにとって、「土地所有は作為的で恣意的な制度ではなく、個人的所有の発展、個人的所有が受け入れ可能な伸展の最終段階にすぎない〔……〕。所有、安全、自由、そこにこそ全体としての社会秩序が存在する[291]」のであった。ケネーによると、「富の唯一の源泉は、自然、というよりむしろ人間の活動と創意の加わった土地[337]」にほかならない。彼は「秩序が所有を命じ、所有が自由を命じる[119]」と考えていた、とデュモンはいっている。権力の戦略とはすべて、世界の自然法則の《単なる注解》であるにすぎない。『百科全書』の《財団》の項目のなかでチュルゴは書いている、「健康な人間は誰でも、自分の労働によって生計をたてなければならない。なぜなら、労働もせず食べている者は、働く人々の犠牲の上でそうしているからである[397]。」〔財務総監の〕公務にあった一七七四年から一七七六年のあいだ、彼はこの思想を実際に適用しようと努めたが、無駄であった。

一七八〇年になると、イール・ド・フランスの地方議会は、土地所有者に人口草原を作るための囲い込み権を許可する。もっとも、面積が所有地全体の一〇分の一をこえないという制限つきではあったが[68]。しかし何もおこらず、それどころか共有地からの拒否の陳情者が全国三部会に殺到するだろう。ロレーヌ地方の陳情書には、「世界の創造この方、ひこばえは共同体に属している」と書かれていた[68]。当時フランスでは二七〇〇万の人口にたいし、すでに土地所有者の数は一〇〇万以上もあったのである。トクヴィルは後にも書くだろう、「一方では、フランスの農民は土地所有者となっていたが、他方では、領主の支配から完全に逃れてもいた[393]」と。

市場か王か

他の所では、所有者と社会のあいだ、主体的な所有権となお自然的、客観的とみなされていた社会権とのあいだの別の妥協法が模索されていた。そのためには、ロックが解決しそこなった問題、すなわち、所有者は王なしに市場で自分たちの利害を調停できるのかという疑問に、回答をあたえねばならなかったのである。

一七一四年に、ハノーヴァー朝がロンドンで権力を握ったが、富裕な所有者や州や選挙区の小貴族の代表——選挙区はもはや国の人口学的現実とは何の関係もなくなっていた——によって選出された、大多数の下院議員の同意なしには、イギリス国王は大臣をその地位にとどめておくことさえ困難になっていた。商人や資本家が恐怖にかられるほど、国家は今や弱体化していたのである。とりわけ、ロックが提起しただけの問いに肯定的な答えをだすことが、緊急の課題となっていた。私的所有者間の交換からなりたつ市場経済は、強力な国家なしに、単独で商人の一般利益を保証するのだろうか。競争は、本当に新しい自然法則であって、調和的社会を私的所有権だけの上にもとづいて作ることができるのだろうかが。警察と戦争の任務以外はもはや国家による私的所有の管理を望まなかったイギリスのブルジョアジーにとって、この問いこそ本質的なものであり、自分たちの正統性はその答え如何にかかっていたのである。

スコットランドの論理学、神学の教授だったアダム・スミスこそ、その答えを定式化した最初の人にほかならない。一七五九年、彼は『道徳感情論』のなかでこう説明する。「富を築きたいという個人の生得的欲望は、錯覚である……。その唯一の関心は、人々の勤勉な活動をかきたて、不断の運動のなかに人々をつなぎとめておくことにある。まさしくこの錯覚こそが、あれほども多様な仕方で人々に土地を耕作させ、掘っ立て小屋のかわりに立派な家屋をたてさせ、巨大な都市を作らせ、科学と技術を発明、完成させたものにほかならない[59]」。彼はさらにつけ加える、「社会は、なんらの愛情のきずな無しでも、お互いの実利の感情によって、便宜的価値をとりきめた相互サーヴィスの欲得づくの交換の助けをかりて、商人間で存続しうるように、人々のあいだでも存続しうる[59]」と。

一七七六年――ちょうどアメリカの独立宣言が採択された年――スミスはその『諸国民の富』のなかで、資本主義、そのマニュファクチュアと《工場》、《熟練した》労働者[41]、その分業――「決してこれほどの壮大な効用をめざしたのではない、人間本性の、きわめてゆっくりと漸進してゆく性向の必然的帰結[375]」――を記述する。彼は、「物々交換したり、商取引きをしたり、ある物を他の物と交換する性向」に驚き、これこそ《市場の広さ》に制限された人間進歩の鍵だという[375]。土地には「一種格別な寛大さがあり、特別な恩寵の結果のように、その所有者に果実をえさせてくれる[375]」。だが、富を創造するものは、重農主義者のように、自然ではなく、人間にほかならなかった。「労働は、あらゆる場合にあらゆる商品に役立つ、実質的で決定的な尺度である。労働は商品の実質価格にほかならない」。こうして彼は、商品の価値はそのなかにふくまれている労働量で決められるという労働価値説を素描したのであった。「それゆえ、労働はどの商品をも交換可能とする相対価値の尺度である[375]」。

労働の《標準的な》報酬は、労働者の生活保証に限らるべきであり、利潤とは、剰余の正当な領有であって、所有者の善用にまかさるべきである。「何人かの私人の手中に資本が蓄積されるや、そのうちの何人かはすぐさま自然にこの資本を用いて、勤勉な人々を使おうとするだろう。原料と生活の糧を提供して、彼らの生産物の売却から、あるいは、労働者の労働が原料に付加したものから、利潤をあげようとするだろう[375]。」資本の蓄積がだから、「人民と支配者とを同時に富ませる[375]」のであり、「富の本質とは交換」にほかならず、市場は《見えない手》によって、資源の有効利用を最善に規制し、資源を万人に配分する。

スミスはそこから、独占と特権を放棄し、各人に自由に労働を選択させ、資本の運動、生産物の流通、輸出入、植民地との貿易を許可すべきだ、と結論する。国家はただ、各市民が労働からひきだした利潤に課税することで、市場秩序の尊重を保証するだけでなく、立法機関もまたあるがままの所有を保護するだけでよい。「最高の安全原則に必要なのは、たとえさまざまではあれ、分配様式を維持することである[375]。」それ以外では国家など背景に退くべきである。

この意味で、スミスはまさに当時の商人を代表していたといえるのであり、シュペングラーがのちに手厳しく書くように、「国家にたいする、政治家とよばれる《陰険な動物》にたいする商人の憎悪」を表現していたといえるだろう。というのも「じっさいに政治家は、警官が空き巣に、巡洋艦が私掠船にしているのと同じ結果を、真の商人にたいしてしていたからである[382]。」

それからほどなく、ジェレミー・ベンサムはさらにもっと先まで進んでゆく。ホッブズの路線にそって、幸福は自由に処分できる貨幣ではかられる、と主張するからである。「この用具をあまりにも不確かだと思う人々は、もっと満足できる別の用具をみいださねばならない。さもなくば、政治にも道徳にも別れをつげなければならない[42]。」とはいっても、幸福は富と比例して増大するわけではなかった[268]。もし「富のそれぞれの持ち分に幸福の一部分が対応しているなら［……］、最も豊かな人の幸福の過剰分は、その富の過剰分と同じ大きさではないだろう［……］。したがって、幸福の総量は、富の分配が平等であればあるほどそれだけ大きいのである[42]。」

スミスとベンサムは、自由市場の水門をひらき、私的所有の合理性の勝利と国家の背景への後退とを証言したわけである。

その上、同じように考えたのは、この二人だけではなかった[156]。フランスでも類似の学派がほとんど同じ時代に形成されたからである。じじつ、ディドロもまた、「所有権は、個人の政治的、経済的、社会的生活ときりはなしえない、不可侵で無条件の自然権[107]」であり、私的な富が幸福の源泉だ、と考えていた。「人々のなかで、一方の貧困者は働かざるをえないのにたいし、他方の人々は、前者の労苦と骨折りのおかげで肥え太っている[107]」ことを嘆きはしたが、しかし彼は「私的所有のなかに個人の保全[107]」をみていた。「社会形態は、その成員が現に占有しているか占有できる財、その保持と所有を確保できる財に多かれ少なかれ依存している[107]」と書いていたからである。これはディドロが監修した『百科全書』の基本精神にほかならず、たとえば無署名の《所有》の項目にはこう書かれていた。「所有、それは市民社会を構成する各個人が、合法的に獲得した財にたいしてもつ権利である。市民社会の形成にあたって、人々の基本的な見解の一つは、すでに獲得したかあるいは獲得できるはずの利益を安全確実に占有することであった。私的所有は市民社会では経済的、政治的な正当性をもっている[156]。」

ヴォルテールもまた、所有権を自然権と、市場を社会的、政治的に秩序に有用なものとみなしていた。「土地の占有者は確実に、他人の土地よりもはるかに懸命に自分の相続した地所を耕すだろう。所有心は人間の力を倍加させるのである[407]。」土地の占有者は、本心から熱望し、切望したのではなくとも、事実上自分の境遇を甘受するだろう。『哲学辞典』の《平等》の項で、彼はこう書いていた。「この不幸な地球では、社会に生きる人々は二つの階級に分裂せざるをえない。一方の富者は命令し、他方の貧者は奉仕する。この二つの階級はさらに何千にも細分され、しかも何千という階層がまたさまざまな微妙な差異に彩られているのである。(406)」

こうして諦念のモラリストが現われてくる。

諦念の道徳主義

というのも、一八世紀は所有者の勝利が準備された世紀であるだけでなくて、フランスの田舎やイギリスの都市が重大な危機にみまわれ、産業化の登場と私的所有の拒否が兆した世紀でもあったからにほかならない(156)。この拒否の根拠は、時には工場労働者の恐るべき状態にたいする憤激であったり、時には『福音書』で構想されていた貧しき者の都市というユートピアであったり、あるいは万人が誰でも豊かになりうるという資本主義以後の考え方だったり、万人は平等のはずだという資本主義以前の考え方であったり、さまざまであった(328)。しかしながら一般的にいうと、こうした道徳的批判は結局諦念におわり、私的所有の方がとどのつまり革命よりも危険ではないということが、批判者たちにとって明らかとなったのである。

この世紀の初め、初期の批判者の一人(156)、田舎司祭のジャン・メスリエは一冊の《回想録》——ずっと後になって公刊された——をのこしたが、そこでは、嫉妬、盗み、殺人の原因として、私的所有が攻撃されていた。私的所有を排除し、個人の完全な平等にもとづく新しい社会の創出が提案されていたのである。「たとえば同じ都市［……］あるいは同じ教区や共同体の男女すべては、お互いを兄弟姉妹と考え、見なして、皆で同一家族［……］を作るべきである。したがって、皆が平等に仕事、つまり労働について、共同で平和に生きるべきであろう……(156)。」

それからほどなく、モンテスキューも、法の創造物である私的所有は(156)、「万人の財として国家によって制限され」うる、と考えていた。国家は土地を分配できるはずである。というのも、「諸共和国であれほども執拗に要求された田畠の新しい配分法は、本来有益なことだったからである。それが危険なのは、突発的に実施したばあいだけである」[298]からにほかならない。一七二一年にすでに彼は『ペルシア人の手紙』のなかで、私的所有なしできわめて幸福に暮している穴居人を讃美していた。「穴居人はお互いを単一の家族とみなしている。家畜の群れはほとんどいつもごちゃ混ぜにされ、ふつうめったにしない唯一の労苦といえば、群を分けることだけだった[298]」

同様にエルヴェシウスも所有の不平等を批判する[156]。「大部分の国民国家では、二つの市民階級しか存在せず、一方は必需品にも事欠き、他方は余分なもので満ちあふれている。前者は過度労働によってしか必要物を手にすることができない[202]」よき政府は、「一方の富を減らし、他方の富を増す」べきであり、そのためには、各人を所有者としなければならない。「全市民が何かを所有しているのか。ある程度のゆとりをもち、七、八時間の労働で、自分や家族に必要なものを豊かに供しているのか。そうであれば幸福なのだが[202]」もはや無産者を排除することではなく、統合することが重要となったわけである。

メスリエと同じ路線にそって、モレリーは一七五五年に『自然の法典、あるいはつねになおざりにされ誤解されてきた真の法の精神』を出版するが、これは最初ディドロに捧げられたものだった。次の世紀のフランス社会主義全体を告知する風変りな本で、彼のロマン主義、土地への愛着、産業への無知、自立的な修道院の並置としての理想的な世界観などがいりまじっている。「万人の声に耳を傾けよ。彼らは、異論の余地のない原理として、また自分たちの全組織の土台として、つぎの重要な命題を提示するだろう。人間は、悪徳にまみれ、悪意にみちて生まれてきた、と。いやそうではない、という人があるかもしれない。だが、この人生にみられる状況、その存在の構造そのものが不可避的に人間を邪悪にするようになっている。[300]」モレリーにとって、人間は生まれつき善良で活動的な存在だった。「怠惰が生まれるのは、ある人々だけを、繁栄、富裕とよばれる恒常的な安寧の状態におき、他の人々を労働と苦しみにおきざりにしている専制的な制度のゆえにほかならない。この差別から、一方は無為と無気力におぼれ、他方は強制的な務めに嫌悪と反感を抱くのである……[300]」。そこから「つぎの命題の明証性に異論をはさむ人はないだろうと私は考える。いかなる所有も実在しないところでは、有害なその必然的帰結も決して実在しないであろう。[300]」

だから、「社会のあらゆる害悪を根絶するために」法をすべてつぎの三つの条項でおきかえねばならない。

「――必需品、娯楽品として、あるいは日々の労働のために現に使用されているモノ以外、社会のなかの何一つとりわけ個人の所有に帰してはならない。
――各市民は公人であり、公共の負担で養育、扶養される。
――各市民は、能力、才能、年齢におうじてそれぞれ公共の利益に寄与すべきであり、これにもとづき、分配的正義にふさわしいその義務が定められるべきである。[300]」

モレリーは、自立的共同体のピラミッドとしての理想社会を詳しく叙述している。[156] 市民はいずれも結婚しなければならず、独身は四〇歳以降にのみ許される。離婚は結婚後一〇年たたねば認められず、五歳になるとすべての子供は共同で教育をうける。一〇歳になると工房へゆき、そこで職業教育をうけ、所有欲を発展させないように子供を教育しなければならない。「要職にある者は、児童教育のための法律や規則が、いたるところで厳格に守られるよう、とりわけまた、所有の精神に傾きがちな子供の欠点を慎重に匡正し、予防できるように、注意ぶかく監視しなければならない。こうしてこそ、幼い時から精神が、寓話や物語、あるいはばかげた作り話に浸透されるのを防ぐことができる(300)」。都市では市民は、住居、作業場、病院、養老院、監獄など、あちこちの建物や区域にふりわけられ、労働や衣類は政令によって分配される。商業は禁止され、市民は例外なしに、二〇歳から二五歳まで農業に従事しなければならない。政府は、部族——それ自体また都市や地方ごとに結集されるのだが——に再編された家族間での、職務の自動的交代による複雑な組織に立脚し、ほとんど法律を作らなくてもよい。私的所有を再建する企ては何にもまして厳禁される。社会的ランクがどうであろうと、「忌むべき所有を導入するために神聖な法律を廃棄しようとする市民は［……］最高元老院で立証され、判決されると［……］、狂人であり人類の敵であるとして、公共墓地に掘られた洞穴に一生禁固される。その名前は市民の人口名簿から永遠に抹消され、その子供や家族は、名前をかえて、都市あるいは地方の他の部族に別々に編入される(300)。」

しかしながら、一八世紀末のフランス思想家の特徴である私的所有の諦念を最も明快な形で説明したのは、ジャン＝ジャック・ルソーの著作にほかならない(156)。彼によると、所有権など自然状態ではありえないもので、経済的、歴史的な進化の結果、創りだされたものだった。だが、一度制度化されると、不可侵の権利となり、たとえ不正なものであっても、それを保護することが政府や法律の役目となった。ルソーの所有理論をきわめて複雑化しているのは、この反論と放棄とのあいだを、たえず行ったり来たりしていたことにある(156)。彼にとって、原初的な人間とは、他者との関係によってのみ自己を判断する妬み深い存在で、自尊心がその動因をなし、「たやすく残り一切のものを買うのに役立つ」富がその価値基準となっている。一七五五年の『不平等起源論』ではこう書かれていたからである。「人々が粗末な掘っ立て小屋で満足していたあいだ、棘や魚の骨で皮衣を縫い、羽根や貝殻で身を飾り、［……］石刀で漁労用のカヌーを削っていたあいだ［……］、一言でいえば、一人だけで作ることができ、他の多くの人手を必要としない技術だけに従事していたあいだは、本性上そうありうるかぎり、自由で健康で善良で幸福に暮していた(357)」。だから、社会制度は、富者を彼自身の富ゆえに保護しなければならない。「富者がその富をませばますほど、傷つきやすくなり、その存在――その占有物をふくむ――はますます貧しい諸個人によって脅かされるようになる。富者を必要に応じて救いうる唯一の力といえば、それゆえ、他人の力であるが、この他人そのものがまた富者を攻撃したり脅かしたりする者たちである(357)」。だから所有を均等化しなければならないし、いかなる市民も、「他の市民を買えるほど富裕」であってはならない。所有はただ《現実的な資格》にのみもとづくべきであり、「最初の占有者の力ないし権利の結果にすぎない(357)」占有と混同さるべきではないだろう。

一七五八年の『経済論』では、ジャン＝ジャックの諦念はさらにいっそう強くなっている。「所有権は、あらゆる市民の権利のなかで最も神聖なもの、ある点では自由自体よりも重要なものである［……］。所有は市民社会の真の基礎にほかならない」と書いているからである。それゆえ所有は、「防禦するのにずっと困難(355)」であるがゆえに、少なくとも自由と同様に神聖なものだった。しかし、不正をひどくさせないために、社会契約――自分たちの財産や生命を守るために所有者間で調印された契約――によって所有を承認しなければならず、こうして一般意志が尊重されるようになる(156)。所有は「数においては増大さるべきだが、表面上はもっと制限さるべきだろう(355)」。「人間が社会契約において失うもの、それは彼の自然的自由、心動かされ、手にいれうる一切への無制限の権利である。逆に人間が獲得するもの、それは、市民的自由、彼が占有する一切の所有権である(355)」。この契約では、私的所有はもはや集団的権威の委託にすぎない。

ルソーにとって、理想的な政府とは、まずもって一種の独裁制だった。(156)ついで、彼は、《諦めて》民主制を提案する。ミラボー侯にあてた一七六七年の手紙でこう書いていたからである。「人間の上に法をおくような統治形態(156)をみいだせるかどうかもはや確実ではないし、もし不可能だとすれば、「ありうるかぎりの法の上に一挙に人間をおくもう一つの極端に移行しなければならない。したがって、可能なかぎり最も専制的で恣意的な独裁政治を樹立しなければならない。神ならそうした独裁者であることもできよう。一言でいえば、最も峻厳な民主主義と最も完全なホッブズ主義とのあいだで許容できる中間段階を私はみいだせないのである。なぜなら、国家を不断の内乱にまきこむような人間と法との相剋は、あらゆる政治状態のなかで最悪のものだからである。(156)」フランス革命全体が、この不確実性のなかにあった、といえるだろう……。

すでにこの頃、フランス革命の当事者となるような人々が、姿をあらわし始めていた。すでにのべた当時の有名な弁護士、シモン゠ニコラ゠ランゲは、一七六七年、『市民法の理論もしくは社会の基本原理』を公刊し、社会と所有は、暴力という同一の土台をもっている、と書いていたからである。所有の根源には不当取得が存在する。所有心が、「人々をつかむや否や、人々を偏狭にし、いわば物質化する。ほとんど人々を利害以外の他の動機に盲目にしてしまうのだ。(260)」法は、富者と所有者に有利なようにしか作られていないわけである。

ランゲにとって、国家とは、「人民が正当な価格でパンを手に入れられるように、コムギの売値を固定することで」所有を制限できるものだった。「あらゆる法のなかで最大かつ最も神聖な法とは、人民の安泰にほかならない(260)」からである。だが、彼もすぐさま諦めて所有を尊重しようとする。(156)「しかしながら明らかに、所有を尊重せねばならず、それを強奪した者は、社会にたいする犯罪者となるだろう。(260)」だから、一切の改良は、矯正すると主張する現状よりもっと悪い状態に導く危険があるわけである。

その翌年、コンディヤックの兄、ガブリエル・ボノ・ド・マブリーは、モレリーに触発されて、重農主義者を批判する。(156)「所有は労働の意欲をおこすのに不可欠なものではない。なぜなら、パラグアイの原住民は、ヨーロッパの修道士同様、共同体で生活しているのに、彼らの土地をきわめて丹念に耕しているからである。(266)」彼は、政治的、社会的生活の土台に徳行をおき、英知の法、「つまり、自然に最も適合し、最も危険な金銭欲をかきたてる情念を抑制するのに最もふさわしい(266)」法が、必要だ、と考えた。「あなたの称する自然秩序は自然に反しているのではないか、と私は危ぶむ［……］。土地所有が、現実にそうであるよりもはるかに富の再生産に有利であろうとも、なお財の共同体の方を選好しなければならない(266)。」

イングランドでも同種の理論家たちが同時代にその考えを表明していた。たとえば、一七七五年にトマス・スペンサーは『真の人権』を公刊し、各教区を平等主義的な細胞にかえよと提案する。ラテン語とギリシア語の教授だったウィリアム・オーグルヴィも、その『土地所有権論』で土地の平等な配分を提案したし、一七九三年にウィリアム・ゴールドウィンもその『政治的正義とその道徳及び幸福への影響論』で、「所有が正統とみなしうるのはただ、各人の必要に比例して事物が分配されている時だけである(172)」と、主張していたからである。

一七七五年、ネッケルは、「当代の経済的混乱は自由競争と資産の不平等のゆえである」と、『穀物法・交易論』で書く。彼によると、所有の平等こそ「公共福祉に最も適したものとつねに考えられてきた社会組織」にほかならず、この組織が国の安定と輸出に有利に作用するのであった。一七八〇年には、ルソーとマブリーの主張の線にそって、ジャック＝ピエール・ブリソ・ド・ワルヴィルは、所有こそ社会分裂の基礎、一切の不平等の根源だと主張する。それによると、「自然が人間にあたえた所有権は、欲求充足という限界以外のいかなる限界によっても制限されていないので、万物、万人のうえに広がっている[70]」彼こそ、私的所有尊重の規約の例外としてではあるけれども、飢饉のさいの盗みを正当化した最初の人にほかならない[156]。「とはいえ私はそこから、盗みを正当なものとして認可し、市民的所有の法律を無視してよいと結論的に主張しようとするのではない……。働いた者がその労働の果実を享受すべきなのは無論のことである。耕作に専念する者のこの特恵なくしては、いかなる食料、富、貿易もない。市民的所有を防禦し、保護しよう……[70]。」

ラ・ソムの測量士、フランソワ・バブーフもまた彼なりに農業問題について熟考し、不平等と貧困の原因を大農地経営にみて批判していた。大革命の暁にこう書いていたからである。「大農地の維持は、ごく少数の階級の手中への一種の農業独占となる[156]。」こうしてしだいに資産の不平等が作りだされてくるだろう。彼によると、土地問題の解決は《集団農場》にあった。「私は単一の買手のものである農場にかえて、集団農場を提案する。かつて孤立して暮していたときには辛うじて生命をつないでいたにすぎない農場で、五〇人、四〇人、三〇人、二〇人の個人が結合して生活するようになると、彼らは貧困からすみやかに裕福へと移ってゆくだろう[156]。」

同じ年にマラーもまた、非占有者は反逆権を持つと書いていた[156]。「生きるために盗む者は、他に仕方がないかぎり、自己の権利を行使しているにすぎない［……］。［抑圧者の］秩序を尊重する義務があるどころか、貧者は武装して抑圧者に反抗し、自然の神聖な権利を回復すべきである[156]。」

こうして、大革命を作りだした、脆弱な大胆さと臆病さとが姿を現わしたのである。

コンドルセの逆説

ところで、誰が議会の議席権をもつべきなのだろうか。ロックとモンテスキューのあとで、チュルゴとドルバックは、所有者と答える。『百科全書』の《代表者〔代議士〕》の項目で、ドルバックはこう書いている。「この議会が有用で正当であるためには、占有によって市民となり、国民国家の利害と人民の要求を十分理解できるだけの身分と知識を持った人々から構成さるべきだろう。一言でいえば、所有が市民をつくるのである。国家のなかで何かを占有している人なら誰しも、国家の財産に関心を持つからである……[156]」

コンドルセは、近代政治科学の創始者となった数学者で[161]、王制主義者、ついで重農主義の流れをくむジロンド党員となった人だが、彼こそ、科学の方に商人の秩序を転換させ、商人の秩序の最初の数量理論を構築した人にほかならない。どの投票制度にもふくまれる不可避的なパラドックスを研究し、政治的決定の合理性は民主主義では不可能だと数学的に証したあとで[16]、彼は、民主主義のための最善の投票制度を定義しようと試みた。彼の思想は、来たる世紀にまで重要な影響を及ぼし、投票権と所有とを理論的に——しかもすでに実践と結びついたものとして——結びつけようとしたのである。

一七七五年の『ピカルディの農民からのネッケル氏への手紙』で、彼はこう書いていた。「われわれは、富者を性質の異なる人々だとみなすべきであり、彼らの尊大さはわれわれを畏怖させる魔術だ、とあなたはいわれる。だがわれわれはこうした思想からいかに遠いことだろう〔……〕。彼らはそのもっている金銭のおかげで、われわれには奪われている享楽をたやすく買えるとしても、だからといってわれわれに対して区別ないし優越を保持する権利を貨幣が決して彼らにあたえたわけではない、とわれわれは感じている[95]。」

だが、資産の不平等は、少なくともヨーロッパでは不可避だ、とも彼はいう。一七八八年の『諸団体間で立法権を共有する無益さについての……ニュー・ヘヴンのブルジョアの手紙』で、彼はこう説明している。「きわめて富裕な市民の使用人、労働者、小作人である市民が、この富者と平等であるところはどこにもない。貧困のゆえに堕落し、愚鈍になった人が、入念な教育をうけた人と平等であるところもどこにもない［……］。きわめて貧しい人々ときわめて富んだ人々とが存在するところではどこでも必然的に二つの階級がある。共和主義的平等は、市民法、財政法、商法が大資産の長期持続を可能としている国では、存在しえないのである[95]。」

同年、『憲法と地方議会の職務にかんする試論』では、こう書かれていた。「一国とは境界線に画されたテリトリーなのだから、所有者だけを真の市民とみなさねばならない。じっさい、他国の住民は、所有者が居住地を譲渡するばあいにしか、このテリトリーに住むことはできない。それゆえ、所有者からうけとった権利以外の権利を持つことはできないのである[95]。」

他の直接的な選挙制度を研究し、反論したあとで、彼は、所有者が投票し、そのうちで最も富んだ者が被選挙資格者となる、二段階の複雑な選挙制度を苦心して作りあげる。彼によると、中間所有者層の方が、極端な富者や貧者よりも、社会秩序と法にいっそうの関心をもっているからである。

女性は、たとえ所有者であっても、投票から除外されねばならなかった。同じく除外されたのは、「鉱夫、修道士、家事使用人、犯罪で刑をうけた者［……］、分別ある意思ないし的確な意志をもたないと考えられる全員、［……］意思が損なわれたと正統に疑われた全員」であり、また外国人、旅行者も投票権がないとされたのである。

このリストにさらにすべての無産者を彼はつけ加えていた。「いかなる財産もない人々は、前者のそれと同じ原則で排除される。理由はたとえ先の理由より少しく根拠薄弱ではあるが同一であり、自分たちが作ったのではない法に従わされる外国人、鉱夫等々すべてに対する以上に、非＝所有者に対して正義が侵害されるわけではないからである。[95]」この文章は一九世紀のヨーロッパのいたるところで、納税額にもとづく民主主義の道義的土台となるだろう。さらに少し後には普通選挙のための論拠に用いられるだろう。

とはいえ、レヴェイヨンとやらよばれた男を除いて、どの著述家も、マニュファクチュアの所有に関しては、まるで私有が当然のことのように、あるいは政治的次元で当時おこなわれた論争にとってはまるで無意味なように、問題にする人はまだ一人もいなかったのである。

商人のコード

秩序の《中心部》である二つの大国では、なお権力の源泉だった土地所有の性格のちがいから、革命が二つの方向に帰趨してゆく。

フランスとアメリカのイギリス植民地は当時まだ、小土地所有者が優勢な農業国だった。一七八〇年ごろ、フランスの土地の半分を耕作していたのは中小土地所有者であり、四〇〇万人のアメリカ人の八〇パーセントは土地で生活していた。だが、この両国の政治状況はきわめて対照的であり、フランスとちがって、アメリカの土地には先祖の思い出もルーツもなく、競争と貨幣がたやすく変化をひきおこせた。過去なき個人、交換、市場、私的所有のために生まれた個人の土地だったからである。一八三五年にトクヴィルは、アメリカ人は、「平等になるかわりに、平等なものとして生まれた」、要するに市民、順応主義者として生まれた、とつけ加えるだろう。「私はアメリカほど、一般に精神の独立と真の言論の自由度の低い国を知らない［……］そこでは、類似とエリート不在という穏健な専制政治が定着している[393]。」グリオールならいうだろうように、商業のこの《双生児》のゆえに、その革命は、自分たちの所有権の擁護と、ロック以来そこから生じるはずの市民権の獲得の方へと動いていったのである。

一八世紀中葉以降、何人かの開拓者は、できるかぎり具体的に文書に自分たちの権利を記載しようと努めていたが、だからといって必ずしもイギリスとの断絶を意味していたわけではなかった。ついで、彼らは反乱をおこし、自分たちが選んだ、税を決定する代表がいないかぎり租税支払いを拒絶する。所有者としての彼らは自ら市民たろうと望んだわけである。一七五三年、一三の植民地は連邦案を発表したが、本国の強力な反対に直面してあえて意を通そうとはしなかった。ところが一七六三年、フランスがこの革命の最善の支持者としての潜在的な脅威ではなくなったとき、モンテスキュー、ヴォルテール、ルソーの影響が、「君主制の力と共和制の内的長所」[22]をもつはずの体制の選択に大きく作用した。一七六三年に『ボストン・グローブ』は、『法の精神』の抜粋を発表し、「市民法についてわれわれの誰よりもすぐれた思想をもっているこのフランス人」[22]について記述する。

じじつ一切はヴァージニアで、ジョージ・メイスンとやらが起草した権利宣言（*Bill of Rights*）にはじまり、この宣言は、一七七六年六月一二日植民地会議の投票に付される。「この文書は暴政にたいする、権力の侵害にたいする武器であることを、植民者は学んだ」と、メイスンは書きとめている。彼は、なんびとも奪われない諸権利のリストを作成するが、その第一には、人間の自己所有への権利、それゆえロックが定義した自分の財産への権利、すなわち「生と自由の享受、財産取得と所有権、幸福安寧を追求、享受する」権利がかかげられていた。さらにその第六条では、「人民の代表者の選出」は、「共同体にたいし十分に明白な関心と愛着を常時示すすべての人々」の投票によっておこなわれる、と明記され、こうつづいている。「彼らからその財産を奪うことはできず、自身の同意もしくはその代表者の同意なしには課税されることをえない。彼らは公益にかなう仕方で採択されたのではない法律に拘束されない。」さいごに、第七条では、財の管理は、法律にではなく判事に委託されている。「所有にかかわる異議、当事者二人を対立させる訴訟においては、伝統的な陪審制訴訟が望ましい。この訴訟は神聖なものとみなされるであろう。」

その数週間後の一七七六年七月四日にでた独立宣言には、不可侵の諸権利リストのなかに所有権について再言されていないが、占拠者にたいする主要な非難の一つとして「新しい土地の領有にたいする妨害」をあげている。しかしジェファーソンは、南部の人々の圧力をうけて、黒人売買システムと奴隷制のゆえにジョージ三世を非難することは、さしひかえたのであった。

その後一〇年間も戦争がつづいたせいで、この独立闘争を指導したイギリス人は、国家連合体制では不十分だということをなかなか理解できなかった。が、やがて連邦制憲法を周到に計画し、独立四年後の一七八七年に、連邦国家がすべての同業組合、植民会社、すべての新しく発見された土地を領有する。国家はこの土地を三六平方マイルの町（*township*）に分割し、この町自体がまた三六の区画に細分されて、財務長官の責任で売却されたのである。

憲法の主たる二人の起草者、ジェームズ・マディソン――ヴァージニアの地主の息子――とアレグザンダー・ハミルトン――イギリス領西インド諸島の商人の息子――は、国家分離運動の危険を減少させるために、所有と自由を保証する強力な連邦権力を樹立しようとした(384)。ロックのように、各市民が政府に物質的関心をもてば、政府を擁護するだろう、と考えたのである。また、アダム・スミス同様に、《よき》政府とは、各人がその利害を守るのに専念し、私的所有を保護するのを援助するだけに限るべきであり、こうして市民は自分の財産に何の不安もなく意見を表明できるだろう、と考えたわけである。無秩序の原因となる過度の不平等をさけるために、だから連邦政府は、各人に働く権利、所有者となり蓄財する権利を保証すること、いいかえると、「可能なかぎり最善の経済システム[384]」、自由営業システムを確立することが必要であった。一七八七年三月のマディソンの説明によると、「所有の安全保証が、市民社会の第一の目的の一つ」にほかならない。ジョージ・ワシントン大統領の財務長官となったハミルトンも、憲法は《商業共和国》の建設をねらったものだと説明している。一七八七年九月一七日にアメリカ合州国憲法は、所有権の保護、とりわけ「作者や発明者に一定期間、その著作や発見の独占権を保証することで、科学や芸術の発展を促進させる[384]」配慮を、議会に付託する。

批准過程のあいだに[59]、ハミルトンとマディソンは、一七八七年一〇月二七日から八八年八月一五日にかけて、自分たちの計画を説明するためにニューヨークのいくつかの新聞に八五条からなる草案を発表し、のちに『フェデラリスト』という題で一書にまとめた[191]。そこでは自由の保証ならびに推進力として私的所有が提案され、私的所有とその市場での流通規則を尊重させるためにのみ法は存在する、とされていたのである[384]。この条項の最初にハミルトンは書いていた、アメリカ人は、《熟慮と選択》によって政府を設立すべきであって、《偶然と力の慰みもの》であってはならない、と。これこそ、自然権にたいする主体権の決定的な勝利にほかならない。自由市場こそ民主主義の条件だと説明して、マディソンも第二条でこう書いていた。「政治衝突をさけるために、市民のエネルギーを商業に集中させねばならず[191]」、所有を保証し、競争を尊重させねばならない、と。

すこしあとで、マディソンはさらに明確にこうのべている。「市民が独占のゆえにその能力の自由な使用と職業の自由選択——これが語の最もひろい意味での市民の財産ないし財産獲得の手段をなしている——を拒まれるならば、政府は正当とはいえず、所有は保証されない[384]」。

憲法が採択されるとすぐに、一七八九年九月九日から二二日にかけて、一〇項目の修正案——最終的には一七九一年に諸州で批准される——が追加され、そこでは人権とその保護条件が規定された。そのうちの二つは所有に関するもので、その一つ、第三条では、「いかなる兵士も平和時には所有者の同意なしに家屋に宿営できず、戦時でも法に定めた方法でしか宿営してはならない」と規定されていた。第五条の規定では、「何人も正規の法手続きなしでは生命、自由あるいは財産を奪われない。いかなる私的所有も、正当な賠償なしに公益のために没収されることはない」とされていたのである。アメリカはこうして、当時沸騰状態にあったフランスに道をひらき、奇妙な事態の逆転によって今やフランスに影響を及ぼそうとしていたわけである。

一七八九年初頭、駐仏アメリカ大使、トマス・ジェファーソンは、アメリカ独立戦争を王が支援したためにおこった深刻な財政危機のさなかにパリにいた。この財政危機はすでに政治危機にまで高まり、一七八九年一月二四日、一五〇年来はじめて、国王は全国三部会の召集を決定し、一七八九年の初めには、三部会の陳情書が作成された。ブルターニュの寒村、オーガンから送られた陳情書には、封建的束縛と、そこから派生する所有規則がなお無視できない重要性をおびていたことが明らかにされている[439]。

「(1)われわれの不平不満は以下の通りである。われわれだけに義務づけられた道路賦役によって、農村の豊かな人々が減少し、われわれの悲惨な状態が増大していること。(2)抽選による兵役義務で、役にたち、しばしば不可欠の子供が徴集されること。(3)あまりにも広汎で重荷となる封建的賦役と諸使役、それが領主の役人の横暴と田畑の荒廃をひきおこすがゆえにますます重荷となっていること［……］。(7)われわれの糧の大部分を奪う製粉所での使役。(8)毎年男子一人当り五ソル支払わねばならぬ夜警義務。(9)平民の身分に特有の租税の不公正［……］。(11)地方部会に代表を誰一人これまで送れなかったこと。おそらくそこから国家の税負担がわれわれの頭上に山と積み重なっているにちがいない［……］。これらの部会では、われわれの代表が少なくとも特権身分の数と等しくなり、投票は一人当りで計算さるべきこと。われわれの代表は、貴族でも聖職者でもなく、つねに平民身分であること。彼らはかけはなれた衝動に従うことにあまりにも利害をもっているからである。われわれの部会では投票集会で選出された議長だけが主宰し、われわれの自由は他のどの市民とも等しく神聖であるべきこと。(439)」

こうした切望はやがてひきつづく三年間には実現されることになる。中心的な争点となったのは貨幣ではなく、土地所有にほかならなかった。五月五日、国王は全国三部会をひらき、陳情書がその件にさしかかったとき、身分によるか一人当りによって投票すべきかの問題をめぐって論争がわきおこった。全国三部会がうけいれうる資格ないしとるべき権限についての反省がおこり、アメリカの経験が衆目をあつめた。六月二日から、ラ・ファイエットとラボー＝サンテチエンヌがジェファーソンに依頼して、王に発布を要求するつもりの基本構成案を起草してくれるよう懇願する。このアメリカ人は、一七八九年一一月一日から全国三部会が予算、軍隊、出版の自由に責任をもち、国王にその決定の拒否権だけをもたせるよう示唆したのであった。

ところが事態はあらぬ方へと動きだす。六月二三日、国王は全体審議という三身分の決定を破棄し、第三身分はこれを拒否して、憲法制定会議を自称する。これで決着がついた。七月二〇日、ボルドーの大司教、シャンピオン・ド・シセは、議会議長だったが、あらためて憲法の起草の仕事をしてくれるようジェファーソンに依頼し、「国民全体の幸福が問題のときは、われわれにとって外国人はいない」といったとされている。が、ジェファーソンは今度は申し出を辞退した。一七八九年七月一二日、ラ・ファイエットは憲法制定議会に、アメリカ各州のそれに似せて、未来の基本法よりも人権宣言を先行させるよう要求する。八月四日――アメリカの権利章典の最終投票より二年前に――国民議会は特権を廃止し、封建的諸権利の清算を宣言し、その結果何百万という農民が土地所有者となりうる状態におかれた。印刷業をふくめての一切の特権が廃棄されたが、さしあたり、同業組合や発明特権には手を触れなかった。八月二六日に投票された人権宣言には数多くのアメリカの宣言の用語がとりいれられていた。たとえば、所有は《不可侵の》（第二条）《侵すべからざる神聖な自然権》（第一七条）と明言され、「法によって認められた公共の必要により、また事前の正当な補償によるのでなければ、何人もその財産を奪われえない」（第一七条）とされていたからである。

一七八九年九月一八日、特権廃止を非難しに国民議会にやってきたルイ一六世は、小農民の財産を維持する最善の方法だとして、特権を提示する。「封建的権利は、富者の土地周辺のあらゆる小所有地の富者による占有拡大をおしとどめる。なぜならば、彼らは領主地の栄誉上の収入を保持することに関心をもっているからである［……］。富者はこうした特典を失ってまでも、占有地を増大させようとし、小所有地は日ごとに減少するであろう。しかしながら周知のごとく、富者の解体は耕作にとっての損害である。その解体は、畑に依存する人々の数を減らすことで、市民精神を封じこめ制限する。さいごにその解体は人々の義務をしだいに奉公人や臨時雇いの義務に限定することで道徳原理を弱体化させるのである。」

一一月二日、オータンの司教、タレイランの発議で、財政不足をおぎなうため、聖職者の財産が国有化されるが、これがヨーロッパで最初の《国有化》にほかならない。国有財産となった聖職者の財産を担保とする利付き金券、アシニア紙幣が四億も発行され、数年のあいだ、富裕階級に一息つかせながら、戦争遂行の手段を国家にあたえたのである。

九日以降、選挙問題にかんする最初の論戦が開始され、誰に投票権があるかの問題が提起されていた。

最初の案は、市民を三つのカテゴリーに分割するものだった。つまり、三労働日以下の租税を払い、投票権をもたない受動的市民（約三〇〇万人）、三労働日以上ないし同等の税を支払い、町村の役人や選挙人の指名に参加している、約四〇〇万人の能動的市民、さいごに、一〇労働日に等しい租税を支払い、代議士、裁判官、県行政官の指名に参加している、わずか五万人ほどの選挙人がこれである(444)。そのなかからさらに、二〇〇労働日にあたる土地所有者が、被選挙者として選出された。使用人の排除は、主人が彼らに圧力をかけて自分の選挙力を増大させないようにする目的だった、といわれている(444)。

デムーラン、マラー、ロベスピエールはこの計画に反対し、はじめて彼らは、全面的な普通選挙に賛意を表したのである。一七八九年一二月二二日の投票のあとで、デムーランはこう書いている。「能動的市民、それはバスティーユを占拠した人々にほかならない。貧者が国境防衛に召集されたとき、租税を支払っているかどうか尋ねたのか、投票のさいには受動的と宣告されたこの市民に、死にぎわに受動的だと宣言したのか。この法律に投票した愚かな司祭、狡猾な司祭たちよ、イエス・キリストには被選挙権がなく、あなた方の神を下層民のなかに格下げしたとは思ってもみなかったのか。」コンドルセもまた、普通選挙の支持者と一緒に投票したが、この案は棄却されてしまったのである。

革命はたえず封建秩序の土台を消滅させ、法規を統一させていく。一七九〇年三月一一日、デュポン・ド・ヌムールは塩税廃止を投票させ、徴税受請人はまだその役目を果たしていたが、国家直属の税務吏としてであった。八月四日の夜の結論をひきついで、一七九〇年三月一五日の政令では、一切の封建的特権（農奴、マンモルト権、賦役、領主裁判）が廃止され、賦課租買戻しの可能性が宣言された。五月三日の政令では、買戻し価格は、年間貨幣年貢総額の二〇倍、現物年貢の二五倍ときめられ(245)、巨額にのぼったが、しかし信用取引きは禁じられ、領主は売却承諾を意のままにはできなかった。法律によって、地租、個人的動産税、営業税が創出され、所有にもとづくこの三税が投票権を保証していた。憲法制定会議が独占と特権商社を消滅させたとき、国有地を担保とする紙幣、アシニア紙幣を発行し、強制流通させたので、国家は、動産化できる巨大な不動産の筆頭保有者となり、当時必要であった必需品の購買を決済できたのである。

フランスでは王自身に属する特権に革命もまだ手をつけていなかったが、やがてアイディアの所有権をつうじて、それへの攻撃が開始された。国王が自分の利益のために売る特権認可システムは、まだ《絶対的な斬新さ》の観念に依拠していたのだが、この観念はイギリスでは一世紀以上もまえに、合州国では一七九〇年一月三日に、すでに葬りさられていたのである。というのも合州国では、ちょうどこの日、ジョージ・ワシントンが国会でこうのべていたからにほかならない。「外国の有用で新しい発明を導入し、この国で実現させるためのノーハウと能力を有効に育ててあげるよう奨励」しなければならない、と。発明者には新法によってその発明の時限的な独占利用権が報酬としてあたえられた。この新法は、特許の交付を組織化し、フランス科学アカデミーによる有効性の認定システムを義務的、自動的に再適用して、新案の事前審査を命じた。パリで八月に、《芸術家＝発明家》たちは、憲法制定議会の農商委員会に、「イギリスの特許制度どおりの立法化を請願する」陳情書を提出する。「八月四日から五日にかけての永遠に記憶さるべき夜に、発明特権交付が、祖国の祭壇上で燃やされた旧特権の気前のよい全燔祭のなかにふくまれなかった[444]」ことを遺憾としてのことであった。一二月三〇日、代議士M・ド・ブーフレは、議会への報告書のなかで、発明家がその発明の所有者であることを認めるよう提案する。「畑に生えた木がその畑の主人ものであることは異論の余地がないように、ある人の精神にめばえたアイディアはその作者に帰属する。技芸の源泉である発明は、さらに所有の源泉であり、これこそが本源的な所有権であって、他の一切はたんなる約束事にすぎない」。(444) イギリス人と《賢明なアメリカ人》――「彼らの新しい基本法では、産業の自由独立と繁栄を確実にする最も確かな手段としてイギリスの法が採用されて」――をまねるよう示唆した彼は、多くの賛同をえた。一七九一年一月七日に「有用な発見の作者であると認定された人々に、その所有権を保証する手段にかんする法」が票決されたからである。ここにはじめてフランス法で、《所有権》という名のもとに、発明者ないし商標の占有者の権利が明記されたわけである。もっともじっさいには、「あらゆる発見と新案」あるいは「実用新案」ないし「外国での発見をフランスにはじめてもたらした者」にたいして付与される、五年、一〇年、一五年間の排他的利用権、《パテント権》の問題にすぎなかったが。この明細書は、「全市民が自由に行使し享受できるように」公開され、こうして「特許証交付権をもつ当局への最初の提出が発見に匹敵する」ことが認められたわけである。このことで、事前調査なく、たんなる申請だけで、外国の技術を輸入する道が大きくひらけたのであった。

一七九一年一月一三日、ボーマルシェ、ミラボー、ロベスピエールの支持をうけて可決された法では、劇作家の権利が国土全体にまで拡大され、権利所有者の許可なしにはその作品を劇場で上演することが禁じられた（作者の死後五年たてば、著作権は消滅したが）。この日、レンヌ高等法院の弁護士で基本法委員会の議長だったル・シャプリエは、所有にかかわるこの最初の全法文の推敲に二年間重要な役割を演じたが、著作権は、「所有権のうちでも最も神聖で、正統で、不可侵かつ［……］個人的な権利」だとのべている。一七九一年三月八日には、著作家、劇作家の著作権料徴収局が創設された。

三月一七日になると、他の特権から切りはなされた工業所有権が原則的に承認され、当時まだフランスでは知られていなかった株式会社の自由な設立への道が、商工業の絶対的自由によってひらかれたのである。

六月一四日のル・シャプリエ法は、「作家の思考の結実である作品こそ、全所有権のうちで最も神聖かつ個人的なものである」ことを確認し、同時に落ち穂拾い権と同業組合を廃止し、ストライキと労働者の団結権を禁止する。以後各人は自己の労働の所有者とされるわけである。

一七九一年七月一二日法は、国家の地下所有権を宣言する。「鉱山は、国家の同意と監督下において以外その埋蔵物を開発しえないという意味でのみ、国家の自由処分権に属している。」

憲法制定議会はまた農事法典を作製したが、共同放牧権や類似の権利を削除せず、反対に共同体にたいする領主権を廃止してしまった。フェルナン・ブローデルもいうように、「共同体がまったく失ってしまったのではない古い諸権利を、共同体に返却した[68]」のである。農民は革命から真の個人的利益をまだ引きだしてはいなかったのだといえよう。

一七九二年は、対外問題と受動的市民の権利復活要求の高まり、国王廃位の最初の要求などに忙殺された年だった。農民大衆の圧力のもと、立法議会は六月一八日、立証しえない領主の封建的権利を補償なしに廃棄し、八月一〇日には王が逮捕され、つづいて九月二一日、一七一九年の基本法によって選出された国民公会が開かれ、共和制を宣言する。その前日、プロイセン軍はヴァルミーで侵入を阻止されていたのである。

所有者、非所有者をとわず、全人民が権力を行使すべきだと望んでいた厳しい批判派がしだいに優勢になりはじめた。一七九二年一二月二日、ロベスピエールは国民公会でこう演説する。「社会法の第一は、社会の全成員に生活手段を保証する法である。他のすべての法はその下位法にすぎない。所有は、この法を強化するためにのみ、制度化ないし保障されたのであり、まず生きるためにこそ人は財産をもつのである。所有が人々の生存と永遠に対立するというのは真実ではない［……］。生命保持のために不可欠な一切は、社会全体の共有財産にほかならない。過剰とはただ個人的財産か商人の工場に放置されているものにすぎない。」彼によると、「社会の全成員にその生存に必要な土地の果実の一部の享受を保証し、所有者や耕作者にはその生業の価格を保証して、過剰分を商業の自由にまかせる」べきだとされたのである。

こうして各党派は、その社会改革計画や体制案を提出する。地方の自由主義的ブルジョアジーを再結集したジロンド党は、一三人の委員会――そのうちにコンドルセもふくまれていた――に憲法起草の仕事をゆだねた。が、一七九三年五月末から、中央集権主義的なブルジョアとパリ小市民の代表者とが奇妙に混交、連携した山岳党が――ほとんど自主管理主義的だったといってもよいが――政権を奪取し、エロー・ド・セシェルの率いる公安委員会の五人のメンバーに憲法の仕事を再開させる。が、数日後の六月、人民を納得させるために、コンドルセの普通選挙の観念を修正した案を採用したのであった。コンドルセの案は「合理主義的で個人主義的」だが、一方セシェルのそれは「感傷的で友愛的だ[51]」と、のちにルイ・ブランはいうだろう。山岳党の草案の第一二条には、こう規定されていたからである。「憲法は全フランス人に、平等、自由、安全、所有、信仰実践の自由、共同の教育、公的援助、無制限の出版の自由、請願権、民衆結社の集会権を保証する。」人権宣言の二一条では、「社会は、仕事を世話するにせよ、働けない人々に生活手段を保証するにせよ、不幸な市民を扶養する義務がある」と言明されていた。コンドルセの草案では普通選挙で大臣や高級官吏まで指名することになっていたのに、セシェルの草案では議会で任命することになっていたのである[51]。

当時の時代精神をよく映しだしたきわめて美しい演説のなかで、ロベスピエールはこの原案に、新しい人権宣言案を付加するよう提言し、提案理由としてこういっている[51]。「私は諸君に、所有にかんする諸君の理論［……］を補足するのに必要ないくつかの条項をまず提案したい。とはいっても誰もおびえさせるわけではない。黄金しか重んじない汚らしい魂を持った人々よ、私は、その起源がどれほどよごれていようと、諸君の宝物に手をだすつもりはない。あれほど議論されたこの農地均分法は、愚か者をふるえ上らせるためにペテン師がつくりだした幻想にすぎないと知るべきである……。豪奢な生活を禁止するよりも、貧しさを尊敬させることの方が重要なのだ……。それゆえ、所有権の原理を真剣にうちたてよう。人々の悪徳がいっそう厚い暗雲で覆い隠してしまわないためにも、ますますそうすることが必要なのだ。奴隷商人に所有とは何かを問うてみ給え……。船とよぶこの長い柩、まだ生きている人々をぎっしり詰めこんだこの柩を示しながら、彼はいうだろう。『これが私の財産だ。一人当りとても高く支払って奴等を買ったからだ』と。土地や従士をもち、それらがなくなったら宇宙がひっくりかえったと思う貴族に尋ねてみよ、ほとんど同じような考えが所有についてかえってくるだろう〔……〕。カペー王朝の王家の連中に尋ねてみよ、あらゆる所有のうちで最も神聖なものは、大昔から享有してきた相続権であり、彼らの快楽のためにフランスの領土に住む二五〇〇万人を合法的かつ王政的に抑圧してきた相続権だと異口同音にいうだろう……。」

この草案の表現では、所有とは、「自己の生存と自由の保持をまかなう」（二条）人間の権利の一部にすぎず、一つの《社会制度》とみなされていた。それは、「各市民が法によって保証された財産の一部を享受し自由に使用する権利」（七条）、「他の権利同様、他人の権利尊重の義務によって制限され」（八条）、「同胞の安全、自由、生存、所有を侵害してはならない」（九条）権利にほかならなかったのである。「この原理を侵害するどんな占有、どんな不正取引きも絶対に違法で背徳である」（一〇条）。

だが、憲法典とともに最終的に採択された人権宣言では、そのはるか手前でとどまっていた。「所有権とは、自分の財、所得、労働および事業の果実を享受し、随意に処分する、市民に属する権利である」（一六条）とされていたからである。

この遠慮がちな草案を議決するにさいしても、国民公会は土地保有農民や保有農になりたがっている農民を味方につけようと努めた。一七九三年六月一〇日、ジロンド党員逮捕の数日後、同じ流れにそって、国民公会は、住民の集会によって一週間以前に、町村の公有地を抽選で同じ価値の区画に分割すべきことを命じた。とはいえ、二〇〇〇年にわたる伝統の方が革命よりも強かった。大部分の町村はこの法律の適用を拒否し、国民公会は最貧農を離反させてしまったのである。

六月一七日、国民公会は、「元領主の貢納、封建的貢租権」をすべて無償で廃止し、非封建的地代は存続されるが、廃止された封建的諸権利証書は焼却すべきことを命じた。と同時に、教会、移民、政治犯の土地は没収され、国家はこれを小区画にわけ、小所有者に有利なように低価格で、支払い猶予までつけて少しずつ売却していった。もっとも実際には一七八九年以後それを買ったのは何人かの大ブルジョア（と貴族）だったので、「最も熱狂的な革命派が夢みた財産の平等は、遅々として進まなかった(444)」のだが。

一七九三年七月一〇日の法律によって、作家、芸術家、著述家、作曲家、画家、版画家の権利は、授与特権ではなく、真の権利となり、海賊版は有罪とされた。草案の報告者、ラカナルの言によると、「精神の制作物の所有ほど異論の余地のないいかなる所有もありえない」のであり、この《明白な権利(444)》を確立するためにいまさら実定法が必要なことに、彼は仰天している。法の基本条項では「あらゆる種類の書物の作者、作曲家、画家、絵ないしデッサンを彫らせるデザイナーは、共和国の領土においてその作品を売り、他人に売らせ、また頒布させる排他的権利、およびその所有物を全部ないし部分的に譲渡する権利を生涯にわたり享受するであろう(444)」と規定されていた。文学や芸術作品についての権利は、複写複製におよび、第七条では、「美術に属する、あらゆる精神ないし天才の制作品について(444)」さえ語られていたのである。

とこうする間に、旧法や旧慣習にかわるべき民法の推敲班の作業も蔭ながら着々と進行していた。一七九三年八月九日には、カンバセレースが最初の草案を提出する。そこではすでにいくつかの部分——婚姻、相続、父権にかんする法——が整備されていた。しかしながら国民公会は「旧制度の思想があまりにも痕跡をとどめている」という理由でこの草案を却下し、一〇月には、その再編のための新しい哲学者たちの委員会の指名を決定するが、ついに創設されることはなかった。所有にたいする最も急進的な反対派が、以後公然と意見を表明しはじめたからである。一七九四年二月二六日と三月三日に、サン＝ジュストは、所有の再分配と、三万人の反革命容疑者から没収した財産を貧窮者にあたえることを狙ったヴァントーズ令を可決させる。「革命は、明らかに自分の国の敵となった人々が所有者でありえないという原則を、われわれに承認させるにいたった［……］。協力して祖国を解放した者のみが、われわれの祖国では権利を有するのである。自由な国家の名誉を汚す物乞い共を撲滅せよ。愛国者の財産は神聖だが陰謀人の財産は不幸なすべての人々のために存在するのだ。」だがこの法文は他の多くのそれと同様、一度も適用されたことがなかった。ラ・ソム区の行政官となった測量士、フランソア・バブーフも、個人的所有の廃止、一切の土地の売却や遺贈の禁止と共有化を彼なりに提案する。(51) 公安委員会、テルミドールの国民公会、ついで総裁政府の左からの反対者だった彼は、熱月一〇日にギロチンにかけられたロベスピエールの後をおって、三年後には亡くなるだろう。

要するに、恐怖政治下で権力にあった何人かの平等主義的な夢想は、適用不能ないくつかの法律、小農民への土地の再分配しかうみださず、商人の秩序のフランスをひっくりかえすまでにはいたらなかった。商人の秩序の到来を遅らせただけだ、という人もあるくらいである。財政的混乱のなかで、農民階級は、労働者階級や商人階級をうみだすことなく、イギリスよりはるかに遅れて、封建秩序と妥協したわけである。

こうしてフランス史の流れはその元の河床にふたたび戻ることとなる。王の死の時代のあとに、今やリヴァイアサンの時代が来たり、テルミドールの後、一七九五年八月二二日の新憲法は総裁政府に権力を委任し、この政府は一〇月三一日から職務を開始する。選挙人と代議士という相つぐ三つのフィルターをそなえた組織によって、土地所有者の手に権力はいぜん確実に残存していた。《予備選挙人会》に参加するためには、二一歳以上で直接税を納めている必要があった。ついで五百人会のメンバー（これが執行委員長である五人の総裁を選ぶ）を指名する《選挙人会》の被選挙資格を持つためには、二五歳以上で、「地元で二〇〇労働日に等しい価値の所得と見積られる財産の所有者ないし用益権者であるか、あるいは一五〇労働日に等しい価値の所得と見積られる住居もしくは二〇〇労働日に評価される農業資産をもつ家主地主」(444)（これはだいたい四〇〇〇リーヴルほどの財産に相当し、ほぼ三万人にたっしていた）でなければならなかった。一七九五年九月二四日の『ガゼット・ド・フランス』の記事によると、「土地所有こそ政治的英知の保証」だったのである。「あらゆる開明的な団体で、土地所有者だけが結社を構成している。それ以外の者は、定員外の市民階級とみなされ、財産を獲得できる好機をまちのぞんでいるプロレタリアにすぎない。手にいれた富は、私的領地での功績の指標であり、私的領地のよき管理は行政財産のよき管理をもたらす。国家は、世襲財産を管理できた人々によって支配されねばならない。それこそ有効性の条件というものである。政治的職務は、最も卓越した社会的職務、つまり所有から発生する。(444)」第二院、つまり元老五百人会議もまた、納税額にもとづく制限選挙で選ばれたのである。

財源に不足しても増税の手段がなく、極右と極左の擡頭を恐れた総裁政府は、田舎の人々を味方にすべく、町村地の分割にかんする法の行使を中断し、ために投機家たちが莫大な領地を獲得する。一七九六年、五百人委員会から民法草案を委任されたカンバセレースは、三回目の民法案を提出するが、またもや審議は延期された[444]。

ブリュメールのクウ・デタの直後、ボナパルトは民法問題に決着をつけるために、四人委員会を指名する法令に署名し、四カ月かかって草案は完成した。「市民法は再検討され、立法府は改革されよう。憲法にふさわしい単純、明快な一般法典が作られよう。」

普通選挙を再建すると称してはいたが、共和暦八年の制度は、先行リストよりそれぞれ一〇分の一も少ない市民から構成される、三段階のリスト方式をとっていた。県の最高納税市民六〇〇人のうちから選ばれた選挙母体のメンバーは二〇〇―三〇〇人のあいだであり、郡の選挙有権者数は、一二〇から二〇〇人のあいだだった。土地所有者と軍人、やがてのちには領地を保有する新貴族という、きわめて限定されたカストの手中に、権力は握られていたのである。

この時編纂が完成した民法典は、幾世紀にもわたる慣習法を刷新しながら凝縮したものだった。一八〇四年三月二一日、『フランス人の民法典』という表題でこの原文は三篇、二二八一条からなる法律として公布される。第一篇は人にかんするもの（七条―五一五条）、第二篇は、「財産と所有の諸改正」にかんするもの（五一六条―七一〇条）、第三篇は「所有獲得の諸方式」（七一一条―二二八一条）にかんするものであった。ローマ法、慣習法、教会法、および革命の成果を融合したもので、その根底には、「自由、所有、自由契約」がある、とカンバセレースはいっている。この法典は、それが裁判し、支配するフランスの姿を如実に現わしているといえよう。土地所有者のために書かれたので、動産についてはほとんど関心が示されていないが、秩序の中枢である氏名を維持し、共有分割する権利についてはこと細かに規制されているからである。

一七八九年の人権宣言の一七条と遠くこだまする五四四条では、「法律や条例によって禁止された行使でないかぎり、絶対的な仕方で事物を享受し、自由に処分する権利」として、所有が規定されている。この権利は、絶対的、排他的で、譲渡不能かつ永久のものであり、所有者は自分のモノを使用し処分することができる、とされていた。判事は、「公正の原則と霊感に従って[79]」所有問題を解決しなければならない。一七一六条では、紛争にさいしては、所有者の証言の方が借家借地人のそれより優先するとあらかじめ規定されていたのである。

相続は子供間の平等の原理にもとづいて規制され、遺言者の意志には限られた発議権しかみとめられてはいなかった。家族の必要と「結婚費用負担のため、妻が夫にもってゆく財」(一五四一条)である持参金は、夫の責任のもとにおかれ(一五四九条)、土地からなるばあいは、夫も譲渡できなかった(一五五四条)。法典は、動産の婚資については何もふれておらず、これは意味ぶかい言い忘れといえよう。というのもこの土地譲渡不能性は世襲財産の一部が交換回路に流れ込むのを阻止していたからである。法典ではまた妻は夫の絶対的従属のもとにおかれていた。妻の不貞は、夫が離婚を要求するか、あるいは感化院にとじこめるのに十分な理由だったが、その逆は無効とされたからである[79]。

当時の賃金生活者の数が少なく、政治的にも力のなかったことを反映して、民法典には労働権にかんする条項はほとんどふくまれていなかった。売買、交換、貸借契約については多数の条項がふくまれていた(家畜の貸借についてだけで三一カ条もあった)のに反して、労働者と雇用主との関係についてはたったの二カ条、それも旧制度の慣習法を補修した二条しかなく[79]、その一つは奴隷制を禁止したものだった。「労働者ないし家事使用人のサーヴィスをうけうるのは、一定期間ないし一定の仕事だけとする[79]。」もう一条は、服従性を明示したもので、「賃金にかんし紛争が生じたばあい、成文書類がないときには、主人の立言が被雇用者のそれに優先する」（一七八一条）とされていた。

一八三二条では、「二人ないし若干の人が、そこから生じる利益を共有分配する目的で、何かを共有しうる契約」として、企業が規定されていた。すこし後の一八〇七年の商法典では、政府の認可なしに、株式合資会社を創立する自由がのこされていたが、ル・シャプリエ法に逆戻りして、フランスに出現しはじめていた株式会社の国家認可が義務づけられるようになる(79)。この認可制は、やっと一八六七年七月二四日に廃止され、このときようやく、資本主義がフランス法のなかにその地歩を勝ちえたわけである。

ブルジョアの生と死

ある秩序の完成と開花のどの時代もそうであるように、一九世紀それ自体は、法律刷新の時期ではなく、以前の何世紀かにかけて生まれた概念が、その最も広汎な表現をみいだした時期にすぎない。五―六〇〇年前に、周辺の、時として反抗的な一握りの都市の少数の商人の法にすぎなかったものが、全ヨーロッパの規範となっただけなのである。

秩序の《中心部》をいまや明らかにイギリスが占めていた。それに二つの《中間部》が競争をしかけていたが、その一つは、封建的過去によって身動きもままならぬフランス、もう一つは、伝統の不在を特色とするアメリカが、それにほかならない。

政治経済学はそこではつねに、死との関係によって表現されることになる。資本主義が支配しているところではどこでも、生者と死者、蓄財と聖性との切断が、中世にはじまった教会と墓地の隔離の流れにしたがって、完遂されてゆく。墓地は今や都市のなかにはもはやなく、生者と、「さんざめき、忙しく動き廻り、騒々しく、商売の賑わう(6)」この世と切りはなされ、死者のみにとっておかれた、孤立した場所となってゆく。墓地は、死がなお市民権をもち、なお《公知の現実》[6]である唯一の場所ではあったが、死はもはやそれ自体未来がなく、来世をたくみに管理する手段ではなくなっていた。死を忘れさるように都市は全力をあげ、片隅に片づけ、遠ざけ、否定してしまう。そのために、都市は死を俗化し、抽象化し、臨床化してしまうのである。死者は、「静かに平穏に、永遠に[6]」眠る誰か、愛惜と哀悼の意をもって思いだす誰かある人となってしまい、その人にふさわしい葬儀を出してやれるだけのものしか供出せず、やがて死者と一緒になる地下納骨所に最後の贅沢な住居を――できれば――作ることしかもはやおこなわれなくなってしまった。

一方、生者の世界はといえば、単に生きのびる以上にいろいろなことをするのに十分なお金を持っている人、貨幣がもたらすもので生活しかつ蓄財できるだけの十分なお金を持っている人々――会社の社長、製品や技術の発明家、商人、土地所有者あるいは金利生活者――のものであった。ブルジョアはその所有によって存在し、所有を転移したり、増大させたりすることで存続する。彼らの存続は、自ら理解しているとおり、その蓄積、蓄財能力、名前を保護しその未来を保証する能力に依存していたのである。

贈与が節約におきかわり、寛大さが質素さにおきかわる。ブルジョアにとって、以後、繁栄と慎み深さとが不可分のものとなるだろう。ブルジョアは家事使用人を持ち、コレクターではあるが、その財産を秘匿しようとし、《金もうけ》だけを尊重する。日本、中国、ロシアのような、今なお封建的な国では、《金もうけ》する人は非難の的となったのに、ヨーロッパでは、貨幣の秘かな所有が、肯定的な社会的地位のしるしだったのである。「生産の目的は、占有であり[283]」、ブルジョアは、なんら良心に恥じるところなく、自分の貨幣がもたらすものこそ、集団に、国の繁栄と秩序に有益だ、と確信していたのである。

存続するためにはまた、自分の名前を栄えさせる、いいかえれば、名前のヒエラルキーを高く昇ってゆかねばならず、そのためには姻戚関係を作りあげ、より上位の家族のなかに子供のための椅子を買わねばならなかった。子供の結婚は、社会的ヒエラルキーを上昇し、何が《価値ある》かを知らしめる最良の方策、《もっと価値ある》ものとなるための手段にほかならない。一八五三年にJ・ドローズは「一般に結婚とは、自分の信用、財産を増大させ、社交界での成功を保証する手段である[418]」と書いていた。ブルジョアの主要な出費、事業以外での貯蓄の主たる使用は、娘の持参金と息子の勉学だったのである。「ブルジョアジーの大部分にとって、結婚はその生涯での一大金融取引きだった[418]」。ブルジョアの固有名詞は、獲得できた名前よりも大して重要ではなかったので、金持ちの資本家に家名を譲ってくれる貴族、当時の恐るべき表現によると「土地を肥やす〔富裕な平民の娘を妻に迎える〕貴族を探して、貴族階級に入ってゆくものもあった」。たとえばシュネデール家の創始者は四人の娘を貴族に嫁がせ、その孫息子の一人はオルレアン家の一族の娘と結婚した。いたるところで、土地貴族と貨幣ブルジョアが、銀行、保険会社、鉄道、鉱山、製鋼会社の取締役会でまざりあっていたわけである。

遺産相続も、家系再生産の鍵だった。一般には、秩序を守り、財産を保全する配分法として——民法典の規定にもかかわらず——長男が相続していた。だが、修道院や教会は、弟たちの除外をもはや——あるいは以前より容易には——許さなくなっていた。公証人が大きな役割を演じた、新しい契約がその例証にほかならない。一八六〇年頃、ブザンソンのある公証人の書いているところによると、公証人たちは「財産と資本の移動にたいするほとんどの義務的な仲介者として、宗教界での司祭のように〔……〕事の始めから終りまでしじゅう立ち会っていた[418]」とされている。

進歩の観念が、もはや科学のなかだけではなく、社会のなかにも浸透し、名前の存続もこの進歩、進化、獲得戦略の観点からおこなわれる。私的所有自体が、それが存在せず、人々が一切を共有していた《野蛮時代》以来の社会的進歩のしるし、社会の到達点となる。こうしてティエールは一八四八年に「所有は、一般的、普遍的でしだいに成長する事実である[388]」と書いていた。必然となった成長、それが今や時代の理法となるわけである。

匿名、商標、独占

一七九八年以降、イングランド銀行は、預金以上の額を商工業に信用貸付けしていた。ブルジョアは、商業、生産の自由、労働者の団結（一七九九年の法律が禁じていた）から身を守り、自己選択で営業活動をおこなう自由と競争権を手中にする。蓄財が野心の道具となり、自分の名前、企業を子供たちに移譲してやらねばならない。

　とはいえ資本の所有形態はまだきわめて簡単なもので、一人の親方と何人かの労働者、あるいは漠然とした法形態によると、きわめて多数の労働者協同組合から成りたっていた。一八〇二年、ロンドンの両替商が証券取引所に集まって、はじめて株式会社の証券に相場付けを開始する[326]。株式会社と大工業に必要な貯蓄を集めるための預金銀行とがロンドンで発展する。もっともまだ家内生産とマニュファクチュアの方が優勢だったが、一八〇〇年ごろ、綿織物工場が出現し、毛織物、石炭、コムギの商品取引所、商業会議所が出現してきた[41]。パリでは一八〇〇年にフランス銀行が創設され、一八〇七年、すでに他国では一世紀以上も前から存在していた株式合資が商法典によって認知され、ついでその数年後、株式会社が認知された。有価証券の増大が、こうしてヨーロッパとアメリカの資本主義発展の一つの鍵となったわけである。

　識字教育が社会の広汎な層にまですでに及んでいたので、銀行は当座預金で貯蓄を集め、たんに国家——国債の形で——だけではなく、近代化したり拡大したりしたがっている中小企業家にも自由に使える融資を貸し付けはじめた。大預金銀行が創設され、数多くの支店を開設する。一八一五年以降、イングランド銀行は、決済手段としての紙幣は部分的にしか金によって兌換できないことを認めた[349]。いまや貨幣はすさまじく発展し、ともに信用貸付けも発展する。重大な法律の革新があったわけではなく、ただルネッサンス・イタリアの慣行を拡大しただけでこうなったのである。

資本主義にとって意図しない自殺にも等しい重要な革新、それは証券取引所とともにうまれた株式会社(*société anonyme*)にほかならない。なぜなら、株式〔匿名〕会社の出現とともに、存続さすべき名前はもはや家名ではなく、企業名となり、必要な資本はもはや家族の手の届く範囲をこえ、企業自体が新しい家族となり、その内部で資本は、共通の存続概念のなかに株主と労働者をくみこもうとするからである。だが、匿名性は集団の統一を困難に、さらには不可能にする。自分が資本に占有されている〔取り憑かれている〕とも資本を占有している〔資産がある〕とも感じられず、貯蓄とその使用を自由にできなくて、疎外され、外化されていると感じざるをえないからである。

したがって株式会社に意味をあたえるために、商号社名が大いに保護されるべき私的所有となり、その盗用は、フランスの一八二四年七月二八日の法律では特別の刑罰に処せられた。貴族院の報告でシャプタルは、商号社名こそ「想像しうるかぎりの最も神聖な所有[133]」だとのべたほどである。一八五七年六月二三日の法律では、商標の創始者のためにまぎれもない所有権の存在が確認されている。

ついに一八四四年七月五日の法令でフランスでは、発明にたいする特許制度が創始された。この法律の報告者P・デュパンによると、「社会がこの発見からひきだす利益と交換に、発明者に授与する時限的独占」が主題であり、「時限的特権にすぎないとはいえ、その本質が終身のものである真の所有権であることは異論の余地もない[444]」ものだった。一八八三年三月二〇日、ベルンで調印された国際協定で、工業所有権保護のための同盟が創設され、ここに発明権が普遍的となったのである。

資本主義は、まだ本質的にヨーロッパのものだった。イギリスの工業は、グレート・ブリテンに工場や運河を整備し、アメリカ、アジア、とりわけインドと中国の市場を制覇する。ベルギー、フランス、ラインラントも工業化されるが、他のところでは、まだ比較的に大した発展をみせていなかった。一八〇六年の合州国では、一八の綿工場と三三五の《有限会社》しかなかったからである。ミシンの発明と一八〇七年の通商停止令によってそこでの生産が増大し、フランスやグレート・ブリテンからの輸入が減少する。ついでカリフォルニアの金鉱発見後、アメリカ市場は拡大したのである。

このとき合州国では、合名会社や有限会社の形態で、産業会社が出現しはじめる。アメリカの企業は、イギリス権力が撤退するときのこしていった《特許会社》から生まれ、連邦行政府から独立して、各州議会と急速に結びついた。だが、このシステムは期待通りの仕方では機能しなかった。なぜなら、生まれたばかりの州行政府は、定款や契約を起草する手段をほとんどもたず、さらにはさまざまな圧力や贈収賄に抗するすべもなかったからである。その上、橋を建設したり、開発独占権を獲得したりするために《特許》を獲得すること、鉄道路線を敷設するためのたんなる認可を要求することだけが、もはや重要ではなかった。公共サーヴィスと無関係な消費財工場の建設が今やもっと重要となっていた。だから、特許はもはや、資本を集積し、決定を下し、株主の危険を一定限度内に食いとめる——融資者の危険が本来そうであるように——ためのたんなる法的メカニズムにすぎなくなっていた。ニューヨークでは一八一一年以降、他の各州では一八三七年に、事業特許は、イギリスと同様——ただし、保険、銀行業あるいは公共サーヴィスを除いて——独占とは無関係で州議会の特定の介入のない、たんなる行政的手続きになっていた。奇妙な歴史の狡知によって、私的資本主義は、ヨーロッパでと同様合州国でも、国家資本主義の解体から生まれたのである。

資本主義の主要部分はまだイギリスにあったが、《特許会社》はやがて、もっと自動調整的なメカニズムにとって代られてゆく。一八二五年、ガス、水運、港湾、保険、銀行の分野でブリテンの二七六の会社は株式会社となり、株式取引所で相場付けされるようになったからである(326)。

だがアダム・スミスが考えていたのとは反対に、自由競争の戯れはきわめて急速に企業の集中と新しい独占——今度は市場の戯れからおこったもので、市場と対決するためではなかったが——に導かれてしまった。その最初の兆候は、グレート・ブリテンで一八一七年に、チェシャーの塩取引きの私的カルテル化としてあらわれ、ついで、ニューカッスルで、タイン・ウィアー河沿いの石炭の生産、販売のカルテル化としてあらわれる(274)。フランスでは一八三〇年にマニュファクチュア企業の約三分の一が、まだ全労働者の不可分の所有である労働者協同組合であったのが、その二〇年後には、まさしく資本主義的企業間の競争によって、そのほとんどすべてが市場から排除されてしまった(245)。莫大な資本を要する織物業、製鋼業、銀行、鉱山などで、まず集中活動がみられたのである。

この世紀のあいだ、全ヨーロッパで工業と銀行の分野では、巨大な資産が作られたり、壊れたりしていた。重工業がその意味深い一例といえるだろう。一八〇六年から九一年のあいだで、アンザン鉱業会社の株価は、二三倍にも上昇し、一八五九年から九一年までのクーリエール鉱業会社のそれは、一五〇倍に、ランス鉱業会社では一〇倍に騰貴したからである。権力は決定的に資本の手中に移転し、世紀の半ばにはペレール家だけで、五〇以上もの会社を支配していた。論争家、デュシェーヌの筆によると、一八三人が、フランス企業の株の三分の二を占有し、フランス銀行重役会を牛耳っていた。これらの家族の大部分は、また大土地所有者でもあり、産業の発展とともにその土地は工業用地に転換されていったのである。こうして、いわゆる《二百家族(418)》の観念が生まれ、この観念は二〇世紀中葉までずっと生きつづけたのであった。

労働＝商品

イギリスの農民は今や都市に出てきていたが、一方では囲い込みによって、他方では都市の失業によって身動きがとれないでいた。彼らを閉じこめることは誰にもできず、懐柔よる必要があった。農民が暮している小教区で、パンの価格にスライドして最低所得を保証する、いわゆる一七九五年のスピーナムランド法——この制度が最初に適用された地名からきている——は、各人の生存権を認め、労働者を諸施設に閉じこめることをやめて救済しようとするものだった(96)。が、この法律はすぐに適用不可能だとわかり、貧民はやがて、工場労働からえられる惨めな賃金で満足しなければならなくなった。一八三九年、スピーナムランド法で保証された最低所得を修正救貧法が廃止したとき(96)、労働者に認められた唯一の所有といえば、提供される価格がどうであろうと、市場で売らねばならぬ労働力だけだった。一九世紀前半では労働者はまだ、一種の都市での農奴の地位にあったのである。彼らは、旧制度下のマニュファクチュアでと同様に名前、身体的特徴、働く場所を記した手帳を持ち、借財のないことを証明する雇用主の証明書なしには、職をかえることができなかった。逆のばあいには、次の雇用者が労働者の最初の給料からさしひいて返済するように、この手帳に前の雇用主が借金の総額を記入した(41)。この手帳は通行許可証の代りをし、この書類がないと浮浪者とみなされて投獄されたのである。イギリスでもフランスでも、労働者は労働につかねばならなかった。スチュアート・ミルはこの状況をたくみにこう記述する。「労働者の大部分は、この国でも他の大方の国でも、職業の選択や移動の自由をほとんど持たず、純然たる奴隷制以外では、他のどんなシステムよりもはるかに厳格な規則と他人の意志に従属させられている」。[294] エンゲルスもまた、「いわゆる工場労働者は、ブルジョアジーがプロレタリアートという鎖につないだ奴隷状態[41]」で生活している、と記述する。労働者はさらに住居変更の権利もなかった。こうして——少なくとも理論上は——最貧層の都市への集中を制限していたのである。

一九世紀前半を通じて、賃金は減少していった。イギリスのボルタンで、織工の実質週給は、一七九五年の三三シリングから、一八一五年の一四シリング、一八四九年の一八シリングへと変動し、フランスでも実質賃金は一八一〇年から五〇年に一〇パーセントも低下したからである。この低賃金でも社会的紛争がおこらないように、イギリスの工業家は、労働者が消費する財の価格を低下させようと努めた。このため彼らは、外国の農産物の輸入増大の認可を国会から得ようと試みたが、これはナポレオン戦争末以降、一八一五年の穀物法によって、大土地所有者が禁じていたことだった。一八三八年に、マンチェスターの工業家は、反穀物法連盟を創ったが、なお国会を支配していたブリテンの大土地所有者は、一八四六年までこの運動を成功裡におしとどめたのである。

都市労働者は自分のものといえる財を所有していなかった。眠るためには藁布団を手にいれ、料理するためには片手鍋を手にいれねばならなかった。パン、ビスケット、ジャガイモ、時としてそこばくの卵を食べてはいたが、燻製の魚はめったに口にしなかった。都市の貧困は深刻なものだった。一八四〇年のパリでは、人口のたった一七パーセントだけが、葬儀に支払えるだけの資金をもっているにすぎず、一八三九年のリールでは、定期的な保護をうけている者は二万四〇〇〇人にもたっしていた。一八四八年のイギリスでは、一四〇〇万の貧窮者がおり、救貧院に収容された数は二〇〇万人にものぼった。公式調査によると、一八五一年ごろパリで一〇万人以上が、「住居不定で、生活手段をもたず、通常仕事にも職業にもつかない［……］浮浪者ないし流れ者」[74]だった、とされている。だがそれでも何人かのものは何とか生活費を稼いでいた。フランスで貯蓄金庫が創設されたのは一八一八年のことだったが、一九世紀中葉、四二万のパリ労働者のうち一二万人がそこに預金していたからである。この貯蓄金庫は同じころ、スコットランド、ドイツ、スイス、デンマーク、連合王国、アイルランド、合州国、オランダでも創設されていた。

当時の労働者はまだ団結権をもたなかった。フランスでは革命以来刑法によって禁止されていたし、合州国では一八〇六年に、ペンシルヴァニアの法廷で、団結は憲法に違反すると判決された。というのも、団結は市場での平等性を破壊するから、というわけである。「賃上げを意図する労働者の団結は、二つの観点から考察されうる。一つは労働者の利益と関連してであり、今一つは労働者に属さない人々の不利益の観点からである。法は両者のいずれをも有罪と宣告している」[384]というすばらしい判決文だった。労働組合が認可されたのはやっと一八二四年、労働者階級の運命にはじめて真剣にとりくんだブリテンの議会によってにすぎなかった。

一八四〇年ごろになると、労働者の状況もすこし改善され、法律も労働を規制し、労働者を保護しはじめた。労働者の団結が合法とされ、そこからしだいに《労働者階級》という概念が芽生えはじめてきたのである。フランスでは、一八四一年三月二二日の法が、一〇歳以前の子供のマニュファクチュアでの労働を禁止し、一三歳までの子供を一日六時間労働に制限し、一六歳までの子供の夜間、祝祭日労働を禁止した。「工場法は［……］資本家と地主に支配された国家の名において、［……］労働を使い尽そうとする資本の過度の情熱を抑制した。日増しに脅威となる労働者階級の運動はいうまでもなく、マニュファクチュア労働の制限は、必然性によって余儀なくされたのである」[282]と、マルクスは書く。一八四二年マサチューセッツ州の高等裁判所は、組合活動は不法な共謀ではないと宣告する。

一九世紀の後半になると、ヨーロッパのいたるところで賃金は上昇した。食物は多様化し、労働者はしだいに有力な社会勢力となり、ますます自己の存在に意識的となってきたのである。

フランスでは一八六四年に、団結とストライキの不法性が廃棄され、一八八四年には集会と結社の自由がサンディカリスムへの道をひらいた。一八八一年一一月一五日にはピッツバーグで、組織労働者労働組合総同盟が結成され、その規約の第一条では、「他の個人および法人同様に、自分たちの所有の保護権を認めてもらうことを議会および州に[384]」要求することが明記されていた。きわめて重要な文書だといわねばならない。というのも、労働者はそこで、秩序を変革することではなく、その内部にとどまることを要求していたからである。

この世紀後半を通じて、多くの労働者は農村との絆をたちきってゆく。大工場に雇われた人々は、手に入れられるようになり始めた工業財の消費欲求につよくつき動かされていたからである。一八九〇年ごろのカルモーでは、労働者の大部分は自分たちの給料だけで生活するようになり、その欲求も多様化していた。「労働者がいつも借金している小売店主は、きわめて魅力的な新しい食品を展示し、やがてこれが不可欠なものとみなされるようになっていった。一八九〇年代になると、労働者は食料費について不平をいうだけではなく、《自分たちの生存に不可欠な多くのモノ》の経費についても苦情をいうようになった。たとえば、服装に以前よりも大きな関心を示すようになったが、質素こそ労働者に自然なもので、他のすべては《気どり》だと考えていた会社の重役連には、これは理解できないことだった[309]。」

一九世紀は、職のない農民を過剰搾取される労働者に変換させる機械として作用したといえるだろう。この変換が完了したとき、イギリスの就業人口の四分の三、アメリカとドイツの就業人口の三分の二、フランスの就業人口の半分以上が、賃金生活者になっていた。彼らすべてが、屋根と健康という、二つの本質的な所有を探し求めていたのである。

疲れを知らぬ都会人

労働者が働くためには、《健康で》なければならない。ところで、下町の無秩序な発展、衛生状態の目にみえての悪化、伝染病（コレラ、チフス）の再登場、こうしたことにブルジョアはしだいに不安をかきたてられた。[12] 伝染病がお屋敷町にまで達すると、無産者が脅威となる。彼らを鎮め、なだめすかすには、所有者にしてやらねばならない。あるいは少なくとも、清潔な住居を貸してやらねばならない。こうして都市の農奴は自分の保有地を掌握するわけである。敵はもはや貧者ではなく、貧困それ自体となる。[12] このとき、《都市行政》が登場し、都市の無産者を自由な所有者とし、まずもって《疲れを知らぬ都会人》に、ついで節約家の所有者とすることを狙ったのである。

ナポレオンのために国家論をうちたてたシャプタルにとって、労働者の都市での密集は「最大の危険」と目に映じた。彼はいう、「それを予防する賢明かつ慎重な政策があると私には思われる。労働者が大規模に都市に集まるとしょっちゅう公共の安寧を脅かす上に、仕事自体の帰趨をも危くするだろう。[133]」初めのころ、経営者は工場労働と農業労働との絆を維持したいとイデオロギー的に考え、労働者を土地所有農民にしたいと夢想していた。一八二五年に、フールシャンボール精錬所の創立者、エミール・マルタンは、「未熟練労働者を小耕作者にするのが教化の最善の方法だろう[309]」と書いていたからである。だが、労働者は都市にいて、そこに留まったので、この計画はやがて放棄されねばならなかった。縁日で回転木馬でもみせてやれば、労働者は昔の農村での動物たちのことを思いだすだろう。その他のことにかんしては、パリの労働者街から《不道徳な建物》を遠ざけ、「近代社会のプロレタリアートを消滅させ[309]」、「何も持たず、住むところもない人間[309]」をなくして、社会全体への帰属をはっきり通告するために住居の所有権をあたえ、商人の秩序の市民、自分自身の財産を守るために富者の財産を守る者とすればよい。とはいえじっさいにはまだ、ねぐらを貸してやって、職を失えば住居も失うという恐怖によって労働者をつなぎとめておくことしか問題とはされなかったのである[309]。

一八四四年に、ルイ＝ナポレオン・ボナパルトは、『貧困の絶滅』のなかで、こう書いていた。「労働者階級は何も占有していないのだから、所有者にしてやらねばならない。その富といえば自分の腕だけなのだから、万人に有用な用途をその腕にあたえねばならない［……］。社会のなかに場をあたえ、地所への関心にその利害を結びつけてやらねばならない[41]。」一八五〇年四月一三日に共和国大統領に選出されると、彼は衛生委員会の創設と住居調査を決定する[74]。一八五二年一月二五日の大統領令では、オルレアン家から没収した財産売却のあがり二〇〇〇万フランで、マニュファクチュアの大中心地での居住状態の改善ができるだろう、と予測されていた。一八五三年五月一四日には、何階かの《清潔で低価格の[74]》ビルをパリに建てさせるつもりだ、と彼は言明する。だがこれは言葉のあやにしかすぎなかった。一八六七年現在で、そのビルで一一二〇家族が住んでいたが、一方、慈善事務所には、一一万人が登録されていたからである[74]。

ヨーロッパのいたるところで、大実業家たちもこの統合活動に参加していた。シュネデール家、シャゴ家、モルニィ家、ヴァンデル家は、労働都市を建設しようと企て、アルザスの実業家——ドルフュスとケシュラン——は、自分たちの賃労働者のために五六〇軒を建築させる。ル・クルゾでも、アンザン鉱山会社、ノワジエルのムニエ、オーシュの製糸工場主のところでも、独身労働者向けの寮や労働者住宅が建てられた[74]。一八五五年にシャルル・ド・ヴァンデルは、ドイツ国境地帯の住民を導入するためストリングにモデル団地を作ったが、どの家も庭でかこまれ、その結果、鉱夫は、「土地を離れて、場末のプロレタリアートのなかに潜りこむことが全くなかった[309]」といわれている。A・ペレは、ミュルーズの労働者集合住宅についてこう記述していた。「一八六四年に文部大臣V・デュリュイがミュルーズに来たとき、労働者集合団地をみたいと望んだ。隅々までみせてほしいと頼んだ家で、ある労働者の妻に会ったので、いくつかの質問をしたが、とりわけつぎの質問が興味ぶかかった。『御主人は、宵のうちをどこで過ごされますか。』――『私たちの家を持ってから、私たちと一緒に』とその妻は答えたが、これは、人間の偉大さを何が作るのか、素朴にも一言で要約した答えといえよう[74]。」

一八六七年のパリ万国博覧会で、「同じ労働を協力しておこなうすべての人々の協調を実現する制度を創った実業家」に賞をあたえようとしたコンクールで、栄冠は、「農業労働とマニュファクチュア労働の同盟」を実現し、「マニュファクチュアの被雇用労働者が、住居と一緒に賃貸もしくは購入した菜園を耕す[74]」ことのできる労働者菜園の発案者の頭上に輝いた。カルモーでは、労働者が自分たちに必要なものを畠で作ることのできる小さな土地を会社が彼らに売っていたし、この同じ会社は、一八六六年には労働者用の家屋を九一軒もたてていた。もっともそのうちに二〇軒しかじっさいには借り手がいなかったが。というのも、労働者は、自分たちの給料から家賃を天引きされるという観念になれておらず、また、家屋に損害をあたえたばあい補償代の支払いを拒絶したからにほかならない[74]。世紀末になると、鉱夫の三七パーセントは自宅の所有者で、四四パーセントは小さな畠を占有していた。ある実業家、P・デュポンは一八六七年に書いている、「住居を占有できないところでは、祖国も存在しえない」と。だが、まだこうした政策はきわめて慎重で見せかけ程度で、むしろせいぜいまね事にすぎなかった。というのも、家賃はきわめて高く、ごく少数の労働者しか住居を手に入れることができなかった。それに住居を入手しても、本当の所有者ではなかった。鉱山集合住宅の警察条例では、鉱夫が自分の家を売ることを禁じていたからである。

同じころ、都市でも、労働者をお屋敷町から追いだす、恐るべき不動産投機にさからえるものは何もなかった。多くの著述家たちはこの経過に異議を唱え、家賃の規制を提案した。たとえば一八五八年にE・ジュヴァンは「部屋の空積、界隈、街路、家屋、階層の状況[74]」に従った家賃の固定化を示唆している。一八六〇年にはA・ペランが、一八六一年にはA・ゲルーが、家賃規制をつぎのように要求した。「パン、お金、鉄道についておこなわれていることが、住居についてもおこなわるべきだろう[74]」と。

結婚と相続

もはや富の主源泉ではなくなったとはいえ、なお依然として農業は、不可欠の財産、権力の象徴、自立性の源泉であった。

イギリスではこの変遷はすでに完了し、土地の大部分は何人かの大地主に帰属――なかには数十万ヘクタールも占有している地主もあった――しており、彼らはその土地を、数少ない農民に長期の賃貸契約で貸し付けていたのである。一八五一年には、四〇〇〇人の地主が、耕地の七分の四を支配し、二五万の賃貸請負農民に委託していたが、この請負農民自身がまた一二五万人の農夫を雇用していた。小保有の農地はもはやスコットランドのハイランド地方やウェールズ地方のいくつかの地域にしか残存していなかったのである。

反対にフランスでは、土地所有はなお広汎に散在していた。一七八八年の一〇〇〇万人から一八〇〇年の四〇〇〇万人という風に、革命が土地所有者数を大量に作りだしたからである。開拓地の三分の一は一〇ヘクタール以下で、もう三分の一は一〇―五〇ヘクタールあり、耕地の五パーセントに相当していた[444]。一二万二〇〇〇人の大土地所有者――全体の三パーセント以下――がのこりの三分の一以上の土地を持っていた。相続にさいして子供たちのあいだの平等分配を規定した民法典が、《土地の細分機》(444)の機能をはたし、細分化を加速させたのである。結婚と経済的理由による土地集中がなければ、この進展はさらにもっと急速だったことだろう。一九世紀末の百科事典の《所有》の項に、つぎのようなすばらしい指摘がみられる(444)。「結婚は分割された遺産を再結合させた」、なぜなら、「相続法の作用だけでは、資本と所有に固有の集中傾向にたいする拮抗力とはほとんどならない(444)」から、というわけである。

当時の資本主義諸国では実際上唯一の、この土地所有分割のおかげで、フランスは、外国人の興味をそそる好奇心の的となった。たとえばマルサスによると(一七九八年)、「フランスでは目下、所有地の大再分割の効果をためすという危険な実験がおこなわれている。相続法は、あらゆる所有の子供間での平等配分を規定しているからである[……]。この国は、一世紀後には、資産の並はずれた平等性によってと同様、その極度の貧困によっても注目すべきものとなると信じるだけの理由がある(273)」

この点について一九世紀には、きわめて革新的な政策がとられなかったといえよう。大土地所有に一般的福祉の源泉をもとめた、カトリックの経済学者ル・プレはむしろ孤立していたのである(246)。その後の後継権力も、存続のために農村を満足させよう、すなわち可能なら周囲の秩序を変化させず、土地細分化を続行させ、農民に受けいれ可能なリズムで共同地を分割しようとつとめたのである。

一八一四年一一月五日の法令によって、亡命者たちに、その土地の売却されなかった部分が返却されることとなった。一八一四年の憲章の九条には、「一切の所有は不可侵であり、国有とよばれるものも例外ではない。法は両者間にいかなる差異も認めない(274)」と規定されていた。一一条ではさらに明確に、「財産の没収は決して再開されない」と規定されていたが、これは国有財産事件が人々の心に深い傷跡をのこしていたからである。一八一六年にルイ一八世は、未売却の共有地を地方自治体に返却する。一八三〇年以後、土地細分化はますます進行し、一八四〇年ごろからいくつかの市町村は、その共有地を競売にかけ、農村経済をめちゃめちゃにしてしまった(274)。一八四九年にバ＝ラン県のある代議士は法務大臣にこう書きおくっている。「放牧権や森林の入会権が消滅したせいで、住民はほとんど完全に家畜の飼育を断念せざるをえなくなった。二五年前に、一五〇─二〇〇頭のウシと三〇〇─四〇〇頭のブタを持っていたある村では、もはや今では、六〇─八〇頭のウシと五─六頭のブタしかいない(274)。」一八四〇年ごろのある調査によると、農民の三五・七パーセントが自作農、一三パーセントが定額小作人、七パーセントが分益小作人、四四・三パーセントが雇われ農民だった。フランドルやパリ地域などの生産性の高い土地に、大土地所有が集中し(274)、その所有者はしばしば実業家と比肩していた。一八五九年には「革命が破産させたはずの家族の大部分は、おそらく一七八九年より今日の方が豊かであるらしい(444)」と、レオンス・ド・ラヴェルニュは書いているほどである。

ヨーロッパ以外でも、解放された植民地では、旧大陸からやってきた入植者への土地分与を最適管理する必要があった。一八一二年合州国では、新しい土地、当然連邦の所有とみなされた土地を売るための土地管理局が、連邦議会によって創設された。一八三四年に、こうして、四六五万エーカの土地が、一八三六年には二〇〇〇万エーカー、一八五四年には一五〇〇万エーカーの土地が国家によって売却されたのである。アラバマ、ミシシッピー、ルイジアナ、イリノイ、アイオワ、ミズリー、アーカンサス、ウィスコンシン、ミシガンなどで、投機家たちは、合法的な最低価格ぎりぎりの値段で大部分の区画を分割してしまった。じっさい土地を占拠した者には、一六〇エーカーの面積に相当する最低額で所有権が認められたのである(274)。原住民は自分たちの土地の横領にできるかぎり反対した。一八一〇年、ショーニー族の首長テクムセは、インディアナ州政府にたいし、こう抗弁している。「貪欲な白人が、われわれの土地を侵害しつづけている［……］。白人はインディアンの土地に何の権利も持ってはいない。」ずっと後にカリフォルニアでもウィントゥ族の女性の長老もこうのべた。「白人は、土地、ダマシカ、クマをないがしろにする［……］。白人は、大地を掘りくりかえし、木を伐りたおし、一切を破壊する［……］、木をひきぬき、根までひっこぬき［……］のこぎりで伐りたおす。ひどい災厄だ。土地の霊がどうして白人を愛することができようか［……］。白人がふれたところではどこでも、傷跡がのこるだけである。」(426) 三〇年間にわたる原住民の大虐殺が、本質的には合州国の土地所有問題を解決したわけである。

新たに入植がおこなわれた他の国々では、農民はアメリカほどの抵抗もうけずに土地を横領した。オーストラリアのようないくつかの国では、土地は無償で白人に分配され、アボリジニは追いだされた。一八七五年から一九〇〇年のあいだに、アルゼンチンでは公有地のうち三〇〇〇万ヘクタール、アルジェリアでは三〇〇万ヘクタール、チュニジアでは一四〇万ヘクタール、モロッコでは一〇〇万ヘクタールの土地が入植者に分譲された。(245) 南ローデシアでは、一〇万人の入植者が、五〇〇〇万エーカーの土地を横領したが、これはアフリカ人一六〇万人の手にのこった土地面積の二倍にも達していた。(245) ケニアでは、二万九〇〇〇人の入植者が一万二七五〇平方キロの土地を横奪したが、五〇〇万のアフリカ人にはやっとその三倍が分与されたにすぎなかった。土地は、それがもたらすもののゆえだけではなく、それが確立する組織網のゆえにも、いぜんとして権力の鍵だったのである。

万人のための組織網

どの商人の秩序でも、コミュニケーションの手段が、国家が存在してこの方、しばしば共有となっている。ほとんどどこででも、道路、運河、逓信は公共的なものとされたのである。

一一世紀以来、国家は資本主義の助産婦の役目をはたしたが、その誕生、発達、生存に必要な、体制維持コスト、つまり、労働者と消費者の生産費、所有の防衛費、財、記号、人々の流通費を国家は商人の秩序の登場以来、社会化してきた。

電気、水道、ガス、電話が出現する以前では、鉄道が私的ネットワークとして現われたが、前者同様いつまでも私的領域にとどまらなかった。私的所有者の投下資本の収益性を確保しようと国家がいろいろ努力したあとで、資本の擁護者の要求にもとづいて、鉄道は最初の産業国有化の対象とされたからである。

しかしながら、一九世紀初頭では、国家が産業の所有者となる心の準備が、まだブルジョアジーには全くできていなかった。彼らの目にとって、理想的な世界とは、ブルジョアと賃労働者が購買する財を生産するために、いくつかの企業——協同組合形態でもよかった——が競争的に並置されている状態だったからである。スミスがいったように、国家の役割は、所有を保護し、安定した恒久的な立法によって無産者からブルジョアを安全に庇護するだけのものにしかすぎなかった。エヴァルトの引用によると、シャプタルはこう書いていたとのことである。「所有が保証されるのは、法律が安定しているかぎりのことにおいてである［……］。権力機関の気まぐれや国庫の要求に従って、毎日変る法律よりも、不完全だとはいえ安定した法律の方が、ずっとよいだろう[133]。」たとえば、ナポレオン国家は、革命の成果を破棄しようとする人々から、小農民を保護した国家にほかならない。一八四八年になってもまだ、「所有は神授的な制度であり、その確実性と安全性こそ、人間の法の目的である[33]」とバスティアは書いていたほどである。

国家は、占有するためであるにせよ、影響力を行使するためであるにせよ、産業に介入してはならない。シャプタルは続けている、「産業を指導しようとする政府は、その権限を逸脱することになる。因習のとりことなった工芸が、コルベール以来今日このころまで、ほとんどまるで進歩しなかったことに大いに驚かねばならない［……］。製造手段に不当介入し、売買に影響力を行使し、取引きを規制する政府は、ただ産業の妨げとなり、利益を損なうばかりである[133]。」一九世紀末のある百科事典の《国家》の項目を書いた無名の著者は、こうも書いていた。「国家の介入が、余計であるばかりか、有害なことは、今日、明日である。産業や商業に国家がなしうる、またなすべき唯一の有効な保護とは、生産を不経済にし、不完全にする障害をとりのぞき、関税をとりはらって原料を輸入しやすくし、商品を安価に輸送できる交通網を発展させることにある[444]。」

国家はだから、商品を《代行する》だけで満足すべきであり、市場と民主主義、商品流通と思想の流通、資源の自由配分と投票の自由配分とが、いまや商品にとって不可分のものとなっていたのである。

この当時、誰もまだ、そのことについて明白な論証をおこなったものはいなかった。だが、ロック以来、私的所有は個人の自由を意味し、スミス以来、市場が資源の最適配分を保証し、市場のおかげで諸個人は、財の所有権でも平等なのだから、自分たちの行為の性質においても平等だと主張できると、ブルジョアジーは考えていた。市場が絶対主義と両立不能だと論証したものはじじつ誰一人いなかったが、経験と歴史とだけから、徐々にそう考えるようになっていたのである。トクヴィルは書く、「フェニキアのティールからフィレンツェ人、イギリス人までだけを、商工業の民として引きあいにだせるかどうか、私にはわからない。彼らは自由な民ではなかったからである。だから、自由と産業というこの両者のあいだには、密接な紐帯、必然的な関係があるわけである……。自由はそれゆえ、富の生産にとりわけ有益である。反対に、専制政治がとりわけその大敵であることがわかるだろう[393]。」ただしこの考えはあくまでも言葉の上だけにとどまっていた。もっともある思想学派は一世紀ものあいだ、経済への国家の介入は、民主主義を害するだけであり、私的所有は自由に必要なものだと論証しようと努めてはいたのだが。

この自由放任のイデオロギーは、フランスでも、イギリスや合州国でも一九世紀をつうじて生きつづけていた。しかしながら、真の統制経済的な方途によって強力な資本主義を作りあげようとしたのはプロイセン一国だったにしても、この当時他のすべての国家でも、社会の中でのその役割と、生産手段の所有にしめるその比率とをたえず増大しつづけていたのである。フランスでは、一八一〇年四月二一日の法令によって、地表とは異なり地下は公有とされた。もっとも鉱山は永久に私人のものとされていたが。「鉱山は、不明確な法律、不当な行政、恣意的な警察、占有者のよくある不安の意のままに、持ち手をかえるような、不安定で、不確実で、不明確な所有であってはならない。市民法典のすべての規定が適用される所有にかえなければならない(133)。」国家はまた、道路、港、記念建造物を造るためにいくつかの地所を国有とした。ヨーロッパのいたるところで、私的資本と公的資本の結合した企業が発展し、港や運河を整備してゆく。反対に、合州国では、独立当初設置されていた混合会社システムは、一八三七年には姿を消していたのである。

多くの国々で、とりわけ国有化により国家がその役割を増大させたのは、新しいコミュニケーション網つまり鉄道の分野にほかならなかった。最初まず、民間が率先してその建設をうけおったが、やがてフランスでも他の国でも、国家がやむなくそこに介入する。フランスでの最初の鉄道――サン゠テチエンヌ―アンドレジィウ間――が建設されたのは一八三二年のことで、これは私鉄だった。一八三六年七月九日の法律は、鉄道の私的性格を追認している。だが、すぐさま収益性の不足が明らかになった。そこで、一八三八年三月一六日に法は、大鉄道網建設の企画を決め、ついで私企業に有利に委託営業させることをきめた。鉄道路線は国有となり、営業と料金の条件をきめた賃借契約の文面によると、株式取引所に上場された会社に賃貸されたのである。この法律の是非をめぐっての議論のさなか、代議士たちの前で、ラマルチーヌはこうした会社が将来手に負えないほど強力になるのではないかという不安を開陳した。「人民は料金について尋ね、不平をいい、非難しても無駄だろう。人民とそれにあなた方自身、半世紀か一世紀もたたないうちに、これらの会社の支配下におかれるだろう〔……〕。大衆の自由と解放の信奉者であるあなた方、封建制とその通行税を打倒したそのあなた方が〔……〕、会社が人民に足枷をつけ、貨幣の封建制のために領地を囲いこむのを黙認されようとしている〔……〕。私は確信をもって予言するが、一〇年もたたないうちにこれらの会社は、政府と両院の情婦となるだろう。」(320)

この予測はやがて、不正確であるどころではないことが明らかとなった。一八三八年七月七日の法令で、パリ―オルレアン路線が、七〇年間ある私企業に委託営業されることになったからである。だが預金者のほとんどがその株主となることを嫌い、株式相場は低落した。収益性からすると、あまりに路線が長すぎたからである(345)。そこで、一八三八年八月一日の法令は、ジュヴィジー以遠の営業委託を断念するよう会社に命じたが、だからといって株価の低落がとどまったわけではなかった。そこで、一八四〇年七月一五日の法令で、ピチヴィエとアルパジョンの支線が廃止され、委託営業期間も九九年に延長され、ここにはじめて、会社の最低利潤が保証されたのであった(345)。別の法律によって私的株主にたいして、利潤が投下資本の四パーセントをこえたときにだけ、利子が支払われる国家貸付けとひきかえに、パリ―ルアン間の鉄道も七〇年間《カンパニー・デ・プラトー》に、またストラスブール―バール線も九九年間別の会社に営業委託された。これもまた、採算があわないときには、国家が助成金をだすという最初の例にほかならない。

こうして国家はしだいに鉄道建設に加わるようになってくる。一八四一年五月三日の法令では、鉄道を通すために国家が用地を収用することが認められた(もっと後には、歴史的ないし芸術的重要性からの発掘、農業ないし都市の整備改善、衛生事業なども、合法的な収用理由に入ってくるだろう)。こうして一八四二年六月一一日の法律によって、国家は、新設路線の建設費の一部を負担することとなる[345]。パリ―リヨン間のようないくつかの事例では、企業が建設費を償還し、盛土作業や大がかりな土木工業費を自己負担しなければならなかったが、賃借契約の期限がきれると、国家が車両を買いとったこともあった[345]。こうしたすべては、旅客と商品の輸送が少ないため収益を確保できないことを示すもので、財政的に困難ないくつかの会社は、国家に接収された。いいかえると、私的株主になる人がいないので、事実上国有化されたわけである。一八五〇年以後、国家は、費用削減のため、会社を合併し、料金を一律化し、収益性の必要を無視して、支線の建設を強制し、曖昧な法規で大鉄道網を組織化したのである[345]。

全体としてみれば、鉄道の拡張が一九世紀後半の資本主義を構造化し、新しい工業の創出と製鉄業の発展をおしすすめ、商品と武器を流通させたといえよう。こうした鉄道の飛躍的発展は、土地の収用者であり路線の所有者であり、また中央銀行と国庫による融資の保証者でもある、強力な国家なしでは、不可能であったろう。

自由主義は、国家によってしか発展できないのに、国家なしでしか考えられないという果てしのない幻想の堂々めぐりであった……。

平等な人々の職業

一八世紀の暁に、《平等な人士の職業》[298]としてモンテスキューが商業について語ったとき、ブルジョアジーは、市場と両立可能な唯一の政治組織として、議会主義を着想しはじめたことを告知したのであった。

一九世紀全体を通じて、**商人の秩序**のすべての国々では、自由主義者、反動主義者それに《革命主義者》が、誰が公共の決定に参加権を持ち、以後法が作られ政府が組閣される議会の代表者に誰が指名権をもつのかという問題をめぐって互いに争いあった。ある人々は、動産の所有者にまで投票権を拡大すべきだといい、他の人々は、制限選挙こそ、《自然な優越性》を表示するのだから最大限可能な平等を実現しており、なんら変更する必要はないと主張する。さいごに、普通選挙を樹立すべきだと主張する者もあった。フランスでは、周知のように《ウルトラ》反動家たちもこの意見に与していたのである。もっともその推進の理由は別のところにあったのだが……。合州国では、州によって多少のちがいはあったが、普通選挙がおこなわれていたので、ヨーロッパの知識人は理想のシステムだとみなしていた。ユートピアはもはやイギリスではすでになく、新しい《中心部》が、経済の領域であらわれる以前に政治の領域で姿をみせはじめていたわけである。

トクヴィルにとって、普遍的なデモクラシーは、合州国の西部に実在していた。「民衆はそこで、勢力家や金持ちの影響からまぬがれているが、また開明的な知識や徳行に由来するあの自然な特権階級の支配からもまぬがれているのである[393]。」一八一九年にJ・B・セイは、一七九二年アパラチア山脈の西部にはじめて設立されたケンタッキー州を、模範とすべきユートピアとして推奨している。ジェレミー・ベンサムもまた、合州国では、「自分たちの生存を保証するのに十分な財産をもたない人々も、金持ちの所有地を自分たちの法権力のもとに従属させ[42]」、しかもだからといって、この所有地を決して侵害しようとしていないことを指摘していた[268]。

当時の知識人の目にとって、イギリスはもはや民主主義のモデルではなかった、といわねばならない。下院の代議員は《選挙区》ごとに二人の割合で選出されていたが、この地理的配分はもはや人口統計上の現実にまったく対応しなくなっていた。年間四九シリング以上の土地収入のある人だけに投票権があり、イギリス通貨の価値下落とともに、だから選挙民の数が増大していた。とはいえ、一八三〇年でもやっと五〇万人を数えるにすぎなかったのである。工業化にともなう社会的難題が高まるにつれ、とりわけ中産階級が政治組織にしっかり参加せず、守るべきものを持っていないばあいには、政治革命の発生する危険があった(89)。そこで一八三二年の選挙法改正では、商工業者の所有も資産の算出に加えられて、投票権を持つ選挙人数は八一万三〇〇〇人に増加したが、プチ・ブルジョアジー、職人、労働者はいぜんとして除外されていたのである(89)。

のちになって、ジョン・スチュアート・ミルが書くように、この改革は「物理的な力の真の利用によってではなく、むしろその見せびらかしによって獲得されたものだが、事の成行き上、自分の方につねに物理的な力を持ち、この物理的な力を社会的、道徳的な力にかえるために、ひたすら団結しよう——そしてじじつその最中であった——としている人々に、一つの教訓をあたえた。既成秩序を大衆にうけいれやすくするために、何かをしなければならぬということには今や異論の余地がないのである(294)」。

ベンサムの弟子で、独学の哲学者だったスチュアート・ミルは、国をとわず有効で不変の経済法則をとりだし、《社会の一般科学(294)》を樹立しようと努める。私的所有と結びつく最善の統治システムに関心を持ち、初期の論文の一つ「統治論」では、こう書いていた。「それゆえ、統治は本来的な意味で、富者の仕事であり、彼らの政府独占にはつねに善悪いずれかの手段による、というのがわれわれの見解にほかならない(294)。」

こうしたプラグマチズムがあまり普及していなかったフランスでは、普通選挙へ向けての進展はずっと粗暴で同時に空想的な姿をとるだろう。帝政の没落以来、普通選挙の《復活》が論争の的となったが、これは一度も本当におこなわれたことがなかったのだから、奇妙な表現だったといわねばならない。逆説的にも、共和派の最急進派にならって、普通選挙に好意的だったのは極右であり、その首領、ヴィレールは、きわめてシニックな仕方でこの方針選択をこう表現していた。「中産階級は［……］すべての国家で革命的部分を構成している。第一階級（最高の富裕階級）が諸君の議会に登場するのを望むなら、最低階級のなかに持っている援軍に第一階級を指名させ、できるだけ下へおりていって、こうして、唯一の恐るべきものである中産階級を廃棄せよ[97]」と。他の保守派は、土地所有者にのみ投票権を保持させようとしていたが、一方、自由主義者は、資本の所有者にまで拡大しようと希求していた。当初は、自由主義者が優勢だった。一八一四年六月四日の憲章では、一定の納税額があれば三〇年以上の投票権があたえられたが、被選挙権には別の納税額が必要だった[97]。一八一五年五月の全有権者数は端数を切りすてると四万七〇〇〇人だったが、一八一五年八月には納税額の変更で七万一六二二人に、ついで一八一六年一〇月には六万九〇二四人となった。百日天下のあいだ再建された帝政有権者が選出した国会の崩壊後、一八一七年二月には一一万人の選挙人が数えられ、一八二〇年六月二九日の法令では、最高の税金を納めた二万五〇〇〇人──その大部分は土地所有者だったが──には、二重投票権が認められた[97]。その後しかし、保守派の圧力をうけて、選挙人の数は、一八二〇年には一〇万五〇〇〇人、二四年には九万九〇〇〇人、二七年には八万九〇〇〇人という風に減少する。七月王政のとき、一八三〇年の勅令は二次投票を禁止し、投票最低年齢は二五歳になり、また納税額もいくつかの階層ではひきさげられた。こうして選挙民総数は一六万六〇〇〇人となり、貨幣価値の下落につれて一八四七年には二四万一〇〇〇人にふえたのである[97]。

ついで、一八四八年三月五日、共和国は普通選挙を宣言し、二一歳以上の男性で、少なくとも六カ月以上市町村に居住している全フランス人がその恩恵に浴することになった。その総数は八〇〇万人で、次の四八年四月の選挙から適用されることになった。「かくも豊かな富にみちたこの巨大な都市が、何も持たない人々の手中におかれているのは、見るも異様で、我慢ならないことである[393]」と、トクヴィルは書く。

彼が不安に思ったのもゆえなきことではなかった。都市部で共和派は二〇〇万の投票数を持っていたからである。そこで、一八五二年の選挙を予測して、保守多数派は、一八五〇年五月三一日、《貧窮者》から投票権を奪い、選挙人は個人税の納税者名簿に記載され、かつ同一場所に三年間――六カ月ではなく――定住している人々に限るという法律を可決させる。ティエールはこの改革を下院でつぎのように正当化した。「われわれが排除した人々は貧民なのか。いや貧民ではなく、浮浪者にすぎない［……］。底辺の人々ではなく、大人口密集地で危険な部分をなす連中なのだ。真の共和主義者は、あらゆる公事を破滅させる有象無象を恐れるのだ……。[444]」こうしてまたもや無産者は、政治的存在ではなくなってしまったわけである。

三〇〇万人の選挙人が選挙名簿から抹消されてしまったのだから、きわめて有効な作戦だったといえよう。ところが、一八五二年の選挙はおこなわれなかった。一八五一年一二月二日、共和国大統領ルイ＝ナポレオン・ボナパルトは、議会を解散し、都市労働者大衆に対抗して、土地所有農民に依拠する国民投票体制の基礎――ヴィレールの極右も非難しなかった戦略にしたがって――とするために、普通選挙を復活させる。[97]「農民の選んだ人、それはブルジョア議会にひれふすボナパルトではなく、この議会を追い散らすボナパルトであった」とマルクスは書くだろう。同様にプルードンもその『労働者階級の政治力』のなかで、「ナポレオン一世と同じくナポレオン三世も大衆にとって、やはり旧制度の敵であり、ブルジョア封建制にたいして農民を保護する人であった[336]」と書いている。

この間イギリスでも、普通選挙運動は、勝ちほこる成熟期のブルジョアジーの手で推進されていたが、議会は今や保守派と自由主義派の二つの党に分裂していた。

一八五九年にスチュアート・ミルは、選挙から住民の三分の一を除外することを示唆する。[268]というのも、「万人が恩恵をうけるよき政府の利益は、選挙民全体の目には、選挙民だけが利用する悪しき政府の利益よりも優れているとみえるだろう」[294]からにほかならない。そこで「財産を持たぬ者、あるいはほんの少ししか持たぬ者の投票権を奪い、自分たちの利害が公共団体の利害と一致するような選挙母体を作り出す」システムを、彼は提案する。そのためには、王政復古時代のフランスで素描された原理にしたがって、複数投票システムが推薦に値しよう。つまり、企業主（農業経営者、工場主ないし商人）が三、四票、知識人、自由業者や芸術家が五、六票、女性が一、二票を持ち、《貧民》——農業労働者——は「市場で失敗したのだから」[294]、ゼロ票というシステムを提案したのである。このアイディアはしかし決して実行されなかった。もっともその当時、そして以後もながく、最も貧しい選挙民の投票はじっさいには最も豊かな人々の財政的、政治的影響下におかれてはいたのだが。

一八六〇年ごろ、普通選挙のための請願が挫折してからというもの、イギリスは選挙問題には関心を失っていたが、一八六七年に当時保守派の領袖だったディズレリーが、新しく一〇〇万人を選挙民として認定した。これはほぼ選挙民を全体として二倍にふやしたことになる。スチュアート・ミルの死後一一年たった一八八四年、自由派の領袖、グラッドストーンは、さらに選挙権に必要な資産水準をひきさげ、選挙民の数をほぼ四五〇万にふやし、投票の秘密を保証した。プロレタリアートの最下層を形成していた農業労働者も、これ以後投票できるようになり、じっさい上ともかく男性にとっては普通選挙が実現されたのである[89]。

フランスで普通選挙が復活したのは、第三共和制になってからのことだった。そこでもしかしなお、所有の概念が民主主義の中核にすえられていたのである。ジュール・フェリーは〔マクマオンのいう〕道徳秩序の代議士たちに向って叫ぶ、「所有の擁護者として正式に任命された諸君、私は諸君以上に「民主主義との」連帯の信念を持っている。なぜなら、民主主義は一〇〇〇万以上の所有者の心と腕にかかっているからであり、そのゆえにフランスの民主主義は所有者の民主主義であり、［……］連帯してあらゆる困難な堕落から脱けださねばならないのである[89]。」

その何年か前、合州国では、黒人の投票権を認める憲法修正案を議会が採択していたが[230]、南部の諸州は一致してその実施を拒否していた。これが南北戦争の原因の一つとなり、ついで、アメリカの大地で決定的に無用となった奴隷制の廃止へと導いたわけである。

奴隷制の終り

商人の秩序は、その《中心部》では奴隷を必要としていなかったが、一九世紀末には《中間部》でももはや必要ではなくなっていた。

ピットの挫折した試みの一五年後の一八〇六年六月一〇日、イギリス下院はイギリス領での奴隷売買を禁止する。だがまだ奴隷制自体を禁止したわけではなかった。フランスでは革命が奴隷制を廃止したはずなのに、すっかり忘れさられ、とりわけ法制化されていた合州国南部で猛威をふるっていたように、すべての植民地でなお現存していたのである。

ルイジアナ、両カロライナ、その他南部の諸州では、奴隷は「主人の絶対的所有物であり、交換、売却でき、抵当に入れ、収蔵し財産目録に入れ、賭博にかけたり委譲できる物件である……[162]」と法典に記載されていた。とりわけルイジアナの黒人法ではこんな規定があった。「奴隷の身分はたんに受動的存在の資格を持つにすぎないのだから、その占有者および主人の全家族員にたいし無限の尊敬と限りなき服従を払わねばならない［……］。自分の名前で何ものをも占有できず、主人の許可なしには何ものをも売買できない。奴隷は法的存在ではなく、陰謀で告訴された同類にたいするばあいをのぞいては、裁判に訴えることも、証人になることもできない。馬にのったり、武器を携帯することも許さず、許可なく往来する権利もプランテーションを出る権利も持たない。許可なく移動したり、承認なく馬にのることも禁じられている[444]。」別の法典では、解放奴隷の境遇が明記されていた。「解放奴隷は、奴隷ないし解放奴隷にたいするばあいを除けば、証人に立つことができない。武器携帯も禁じられる。奴隷同様解放奴隷も、日の出前もしくは日没以後、祈禱集会に多数で出席することは認められない。パスポートの権利はなく、居住する市町村の外へ旅行したり、他の奴隷州に居住することもできず、もし禁を犯せば最初は笞打ち刑に処せられ、累犯のばあいには競売にかけられる。船で南部の港に到着した有色人種は、直ちに市の監獄に移送され、船長は、一〇〇〇ドルの保証金をつめば、ふたたび船につれ帰ることが認められる[444]。」

奴隷を占有していた《大農場主》は資本家ではなく、商人の秩序の意味での価値生産のために奴隷を雇用していたのではない。彼らの心性はだから企業家のそれではなかったのである。トクヴィルがすでに言及していたように、オハイオの住民は、「富への欲望にさいなまれ、金持ちになるためにはどんな事業、どんな努力でもする」気でいたが、これとはちがってケンタッキーの住民は「資産よりもむしろ興奮と快楽を追いもとめ、貨幣にはさほど全幅の価値をおいているようには見えなかった[162]。」ここには、領主の浪費癖とブルジョアの始末癖との対立がみられたわけである。

だが奴隷制経済は、その固有の限界を分泌する。南部では生産された農産物にたいする十分な販路がなかったので、この地方全体は輸出のための自由貿易を必要としたが、これにたいして、北部は、その工業を発達させるために保護貿易政策を必要としていたからである[162]。

そのうえ、木綿生産の発展により、奴隷制はしだいに重圧となってきた。「アメリカ合州国の南部諸州の生産が、もっぱら直接的要求の充足にむけられていたかぎり、黒人労働は穏和で家父長的な性格を示していた。だが、木綿の輸出がこれから諸州の死活問題となるにつれて、酷使され七年間でその生命を消耗してしまう黒人は、冷酷な打算的システムの構成要素にすぎなくなってしまった[162]。」

この点でアメリカは、しだいに孤立化してきたといえよう。ヨーロッパ諸国の植民地では、何年かのあいだをおいてだが、奴隷制は無用となり、廃止されてしまったからである。一八三三年四月三〇日、七月王政は、解放税、毀損刑、烙印を廃止し、本国の解放奴隷には市民の資格をあたえた。といってフランスで奴隷制がまだ完全に廃止されたわけではなかったが。一方、イギリスは、一八三三年八月一五日、奴隷解放を決定する。もっとも、七年間、主人に《徒弟奉公》を強制してはいたのだが。一八三九年六月一一日、グレゴリウス一六世は、奴隷交易を禁止する。だが、運動の進展は遅々としていた。一八四〇年一月五日、フランス植民地で奴隷の初等宗教教育が命じられ、週一回の自由日が認可され、既婚奴隷の集会も認められた。しかしながらこの年、ル・マンの司教ブーヴィエ猊下は、その『神学教育』のなかで、奴隷制と奴隷交易をまだ賞賛していたのである[444]。

一八四二年五月二二日、植民相のスタンリー卿は、九年前に決定された奴隷制廃止の最初の肯定的な総括を作成する。「黒人は幸福で満足している。労働に励み、生活状態も改善され、ゆとりもでき、犯罪の減少と同時に、道徳的習性もよくなった。結婚数もふえ、聖職者の影響で教育も普及した[444]。」

一八四五年七月一八日のフランス法では、奴隷の労働時間も制限され、日曜の休息権も決定された。スウェーデンでは一八四六年、サン・バルテレミ島の最後の奴隷五三一人を政府が買い戻すための貸付けが議会によって認められ、デンマークでは、クリステン八世が一八四七年七月二八日に奴隷制廃止を布告する。

フランス第二共和制が設立されるとともに、暫定政府によって、奴隷制が禁止され、一八四八年五月二三日にはマルチニックで、五月二七日にはグァドループで、六月一日にはギアナで、一二月二〇日にはレユニオンで、廃止された。当時マルチニックには七万四四四七人、グァドループには八万七〇八七人、ギアナには一万二五二五人、セネガルには一万三五〇人の奴隷がいたのである。これ以後、外国で生活しているフランス人にもすべて奴隷売買や占有が禁止され、禁を犯せば市民権が剝奪されることになった。旧奴隷所有者には補償金を支払う決定も議会はひきうけたのである。

奴隷貿易は一八五〇年にブラジルで、一八六〇年にはアジアのオランダ領で、一八六三年にはネーデルランド領のギアナとアンチールで廃止され、奴隷制はポルトガル領インドで一八五六年八月二五日に廃止されたほか、独立を達成した機会に、ラテン・アメリカ諸国の大部分でも廃止された。スペインが禁止したのはやっと一八六六年の戦争のときだが、このときキューバにはなお一〇〇万人、プエルト・リコでは三〇万人の奴隷が存在していたのである。

同じころ、合州国南部では、綿業の発展と一八七五年の最高裁判所の決定に刺激されて、奴隷制は困難な局面にたたされていた。一八五九年、ミズリー、アーカンサス、ルイジアナでは、有色の自由民がすべてその州域から追放される。留まった者は、奴隷として競売に付された。「売上げ金は、貧しい子供のための学校建設に充当された」のである。ジョージアでは、《怠惰で不道徳と認められた》自由な黒人すべてが、一年間奴隷となる刑に処せられ、累犯のばあいには終身奴隷とされた[162]。メリーランドでは、両親の同意なしでも黒人の子供を働かせることが白人に認可されていた。奴隷制諸州ではすべ奴隷解放が禁止され、「自由な黒人ないし奴隷に、言葉や合図や行動で何か騒動をひきおこす人物、奴隷制に反対する新聞、ビラ、本を故意にもちこんだ者はすべて[444]」死刑に処せられたのである。エイブラハム・リンカーンが一八六〇年一二月に大統領に選出されて以後、南カロライナは、率先して分離運動をはじめ、南北戦争がおこったが、その結果、商人の秩序のさなかで、人間がなお人間の所有物であるという、奴隷体制、最後の法システムと大農園主の生活様式が消滅してしまうだろう。

また同じころ、中国、日本、ロシアでも、農民は奴隷にきわめて近い賦役と隷属体制のなかでなお生活をしていたのだが、一八六五年の奴隷制諸州の敗北によって、この体制に終止符をうとうと願っていた人々に希望の道がひらかれた。と同時に、新しい疎外形態、つまり工場労働での賃金制度に挑戦しようとする人々にも希望の道をひらいたのであった。マルクスは書く、「近代社会は奴隷制なしで生活しているのみならず、また大いにその廃絶にも満足している。近代文明の飛躍的発展を妨げる何らかの恐ろしい破局——不幸にしてありえないとはいえないが——がおこらないかぎり、おそらく近代社会はその自由を保持できれば、賃金制度とよばれるこの奴隷制の最後の残滓を葬りさることができるだろう(283)」。

労働の進歩

熱機関と時計の発達とともに、一九世紀後半には新しい時間の概念が幅をきかせてきた。時間はもはや循環的でなく、一方性となり、秩序はもはや自然で安定したものではなく、人工的でつねに不安定なものとなってきたのである。科学的知だけではなく、歴史も資本も進化、進歩しはじめた。ホッブズとヘーゲルに反対して、カルノー、ダーウィン、マルクス、その他多くの人々がいまや新しい言語、進歩の言語を語りはじめる。

そこから、商人の秩序も根元的に新しい批判にさらされるようになった。もはや土地を分配することではなくて、新しい多産財、すなわち資本を領有し、時間の流れのなかで蓄積可能な貯蓄を領有することが重要となってくる。この世紀の初頭から《社会主義》とよばれた、あの反資本主義的計画は、じつは、プラトンからトマス・モア、カンパネラからマブリーの――すでに言及しておいた――、最も古いユートピア思想に根ざしていた。だがその誕生には暇がかかり、かつて労働者がその名称や紋章を身につけていた同業組合やあるいは田畠で、部分的にはそう感じていたようには、今や自分の働く株式会社の所有者とはとても感じられなくなる時までまたねばならなかった。社会闘争の局面は土地から貨幣に移行したのである。

一八世紀末から一九世紀初頭にかけても、それ以前の諸世紀同様、土地の私的所有を批判する論述がなおいくつも書かれ、とりわけ土地の再分配が問題とされていた。たとえば一七三九年に、ウィリアム・ゴールドウィンは土地の私的所有を正義と両立しないものと考えていた。「現在の所有体制と不可分の悪徳は、万人が自然の賜物を平等に分有する社会では消滅するであろう。」(162) トマス・スペンサーとウィリアム・オーグルヴィもまた、私的土地所有は、「何世紀もの間、君主の暴政、司祭の欺瞞、法律家の三百代言を全部あわせたよりも多く、人類の幸福を傷つけその障害になった」(105) と考えていた。

しかしながら、同じころに、産業の進歩とその結果にかんする反省も始まった。賃労働者の極度の悲惨さ、彼らを搾取する人々の蓄えた富、最初の産業独占の出現を目のあたりにして、労働は賃金で買える以上のものを生産しているのではないかという観念が、シスモンディとともに現われてきたからである。シスモンディは、優良価値と剰余価値の用語を導入して、資本の集中とそこから発生してくると考えられたプロレタリアートの窮乏化を初めてあらまし分析する。彼はまたこの産業経済の時代にあって、長期波動の軌跡のなかに一定の方向、進化のヴェクトルを示した最初の人にほかならない(374)。

一方、それ以前にすでにリカードは、産業労働者の労働こそが富の真の源泉であり、土地所有者は、資本家と賃金労働者の犠牲のうえで、働かずに富をえていることを証明していた(346)。その少し前にスミスが導入した労働価値説――その起源は、少なくとも一一世紀のアラブの思想家たちにもとめられることを私は明らかにしておいたが――をふたたびとりあげて、彼は、賃金を労働の自然価格、つまり時空的に変化し、かつ「労働者に、その種属の保存を許す(346)」財と富の総体として定義する。ある商品の価値とは、彼によれば、労働者に支払われた賃金ではなく、その商品の生産に必要な労働量に因るものだった。利潤とは賃金と地代を支払ったあとの残高とされ、こうしてのちの一八五〇年ごろ、マルクスがおこなった資本による労働の搾取の分析と剰余価値の定義のすぐ近くまできていたわけである。

この世紀前半の先駆者たちのなかで、不当にも忘れさられているスコットランド人、トマス・ハミルトンの名をぜひともあげておかねばならない。一八三三年――トクヴィルよりほんの少し前――に、アメリカ社会は社会階級の出現の方向に動いていることを明らかにし、ニューヨークにはワーキィズとよばれる過激グループがいることを、彼は言及していたからである。このグループは、財産と教育の不平等に激しく反対し、資産と土地の定期的な再分配を要求していた。「所有の平等化という、この消費者の勝利は、それだけで何世紀もの闘争に匹敵する」と彼らはいっていた。ハミルトンはそこから、ブルジョア民主主義はいつか終りをつげ、労働者階級の勝利がアメリカでは不可避だと結論する。「民主主義は必然的に《アナーキー》と財産没収に導く。そこへ至る道の長さは重要ではない。」リュベルの『資本論』序文から引用すると(283)、このハミルトンこそ、当時知的省察への自己形成をはじめたばかりの若いドイツ人、つまりカール・マルクスに大きな影響を及ぼした人だったのである。

フランスでは、所有にたいする批判的考察は、いくつかの伝統に分れていた。社会的カトリシズムにとって、産業はアナーキー、賃金低下、失業、神の被造物である人間の悲惨と頽落をまねくものとされていた。フーリエとともに、所有批判の最も革命的な様相が呈示されてくる。「所有が増大すればするほど、労働者は争ってますます安い価格で労働を受けいれざるをえなくなる。他方で、商人の数が増せば増すほど、利益をうることが困難となって、ますます奸策を用いねばならなくなる［……］。どのこすっ辛い連中も、大衆と戦争し、個人的利益のために大衆を敵視している[144]。」

だが、この産業と技術進歩の世紀の前半での、フランスにおける考察の大部分は、なお一八世紀の思想家たちの線上にあった。すなわち、所有の本質について考察するのみで、その具体的な問題については考察がおこなわれなかったのである。この流れに棹さしていたが、とはいえ、不可逆的な産業進歩の時代がもたらした革新性を予感させるような仕方で、独学者P・J・プルードンは、一八四〇年にその有名な著作『財産とは何か』を発表し、その冒頭に「財産とは何か、それは盗みである」と書きつけて、当時の思想界に絶大な影響を及ぼした。「五〇〇〇年の所有の歴史が、そのことを証明している。財産は社会の自殺である」として、彼はこう続ける。「財産とは、横領権、いいかえれば労働せずして生産する権限にほかならない[336]。」生産はおしなべて、「労働者の協力と協調から生じる巨大な力」のお蔭なのに、《資本家》――この言葉を一般化したのはプルードンが最初だった――は、その剰余を享受している。一八四八年五月九日、彼は書く、「社会問題全体は、われわれのみるところ、財産に要約される」と。ヴィコの書に学んだことをさらにのりこえて、彼ははじめて歴史を、諸段階の並置として分析する。それによると、歴史とは、《均等化の仕事》にほかならず、言語の時代、精神の時代、革命の時代――「人類が道徳的、経済的法理論を探しもとめ、政治と宗教によってこの理論の実現に努力する」時代――、そして最後に社会的な時代――経済原理が「宗教と政府という、今や二次的で排除されているが、かつては二大原理であったものに」依拠している時代――という、四つの時代を歴史は閲《けみ》してきた。彼はさらに所有と《占有》――社会的支配にたいして個人の自由の保証に役立つもの――を区別している。「占有を保持しながら所有を廃絶しなさい。原理のこの変更だけで、法律、政府、経済、制度において一切を変えられるだろう[336]。」生涯の終りになって、プルードンは、私的所有にたいする自分の敵対がよく理解されなかったことを認めている。「人民は、たとえ社会主義の人民であれ、また何と言おうと、所有者でありたいと望んでいる。私自身の証言をここで引用させてもらえば、不屈の批判を一〇年続けたあと、他の問題よりもこの点にかんして大衆の意見がいっそう頑なで反抗的になってきたと認めざるをえない。私は人々の固い信念をぶちこわそうとしたが、その意識まで何ら変えることができなかった。注記しておきたいのは、個人の主権が人民の精神のなかでどの程度まで集団の主権と同一視されているかを明らかにすることであり、民主主義の原理が地歩を占めれば占めるほど、都市や農村の労働者階級は私のみるところ、ますます所有に最も有利な方向にこの原理を理解してしまったということにほかならない[60]。」とはいえこの幻滅のなかにも一条の希望の光がさしこんでいた。歴史こそ進歩と正義の発生器だという希望がそれにほかならない。『労働者階級の政治能力』の終りの数行で、彼はこう書いていたからである。「労働者階級が法のなかに身をおくとき、労働者階級は法をわがものとし、支配し、創成するだろう。彼らの権力の正統性はもはや異議を唱えることとも唱えられることもなくなるだろう[60]。」

一九世中葉のイギリスでは、産業利潤とは労働者から盗まれた価値の一部だと考える人々――トマス・ホジスキン、ウィリアム・トムソン、オレー、スチュアート・ミル――がいた。オレーは書いている、「所有の唯一の基礎は労働であり、じじつ、所有とは蓄積された労働以上の何ものでもない[105]。」スチュアート・ミルもまた、たとえ「この富の不公平は［……］資本主義の本質そのものからではなくて、歴史的偶然から説明される[294]」にしても、富の分配は全く不公平になっている、と考えていた。

ドイツでは、いっそう国家管理色のつよいプロイセンの伝統が顕著だったので、社会主義思想はおのずから統制管理的な性質をおびて現われた。ヘーゲルからフィヒテの系譜では、各人が《一応満足できる程度に》生活するのに必要なものを自由に使用できないばあいにかぎって、国家は批判された。権力の中心としての国家はこうした原則を保証し、「誰も必要なものを奪われず、誰一人それを濫用しない」ように監視しなければならない、とされたのである。ウィーンへ、ついでパリへと亡命したヴィルヘルム・ヴァイトリングは、一八三八年、『人類の現状とあるべき未来[414]』を地下出版するが、そこでも賃労働者は資本の保持者に搾取されている、と書かれていた。

ヴァイトリングを読んで政治経済学を発見し、ヘーゲルを批判して政治イデオロギーを発見したマルクスは、歴史と経済を結びつけ、市民にたいする国家の優位性を否定した最初の人にほかならない。彼こそ、当時の産業にかんするあらゆる解釈のあいだに橋をかけ、融合させて、その欠けた鎖の環をみいだし、包括的な理論をうちたてた人だったのである。

彼はまず、個人が占有する財の性質——労働か資本か——にしたがって諸個人を階級に分割することから始める。人間は、その階級によってのみ存在し、その階級によってしか存続しない。作動するのは階級なのである。この階級間の所有関係が、社会の下部構造を構成し、「そのうえに、法律的、政治的上部構造がそびえたち、それに社会意識の一定形態が対応する[282]。」マルクスは書いている。「政治経済学は、事実としての私的所有から出発するものであって、その事実を説明するものではない。」人間はもはや実在せず、階級間の関係を支配する法則の戯れに委ねられているにすぎない。どの財も労働から、あるいはほとんど労働からのみなりたち、「モノの価値は、ほとんどすべて労働からやってくる。」資本とは《結晶化した労働》、《蓄積された労働》、《死んだ労働》にすぎず、「この死んだ労働が、吸血鬼のように、生きた労働を吸いとって生命をえ、より多く吸いとれば吸いとるほどその生命はますます活気づく。労働者が働く時間とは、資本家が買いとった労働力を消費する時間にほかならない」[283]。

スミスとリカードの直観をさらに深めて、マルクスは労働の二重の価値、交換価値と使用価値を明確にする。本性上労働者は、自分の再生産費（これが労働者の《交換価値》である）以上のものを生産する（これが彼の《使用価値》である）。剰余価値とは、ある物品のなかで労働時間で測られたこの差にほかならず、それを、労働力を買った資本家が横領し、利潤として蓄積する。したがって、労働の二つの価値をうけとらない賃労働者は、搾取され、疎外される。「自分の労働の生産物を奪われること、それは疎外されていることである。労働者はだから、他人のために労働するや否や、疎外される」[283]。誰か他人が、労働の結実の所有者となり、分業が存在し、市場、競争、解雇権が存在するや否や、疎外されるわけである。

この疎外はしだいに人々のあいだに拡がってきて、悪化するばかりとなる。資本家間の競争、資本家として生き永らえるために相互におこなう闘争から、最大の生産手段をもつ資本家、いいかえると、最高の利潤率——投下資本と取りだされた剰余価値との比率——をあげた企業家の手中への、資本の集中がおこってくる。資本家自身がだから、市場法則の犠牲者なのだ。そのうえ、時間がたつにつれ、経済の利潤率も、技術的必然性と社会闘争のゆえにしだいに低下せざるをえない。結局資本は、自己を維持するために、あるいは少なくともその不可避の臨終をさきのばすために、国家を頼みとしたり、さらには国家をわがものとしなければならなくなってくる。資本主義国家は、もっぱら所有者に奉仕するものであって、ヘーゲルや他のプロイセンの思想家たちが考えたように、社会全体に奉仕するものではなかったのである。

資本主義の経済、政治史はそれゆえ、資本の拡大と、《生産の動因および目的》[283]としての資本の価値実現の歴史だと要約できよう。「生産は、資本のための資本であって、その逆ではなく、封建制から人間を解放した歴史の流れは、本来矛盾にみちたものであった［……］」。資本主義的生産様式は、物質的生産力を発展させ、それに対応する世界市場を創出するための歴史的手段にほかならない。だが、それは同時に、その歴史的任務と、それに対応する社会的生産関係とのあいだの不断の矛盾を表わしている」。要するにだから、資本主義とは自己破壊的な性質をおび、その発展は「大量の小所有者（職人、農民、小資本家等）からの所有剝奪と、少数の所有者の手中への資本の集中と集積」に帰結する。ところで、すべての人々、あるいはほとんどすべての人々がプロレタリア、つまり無産者になれば、彼らが資本主義的秩序を破壊し、生産手段の所有と権力を奪取して、労働者階級が支配階級にとって代ることはいともたやすい。「資本主義的生産様式は、資本の所有とは完全に分離した経営管理労働がごくありふれたものになるところまでゆきついてしまう［……］。資本家は、金貸しや大地主同様、生産の次元で、まったく無用の産物と化してしまう［……］。オーケストラの指揮者はだからといって楽器の所有者ではまるでなく、楽団員の賃金を一人占めしてしまうわけではない……」。

だが、資本主義の最後の時が一刻も早くくることを、道義が要求する。社会主義への欲求がなければ、社会主義が実現されないからではなくて、さもなくば、ともかく永遠の勝利を生きるはずの労働者階級が無益な苦悩にいつまでも苦しんでいるがゆえに、《社会主義》を欲求しなければならない。

マルクスは何よりも、労働価値にかんするその命題に重要性をおいていた。一八六七年八月二四日付のエンゲルスへの手紙でこう書いていたからである。「僕の本のなかの最良の点は次の二点だ。(1)（これには事実のいっさいの理解がもとづいている）第一章ですぐに強調されているような、使用価値で表わされるか交換価値で表されるかに従っての労働の二重性、(2)剰余価値を利潤や利子や地代などというその特殊な諸形態から独立に取り扱っているということ」と。

だが、この命題が当時の人々の意識のなかで力をもち、経済的次元をこえてマルクス主義が大きな反響をよんだのは、ただ初めて、形成途上の社会主義的言述のなかで、無産者に存続の希望、個人が新しい集団、労働の集団のなかに自分を再発見できるという階級の希望があたえられたがためにほかならない。だからマルクスにとって――プルードンが非難したように――革命は政治的なもの、プロレタリア階級による国家権力の奪取、唯一党のなかでの存続でなければならなかったわけである。

まったく意識せずにマルクスが語ったこともまた、死について、死を回避する仕方についてだけだったといえよう。他の諸学説とくらべての彼の主たる独自性は、時間の枠に入りこんで、資本主義が競争と剰余価値の戯れにより、時間の流れとともに変化してゆくこと、変貌し、変革され、集中によって、自己破壊をおこすところにまで自己破壊によって集中してゆくことを把握した点にあったのである。彼にとって《社会主義》とは、人間とその作品とが和解する新しい再臨《パルーシア》、権力を奪取することで権力を否定しつつ権力を実現する階級によって、人間が永生に達するパルーシアにほかならなかったのである。未来の全体は、この権力の否定と実現という恐るべき両義性のなかにあるといえるだろう。

社会主義的計画、一緒に存続すること

一九世紀前半、フランスやイギリスの社会主義理論家は、労働者階級に対立して雇用主の味方についた国家にたいし、はげしい敵意を示していた。彼らは、都市と労働の孤独に抗して、皆で一緒に存続できる新しい労働集団（協同組合的、ファランステール的ないし相互扶助的集団）を創出したいと願っていたのである。

ジェームズ・ミル、オーウェン、フーリエ、ビュシエ、プルードンは、こうして、資本による労働の搾取がなくなり、全員が生産用具の所有者であり、全員で指導者を選出する協同組合の創出を提案する。サ

ン＝シモンとルイ・ブランだけは、経済への国家の介入と、国立作業場の創設、経済計画化を提案していた(113)。

この世紀の初頭、シスモンディは、賃労働者にも資本を所有させ、技術的な失業や病気のばあいにも、企業家が賃金を義務的に支払うよう提案する。一八二〇年ごろ、フーリエはファランステールの創設を提案したが、そこでは、あらゆる人間活動は、彼が《情念系列の法則》(144)と呼んだものに従うがゆえに、まるで天国のような趣きになるはずだった。彼によると、富の生産にたずさわる者だけが所有の権利を持ち、「個人的所有権は、この権利行使の一般的かつ共同の効用、時代とともに変化する効用にのみもとづく(144)」とされていた。公正で平等主義的な社会に到達するために、ジョン・スチュアートの父、ジェームズ・ミルは、労働者協同組合制と――当時にしてはとびぬけた大胆さで――遺産相続の廃止、あるいは少なくとも相続人の資産に応じてのその制限を示唆していた。「人間の性格とは人間を原料にしてでき上った所産にすぎない」と考えていたロバート・オーウェン(216)は、新しい人間の作出可能な組織、相互扶助的な協同にもとづく組織を推奨し、私的所有をそこから追放していた（社会主義という言葉は、それに、ロバート・オーウェン宛のエドワード・オッペンとやらいう人の手紙のなかで、一八二二年に英語で現われたものである）。オーウェンは、この種の実験のいくつかを合州国で試みた。労働者は労働がないばあいでも、一定の賃金をうけとれるようにしたのである。だが、彼は失敗した。「彼は、イギリスの下層階級が、それまで支配的な上流階級の専有であった所有の理想をどのように自分のものとして取りいれられるかを示そうと思った。彼なりのこの社会主義はしかし、下層階級の資本主義と区別できない(382)」とシュペングラーは指摘している。シニックで容赦のない批判だが、とはいえ、権力を握ったどの貴族にも国家が必要なプロシア人にしては、すぐれた理解だといわねばならない。

一八三〇年にフーリエは、「個人の絶対的権利」である《単純》所有と、「大衆の欲求に個人的占有を追随させた[144]」《複合》所有とを区別する。各組合員が、《生存の権利を保証》され、企業のなかで存続できるような最低所得を確保できる協同組合を創出することで、労働用具を共有化し、《社会化》しなければならない。この協同組合の利益は、肉体労働（一二分の五）、資本（一二分の四）、知識（一二分の三）に分配されるだろう。だがこの協同組合はそれ自体が目的ではなく、フーリエがいう《一般的組合員国家[144]》にむかっての第一歩にすぎない。というのも、とりわけ各人の健康を保証するためには、国家が必須のものだからである。彼は公的社会保険の考えを明白にこうのべている。「医療費は、病気を治すためにではなく、健康を保持するために集団によって支払われるだろう［……］。その結果医療は労働の質を改善し、資本主義的生産様式にとって代るほどまでに、生産性を高めるだろう[144]。」

他の多くの思想家も、私的部門とならんで集団的所有を発展させるべきだとする考えをおしすすめた。一八四八年春、ラムネは、その『ル・プープル・コンスティテュアン』紙で相互扶助組合の創設を提案する。「何一つ占有しない労働者はなぜ、自分を解放させてくれる資本を借りられないのか。換金価値のない未来の労働しか担保に提供できないからであり、この未来の労働が換金価値をもたないのは、いつ襲うかもしれない病気や死のため、不安定だからにほかならない［……］。未来の労働が実際の抵当となるためにはだから、確実に安定したものとならねばならないが、そうなるのは、アソシアシオンによってなのである[233]。」

一八五〇年にビュシエもまた、労働用具の所有者であり、その資本を《譲渡、分割できない[71]》、労働者アソシアシオン制の設立を示唆する。どの組合員も、「たとえ、アソシアシオンの社会資本の増大にその労働が寄与したばあいでも[71]」、資本の分配やアソシアシオンからの脱退をみとめられない。このアソシアシオンに新しい組合員の加入は認められるが、純利益は、アソシアシオンの成員、貧窮者と資本の増加のために配分される。アソシアシオンに資本を出資した者は、その資本部分の利子をうけとるが、労働者としての資格においてしか利益配分にあずかることができない。要するにそこでは、賃金のヒエラルキーがあってはならない[71]、とされたのであった。

一八四八年の春、プルードンは、協同組合、「全被雇用者が所有権を持つ」労働者会社と、小所有者や労働者に無利子で貸し付ける協同共済国民銀行の創設を提唱する。一八四九年一月には、資本も利益もない人民銀行を創って、各成員の労働生産物を担保とする交換証券を流通させようとし、また土地銀行も創設しようとした。この銀行は、「農民を搾取から解放させるための、負債と高利にたいする革命の道具である。小作人は、不動産の利用代を支払うたびに、その不動産の所有権の一部を手にいれ、それを担保にできるだろう[336]。」

こうして当時、とりわけ印刷業では約三〇〇〇もの協同組合が生まれ、一〇年以上も続いたのである。一八四八年の革命直後、国家は以前にもまして強力となり、社会主義者にはもはや無視できず、ひき入れ、利用すべきものとなった。このときから、国有化の計画がしだいにひんぱんに人の口の端にのぼるようになったのである。「生産手段と原料は中央集権化され、職業はコンクールで、賃金は必要によって割当てられる[77]」べきだ、とカベーは提案する。バブーフの後継者である、ラポンヌレ、ラオーチェール、ピヨ、デザミは、「財産、労働、教育の共同体[105]」の支持者となる。ヨーロッパではじめて政府の職についた最初の社会主義者、ルイ・ブランは、「競争というおぞましい怪物の破壊[50]」を示唆し、「経済の主要部門に、老人、病人、障害者の扶養にその利潤を用い、危機におしひしがれた他の産業を救うためにもその利潤を用いられるような、特別の作業場[50]」の創設を提起する。彼はじじつ実行したが、しかし結果は惨憺たる失敗に終ってしまった。

だが、オーウェンの協同組合、フーリエのファランステール、ルイ・ブランの国立作業場などの失敗、世紀の初頭に作られた生産協同組合のヨーロッパでのほとんどの消滅、国家主義的革命の潰滅、そうしたことから一九世紀後半には、マルクス主義にかなり自由な活動の場があたえられることとなった。とはいっても、その《勝利》を理解するには、その系譜学、および、企業や家族をこえた、社会階級のなかで無産者を確実に存続させる、マルクス主義だけが独自に考案したその方法を研究してみなければならないのである。

ドイツでは、W・ヴァイトリングが、強力な国家から出発して、一挙に共同体的所有の確立を提案する。「権力を握れば、蛇の頭を踏みつぶしてしまわねばならぬ……。敵と休戦したり、交渉したり、敵の約束を信じたりしてはならない。(414)」だが、一八四五年以降、あまりにも《メシア的》だと批判されて、ヴァイトリングの影響力は後退し、代って《無神論者たち》、とりわけ、生産手段の集団領有を要求していたカール・ロドベルトゥスやカール・マルクスに有利な状況がうまれてきた。マルクスは、生産と資本の漸次的な社会化から自然に生じてくる生産手段の不可避的な社会化という観念を打破しようと必死になっていたのだが、しかし念頭にあった社会主義の計画を明確に呈示しなかった。《ブルジョア的所有》、つまり、「資本を領有することで、他者の労働を隷属させる力」の廃絶をのぞみ、《コミュニスト(285)》社会——この言葉を、実現された社会主義の意味に彼は用いている——の本質的特徴は、平和と調和にある、とされた。彼にとってこの状況はとりわけ欲求の飽和を意味していた。「コミュニズムを特質づけるもの、それはあらゆる種類の所有の廃棄ではなく、ブルジョア的所有の廃棄である。(282)」そこへは、《必然性の天国》から《自由の王国》への《飛躍》によって到達できるだろう。コミュニズムとは、《自由、平等な人々》の社会であり、コミュニスト社会の人間とは、自己自身および自然と融和した、《新しい、全的人間》にほかならない。人間は、自由の結果として《豊かな欲求》を持ち、労働は、「たんに生活手段であるだけではなく、本源的な生命欲求」となり、労働時間の短縮と自由選択によって、創造活動となるだろう。労働の専門化と分業は制限され、コミューン社会の人間は、「狩人、漁師、牧者になるなどということなしに、気のおもむくままに、朝《あした》には狩りをし、午《ひる》すぎには魚をとり、夕《ゆうべ》には家畜を飼う[282]」自由をえるだろう。パリ・コミューンにかんして、マルクスはまた、《生産者の自主管理》の必要性について語った。こうして、歴史の終末がきたり、そこではもはや所有者がいないのだから、支配、被支配も階級関係ももはや存在しなくなり、それゆえ、国家も無用となるだろう。

　しかしながらマルクスは、一八五二年以来概略素描し、プロレタリアートの暫定的独裁とよんだ移行期については、漠然としたことしかいわないままだった。中間局面のあいだ、「国家は、プロレタリアートの革命的独裁以外の何ものでもありえない［……］。プロレタリアートはその政治的覇権を活用して、ブルジョアジーから資本を少しずつ奪いとり、一切の生産用具を国家、すなわち支配階級として組織されたプロレタリアートの手中に集中し、できるだけ急速に量的な生産力を増大しなければならない。むろんこのことは、当初は、所有権とブルジョア的生産体制の独裁的な奪取によってのみ達成されうる[282]。」生産手段の必要な集中化と両立する、唯一の解決策としての国有化について、マルクスは漠然としか語らなかったわけである。

　この移行期の記述を彼が故意に言い落したのは、自分が拒絶する官僚制国家が、ヘーゲルやプロイセンにおいて、現実にあらわれるのを見たことからきていると、おそらく考えねばならないだろう。

　エンゲルスのばあいはもっと明確で、『反デューリング論』のなかで、こう書いていた。「プロレタリアートは国家権力を奪取し、生産手段を国家の所有に転形する。だがそうすることで、プロレタリアートは、プロレタリアートとしての自分自身を揚棄し、そうすることであらゆる階級区別と階級対立を揚棄し、そうすることでまた国家としての国家をも揚棄する。」彼はまた、「人にたいする統治に代って、物の管理が現われる(127)」《計画経済組織》を主張したのである。

一八六一年、ドイツ人、フェルディナント・ラッサールは、その『既得権の体系』のなかで、社会主義の法思想をねりあげようと試みた(236)。彼はそこで、ブルジョアジーに直接対立する唯一の存在である国家を強化しなければならない、とのべていた。

厳密にいえば、社会主義の政治史は、ここに始まったといえるだろう。一八六四年、マルクスは他の人々と一緒に、第一インターナショナルを創設するが、一八七二年のバクーニン派のアナーキストの分離後、一八七六年に崩壊する。最初の社会民主党はドイツで、ラッサールの全ドイツ労働者同盟（その綱領は、普通選挙の開始と労働者協同組合の創設に要約される）とベーベル、リープクネヒト、ベルンシュタインのドイツ労働組合連合を基礎に、一八七五年にゴータ会議で創設されたが、その理論家は、当時のどこよりも強力で近代的なプロセイン国家のなかにもぐりこむために、独占企業の国有化と国家社会主義の創始を提唱したのであった(113)。

マルクス主義はこうして、予言と存続のなかに安住し、未来の科学を無産者にあたえた。だが、プルードンが望んだこと――相互扶助と協同組合によって「所有をじわじわと焼き殺してゆくこと」――は死滅したわけではなかった。やがて社会主義の時代が日常生活となってあらわれ、皆で一緒に生きるべく望まれた存続の時代が、若干の人々にのみやってくるだろう。

節約による存続

というのも、社会主義者の宣教とは反対に、むしろヘーゲルの思想にそれとなく読みとれる考えに一致して、資本主義はこの世紀とともに消滅しなかったからにほかならない。それどころか、マルクス主義者が資本主義の根本的な敵対者とみなしていた人々、つまり賃労働者自身を、しだいに資本の論理とイデオロギーにさそいこむのに成功した。人民の健康のための支払法としての保険制度を考案することで、意図的ないし無意図的に労働者を預金者にかえて、その存続をはかったからである。

貧民を慈善で救済する時代はすぎさり、今や貧困とその不可避の分身、病気を援助する時代がやってきたわけである。互いに隠喩となった貧困と病気の科学的分析が、この世紀末には、バルテレミィとかいう教授の文章につぎのように説明されていた。「貧窮は自然現象である。それは、痛風が人体の欠陥であるように、社会有機体の持病にほかならない。その原因と戦い、その進行を阻止し、その強度を弱めることは可能である。だから保健学で痛風患者数をへらし、治療学でその苦痛を緩和することができよう。しかし、誰も人類から痛風が消滅する日がくるだろうという幻想を抱くわけにはゆかない。同様に、赤貧という厄病神から永遠に解放された社会のうえに朝日がのぼるのを期待することは妄想にすぎない(12)。」社会悪はだから今や、看護し、さらには除去すべき病気と結びついたわけである。

ここに存続と所有とのきわめて単純な新しい紐帯、すなわち、医学によって健康と蓄財、いいかえれば保険負担金と平均余命とを結びつける紐帯があらわれたといわねばならない。

出費のかさむ慈善機関はもはや不適当となり、貧者の権利に代って貧困の経済学があらわれた。新しい秩序のなかに労働者を統合するシステムが、慈善施設にとって代ることを、経済学者、医者、政治家は要求する。資本に奉仕する機械としての労働者の生存期間を延長するために、まず社会扶助が、ついで社会保険が制度化されることになる[12]。

民主主義国では、貧者が蓄積手段をもてるように配慮して、まず貧困の改善に努めようとするのだが、必要なものさえ手にいれられないのに、赤貧にあえぐ労働者にどうして貯蓄を要求できるだろうか。病気の危険に投資して彼らの健康を買うよう強制的に強要しなければならない。こうして保険が、規制国家、しかもすでに市場の自由な戯れの諸結果を規制しようとしていた国家のイデオロギー的構成要素となる。超保守派はそのことを理解してはいたが、恐れもしていた。一八五四年の『タイムズ』紙では、「国家に虐待され、拘束されるよりも、むしろコレラやペストに罹った方がよい[12]」と書かれていたからである。国家は国民に、平均余命を見越してあらかじめ所得の一部を先使いする権利を買わせた。つまり、確率と統計を売ったわけである。節約して保険料を払うことで、人々は、より長い存続の確率を買うことができた。まさにこれは大衆時代の誕生であり、政治的決定が統計学を統合したのである。

疾病保険はまず、労働者の年間強制負担金と雇用主の補助金で出資された相互扶助の形態で制度化された。その結果、医療、薬剤費の払い戻しが保証され、病人にたいする日々の補償金が支払われ、埋葬費も給付された。

一八五〇年以降、アメリカの都市ブルジョアジーは、結核、鉄道事故といった世紀病にも保険をかけはじめる。やがていくつかの企業ではさまざまな災害の社内補償をおこなうようになり、いくつかの鉱業会社では、被雇用者のために医者を雇って賃金を払うまでになったのである。

一八五五年五月二〇日に社会経済委員会に提出されたある報告で、ペノ博士は、アルザス（フランス北部、プロイセン、ミッドランド——そこでは一番早く実施された——をふくむヨーロッパ地域）での相互扶助的な保険制度をこう記述していた。「何年も前から、オー・ラン県のあらゆる工場では、病気のばあいの相互援助基金が作動している。その資金は賃金からの天引きで調達され、その代り病気の組合員には、医者の往診、専門家が調剤した医薬、その他の必要経費のための一日当り一定額の補償が、無償でおこなわれている。死亡のばあい、前もって規定された額が、基金から埋葬費として支払われている。[12]」

一九世紀も後半にはいると、ヨーロッパのいたるところで、国家は少しずつ地方や私的な制度を代理するようになってくる。フランスでは、扶助や衛生をコントロールするために、いくつかの部局、公共機関、役所が設置されはじめた。一八七六年にプロイセンでは、国家保健局が創設され、一八七九年には、印刷工職業協会が、最初の失業保険を創出する。[12]一八八〇年の経済大恐慌、労働組合の暴発、社会主義者の脅威の現実化などから、ビスマルクは労働者の商人の秩序への統合を推進する。資本主義国家は、マルクスにこう返答したわけである。労働者は自分自身の階級の介入を何ら期待するにおよばない。私的な節約で十分だ。国家が残りの全部をひきうける、と。こうして二〇世紀の到来がつげられたのである。

貧困、失業、病気から保険によって身を守るという観念はさらに発展する。一八九一年、「新事態について」という回勅のなかで、教皇レオ一三世は諸国にこう要求したからである。「いかなる時にも労働者が労働に事欠かないよう特段の処置を講じること、産業労働につきものの、突発的、偶発的な事故だけではなく、病気、老衰、不運な災難にも対処する準備金を労働者が持てるようにしておくこと」と。

音、イメージ……そして酵母

一九世紀にはまた、次の世紀における所有概念に重要な役割を演じる三つの発明、すなわち蓄音機、写真、生物学——その重要性は当時ほとんど気づかれないままだったが——が出現する。

一八五〇年ごろ、多くの芸術家たちは、まだ注文に応じて作品を作っていたが、しだいにその政治的比重を著しく高めていった。「彼らはつねに舞台の前景を占め、富、名誉、尊敬を集めている[331]」とK・ポミアンは指摘している。一世紀前、ワットーは貧困のなかで死んだが、彼の作品の復刻者は財をきずき、芸術家はいまや金廻りのよい仕事となっていた。すでに、一八二〇年ごろ、レオポルド・ロベールはその有名な版画『刈り入れる人』を一年間で一〇〇万刷りも自分で売っていたし、アングルは、自分の作品の複製権を二万四〇〇〇フランで譲っていた。画家は自分の作品の所有権をわがものとしていたわけである[11]。作家の立場もまた改善されていた。一八一〇年二月五日の政令では、文学の著作権の譲渡可能性を直系では二〇年、その他のばあいには一〇年と定めていた。一八二五年に起草され、一八三六年と四一年に修正された法案では、五〇年に期限をのばすことが提案されていた。「耕作者が開拓し、その労働と汗とによって通常領有する畠のように、厳しく辛い思考の創造が、作者の子孫に永久に譲渡可能ではないとは[144]」と、ラマルチーヌはそれでも驚いている。一八七八年、ヴィクトル・ユゴーは国際文学芸術協会を設立し、一八八六年九月九日のベルンで締結された協定では、文学芸術の所有権の国際的な保護が確立されたのであった。

同意なしに自分たちの楽曲を使用するキャバレーが増加してくると、音楽家たちも、著作権の徴収組合をつくった。楽譜使用権を徴収するための世界で最初の組合は、一八五〇年二月一一日にパリで創設されたS・A・C・E・Mである[11]。フランスでは一八八六年五月一六日の法令で、舞踏会のオーケストラに代るものとしての《メカニックな楽器》(手回しオルガン、オルゴール、ついで一八七七年には蓄音機)の使用が認められ、さらにずっと一般的に、「音曲を機械的に再生するための楽器の製造と販売[11]」も認可された。

写真は、ダゲールの発明をフランス国家自身が買い、普及させた一八三九年に飛躍的に発展したが、イメージの所有問題は、イメージを再現できるようになるまで、提起されなかった。

最初はまず、写真を版画やリトグラフに複製するだけで甘んじなければならなかったからだが、やがて焼増しさせて写真を新聞に売ろうとした最初の人は、マッシュー・B・ブレイディとかいう男にほかならない。彼は誰からも共同出資をうけず、約二〇人ばかりの写真家と協力して、南北戦争の写真を何千枚もとった[148]。この《ルポルタージュ》の費用のために資本を借りたが、しかし売れ行きが思わしくなかったので、主要な債権者であり、機材一式を提供してくれた写真機生産会社にそのネガを譲渡しなければならなくなった。この会社はネガを焼付け、印刷させて、何年ものあいだ出版したが、一方、ブレイディの方はといえば、破産してしまったのである[148]。

こうした複製は、一八八〇年三月四日までは、しかし稀にしかおこなわれなかった。というのもまさにこの日に、ニューヨークの『デイリー・ヘラルド』紙で、活版印刷にちかい、純粋にメカニックな仕方で再現された最初の写真が掲載されたからである。世紀末になるとこうした再現はしだいに発展したが、とはいえまだ作者の署名がなく、初期のリポーターたちは、才能からよりもむしろ体力から選ばれたものらしい。写真は新聞の所有物となり、誰も、写真にとられることや雑記事に書かれることに対抗できなかった。とりわけ人は誰もまだ、自分のイメージの所有者ではなかったからである。

ちょうどこのころ、さらにこっそりとした仕方ではあったが、生物体の所有権が、あらわれはじめた。一八七三年、アメリカ特許庁は、ルイ・パストゥールに、「製造物としての、有機的病原菌をふくまない酵母」にかんする特権を認めたからである。ついで一八七七年には、抗毒素血清、一九〇四年にはバクテリア・ワクチン、一九一六年にはヴィルス・ワクチンの特許が認可される。こうして、科学的発見、養殖、植物育種、医療の発明は特許取得不可能だが、技術的な性格を帯びたもの、《人工物の生産》、それまで未知だった生物体の生産が可能な操作は特許取得可能という慣行ができあがったのである。

⁂

一一世紀から構築されてきた、資本主義と商人の秩序の《中心部》とは、以上のようなものであった。生者を物体に、自然物を人工物に、聖物を貨幣に翻転しながら、そうとは公言せずに形成され、そうとは自ら認めずに発展してきた、奇妙な秩序だといわねばならない。《資本主義》という言葉が、《社会主義》という言葉よりもはるか後に、一九世紀末になってやっと認められたのも、社会主義はたんなる企画にすぎなかったが、これにたいし資本主義は、世界を支配し、さらに次の世紀になって巨大な富と非常な貧困とを生みだすために、名前さえ必要とはしない、古くからの現実だったからにほかならない。

すでに、一九世紀のさなか、次の世紀に存在するものの前兆が予告されていた。ユゴー、ノーヴァリス、ポーをはじめ作家たちは、創作における自分固有の役割と、自身のテクストにたいする所有権について疑いをもちはじめていたし、やがて、マラルメとシュールレアリストは、自分自身を奪いとられ、責任をもてないたんなる《操作子》にすぎない、と自分たちをみなすようになる。彼らはこのような形で、かつて自然がその法則を押し付けていたように、各主体にその固有の法則を強制するほどまでに強力な人工物、巨大機械の世紀の到来をそれとなく暗示していたわけである。

第四章　人間の固有性

生きること、それだけ――狩の形象――独占と首都――誰のために国家は動くのか――戦時経済とその後、I――存続の党――アーリア人を生きる――支配者／被支配者――清潔（所有）――ニューディール国家――戦時経済とその後、II――山積みの死者――ドン・ファンと共有地《エヒード》――市場、計画、所有――物の所有――スターに向って――所有者市場――持て余すナルシス――負債の生産と消費――世紀末の混合経済――民営化――民活の社会主義――ノマドする物――所有と市民権――持つこと、知ること――物＝生命――自己のコレクション――人は三度しか死なぬ――人間の固有性一四三四年、ルッカの豊かなブルジョアが、ぞっこん惚れていた娘とブリュージュで結婚する。二人とも美しく、金持ちだった。だが二人とも深刻で、多分悲しげでさえあった。というのも、夫ジョヴァンニ・アルノルフィニと妻エリザベト（姓はわからない）は、ブルジョア的幸福の外観の裏で、自分たちが家族を作れず、待ち望んでいた子供に遺産をのこせず、自分たちの名前によって死後も生きつづけられないことを知っていたからにほかならない。二人は同じ家柄ではなく、その結婚は社会秩序を乱すものだったので、教会もブルジョアジーもうけいれてくれなかったからである。人々は黙認はしたが、すぐさま彼らのことを忘れさってしまわねばならなかった。そんなわけで、婚儀も、祝いもサクラメントもなく、ただ二人の証人と一匹の犬が立ち会っただけだった。

だが、この証人の一人は、ヤン・ファン・アイクという名前だった。人々にたいする証人として、歴史にたいする証人として、彼はこの事件から、西欧絵画の大傑作の一つをのこすことになる。それはまた、大芸術家だけが夢想し着想できる判じ絵のために、当時の男性が認めていたあらゆる存続の方法、あらゆる多産財――すなわち、女性、土地の果実、貨幣――の象徴的痕跡がしのびこんでいる最高の予兆画の一つにほかならない。背後の凸面鏡にほとんど見分けられない反映として、これらの財の最後のものが映っているのを忘れないようにしよう。そして、今日では判然としているが、その当時にはほとんど判別もされなかった者、そのおかげで神と人々の律法に反してまで、ジョヴァンニとエリザベトの姿を永遠に忘れられなくしている者――すなわち芸術家、創造者、人間自身と人間を独自な存在としているもの、すなわち、世界を再現し、考案し、形象化するその能力が背後にあるのを忘れてはならないのである。

二〇世紀初頭にこうした直観が明白になるまで、たどる道のりはなお長かった。過激な言動、虐殺、残虐、不条理、無知を通って、商人の秩序にいたるあらゆる道を踏破しなければならなかったからである。対立する極度に多様な代々の社会、だが存続する保証のための蓄財の仕方をみいだそうと躍起になって、さまざまな支配者に仕えるために、同一のコード、商人のコードと、同一の多産財、貨幣とを利用しようとする社会を生きぬく仕事がまだ残っていたのである。

二〇世紀になって変化したのは、存続させるべきものは何かという、道徳的、哲学的、政治的な考え方だけにすぎない。いくつかのところでは、たとえば一二世紀のフィレンツェでのように家族だったり、一三世紀のヴェネチアでのように国家だったり、一七世紀のアムステルダムでのように会社だったり、あるいは一九世紀のロンドンでのように株式会社だったりした。その後また、ベルリンでのように国民だったり、モスクワでのように党だったり、ニューヨークのようにマネージャーだったりする、新しい事実があらわれてくる。

この長い道のりにそって何がおこなわれ、われわれに何が示されたかを把握するには、この長い歴史によりそって、それを物語り、日常生活の堆積のなかに核心的な断片を見破って、将来人間の固有性はどうなるのかということをすぐれて開示しておかねばならない。

生きること、それだけ

今世紀初頭、死はもはや生者たちの所有物のなかの一つの所有物、同時代人を不快にすることを恐れて、人々があまり語りたがらない一種の別宅にすぎないものとなっていた。ロマン主義が消滅し、それとともにに愛惜の念と思い出の崇敬も消滅したからであり、自己の傍らに分身として身近の祖先が漠然と現存するという観念だけが存続していたにすぎない。葬儀や墓自体をのぞけば、死に備えて貨幣をためこむこともなくなっていた。もっともじっさいには、ミサや寄付はしばしばおこなわれていたが。「都会に立派な邸宅をかまえて豊かさを誇示するように、われわれは大墓地に、豪奢で堅固な死後の家を造って、この豊かさを確認している」と、エミール・マーニュは世紀の初めにその『都市の美学』で書いていた。

変ったのは、存続のための基礎だった。先進資本主義国では、土地がもはや重要な多産財ではなくなっていたからである。たしかに田舎や都会で、とりわけ土地所有がきわめて集中していたところでは、大地主がなお強力な影響力を行使していたのは事実である。イギリスでは、可耕地の半分を二〇〇〇人が占有し、その六分の一を約一〇〇人ばかりが併有していたので、彼らはまだ大きな社会的比重をもっていた。地所がはるかに細分化されていたフランスでも、大地主は、選挙のときさわめて重要な役割を演じていた。エルベ河彼岸のユンカーのドイツ、南イタリア、ハンガリー、ロシア、中国でも、なお土地領主が権力を握っていた。明治維新によって封建的権利が廃止された日本でも、大地主がまだあいかわらず国をコントロールしていたのである。

しかしながら、商人の秩序の国々では、今や本質的に存続は貨幣に、その利用法、持参金、遺産にもっぱらかかっていた。巧妙な婚姻関係によって家名があがり、確かな未来が設計され、祖先と子孫の領有に役立ったのである。自分の貨幣の働きで生活しているか、あるいは自分では働かずその不動産で生活している金利生活者と、企業をうちたて市場で発展させている企業家との縁組が理想の原形とされていた。と同時に、人々は自己を意識しはじめ、私生活が発展し、自己自身のために存続しようと望みだす。蓄財もまた、自己自身を生きるためそれだけに、医療と衛生、休暇と余暇のおかげでより長く生きる希望を手にいれるために、おこなわれるようになったのである。

これは個人的なものだけの追求というわけではなかった。なぜなら、健康は、非排他的な財にほかならないからである。それどころか、ある人の病気は、他の人の生命の存続を脅かすのだから、めいめいが利他的に行動する方が有利になる。たとえば、貧者を治癒するための費用を集団が医者に支払った方が結局は富者の健康にも役立つことになる。各人はそのことでよりいっそう生きる権利を獲得し、最も富裕なものがよりよく生きるのを容認する。最も富裕な人々は、こうして、貧者にたいする道徳的責任を自分たちで負っている、と感じられるわけである。

この当時、カトリック教会が「所有者の社会的責任」を認めていたことはいうまでもない。一八九一年、レオ一三世はその回勅『新しき事態について』のなかで、「富者と雇用主に」こう訴えていたからである。「労働者を奴隷として扱ってはならない。キリスト教徒の尊厳によっていやましに高められた、人間の尊厳を労働者にも正しく尊重しなければならない。肉体労働は［……］恥ずべき事柄であるどころか、人間に名誉をもたらすものである。」

プロイセンでは、途方もなく《社会主義的》だとみなされるまでの何年か、保健制度はさまざまにアレンジされながら普及していった。地方分権化の伝統に忠実なイギリスでは、各雇用主の責任下での労働者の保障が組織化され、労働党が誕生し、一九〇五年に自由主義者が国会で多数を占めたとき、この保険は強制化された。フランスでは、一八九三年七月一五日の法律で過ぐる一世紀間に練りあげられた無料の医療行為が法的に有効だと認められただけだったが、その後一九一〇年には保険が一般化され、高齢者の薬剤と入院の無償化がそれに伴った。一九一二年にこの制度のお蔭を蒙った人々は一二〇〇万人にも及んだ。医療とひきかえの作り話を維持しようと全力を尽した医師会の暗黙の反対にもかかわらず、今日では保険組合直接払いは医の倫理に適したものと法的に認められている[12]。
世紀の変り目以降、進歩はめざましく、誰も以前より長命となり、保険制度が作られた大部分の国では、平均寿命が五〇歳をこえるようになった。とりわけ、都市の死亡率、とくに幼児死亡率の明白な減少は、人類史上初めてのことといわねばならない。

商人の秩序では、一方の善が他方の善でもありうるというこの観念は、なおたどたどしいながらも、人間諸科学でも再確認されている。社会を科学的に組織化できないかぎり、経済秩序は自然のまま——いいかえれば当時最優先であった秩序、市場の秩序——にまかせておけばよい、と最初に明言したのは、レオン・ワルラスだった。「経済学も倫理学も存在しないとき、産業、所有、家族、政府の組織化を主張することは、私の意見では、コムギを挽いてコムギ粉を作ろうとしないのに、いやコムギを播こうとすらしないで、パンを作ろうとするのと同じようにばかげたことである[441]。」一九〇九年にはさらにこう書いている、「まず自由に科学を作り、ついで合理的に政治を作る。一切はそれにつきる[441]」と。自然的なものとは、じつは市場にほかならない。自由放任がこうして、科学的な慎み深さにもとづく行動となったのである。

同時代の、ヴィルフレド・パレート[318]やバローネのような他の人々は、経済的理想は完全な計画化によって——社会の所有者たる国家の《生産省》が全市場の同時的均衡を指標とする連立方程式を立て、その解を得ることによって——理論的に実現できると主張していたけれども、両者が共に認識していたのは、そうしたことは現実には実現不可能であり、どんな試みもきわめて複雑なので、自然秩序の上に影響を及ぼしたり、あるいはそれを攪乱することが避けらない、ということにほかならなかった。

それゆえ、自然秩序だけが生きることとそれだけを可能にし、それ以外のすべてはあまりにも複雑なので、明らかに不安定で、したがって致命的たらざるをえない、と自由派は考えたわけである。

みかけとは反対に、一九世紀は消費の大世紀ではなかった。いかにも蓄音機、電話、オーブン付きレンジ、ミシン、時計、写真がこの世紀に出現したのは確かだが、大衆品としてこれらのものを産業が生産していたのではない。大鉄道網の建設と、繊維産業、化学工業の飛躍的発展が最優先とされていた。まだ重要な関心は、食べたり、着たり、住んだり、移動することにおかれていたのである。

二〇世紀の最初の数十年間で、一切が変化した。中産階級は、いまや、よりよい住居、家具、衣類食物を十分買えるだけの収入をえていたからである。ヨーロッパと合州国で、商人、小実業家、医者、弁護士、技師などの中産階級は、直接的ないし間接的に給与の支出で生活する新しい階級を構成していた。彼らは現存する物を大量に買っていたが、さらにそこへ、その所有欲を満足させる新しい物、つまり自動車が突然現われてきた。

一連の技術的、文化的な急変によって、可能となり同時に必然ともなった自動車は、商人の秩序に新しい飛躍をうながすようがとなる。一切は新しいエネルギー源である石油と石炭、内燃機関と蒸気機関というこの対立からはじまった。というのも石油は石炭よりも個人的な、私的に利用できる機械を動かせたからであり、一八六〇年にフランス人E・ルノアールが発明した内燃機関は、一世紀前ロンドンで蒸気機関がはたしていた役割をはたしたからにほかならない。石油を用いた内燃機関は、工場と輸送の効率を増大させ、大量生産労働を可能にし、やがて自動車の大量生産をみちびいた。

自動車はこれまでになく新しく、きわめて特別な物にほかならない。それは自ら動き、自己を顕示し、かつて誰もこれほど従順ではなかったまでに、誰の意のままにでもなる。それは、人間のメタフォアとして[117]——いやむしろ女性のメタフォアとして——公然と考えだされた最初の商品であり、エンジンに《餌》

をやらねばならず、《神経質で、エレガント》で、《身分証明書、衣裳》をもっている、等々。自動車を持つこと、それはその力、能力、男らしさを伝える手段となる。と同時に、それははじめて死と戯れ、自分と他人の生命を危険にさらしうる消費財にほかならない。他の似たような消費財についてはあとでみてみよう……。

二〇世紀初頭から、ヨーロッパは世界で最も稠密な道路網をもっていたので、車の交通にはぴったりだった。だから、自動車産業はそこで生まれ、内燃機関を装備した自動車を考案したのは、一八六七年のアルフォンス・ボー・ド・ロシャのようなフランス人や、一八八七年のダイムラーとベンツのようなドイツ人だったわけである(10)。ところが、ヨーロッパのブルジョア階級は、まだ耐久消費財にほとんどまるで心を動かされず、その富を誇示することをためらっていた。

反対に、合州国では、速度により適応した心性を人々は持っていたらしい。個人主義者であった彼らは、資産を誇示し、汽車より四輪馬車を愛し、生まれたときから車輪の上にいて、国内旅行の時間短縮が国民的統一の要因でもあったので、アメリカ人は新しい技術革新を利用し、その発展に必要な資本を集めるのに恰好の場にいたように思われる(10)。

他国ではまだ汽車しか製造していなかったとき、アメリカではすでに、個人用の蒸気自動車の製作がこころみられていた。一八八〇年以降、工作機械に内燃機関が用いられ、ついで一八九〇年ごろ、自動車に用いられるようになった。一九〇四年から一九〇八年にかけて二四一の自動車製造会社が創設されたが、そのうちフォードは、一九〇三年六月に、その創業以来すでに一七〇〇台の車を販売していた。自動車産業は、人を引きつける部門となっていたが、だからといって工業生産全体の主要部門の位置を獲得していたわけではない(10)。

一九〇〇年にフランスでは三〇〇〇台の車しかなかったが、一九〇六年には一〇万台の車が走っていた。当時のフランスの生産は年間二万五〇〇〇台だった。この年、フランスは、世界の輸出自動車の三分の二を生産し、これはイギリスの一〇倍、合州国と同じだった。だが、パリのタクシー市場が出現したとき――これは大量規格生産の車を必要とした――ルノーの労働者は大部分辻馬車産業の古参だったので、労働の工業化と組織化を拒否し、そのためルイ・ルノーは車の大量生産にのりだすことができなかったのである[10]。

ところが、一九〇八年――広汎な負債が深刻な金融恐慌をひきおこし、アメリカの金融システムが中央銀行の創設を検討せざるをえなくなったまさにその時[15]――合州国に単純なコンセプトの車、フォードTが現れ、商品の性質そのものと生産方式とを一変してしまった。何年かのうちにアメリカ産業は、労働者の流れ作業による規格車の大量生産を軌道にのせ、賃金の安定化によって労働者の支出と秩序への統合化を可能にし、返す刀で、自動車を購入する中産階級の所得を増大させたのである。

大量規格生産によって、価格も低下した。一九一四年に《T》型車は、一九〇九年の半分になったからである。自分の帝国のなかでがんじがらめになっていたイギリスはこのとき、《中心部》としての支配力を失ってしまった。年間三万四〇〇〇台しか生産できなかったからである。無から出発したドイツも、二万三〇〇〇台でほとんどそのあとを急追する。フランスは四万五〇〇〇台でその前をいっていたが、合州国はすでにそのはるか前を駆けて、四八万五〇〇〇台も生産していたのである。

その経済効果は著しいものがあった。上流では、自動車は、製鋼業、鉱業、ガラス産業の発展を刺激し、下流では、銀行、保険、商業、巨大都市の発展を刺激したからである。

狩の形象、征服のイメージ、ドン・ファンのメタフォアを持つこの消費財、新しい所有物は、恐慌を解決し、無産者を統合することで、生活形態をかえてしまった。だが、これで終ったわけではない。

独占と首都

大国のすべては、都市が優勢な社会になっていた。ロンドンの人口は四〇〇万人にのぼり、どこでも都市が拡大されるにつれ、田舎は過疎になってゆく。一八八〇年、アメリカ人の四分の一が、八〇〇〇人以上の諸都市に住んでいたが、一九〇〇年には三分の一に増え、その一〇年後には半分にも達していた。人々は、都市で生き、死に、財産を築いていたのである。自動車のお蔭で、人口大密集圏のなかで移動でき、職場から遠くはなれた都市部に住むことができるようになったので、この過程はますます促進され、たちまち大都市間の序列がくつがえされてしまった。

ロンドンは、その帝国を守ろうとして、債務に喘ぎ、青息吐息だったが、他のいくつかの都市――ベルリン、パリ、ニューヨーク、フィラデルフィア、ボストン――は、商人の秩序の《中心部》、預金獲得の主邑としての地位を争っていたのである。

フランスとイギリスでは、大部分の産業会社は、株式会社の取締役会の大方の椅子を支配する、いくつかの家族によってなお占有されていた。イギリスの共同経営法が施行されたのは一八九〇年であり、イギリスやフランスのブルジョアジーは、いぜんとして土地に投資したり、支払能力の劣る封建勢力に貸し付けたりしていた。フランスとイギリスの銀行のやり口は、国債、保険会社、地方債、植民地での投資運用にもっぱら預金を誘導しようとしていた。この両国は、世界の証券の二大保有国だったのである。たとえば、ドイツに対抗してロシアの産業力の創出を援助するため、フランス人の預金高の八分の一までもが一九〇〇年と一九一四年のあいだにロシアに投資された。この当時、フランスの預金者は、ロシア産業への外国人の資本参加のじつに三分の一を占め、外国で広募されたロシア公債の四分の三までを占めていたのである。

世紀の初頭、秩序の中心は、大西洋のかなたに移行する。じっさいそこには、まず、製鉄業、軍需産業、化学工業、鉄道、造船業に、ついで自動車産業の発展にもとづく、新しい形態でのめざましい発展の条件が集中していた。当時アメリカの北東部だけで、世界の工業生産の三分の一以上をも確保していたのである。

合州国では――ドイツのばあいも同様だったが――新しい企業家が現われ、その貯蓄を産業に投資していた。とりわけアメリカで創設された事業銀行や投資会社は、ヨーロッパの貯金に魅力的で、私企業の発展を支配し、その株券に投資して、ライバル企業の設立を妨げていた。たとえば、一八九九年一月一〇日、ミシシッピー西部の全鉄道会社の幹部を前にして、ジョン・P・モルガンはこうのべていた。「銀行は譲歩しないし、銀行が全社一致で是認できないような、平行する鉄道網の建設や路線の延長を狙う株式や債権の譲渡を阻止するためには、権限内の一切のことをするだろう。」(274)

この傾向はしだいにこの国でひろがりはじめ、さまざまな制約（会社の規模ないしその資本の制限、活動分野の規則と統制、《提携》期間の制限、債務認可の制限……）が漸時消滅していった。《自由企業》が、国土全体での法的現実――もっともその形態は比較的に種々雑多だったが――となったのは、一八八〇年ごろのことにほかならない。州がちがえば、法人会社の設立様式も、時としてかなりちがっていた。会社を保持する何人かの人々がまた首脳陣でもある形態、つまり、少数の人員で自分自身の財産を経営管理しているばあいもあれば、数万、数十万の被雇用者と何百、何千人という株主を持つ、巨大会社もあったわけである。所有の拡散はしかしながら権力の集中の維持に妨げとはならなかった。アメリカの法律はしだいに均質化されてゆき、統一合資会社法は一九一六年に、統一商事会社法は一九二八年に施行され、他の諸州でもしだいに採用されたのである。

最も工業化された国々では、ダイナミックな競争から、いくつかの有力企業への資本の集中がもたらされる——当時のレーニンとヒルファーディングの筆による言葉をつかえば、独占を導いたわけである。「産業、商業、銀行資本といった、かつては区別されていた部門が、いまや、産業と銀行の大立物が密接に結びついた大資本家の支配下におかれている。(205)」

じじつ、語源的ないし一七世紀に持っていた意味での《独占》ではなかったにしても、資本の集中はたしかに存在した。一八八〇年から一九一八年のあいだに、イギリスでは、製糸工場と高炉製鉄所の規模は二倍になり、六五五の企業は七四グループに合併されてしまったからである。一八八〇年には二五〇の銀行が存在していたのに、一九一三年には四八行を数えるのみとなっていた。合州国でも、スタンダード・オイル社が、石油産業の準独占を実現する。一八七一年、ペンシルヴァニアの精油業者は、石油の輸送費を下げるために、仲間の一社、ロックフェラーのまわりに集まって、サザン・インプルーブメント社というカルテルを結成した。(274) もっとも、合州国の石油精製能力の一〇パーセントを集中したにすぎなかったが。一八七五年にはもっと強力なカルテル、セントラル・アソシエーションが精油所の大部分を手中におさめ、その後一八八四年には、投資持株会社、スタンダード・オイルとなり、アメリカのパイプラインと精油所の大部分を支配下においた。(274) 一九〇〇年、アメリカでは、繊維、ガラス、製紙、食品、非鉄金属、化学、製鋼生産の半分以上が、同じく大企業の支配下におかれていた。合併企業の資本組入れ総額は、一八八〇年には二億四〇〇〇万ドルだったが、一八九八年には七億一〇〇〇万ドル、一八九九年には、二二億四〇〇〇万ドルにも増大する。(274) ドイツでも、設備器材産業のカルテル化がみられ、統制経済的な政策に推進されて、集中化がおこった。たとえば一九一一年、A・E・Gはほぼ二〇〇の会社をコントロールし、六万人以上の賃労働者を雇用し、アメリカのジェネラル・エレクトリック社グループと、電気関係の世界市場を二分していたほどである。[274]フランスだけは、こうした動向の埒外にいた。借金を嫌がり、工場の機械化や労働者の大量集中をためらう所有者が経営していたので、企業規模は小さいままだったからにほかならない。

企業規模が拡大した他の国ではいたるところで、賃金生活者が増大していった。一九〇〇年のイギリス、合州国、ドイツでは、就業人口の五分の四までが、賃労働者にほかならなかった。ドイツでは、労働者の半分までもがすでに工業で雇用されていたのである。[274]一方、一九一三年のフランスでは、二〇〇〇万の労働者の四分の一だけが賃金生活者にすぎなかった。なお農業で労働者の四〇パーセントが雇用されていたのにたいし、工業では三分の一以下にすぎなかったのである。

二〇世紀の初めには、こうして工場が大量労働の場となっていた。労働におけるゆるやかな時間の使用から、賃労働者の一つ一つの動作まで細分化する時間測定の時代に移っていたのである。工場労働の強度は増大し、出来高給が一般化し、新しい監督体制が確立された。労働者の生活まで雇用主が統制しようという実験が組織的に制度化され、そこから、工場内での一種の社会的団結がふたたび現われてきた。「分業によって客観的に強制された機能的凝集性」の再現、とデュルケムは書いている。[123]今や労働が資本の所有となったのである。

要するに、賃金と収入の大きな格差を永続させ、数世代にわたって一種の社会移動を認めながら、賃金制度が都市社会を規格化し、無産者を《とりこんで》、統合してしまったわけである。[3]賃労働者は、働いて貨幣を獲得し、工場主は貨幣を働かせる。全体として両者は、自分が搾取する人々にたいする責任を工場主が認めるという、奇妙な集団を形成したわけである。一九〇五年、キリスト教作家のレオン・デュギがつぎのように書いたとき、事態を巧みに表現していたといわねばならない。「富の所持者は、この富を所持しているという事実からして、果たすべき社会的職務を担っている。この使命を果たすかぎり、所有者としてのその行為は保護される。彼がその使命を果たさないか、あるいは果たしそこなうと、政権担当者が介入しても、合法である。[157]」

この角度から、まさに国家は介入の兆しを示す。なぜなら、都市の道路管理や警官なしでは、自動車もありえないのだから、よりいっそう国家が必要となってくるからにほかならない。

誰のために国家は動くのか

二〇世紀の始まる前から、国によってその見かけの役割はさまざまだったが、国家は、賃労働者を《とりこみ》、物品の所有者にかえるために、いたるところで準備をととのえていたのである。

所有の擁護、国民のアイデンティティ、財の流通といった伝統的な役目とならんで、国家はいたるところで、当初は私企業にまかされていたのを、公共サーヴィスの形態で、新しい企業を作りだす。こうした企業が作られたのはたいていコミュニケーション網においてだったが、まっさきに手をつけられたのは、資本家に採算困難なことが明らかとなり、混乱をきわめていた、初期鉄道においてであった。

よく調べてみると、意図的にはじめて国有化を提案したのは、どうやらフランスだったらしい。一八七二年二月三日、ガンベッタがはじめて——一回きりのことだったが、——鉄道網全体を国家が買いとるよう示唆したからである。ついで、奇妙な皮肉によって、その数カ月後、一九世紀で最初の産業国有化がおこなわれる。一八七二年八月にティエールの後押しによって、マッチ製造の私企業——一年前、戦費調達のため重税が課された——が国有化され、国家の独占のもとで一つにまとめられたからである。[217]

ヨーロッパのいたるところで、鉄道の発展は限界に達し、しだいに、累積的な様相を示していた。実業家たちは、運賃値上げをしなくてすむよう政府に圧力をかけ、その結果、鉄道網の拡大が阻止され、企業市場は国内に局限され、なおさら低運賃を要請せざるをえなくなっていった。

フランスでは、一八七八年にフレシネが、サン＝シモンに教唆されて、鉄道新線の建設により、消費財の集団需要の創出を狙った、大胆なプランを提案する。これこそ、産業の成長を活発化させるために、国家を利用するという考えを提唱した最初の例にほかならない。

一八七八年五月一八日、まるで収益性がなく、保全も悪かった二六一四キロの西部線が国有化され、一八七九年七月一七日、国家は一〇年間で八八〇〇キロの路線建設を決定する。だがこの案は、資金調達手段がなかったのでお蔵入りになってしまった(217)。

賃労働者——彼らは今や空想的社会主義をよりどころに、あるいはその少数の一派はマルクス主義的社会主義をよりどころに、組合や政党を組織していた——の方はといえば、必需財、すなわち教育、健康、住居の社会主義化を要求していたのである。

じっさい、この当時——フランスでは一八七九年、ロシアでは一八八三年——とりわけあらゆる生産用具と労働者の住宅の国有化を強く要求する社会主義諸政党が設立されていた。一八七九年、ジュール・ゲードとポール・ラファルグはフランス労働者党を創立し、その最初の大会で、「住居用家屋や委託マーケットのような、さまざまな性質の建物を、市町村所属のあらゆる土地に建て、無償で住民に貸与するために自由に使用できる基金を、地方自治体が設定する(74)」よう要求した。ジュール・ゲードは『ル・シトワイアン』紙に書く、「不動産所有者がいるかぎり、借地借家人は骨の髄まですいとられて、路上にほうりだされることが、相変らず続くだろう。あたかも、工場主がいるかぎり、労働者が生産すればするほど、貧しくなるように。ただ一つの同じ階級に属する敵の所有剝奪以外に、借地借家人も労働者も救われない。[74]」アナーキストはさらに進んで、住居の私的所有一切を廃絶しようとまでした。アナーキストのJ・ギヨームは書いている。「家屋はすべて、共同体の所有である〔……〕。新しい住居は全員の費用で建てられるだろう。いいかえればその享受は無償であり、アパートの占有とひきかえに使用料、家賃を誰も共同体に払う必要がないだろう。[74]」

大部分の政党は、たとえ都市で反乱のおこるおそれがあろうとも、国家によるその建設同様、住宅の国有化を拒否していた。一八八〇年、ロンドンで開かれた《所有と自由の擁護のための会議》で、穏健な共和主義者、ジョルジュ・ピコは、「どれほど悪がはびこっていようと、国家ないし地方自治体による住宅の建設にたいし、われわれは断乎反対する[74]」とのべていたほどである。

共和派の見解では、しかしながら、共和国の経済的敵対者の力をそぐばあいであれば、国有化も是認された。たとえば一八八一年のフランスで、雇用主の非妥協的な対応のためいくつかの大鉱業会社でストライキがおこったあと、社会共和主義者や過激共和派は、「共和国防衛」のために鉱山の《国家への返還》を主張したからである。過激派の上院議員トランは書いている。「われわれは手足を縛られて、共和国には北部の全鉱夫を保護する力がないことを躍起になってみせつけようとする、王党派の金融寡頭制の思うがままになっている[352]。」

フランスではもっぱら鉄道の国有化の可能性をめぐって、論争がつづけられた。公共部門にかんする、これはきわめて興味ぶかい論争であって、というのも以後の全論戦をすべて先取りしていたからである。

何人かの社会主義者が怖れていたのは、国有化しても、労働者の地位になんの変化もなく、ただ国家を強化するだけではないか、ということだった。たとえば、ジャン・ジョレスは一八八八年にこう書いている。「確かに国家はいくつかの会社が非道にもおこなっている、いくつかの副次的な権利濫用、忌まわしくもけちくさい行動を、自分ではおこなわないかもしれない。だが、全体としてみれば、同じ原則にしたがって管理し、同一の賃金水準を適用し、賃労働者の取り分を最低限にひきおろすことで、国家もまた参加資本に利益の償却と配分をおこなうだろう［……］。雇用主が国家であれシュネデールであれ、労働者の従属、貧困は相変らず何一つ変らない[352]」だから、彼にとって、産業企業の国有化を受けいれられる唯一の条件は、企業の責任者が賃労働者によって選出されるばあいだけだった。しかもそのさい、《国民労働評議会》——工業、商業、農業の全部門の代議員と、国民の代表とが、「あらゆるその同業組合的な先入観をすてて、対峙する利害の素直な調停者である[352]」評議会——が、《国民的規律》を確立していることが必要とされた。同様に、ジュール・ゲードのような厳格なマルクス主義者にとって大企業の国有化に好適な条件はといえば、それが国家、つまり、「プロレタリアートが自己を解放しようとすれば、まずもって奪取しなければならぬ階級敵の敵兵、武器庫、要塞[352]」である国家を同時に弱体化するばあいにかぎられていた。そのためには、「第三身分が——少なくとも部分的にであれ——権力を共和主義化したように、所有を共和主義化」しなければならない、とゲードはいっている。

他のところでは、国有化は社会主義者の関心をほとんどよびおこさなかった。イギリスでも、一八七八年にビスマルクが社会主義者鎮圧法を投票させたドイツでも、社会主義を暴力的に壊滅させた合州国でも、こうした国有化の企てはみられなかったのである。労働者所有のごくささやかな実験をおこなった人もあったが、彼らは孤立していた。たとえば一八八四年に、リヴァー・ブラザーズ——のちにユニリヴァーとなった——の創立者、ウィリアム・リヴァーは、イギリスではじめて労働者持株制度の公的団体、産業参加会を作っている。

一八七五年、ドイツ社会党は、社会民主党に変り、一八九五年以降、その理論家の一人だったベルンシュタインは、階級闘争とプロレリアート独裁の放棄、現存秩序内での労働者の状態の改善と《ブルジョア的境遇の普及》を提案する。彼は少数派のリープクネヒトやローザ・ルクセンブルクにたいして優位を占めたが、一方、ドイツにはじめて社会保護制度を創設したビスマルクは、産業全体を私的分野にゆだねておいた。

ところが、いたるところで、景気が悪化しはじめていた。一八九三年にはアメリカの失業者は一〇〇万人にたっし、フランスでも、この年に賃金が二〇パーセント低下した。生産と利子率がひどく崩落し、この恐慌はその後一〇年以上もつづいたのである。各国は、それぞれの仕方で事態に対処しようとした。合州国ではそれ以来、大部分の州や地方自治体に、企業の占有やその株式の保有あるいは企業への貸付けが禁じられた。にもかかわらず、一九〇三年には連邦政府が全面的に管理する最初の会社、パナマ運河会社が創設されたのである。

フランスでは、左派も右派も、赤字に悩む電話網の国有化について、ついで——既述のように——西部鉄道網の国有化について、意見の一致がみられた。両方の組織網とも産業にとって無価値だったからだが、他方で収益性のある鉄道会社はいぜんとして私的資本家の手中にあった。中道派の二人の代議士、ギョーメとカミーユ・ペルタンは、西部および南部鉄道会社の国有化のこの提案によって、「国有化が有利か不利か完全に決定的で真剣な実験[217]」が可能になると《巧言》を弄した。破産寸前の所有者が、じつは狙っていた悪企みのまったく巧妙な表現といわねばならない。

一九〇五年四月、フランス社会主義者は、社会主義労働者インターナショナル・フランス支部のなかで、きわめて過激な思想のまわりに再結集して、《社会主義を目指す階級闘争党》を結成する。ジョレスの影響力はしだいにジュール・ゲードのそれに優るようになった。その目的は、「権力制圧と生産・交換手段の社会化のための、いいかえれば、資本主義社会を集産主義ないし共産主義社会に転換するための階級党としてのプロレタリアートの政治的、経済的組織」だと、憲章に記されていたのである。

それにかなり多くの人が所有権剝奪の観念を分有していて、キリスト教徒の環境のなかにまでみられるほどだった。「個人的所有が社会的必要に対応しないときがくれば、富の別の領有形態を組織するために、立法府は介入しなければならない(105)」と、一九〇五年にレオン・デュギは書いている。

その翌年、すでに一三年も前から提案されていた、西部鉄道会社の買収をクレマンソー政府が決定したとき、実行に移す機会がやってきた。「集産主義はいたるところに国家を要請しているのだから、どこにも国家を介入さすべきではないとは思われない」と、クレマンソーは書く。「われわれが強制できない経済的、社会的改善(217)」を他の会社に強制するための一種のモデル会社がこうしてできるだろう、と彼は思ったのである。

こうした論争のなかから、国営化をさけるために、自分の働いている企業の所有権に労働者を参加させようという観念が――イギリスで実行されてから一〇年後に――あらわれてきた。右派の代議士ピエール・ビエトリの言によれば、その目的は、「万人が公務員となる、つまり万人が行政権の恣意のままになるような体制へと国民を誘導する、巨大な国家独占体の形成を阻止する(217)」ことにあった。社会主義者の代議士ジュール・クータンは、これにたいしこう答える。「鉄道に所属しない労働者は、一体何を所有するのだろうか。時計工には時計を、機械工には機械を、ということに当然なってしまうのではないか[……]。あなたは特権的なカストを創りだそうとしている(217)」と。

一番強硬な社会主義者たちは、国有化を警戒し、さらにはそれに反対しつづけていた。一九一一年、サン＝カンタンで開かれた社会党大会で、ジュール・ゲードはこう演説していたからである。「社会党は買収の党ではない、所有剝奪の党である。党は買取りをすべきではなく、プロレタリアートから盗まれたものを、プロレタリアートによって、またプロレタリアートのために取り戻すべきなのだ。この目的のための、不可欠の唯一の手段は、政権の奪取である［……］。資本家にきわめて有利な買収の袋小路に入りこめば、無条件に強欲漢どもを利するだけであろう[352]。」当時その権勢の絶頂にあったジャン・ジョレスはというと次のような理由から鉄道の国有化を受けいれていた。「社会党たるものが、集団有に反対して会社の側にたつことなど考えられない［……］。生産資本の所有を集団有に移そうとする自由で体系的な意志のあるところにしか、社会主義は存在しないのである[352]。」

先行形態同様、しかしながら実施されたのは長期的な自己調整機能を持つ形態ではなかった。自動車の発展によって必須となった都市化はしだいにコストのかかるものとなっていったし、消費財市場はたちまち飽和したのに、労働者は埒外におかれていた。植民地は十分な剰余をもはやもたらさず、金融投資の収益性も減少していたからである。恐慌がやってきたのだ。さしあたり、借入金と軍備でこもごも市民の需要をみたし、恐慌を隠蔽する方策がとられた。が、集積された武器の使用が不可避となって、大戦が勃発し、必要な再調整がそれだけ遅れてしまった。他のどんなことより良かったのは、幸いにも戦争が負債を帳消しにしてくれたことにほかならない。

戦時経済とその後——I

第一次大戦の戦闘に参加したすべての国で、国家と産業の複合組織が大きく前進し、それが戦後のさまざまな形態の統制経済への道をひらいた。今日の国家の在り方の一切が、このとき考案されたのである。

フランスでは、一九一四年八月二日の宣戦布告以来、陸軍省が鉄道を管理し——といって国有化されたわけではない――、なお残っていた可処分労働力の配分を組織する。一九一五年五月二〇日、閣外の軍需大臣の所轄庁が武器弾薬の生産を統括し、ついで他の部門での生産を管理するためいくつもの事務局や委員会が創設された。計画経済が始まり、企画され、国家が生産量、価格、生産体制を決定したのである。一九一三年当時世界で最高の工業力をほこっていたドイツでは、一九一四年にジャガイモ、穀類、その他の原料を統制する部局が創設され、一九一六年には、あらゆる食糧生産物を徴発し、配給し、価格を決める食糧庁が創設された。一九一六年八月二八日には、財政手段、原料、熟練工を産業間に配分する戦時局がおかれ、武器調達が最優先された。プロイセン国家の後裔として理の当然のことながら、ドイツ国家はこのとき、それまで公然たる行使を拒否してきた大変な権力――ヨーロッパ中の最過激派の社会主義者が望んでいたのと事実上さして遠くない権力――を手中にしていたのである。

　この時レーニンは他の場所でこう書いていた。「社会主義革命の客観的発端は、最先進国での戦争以前から疑いもなく存在していた。いまやそれは戦争という事実からきわめて急速に成熟しつづけている。独占資本主義が、国家独占資本主義に移行したからである[244]。」ドイツのマルクス主義者も当時、全能となった国家を回収して、労働者階級の名で領有しようと望んでいた。

　フランスでも同じ権利要求がみられた。政党に先立って、労働組合がはじめてこの時、国有化の原則をその綱領に書きいれていたからである。国家が所有者でないとしたら、一体なぜ国家のために働くのか。一九一五年一月四日、労働総同盟（C・G・T）は、《真の産業ルネッサンス[352]》のために、企業参加を制度化するよう提案し、ついで一九一六年一一月には、労働組合と協同組合の管理による国有化を要求する。というのも、「生産・交換手段の社会主義化は、国家によってのみ統制さるべきではなくて、新しい集団機構のコントロール下にもおかれ［……］、生産者と消費者の適切な代表によって管理さるべき[352]」だからにほかならない。ここには、ジョレスがほんの少し前に表明した思想が再びみられるだろう。

勝利の翌日の一九一八年一二月一三日に、C・G・Tは、全産業の国有化と、戦時状態での統制の維持を要求する。「国民国家が集団的富の所有とその生産ないし交換手段にかんする社会権を回復し、維持し、樹立するばあい、また、県、市町村、協同組合、とりわけ法人格を付与され、生産者と消費者の適切な代表者によって運営される自主管理的な集団機構に、国民国家が漸次集団的富や生産・交換手段を委託するばあいにしか、経済の再編成はその有益な全効果をあげることができないだろう。[352]」ところが西欧のどの政党も、こうした見解に与《くみ》するものはなく、後にみるように、革命を開始したばかりのロシアをのぞいて、戦時の統制はいたるところで廃止されていったのである。

このことがまたロシア以外のヨーロッパで、社会主義政党間に断絶をひきおこすよすがとなった。一九二〇年二月、ストラスブールで社会主義者会議がひらかれたとき、国有化の問題は論議もされなかったのである。ところが、労働組合は自分たちに有利なように論戦をつづけた。この年の春のストライキで、C・G・Tが提案したのは、すべての公益サーヴィスは平等な三者（国家、生産者、消費者）から構成される行政審議会によって管理運営さるべきだということだった。「共同体の必要のためにのみ利用され、消費者に最大限の効用と節約をもたらすことだけを目的とする[352]」企業は、国有化さるべきだ、というわけである。五月六日にC・G・Tは鉄道の国有化を要求する。同年八月六日の第三インターナショナル大会は、参加希望政党が果たすべき二一条項を採択する。それはもっぱら党の組織にかんするものであって、所有の性質を対象としたものではなく、レオン・ブルム自身にとっても、当り前のことだった。反対に革命こそが、「所有制度の全面的転換」と政治権力の《革命的》制覇の問題を提起するものだからである。

一二月三〇日、このインターナショナルへ加盟しようとすれば採用しなければならなかった《テーゼ》では、プロレタリアートによる権力奪取、共産党、議会主義、労働組合、国際的連帯、農工業問題、加盟認可条件などについて広汎に言及されていた。農業にかんする第六テーゼには次のような一節があった。「農業生産手段の社会主義化は、工業生産手段のそれと同じ過程によっては実現できないであろう。農業生産協同組合や農地の共有化を促進させねばならない［……］。プロレタリア国家による分配・交換手段の独占化は、所有者から可能な投機手段を奪いとり、食料品の価格を固定し、中規模所有と結びついた特権を減少させてゆくことで、徐々にその存在理由を消滅させてゆくだろう。(352)」生産手段の社会主義化は必要条件ではあったが、同時にまた到達不可能なユートピアでもあったのである。

西欧での戦争はまた、最終的に普通選挙を確立させる機会ともなった。男も女も勝利の実現につとめ、したがって平和の決定権を持ったからである。イギリスでは一九一一年に、投票権を持つ者は男性の六〇パーセント以下だったが、一九一七年には、二一歳以上の全男性と三〇歳以上の女性に投票権があたえられ、ついで一九二八年には二一歳以上の全女性にまで拡大された。同様に合州国でも、大部分の南部諸州では投票権を持つためには、一八六七年一月一日以前から祖父や父が選挙権を持っていた者のみに投票権があたえられていた――これは黒人の排除を意味する――が、憲法修正第一八条によって一九一三年には男性の普通選挙が制定され、一九二〇年には修正第一九条によって女性にも拡大された。フランスでは、この第二の措置がやっと実現されるのは二五年後のこと、もう一つの世界大戦をまたねばならなかったのである。

存続の党

西欧では、資本主義が夢のような自由、民主主義、消費手段をあたえて、希望をかなえさせてくれたが、これにたいしロシア帝国では、秩序と権力はいまだに土地所有と結びつき、資本主義は副次的なものにしかすぎなかった。にもかかわらず、そこでもまた軍神《マルス》の計画が不可避であった。ロシア史を読むと、驚くべき連鎖反応によって、二〇世紀初頭に私的所有の廃止にまでゆきつくさまが、手にとるようにわかるのである。

一九世紀中葉以来、ロシアでの権力をめぐる論争は、土地所有、農民層の社会的統制とその就労の問題に集中していた。大部分のロシア・インテリゲンツィアは、奴隷制から解放された、同胞愛にみちた農村社会を構築するために、ツァーリズムにたいして農民層を動員しようと願望していたのである。一八六一年二月一九日、大西洋のかなたで南北戦争がはじまった年、ツァーは、農民をいっそう土地につなぎとめるために、まず自分の農奴を、ついで領主の農奴を解放し、ごく狭い土地を与えて、労働ないし貨幣で地代を支払わせようとした。ツァーの大いなる寛大さをしめす決定だったとはいえない。というのも、自分たちへの小区画の割りあてを拒否することは農民には認められず、活用しなければ失うことになったからである。「労働のみが、用益権と財の享受の唯一の源泉である」[259]と法はのべている。ミールの古い伝統にしたがって、自由農民はオプシチナ――土地買戻しのための農民負債に集団的に責任をおう農村共同体――に集まらねばならなかった。自分たちの小土地の支払が終るまで、農民は以前の領主に《暫定的に義務を負い》[259]、領主は農民の監督権をいぜんとして保有し、しばしば農民の土地や労働を農民に貸し付けたりしていたのである。農民は一旦《所有者》となっても、小土地を売ることも、共同体を離れることもできなかった[259]。

オプシチナは選出された首長に指導され、この首長は国内通行証を交付したり、共有地を管理していた。古代の評議会にもとづいて、彼は、裁判をおこない、租税を徴収し、軍役につく者を指名する。最初そのメンバーは選出されていたが、のちにオプシチナの首長に指名されるようになった地方裁判所が、相続、小土地の再分配、契約、盗みなどの問題を解決していた。これにたいし殺人者は当局にひきわたされた。私的所有はとても神聖視されていたので、盗人は村落内で死刑に処せられたが、これにたいし殺人者は当局にひきわたされた。「［盗みの］犯人は、ありもしない殺人を告白して、何とか命を助かろうとした。というのも、そうすれば残酷な仕方で手足を切断される代りに、司直の手にひきわたされるチャンスがあったからである。[259]」アルコール類の密造や、許可なき樹木伐採も禁じられていた。

多くの共同体で農民はよりいっそうの独立と私的所有を要求し、「自分たちの家族のために共同体的保有の放棄[259]」を願っていた。こうして、オプシチナと並んで、農業協同組合が創設されてくる。

産業の発達はまだ微弱だったので、初期のロシア社会主義者は共同体に好意的にふるまい、そこに未来の社会主義の源泉をみていた。チェルヌィシェフスキーのような、ナロードニキの先駆者たちの考えでは、労働者階級が存在しないので、「土地の領主的占有の廃絶と、民主的共和制の設立ができれば[259]」、オプシチナが社会主義発展の土台として役立つだろう。土地の国有は、「オプシチナ的占有形態で組織化」さるべきだとして、チェルヌィシェフスキーはこう提案する。「土地がある一人の人にではなく、地域の所有であること、各共同体がその土地区画を持つこと、個人的占有のないこと、ジャガイモやキャベツを売るように土地を売らないようにすること、これがわれわれの希望である［……］。長期の猶予期間の後に再分配をおこなって、オプシチナによる土地占有形態を維持してゆきたい[259]」。

これにたいし、『資本論』が翻訳された一八八二年以降、オスヴォボジデーニエ・トルーダ（労働解放グループ）による初期のロシア・マルクス主義者たち――プレハーノフ、アクセルロード――は、「プロレタリアートの必然的段階である資本主義を阻害する、ロシアの政治的、経済的、社会的後進性の基礎」

としてのオプシチナの終焉を要求する。彼らによると、労働者階級こそが、革命の担い手だったからである。彼らのうちのある者はサンディカリズムを発展させようとし、他の者は自由主義的ブルジョアジーと組んで、ドイツないしイギリス風の発達の道をさぐろうとした。一八九八年に創設されたロシア社会民主労働者党は、レーニンの指導のもとで、この路線にそって都市革命を切望する。一八九五年、レーニンは労働者解放闘争同盟をサント・ペテルスブルグで組織し、農民と労働者の同盟によるプロレタリアート独裁の樹立を望んだ。一八九九年に彼は、「ロシアの革命運動は、労働者の運動たるかぎりでのみ勝利するか、さもなくば敗北するかのいずれかだ」と書いている。

一九〇一年、チェルノフは革命的社会党を設立し、ナロードニキをひきついで、ミールを土台にした社会主義を要求する。産業資本主義の発展――もっぱら大企業に集中していたが――と歩を一にして発展したロシアの社会民主運動は、このときレーニンを味方につけた。一九〇三年、彼はロンドンで中央集権的な政治的権威者を首位におく労働者党設立の考え方を押しつけ、メンシェヴィキの分離をまねいた。その綱領のなかで彼は、「農民によるその家屋や土地代の支払の停止、農民層にたいする一切の債務の農民による支払の停止、修道院や教会、ツァーの家族に帰属する土地の没収、文化的必要のための基金の創設と農民共同体の援助」[259]を提案したからである。

世紀の変り目のころ、一億二〇〇〇万人のロシア農民は、シベリアと征服地をのぞいて、大部分オプシチナに再編成されていた。鉄道網の拡大によって、都市の需要も発展し、酪農業、飼料用作物、アマ、ジャガイモ、テンサイの栽培も飛躍的に増大していた。いたるところで賃金生活者の数が増え、土地を集積し、財を蓄えて、金持ちになった農民も何人かいた。こうしてクラーク〔富農〕が出現したわけである。

大地主たちは、土地保有農民なら、自分たちの土地とともに大土地所有を守ってくれるだろうと考えて、私的所有の観念の発展を願っていた。なぜなら、ウィッテ伯もいったように、私的所有の観念は、「まだ農民の意識のなかに浸透していなかった[259]」からにほかならない。じじつ、一九〇五年春、農民運動が最初の革命をひきおこし、ドゥーマ〔国会〕を産んだだけで失敗したあと、大臣ストルィピンは、オプシチナの全構成農民を所有者にかえようと企てた。レーニンはそこに罠をみて、農民をののしった。一九〇五年五月一一日、彼は第七回汎ロシア会議の報告で、「農民は民主的ブルジョアジーの最も自然な同盟者だ[259]」と書いている。農民を改革に参加させたいと彼はつねに言っていたが、プロシア型の大農地所有には反対し、「農業資本主義のアメリカ型」にもってゆこうとしていたのである。

反ツァー派の民主主義者たちもまた、事態のこうした進展には強い危惧の念を抱いていた。一九〇六年、社会革命党の第一回大会では「ロシアの伝統にのっとった[259]」土地社会化の綱領が採択され、各派の再統一が表明される。この年、閣議の議長となったストルィピンは、《上からの革命》を始め、「これまで支配的であった所有関係のもつれをときほぐし、獲得欲を教えこむ[259]」ために、農民がその成員となっているオプシチナを、小土地は確保したまま、離れることを許可した。だが、これは半ば失敗だった。一九一三年、ボルシェヴィキ派が他から分離独立したからである。

その結果、一九一五年までに、二五〇〇万の農民が生まれ故郷のオプシチナを自発的にたちさり、一七〇万の農民が無理やりに立ちのかされた。だが、大部分の私有農園は、肥沃な土地にあって三圃式輪作をおこなっていたものをのぞくと、都市に売るほどの剰余を生産できず、数は少ないが政治的に有力だった労働者プロレタリアートは我慢できなくなって暴動の寸前にあったのである。ナロードニキの理論家の一人、ユーヤコフは当時のロシアを《炎の家》にたとえたほどだった。労働者ソヴェトの数は増大し、ストルィピンは暗殺され、やがて戦争の火蓋がきられると、産業も田舎も国家奉仕にかりだされた。人民のすべての力が戦争に投げこまれたのである。

この時、革命の夢が舞いもどってきた。一九一六年にレーニンは書いている。資本主義の進展は「生産の全面的な社会化の戸口へと導いた［……］。この状況での革命家の直接的任務は、国家権力を奪取し、資本家の所有を剝奪した後、あらゆる企業を国家権力機関のもとでの単一の大《トラスト》に結集して、資本主義の傾向をその最終段階にまで導くことにあろう[244]」。

レーニンは当時きわめて少数派に属していた。ナロードニキ、つまり社会革命派とメンシェヴィキ派が社会民主労働者党の多数だったが、レーニンの国家観や経済観に与《くみ》していなかったのである。

一九一七年に革命が勃発すると、工場にはソヴェトが作られ、ペトログラードのソヴェトでは多数派だった社会革命党が、国家権力を手中にしたが、平和問題と、イギリス流の一種の民主主義の設立を願っていたブルジョアとの連合樹立の仕方をめぐって、意見がわれてしまった。

リヴォフ公爵の政府が樹立され、一九一七年四月一日には、諮問議会の直接選挙をペトログラードの労働者は要求し、四月六日、クロンシュタットの水兵は、土地の人民への移転と平和を要請する（四月テーゼ）。一六日にペトログラードに到着したレーニンは、その有名な指示――「目覚めよ、諸君」――のなかで、この段階にとどまってはならないと勧告する。七月半ばのボルシェヴィキのクーデタの失敗のあと、彼は再び危険を身に感じてフィンランドに亡命した。八月八日半ば非合法化されていたボルシェヴィキ第四回大会で、工業生産全体の労働者統制と最大企業群の社会主義化という将来をみこした綱領が採択される。七日に成立したケレンスキー政府は、こうして国の統制力を失い、労働者党のメンシェヴィキ派は、「国民経済全体を郵便のように」組織化することを要求する。すでにツァーは三月二日以来退位していたが、ケレンスキーは九月一四日共和国の宣言をおこなった。一〇月二〇日、諮問議会の討論が開始されると、レーニンは平和と土地国有化を要求する。二五日、ボルシェヴィキは権力を奪取し、翌二六日レーニンは、改革派を「歴史の屑籠に」ほうりこむ、というだろう。

こうして一九一八年三月、今や共産党となった労働者党が政権につくことになる。だがどのように構築するかという真の困難がここから始まった。「どんな知的用具を党は自在にしているのか。数語で表現され、首尾一貫した全体を形成する、どんなスローガン、提案、批判があるというのか。問題の大きさに比べると、ほとんど確実で明確なものは何もない(277)」マルクスの著作には、社会主義経済での公共部門の最適規模についても、計画化についても、費用と価格の計算法についても、何も書かれてはいなかったのである。

たとえば、貨幣を使用しなければならないのだろうか。ある者は、労働量で生産物価値を評価することを提案し、他の者はエネルギーによる評価を提案する。N・I・ブハーリンとE・A・プレオブラジェンスキーにとって、貨幣は利用すべきではなかった。「価値法則が作動するのは、市場法則に規制された商品経済の枠内であって、一切のブルジョア的カテゴリー——貨幣、価格、賃金、利子、地代、利潤など——が経済計算に席をゆずって消滅した社会主義の枠内ではない(313)」社会主義の秩序はもはや商人の秩序ではない、と彼らはいうわけである。

同様に賃金の決定規則も存在しなかった。A・ノーヴの引用によると、トロツキーはこうのべたそうである。「生産手段の社会主義化が資本主義的所有におきかわってしまったのとまったく同様に、労働の義務原則も、自発的な雇用原則に永久に根底からおきかわってしまった[……]。このゆえに、貨幣形態であろうと現物形態であろうと、賃金は、個人労働の生産性と可能なかぎり正確に一致させねばならない(313)」

こうした一切は、学説やプログラムとなったわけではなく、まさしく政治的な企図だけで、思い切った行動がとられたのである。

一九一七年一一月八日、私人や教会の大所有地は補償なしで政令によって国有化された。土地は、「製造所、工場、鉱山、鉄道、その他の生産・輸送手段の、労農ソヴェト共和国の所有への完全な移転に向けての第一歩[259]」として、農民に分与されたのである。一週間後、産業企業は労働者統制下に移されたが、雇用主はなおその地位にとどまり、資本の所有も理論的には私有のままだった。遺産相続が廃止され、金や外国通貨は没収された。幹部や所有者が我勝ちに逃げさったので、次から次へと企業の国有化が積みあげられていったが、全体のプランも構成もなく、計画も一貫した意志もそこにはみられなかった。一二月一四日、政府は銀行の国有化と対外債務の破棄を決定し、一五日にはドイツとの休戦協定の締結を決定する。一八日、産業国有化にそなえて、最高国民経済会議が創設され、二七日、レーニンは、モスクワ、ウラル、ウクライナ、ペトログラードの八一の産業企業国有化の最初の政令に署名した。

頼りはソフナズーク〔ソヴェト紙幣〕を改称したルーブル紙幣だった。一九一八年一月一四日、労働者大衆の権利宣言によって、「人間による人間の搾取一切の廃止、社会の階級分裂の完全な廃棄」が革命の大義だと定められる。一月一八日、諮問議会――社会革命党が大多数を占めていた――は、選挙の数日後に解散されたが、この偏向に不安を持った労働者、兵士、農民の代議員は二月一〇日のソヴェト第三大会で、土地の私的所有の廃棄を再確認する。「一切の土地は国有財産であることをここに宣言し、その果実の平等主義的な分配の基礎の上で、いかなる種類の弁済もなく労働者に委ねられる。国民に重要なものである森林、心土、水、一切の家畜と資源、同じく一切の領地とモデル農場もまた国有財産であることを宣言する。」三月には一切の銀行が、「勤労大衆を資本のくびきから解放するための一条件として、労働者農民国家」に移転されることが、党大会によって確認され、四月になると今度は対外貿易も国家の統制下に移管されるようになった。
だがここで、レーニンは公共部門の拡大を中断してしまった。というのも一切は悪くなるばかりだったからである。労働者や公務員の賃金の大部分は以後現物で支払われるようになり、都市と田舎とのあいだの交換は強制的な物々交換になってしまった。戦争のせいで、またなお残っていた少数のブルジョアや土地所有農民、クラークの協力拒否によって、経済全体がすっかり混乱していた。三月、ボルシェヴィキの側につくのをうけいれていた社会革命派の左派は、和平計画に意見の不一致をみて、政府を離脱し、メンシェヴィキもまた地下活動に移行した。

こうした展開を阻止しようと願ったレーニンは、一九一八年五月に、こう書いている。「きのうは、現在の時機の核心は、できるかぎり断固として国有化し、没収し、ブルジョアジーを撃ち、止めを刺し、サボタージュをうちくだくことであった。今日では、計算できる以上に多くのものをわれわれが国有化し、没収し、撃ち、うちくだいたことを見ることができないのは目のみえない人だけである。社会化が単純な没収と区別されるのは、まさにつぎの点である。すなわち、正しく計算し正しく分配する能力がなくとも、《断固たる態度》だけで没収をおこなうことができるが、このような能力なしに社会化することはできないという点が、それである。[244]」

革命が始動させた国家機関は、しかしだからといってその歩みをとめなかった。一九一八年五月二日に製糖産業が、六月二〇日には石油産業が、二八日には今度は大企業と鉄道輸送の番で、資本金五〇万ルーブル以上の産業企業が国有化される。七月になると、全生産用具の国家所有、「すなわち全人民的」所有が基本法で宣言され、また「他人の労働で生活している人々」、――つまり金利生活者、雇主、聖職者、それに以前の警察官も入る――をのぞいた、普通選挙の準備がととのえられる。

都市と田舎との一切の関係も悪化するばかりだった。一九一八年八月六日、労働者の武装した分遣隊が、都市に必要な食糧を農民から収奪しはじめたからである。一二月四日、私的な国内取引きも国有化された。翌年、外国の干渉、内戦、無政府状態、欠乏によって事態はコントロールができないまでになり、やむなくレーニンは、一九一九年一一月二九日、「機械モーターのある五人以上の企業、機械モーターのない一〇人以上の企業をすべて」国有化せざるをえなかった。

一九二〇年三月になると、長期投資計画と最高国民経済会議が制度化され、ここに近代ではかつてみられなかった最初の《指令経済》[313]が始まったが、一年続いただけで、失敗に終ってしまった。工業生産は一九一三年の八五パーセントに、農業生産はその四〇パーセントに低下し、あまりにも行きすぎてしまった証拠だとレーニンは考えた。ついに彼は、一九二一年三月に、いくつかの国有化を取りけし、経済の多様性を強制する。が同時に、年初のクロンシュタットの反乱後、唯一党の独裁の樹立を決定した。彼にとって、政治的次元では後戻りできなかったが、経済的次元では、そうではなかったのである。彼は体制に好意的でない人々に出口の戸を開いてやった。お金は儲けなさい、しかし権力はわれわれに残しておきなさい、というわけである。

重工業、運輸交通、対外貿易は国有のままだったが、農業、労働者一〇人以下の小企業、卸小売商業——約一万企業あった——は私有化された。レーニンはさらに、新しい私企業も小さなものならその設立さえ認めている。賃金は多様化し、貴金属、農産物の徴発は中止され、農民は自分の収穫を自由に売れるようになった。ネップ(新経済政策)の効果があらわれはじめたのである。

一九二一年四月一五日、レーニンはその基本的なテクストで、所有にかんするその思想の要点を明らかにしている。彼の選択は明快であって、ソ連邦の未来とは、国家資本主義にほかならない、と何度もくりかえしていっている。「資本主義は社会主義に比べると悪である。が、資本主義は、中世、小商品生産および小商品生産の分散から生じ官僚制にくらべると善である［……］。だからわれわれは、小商品生産と社会主義との間の媒介環として、生産力の発展を保証する手段、方途、手続き、方式として、資本主義を（とりわけ国家資本主義の道へと導きながら）活用しなければならない[244]。」その数日後の四月二一日、彼はもっと明確にこういっている。「やがてまもなくロシアに国家資本主義を実現できれば、勝利であろう。われわれの主要な敵とは、自分たちの習慣、風習、経済状況をかえようとしない小ブルジョアジーにほかならない[244]。」さらに「今国家資本主義を樹立すること、それは、資本家階級がおこなった記帳と統制を実行することにほかならない。ドイツはわれわれに国家資本主義のモデルを提供してくれている。周知のようにドイツは明らかにわれわれより上位にある。だが、ロシアで、ソヴェト・ロシアで、国家資本主義の土台の実現が何を意味しているかを多少ともよく考えてみれば、良識のある人、本だけの真理の断片で頭が一杯になっていない人は誰でも、国家資本主義がわれわれにとっての救いだというだろう[244]。」

一九二二年、レーニンは外国資本による私企業の創設すら認可し、ドイツやアメリカの資本家に土地や鉱山の譲渡を承認した。また新たにゴスバンクを設立し、漸次的な新ルーブル流通の任務を負わせ、大国営企業に専用のチェルヴォネツ通貨を発行させたが、これは理論的に前のルーブル価の一〇倍にあたる、純金四・七四二グラムに相当するとされた[349]。農業援助のためには、農民の買う手工業製品の価格が統制された。当時レーニンは、公刊した最後のテクストの一つで、こう書いていた。「ブルジョア的独裁とプロレタリアート独裁との相違を農民にわからせるために、また、その企業が衰退せず発展してゆくために、小商品生産が資本主義的発展の道を避けられるようにするために、価格をひきさげねばならない[244]」と。

一九二三年二月、レーニンは身動きもままならぬ状態だったが、このとき企業の一〇分の九、ロシア産業の総売上高の一〇分の九までもがふたたび私有化されていた。約一五万ほどの私的な小企業が、全産業労働者の一〇パーセント以上を雇用していたのである。(259)

この年にまた民法が公布されたが、その第一条では、土地にたいする所有権をのぞき、「所有権は、その経済的、社会的使途にふさわしい方向で行使されるならば保護される」こと、また、「あるモノの所有者は法の限界内で、それを自由に処分でき、権利なしにそれを所持するものにたいしては自己の所有権を要求でき、一切の不当取得を拒否できる」ことが書かれていたのである。

レーニンが政務から遠ざかるにつれ、所有論争が再開された。トロツキーとプレオブラジェンスキーは、市場の奇蹟を期待しないよう、また中央集権的な計画経済による工業化を促進させて工業に剰余をもたらすよう、要求する。レーニン路線を維持して、農業の発展を最優先すべきだと考えていた、中央委員会の大部分はなおこれに反対だった。しかし、一九二四年一月にレーニンが亡くなった後、彼の政治路線は再検討されはじめる。たしかにそれは経済的成功をおさめたかもしれない。私的部門が国民所得の半分を生産していたにしても、農工業全生産は一九一三年の水準にまでもどっていたからである。しかし、レーニンの路線は農村では数多くの政治的困難をひきおこしていた。農産物価格の低下によって、多数の小農が破産し、クラークの手に土地集中がおこっていたからである。党のプロパガンダによると、クラークは政治的に自己の意志を表明し、生産物引渡しの拒否をしはじめていた。一九一三年には穀物粉一三億トンが市場に売りにだされたのにたいし、一九二七年に国家はやっと六億トンを集めえたにすぎなかった。農民は、手工業製品の引渡し制度の崩壊と、土地没収とを理由にして、自分たちの収穫の売却を拒否していたのである。

一九二七年は決定的に重要な年であり、ネップの運命も定まった。もっともネップの支持者がまだいなかったわけではない。私的農業の発展に好意的だったブハーリンは、工業にくらべておのずと農業に有利に作用する私有化の方向にもっと進むべきだとさえ提案していたからである。彼は、農産物の低価格の回り道を通じて、農業利潤の工業への強制的な転移を主張していたプレオブラジェンスキーと対立していた。一九二七年に出版された政治経済学概要で、スターリンの代弁者だったI・A・ラピドスとK・オストロヴィチャノフは、こうしたテーゼに公然と反対し、こう書いている。「工業生産物の高価格によって搾取される農民を犠牲にした国の超工業化政策、何年もまえからプレオブラジェンスキーが執拗に推奨してきたこの政策は有害であろう[313]」。

だが最終的に工業化論者が議論に勝つことになる。経済的理由からではなくて、政治上の統一性が市民社会の多様性に脅かされ、統一性を体現する党と労働者階級の優遇が必要だったからにほかならない。こうして政治的なものが経済的なものに、比喩的なものが現実的なものにうちかったわけである。

数カ月のうちに、スターリンは、工業に優先権をあたえ、私的グループと手を切って、経済計画と生産手段の企業への行政的割当とによって、工業化を促進しようと決定する。一九二七年の共産党第一五回大会で、モロトフは、集産主義的要素の《特別な重要性の強化》の必要について演説するが、しかしまだ具体的な計画を提案するにはいたらなかった。ボルシェヴィキ党はこのとき、「反対派がかつて思いもつかなかったような規模で[274]」の超工業化の開始を示唆したのであり、しだいに経済計画が不可避となっていったのである。

その結果は、ロシア農民層にとって情容赦のないものだった。ソ連邦は、イギリスが二世紀かかって体験したことを、たった二年で味わうことになった。時の政権は、富を貨幣に、権力を都市に転移させるために、農民を抑圧したのである。

そのためにスターリンは、農民を手荒く扱い、都市での社会主義部門、農村での協同組合部門という、《等しい二本足でたつ》システムを動かそうと決心する。[259] たとえば、農民が隠匿し、新しい都市の労働者が必要とする穀物を徴集するために、軍隊式の組織を作りあげる。私的市場を閉鎖し、クラーク――すなわち「二人の賃労働者ないし三匹の役畜、一〇ヘクタール以上の播種面積、加工工場、商店（賃労働者がいなくても）、複合農機、あるいは多量の良質の農業用具を占有する」[259] 人々、農民の四パーセントにあたった――を、人民の敵と指定する。それだけでもまだ十分ではなかった。一九二八年一月、スターリンは立場をかえて、トロツキーと結びつく。一九三〇年、都市への供給が新たに危機におちいったことから、国家への引渡し量を増大するために、かつてのオプシチナにならって、コルホーズ――協同農場――とソホーズ――国営農場――を普及させた。「その目的は、もっぱら貧農によびかけ、相当の国家援助を餌に……一定の国家ならびに集団的部門を四、五年のうちに創出することにあった[259]」

こうした処置の結果は、しかしながら伝統的な商業網をまっ先に混乱させただけだった。というのも、それに代る国家網もなく、都市への供給も改善できず、機械導入のために融資することもできなかったからである。

一九二九年二月の配給通帳制の実施と農産物価格の高騰は、深刻な欠乏がどれほど進行しているかを如実に示すものだった。それでも五月に投票された経済計画の見通しでは、農業を手なずけたように、重工業も発展すると考えられていた。だが、工業も同じことだった。明確に規定された経営基準の欠如が途方もなくひどい状態を作りだしていたからである。何をしてもつぶれないとわかっていたので、企業は何ら節約する必要もなかった。そこで働く人々の意志とは――積極的にせよ消極的にせよ――無関係で、しかもプロレタリアート独裁同様もはや後戻りができなくなっていたので、企業は国家をあてにして確実にその存続手段を入手できた。農業について、経済計画は、競争力ある国家ならびに集団部門――当時土地の集団化は四パーセントにすぎなかった――の発展を予測し、競争メカニズムによって私的部門はその超過分を売らざるをえないだろうと推測していた。クラークの消滅や農業で支配的な私的部門の再検討をまだ公然と経済計画は俎上にのせていなかったのである。

一九二九年六月にひらかれた共産党第一六回大会では、クラークにかんする議論は、彼らを大コルホーズに入れてよいかどうかの問題だけにかぎられていた。だが、その間明らかに、農業の成果はしだいに破局的になっていたのである。西欧で証券大恐慌が勃発した数日後の一九二九年一〇月三一日、『プラウダ』のある記事は、集団農場の発展にむけて全農民をそこに配属するよう提案していた[259]。

土地の全面的な集団化が告知されたのは、まさにこの時にほかならない。一一月には、集団化を首尾よく成功させる任務をせおった地方組織が配備される。一二月になると、事の成行き上クラークと手を切る必要のために、常時一人の賃労働者を使用したり、一基のモーターないし風水車を備えた《工場》(製粉業、バター製造業、果物や野菜の乾燥業……)を持つ者、あるいは季節的にであれ住居用の場所を借したり、工場に使用させる者[259]、あるいはまた、もっぱら労働から得られるのではない所得をうけとる者(商人、高利貸し、司祭)など――ほぼ八〇〇万の人々が耕地の一〇分の一、農業機械と商品化された穀物の五分の一を占有していた――そうした農民すべてに突如租税が課されることになったのである[259]。

一二月二七日、スターリンは、「階級としてのクラークの一掃」を命じる。その結果、いろんな仕方で五年間に五〇〇〇万の人命が奪われるだろう。集団的強奪がまずおこなわれ、ついで集団殺人がおこなわれたわけである。要するに、とモゼ・レウィンは書いている、「強制集団化は集団的領有のドグマの結果ではなく、権力と中流農民大衆とのあいだのぬきさしならぬ悪循環の結果だった[259]」むしろ私は、二つの多産財、すなわち貨幣と土地とにひき裂かれた欲求のあいだの相剋だったといいたい。一九三〇年二月、スターリンはさらに、個人農による農業賃金制度や機械の賃貸借まで禁止するにいたったのである。

この言葉の意味をさらに明確にすれば、生産手段の所有者、他人の労働を横領できる人はすべて、支配階級の敵であり、除去されねばならぬ、ということにほかならない。労働者階級に属さぬ者は、今や失格者となったのであり、それのみが本質的機能に近づくことを許す党に所属することで、存続を願うことができなくなったわけである。この時、新しい支配階級、人民の労働が作りだした剰余の委託による所有者が形成されてくる。こうして社会的エリートと国家、階級と官僚制との癒着が実現し、階級を代表する党が国家のなかに具現される。一方に服すべき経済が他方にも奉仕し、かくして一切は党に所属すべきものとなったわけである。

以後、一切の事態はきわめて急速に進行する。一九三〇年三月、土地の五八パーセントが集団化され[274]、一九二六年にはまだ二〇パーセントもあった私的工業生産は、一九三二年にはゼロとなる。私的商業は、一九二七年の七五パーセントから一九二八年には二二パーセントに減少し、一九三二年にはこれまたゼロとなった。大部分の農民はこの時オプシチナ——バルシチナ（賦役）の義務を負わされていた農民は、領主の同意なしには土地を離れることができなかったあのオプシチナ——に類似の集団農場に再びくみいれられた。一九三五年、新しい法令によって、コルホーズの農民には小区画地の用益開発権と、一軒の家および数頭の家畜の所有権とが認められた[274]。一九三六年には、この個人用小区画地は耕地面積の四パーセントを占めるにすぎなかったが、農民はまだ家畜頭数の半分——もっともその頭数はすでに三分の二に減少していたが——を私的に所有していたのである。

とこうする間に、農民階級の重要な部分——いずれにせよ若者で、おそらくエリートたち——は、農村の将来の見通しが暗かったので、労働者階級に移行していった。この年の一二月五日、所有のさまざまなカテゴリーを異様に細かく明記し再規定した新憲法が公布される。そこではまず国家、協同的、コルホーズ的所有が区別されていた。国家所有（《全人民の財産》）とされたのは、「土地、心土、水、森林、工場、製作場、炭鉱と鉱山、鉄道、水運、空運、銀行、郵便、国家が組織した大農業企業（ソホーズ、機械トラクター基地等）および地方自治体の企業、都市および工業団地の住居全体」であった。私的所有でありうる財産は網羅的にこう規定されていた。「労働に由来する所得と貯蓄、住居用家屋、補助的な家内経済、日常の家事物品、個人的に使用する調度類や日用品［……］、これら個人的所有財の相続権は、法によって保護される。」

さらに国家はこの時一切の農工業生産物の価格を決定することになったが、その結果多大の浪費が発生した。一九三六年、合州国で教鞭をとっていたポーランドの経済学者、オスカー・ランゲは、しかしながら、ハイエク、ミーゼス、パレートが主張したように、無数の方程式の解を得ることはできないにしても、社会主義経済は経済計画による価格決定によって、非浪費の最適状態を実現できると、必死になって証明しようとした。「レオン・ワルラスが完全競争の公売官として記述したものに似た[234]」試行錯誤のくりかえしを彼は提案している。それによると、「経済計画局は、一度価格を提示すると、生産単位当りのコストを最小化する要因の組み合せと、各生産物価格に限界コストを平準化する生産量とを、各企業に選択させることができる[234]」はずだった。だが、こうした手続きが現実経済に決して適用できないことは火をみるよりも明らかだろう。

第二次世界大戦が勃発したとき、帝国の政治的、経済的統一は再現された。なお自立した労働者は二・六パーセント、私的な小売商は一六パーセントを占めていたが、二五〇〇万の小農場は、二四万のコルホーズと四〇〇〇のソホーズに合併されていたからである[259]。誰も認めようとはしなかったが、大部分の市場が閉鎖され、価格が固定されていたにもかかわらず、一切の交換を相変わらず貨幣が規制していた。一九四三年にソヴェトのある雑誌にのせられた論文で、《価値法則》はなおまちがいなくソヴェト経済で機能しているが、しかし《変形された形態》においてであると書かれた一節に、アレク・ノーヴは注意をうながしている[313]。戦争につれ、政府は自由市場の発展を放置し、何人かの人には小区画地の私有権をとりもどさせた。私的小売商の比率も増大していた。巧みにコルホーズの所属をさけた農民は、ほぼ五〇〇万ヘクタールの土地を領有していたのである[274]。

中国では、過程はかなりちがっていたが、似たような結果に到達した。一九二一年に知識人が創設した共産党は、最初、ひどく混乱していたこの巨大な帝国で、都市プロレタリアートの権利回復要求の代弁者の役割を果たしていた。一九二七年、都市での革命運動の失敗後、党は農村に向かい、一九三三年には土地の大部分の没収と再分配を計画した、かなり急進的な農業綱領を作成する。産業所有権はきわめて貧弱な役割しかそこでは果たしていなかった。一九四〇年、毛は『新民主主義論』のなかで、「中国革命の根本的な問題は農民問題であり、農民層が中国革命の主要勢力である[276]」と書いている。じじつ、第二次世界大戦の前夜、「公式統計が三ヘクタールをこえる農地を《大規模》とみなしたほど、土地は細分化され、小農地が通則[286]」だったのである。

人口密度のせいで、革命は土地を再編し、企業を集産化しようとした。私的所有はしだいに、《社会主義的国家》所有と《労働大衆の社会主義的集団》所有におきかえられ、土地は人民公社に分与され、この人民公社自体がまた生産大隊と生産隊に分かれていた。生産隊とは、土地、役獣、道具の所有者であり、生産大隊とは、加工作業場、果樹園、水路網、無料診療所と学校の所有者だった。そして公社が大型生産手段、トラクター基地、水力発電所、灌漑施設、工場、中学校、病院、協同組合の所有者だったのである。人民公社の成員は小区画地の耕作権を持っていたが、その所有者ではなかった。一九五〇年六月二八日の法で規定されているように、「富農に所属するか、または賃労働者の手をかりて富農が耕作する土地はすべて、彼らの他の財産同様、保護され、手をふれない」とされていた。ここでもまた、農民は移動権をもたなかった。田舎にとどまる義務があったが、これは都市で失格者とならないようにするためだった……。

要するに、どちらの革命においても、最もよく存続できた集団は、集団的蓄財を管理し、それを再分配できた集団にほかならない。党のメンバー、軍と防衛産業の高級幹部を集め、国家装置の頂点にいたエリートたちは不安定で変りやすかったので、ある論理、ある論証、さらには死とのある関係を考えだした。彼らにとって、存続するとは、公共墓地のなかに場所を確保しておくこと、歴史書のページにつれて追憶をのこしておくこと、さらに、アレクサンドル・ジノヴィエフがその著『戦いを超えて』のなかで皮肉にも示唆したように、死亡記事に書かれた名前と発行地をいついつまでも残しておくことにあったのである。

アーリア人を生きる

存在するために排除し、排除するために持つのを禁じること、スターリンはそれを一階級全体とともにおこなった。が、ヒットラーは一民族と一緒におこなったのである。ここでもまた彼は、あとで殺したいと思ったものから、まず多産財の私的所有を強奪することから着手する。強奪が民族皆殺しを予告するように、奪取が殺人の予兆であるかのように、彼はユダヤ人に所有を禁じることで、その存在をも禁止したのであった。

ドイツでは、近代国家のいくつかの特質が形成され、《存続すること》が生きることを意味していたが、所有の強迫観念もさることながら、民族の純潔の妄想もなかなか大したものだった。ヴィルヘルム時代のドイツでは、反ユダヤ主義は、ユダヤ人が所持する財産にたいする非難に基礎をおいていたからである。ユダヤ人は、敵、寄生虫、盗人、富の独占者、ばい菌、資本主義が作りだした幻滅の原因、民族の吸血鬼にほかならなかった。当時の思想家の一人、アドルフ・シュテッカーにとって、「社会問題とは、ユダヤ人問題(418)」にほかならなかったのである。

逆に、反ユダヤ主義者であること、それは本質的な固有性を持ち、集団の成員であり、存在することだった。ユダヤ人に反対して在ること、それは集団のなかに在ることにほかならない。そして、集団のなかにある人は誰でも、存在権と所有者になる権利をもっていた。シュペングラーが書いたように、プロイセン人にとって、所有は「個人的獲得物ではなく集団に奉仕すべき義務である。個人的権力のしるしでも手段でもなくて、所有とは国家に決算報告を要求される所有者への委託保管物(382)」だったのである。

この時から、一切はすでに言われていた、と考えねばならない。というのも、所有とその最終的な解決の前提にかんするナチス思想の土台はすでにこの時設定されていたからである。そこから商人の秩序のもう一つ別の道、すなわち、国民として存続し、アーリア人として生きる道を探しもとめる方向にすすんだのである。

一九一六年以降、ドイツの右翼政党は、国を戦争にみちびき、荒廃させた国際主義の責任は、ユダヤ人にある、といっていた(428)。ユダヤ人とは、異人、社会体の寄生虫、スパイ、裏切者にほかならない。それゆえ、その所有を剝奪し、排除しなければならない。ここから、平等主義的で無国籍な国際資本主義に反対して、国家主義者でかつ社会主義者であるべきだ、ということになってくる。

一九二〇年代から、ナチス党の社会主義的傾向の指導者だったオットー・シュトラッサーは、この見解をつぎのようにはっきり表明していた。「ドイツ産業、ドイツ経済が国際金融資本の手中にあることは、社会的解放の一切の可能性の終焉、社会主義的ドイツの一切の希望の終焉を意味する〔……〕。戦争を体験したわれわれ若きドイツ人、革命的な国家社会主義者であるわれわれは、ベルサイユ条約に体現された資本主義と帝国主義にたいする闘争に参加しなければならない[428]。」生産手段の国有化は、だから必ずしも必須ではなく、鉄腕による経済管理と、ユダヤ人の所有禁止をおこなうだけでよかったわけである。

しかしながら、他のナチ党員のなかには、一切の株式会社を国有化すべきだと主張する者もいた。なぜなら、匿名性〔株式制〕の背後には、抽象的でコスモポリタンで、外国人であるユダヤ人が必ず隠れていたからである。

一九二〇年に発表された国家社会主義党の最初の綱領には、だから当然のことながら、反ユダヤ主義と反資本主義の主張がもりこまれていた。すべての株式会社を国有化し、《国家共同体の財産[428]》に転換すべしと鼓吹していたからである。

この同じ綱領のなかで、反ユダヤ論は明らかに所有と関係づけられ、ユダヤ人の外国人性、その唯物思想、公民精神の欠如が非難されていた。「図々しく情容赦もなく」彼らは「金銭と権力への渇望」をいやそうとし、「宗教、社会主義あるいは民主主義といった、より高潔なものへ向って人々を向上させる一切は、ユダヤ人にとって、たんなる金銭欲と支配欲を満足させる手段にすぎない[428]。」ヒットラーはさらにこの年、ドイツの全ユダヤ人に外国人法を強制適用し、ついで、自発的あるいは強制的移住によってユダヤ人を排除〔消去〕することを提案する。「強力な政府のみが、ユダヤ人を排除すると同時にその権利をも剝奪することができるだろう。」この科白の裏の意味を明確にしておかねばならないが、よく読めば大して難しいわけではない。この時から、外国人、ユダヤ人、病人、ばい菌は隠喩としてごっちゃにされ、消滅させるべきものとされたのである。一九二〇年八月七日、ヒットラーはこう演説した。「病気［ユダヤ精神］と戦うには貨幣を死滅させ、ヴィールスを絶滅させねばならない。人種の結核と戦うためには、民族をこの人種的結核の首謀者から解放しようと試みねばならない[428]。」ところで、ユダヤ人はアーリア人を撲滅させようと必死になっている。というのも、ヒットラーによれば、ユダヤ人は「深い道徳的体験」に欠け、「国家を破壊するために」貨幣を用いているからにほかならない。「その目的のために、ユダヤ人は株式資本と貸付け資本を創りだした」（産業に投下された資本とはちがって）。ユダヤ人は全民族の平等を説き、他民族の《人種的水準》を低下させている。したがって、「国家における理性の権威」を掘り崩し、それにかえて「多数性の権威」をうちたてることで、「他の全民族を支配できる人種の純血性を保持している[428]。」

ここでもまた、この重要なテクストのなかで、すべては言いつくされている。すなわち、商業、自由主義、民主主義、ユダヤ主義は、それが人々を平等にし、ドイツ民族の種差性、その本質的固有性、つまり唯一アーリア人であることを否定するがゆえに、ドイツの敵である、というわけなのだ。したがって党の綱領には、ユダヤ人からドイツ市民権をとりあげること（第四項）、公職につくのを拒否すること（第六項）、「国民の食糧を確保するためにきわめて必要なドイツ国籍の外国人」（第七項）を追放すること、が提案されていたのである。

だが、これらの敵だけではまだ十分ではないかのように、東方にもう一つの仇敵があらわれる。一九二一年三月一三日、ヒットラーは『フェルキッシャー・ベオバハター』紙にこう書いているからである。「ドイツ民族は、マルクス主義のうねりがうちこわされる日にしか生きかえらないだろう。」さらにつけ加えて、「ユダヤ人がわが民族を崩壊させせないようにしなければならぬ。そのためには煽動者を強制収容所にとじこめることが不可欠である[428]。」これこそ、やがて万人に明白となる除去の方向への最初の明確な意志表示にほかならない。

少し後に『わが闘争』のなかで、彼は病理学的隠喩を極限までおしすすめて、こういっていた。「ユダヤ人は腐った肉体のなかのうじ虫、過去の黒死病より悪い疫病、最悪のバチルス菌の運び手、毛穴から民族の血をゆっくり吸う人類の永遠の分裂菌類、血を争って戦うネズミの群れ、他民族の体内にひそむ寄生虫、寄生虫の典型そのものであり、有害なバチルス菌のように増殖するたかり屋、永遠のヒル、民族の吸血鬼にほかならない[428]。」ユダヤ人は、資本主義、退廃した芸術、レーニンのボルシェヴィズム――「その起源は無限にはるか昔の、つまりモーセのボルシェヴィズムにある[428]」――にさえ、一切に責任がある、とされたのであった。

だが、とするとあまりに多くのものを同時に敵にまわすことになるのだから、そのなかから選択しなければならない。そこで、一九二五年以降、ナチス党のなかでは二つの派閥が対立する。一方は、ユダヤ人と外国人を主要な敵とする国家主義派で、他方は、産業、金融、貨幣に敵意を持ち、外国の影響をまったく蒙らぬ、ふたたび純潔な農村社会ドイツを夢想する民衆派だった。後者は、その理論家シュトラッサーとともに、あらゆる銀行と土地の国有化、王族の所有剝奪を望んでいたのである。

ヒットラーにとってはしかし、このテーゼはゆきすぎだった。いかにも、貨幣は破壊者だが、しかし、アーリア人でない者にはその支配を拒否して、貨幣とともに生存しなければならない。一九二六年、バンベルクでの党指導者会議で、ヒットラーはシュトラッサーを少数派におとし、一九二八年には党綱領を農業改革とユダヤ人の所有剝奪にのみ限定し、他の民族、ドイツ民族の私的所有を擁護する。同年、帝国議会のナチス代議士の一〇人中八人までが、土地の先買い権を国家にあたえる提案に反対投票し、一九三〇年にシュトラッサーは離党しなければならなかった。

私的所有にたいする国家社会党の姿勢は、このとき決定的に歩みをとめたといえよう。存続するため、ドイツ民族は、多産財の統制を自分のもとに保持し、不法にもそれを横領している非アーリア人を排除しなければならない。権力奪取のためには、ドイツ産業の金融家がぜひとも必要であり、だからその邪魔をさしひかえねばならない。同年、帝国議会のナチス代議士は、一九一四年以後ドイツへやってきたユダヤ人の財産没収と、同時に一切の銀行の国有化を要求するが、ヒットラーはこの後の方の提案をひっこめさせたのである。

このとき、ヒットラーの野心がどこにあるかが、明白に予示されたのであった。すなわち、ドイツとヨーロッパから寄生虫を一掃して浄化すること、民族として《何千年も》生存できるように、アーリア人にその所有を返却すること、がこれにほかならない。それに同意しないものは、その財産を奪われた。党の新イデオローグ、フーバーは書く。「もしその義務を遂行しなければ、農民は土地から追い払われ、企業主は所有を剝奪され、労働者は解雇されるであろう[428]。」

いずれにせよ、他民族は排除され、何人も純潔でなければ存続できなかったのである。一九三二年一一月以降、ヴュルテンベルクの医師会は、《下等な連中[12]》の法的断種を主張するまでにいたったほどである。以後、ヒットラーが政権をとり、人種的な病原菌を分離し、民族の純潔性を守り、ユダヤ人から強奪し、経済を統制下におく一切の方途が決定的に準備されたのであった。

一九三三年二月、総統としての彼の最初の決定の一つは、悪性遺伝と診断された次のような病人の断種を目的としたものだった。「先天的な精神薄弱、精神分裂病、循環性精神病、遺伝性てんかん、遺伝性サン＝ギー舞踏病、先天性視聴覚障害、一切の遺伝性重度奇形［……］。医学の実験にもとづき、子孫が遺伝的な心身的欠陥におかされると高い確率で予想される、すべての遺伝性患者は、生殖不能にされねばならない[12]」

彼の第二の決定は、ユダヤ人商工業の組織的なボイコットと、その公生活からの排除だった。少なくとも七万五〇〇〇人のユダヤ小売卸商人が二年のあいだにその事業から排除されたのである。

所有は民族に奉仕するためのものでなければならなず、新しいエリートであるナチス党が、それを統制するが、占有はしない。一九三三年七月二五日の法律では、多数の部門の強制的カルテル化がおこなわれ、一九三四年一一月二七日には、国家の手に各部門のトラスト化と企業の強制的な閉鎖権があたえられる。こうして、国家社会主義者は私的部門を統制下におき、並行して、アウトバーン、運河、ダム、軍事施設を建設するために土地を組織的に剝奪し、文字通りのナチス部門（ゲーリング・ヴェルケ、フォルクスワーゲン、航空産業……）を作りだす。新しい指令経済が誕生し、国家は、法的資格なしに、その準所得者となったわけである。「所有を物財の使用決定権と処分権だとするならば、現実において、所有権に一般に結びつく真の特権を保有していたのはナチス国家だったと考えねばならない」とまさに適切にペイコフは書いている[319]。やがてみるように、ずっと後の**商人の秩序**のすべての大組織においても、事態はまったく同様だったのである……。

ドイツは大衆車と家庭製品を生産していたが、一九三五年の過度の兵器生産によってこの成長が支えられていた。一九三三年と三八年との間に鉄鋼、セメント、アルミニウムの生産は三倍にも急増したからである。と同時に、国家はその固有の無産者にも《就職口をみつける》ことができた。大規模土木事業の開始によって、全アーリア人を雇用したからである。

だが、ドイツ市場は狭く、したがって人手の貯水池を作り、原料の産地と広大な農地を支配下におく必要があった。帝国《ライヒ》の経済にとって、急速に戦争が必須のものとなってきたのである。

いたるところで強制労働がおこなわれ、その極端な例は一九三五年以降、ユダヤ人や政敵を閉じこめた強制収容所でみられた。それに近いものとしては、こうした人手だけでまかなわれる工場も設置されたのである。そのさい二つの戦略が対立していた(48)。すなわち一方は、財務管理本部と親衛隊の戦略であって、収監者の労働を最大限に活用しようとし、被収容者を数カ月間生きのびさせればそれだけ得るところがあると主張していた。他方は人種・移住本部とゲシュタポの戦術であって、最終的な解決〔皆殺し〕をすでに支持していたのである。

本当に強制収容所的な労働が始まったのは、《有用な仕事(48)》に政治犯を強制的に従事させる必要を布告した、一九三七年一月三〇日のヒットラーの演説以降のことにほかならない。

このときすでにユダヤ人は、一切の公職や国家統制下におかれたあらゆる活動から排除されていた。財産は差し押えられ、投資は制限され、同宗者のために働くかあるいは金利で暮すか、どちらかの権利しかのこされていなかったのである。ユダヤ人全滅の意志はこのころ公然と示されるようになっていた。ヒットラーは宣言する、「今日、私はなお予告しよう。ヨーロッパ内外でのユダヤ人の国際的金融がもう一度世界大戦に諸民族をなげこむとすれば、そのとき結果としてでてくるのは、世界のボルシェヴィキ化でもそれゆえユダヤ主義の勝利でもなく、反対にヨーロッパでのユダヤ人種の絶滅であろう(428)」と。

一九三九年九月、ドイツにのこっていた最後のユダヤ人たちは、自分たちの最後の財産、すなわち知る権利すら奪われてしまった。「大学や学校、美術館、コンサート、プール、スポーツ競技(428)」からも排斥され、ユダヤ的な響きを持った名前をつけるよう強制され、運転免許証、電話、ラジオを持つ権利も奪われ、要するに世界から切り離されてしまったのである。

ナチス機関にとって、明らかに死とは、一切の所有をユダヤ人に禁じたことの不可避の結果にほかならなかった。だがそれでもまだ、死の形態と期限についての論争がおこなわれていたのである。一九三九年、労働大臣はいぜんとしてユダヤ人を労働力として利用しつづけたいと望んでいたが、総統府とゲーリングはそれを拒絶した。一九四〇年六月三日、ついにユダヤ人の雇用が現実に禁止され、秋の終りには、ゲシュタポが、「一八歳から五五歳までの、特別労働計画に参加しうるユダヤ人失業者[48]」の悉皆調査をおこなう。特別労働とはまさしくユダヤ人にとって強制労働以外にはありえなかった。

戦争が勃発すると、ドイツ社会全体は、軍隊の世界そのものとなり、誰にたいしても私的所有について語ることが不可能になってしまった。国家とトラストが重なりあい、トラストにそのコスト、最小販売量、適当な利潤幅を保証することで、国家はカルテル協定を結んだのである。資本の所有者にはもはや、国家が決めた基準に従って資本を管理する権利しかのこされていなかった。最大限六パーセントの利益配当を規定した一九四一年六月法によって、利潤の最高限度さえ決められてしまったのである。シュペアーが発展させた[48]《私的産業の自己責任制》の原理に従って、私企業の利潤も、国家が発行する手形（メフォ）によって保証されていた。一九四一年三月二〇日に設立された全国石炭連盟は大独占企業の経営者が指導していたし、全国工業集団の会長、ヴィルヘルム・ザンゲンは、鉄鋼トラスト、マンネスマンヴェルケの社長で、電気トラスト・A・E・Gの取締役会に席を占めていた。ユダヤ人はもはやそこからすべて追放されていたのである。

一九四一年一二月一九日、労働大臣は、ゲシュタポの迫害からユダヤ人労働者を保護するため一切の仕事をその権限下におくことを要求するが、これにたいし一カ月後のヴァンゼー会議で、ハイドリックは、ユダヤ人にかかわっている者に、《労働による撲滅[48]》を目標として指示する。

ユダヤ人の絶滅とナチスの所有概念のあいだに私がうちたてた紐帯について、あるいは驚く人があるかもしれない。ところが、強制労働にかんする冷徹なその著書のなかで[48]、ジョー・ビリングは、十分人を納得させるに足る異常な個別例を引証してくれている。

O・オーレンドルフとかいう男は、「ナチズムのなかに、資本主義とマルクス主義と比べて根本的に新しい生活、活動形態をみていた[48]」が、一九三八年以来、《全国商業連合》のなかで指導的立場を占めていた。ソ連邦侵略の初期、ヒムラーが彼を、「ソヴェト占領地域の共産主義者、ユダヤ人、ジプシー根絶[48]」の任務をせおった四つの特務部隊の一隊の指揮官に任命する。オーレンドルフは、「良心的に大量虐殺をおこない、九万人――そのほとんどすべてはユダヤ人だった――の撲滅を指揮した」と告白している。一九四二年六月、彼はドイツに戻り、公安部と全国商業集団で活動を再開する[48]。こうしてユダヤ人絶滅から経済管理へと苦もなく移ったわけである。一九四二年の秋、相もかわらず《ゲルマン的》な理想社会を追い求めていたこの同じオーレンドルフは、「国家の権威と私的経済の利害の混交[48]」を助長させるとして、シュペアーの政策に反対の覚書をヒムラーにさしだす。一九四二年一〇月一六日付のヒムラー宛の手紙で、彼は、「総統《フューラー》は、国家に属する任務を企業家に付与する政策には断乎反対している、と（国家法務省の）ラマーズから聞いた[48]」と断言している。しかしヒムラーは、一〇月二二日付の返事で、「ドイツ経済の完全な資本主義的秩序に反対して行動すれば、戦時経済の生産性を阻害したとして非難されるだろう。戦争中、われわれの全き資本主義経済の根本的転換は不可能である[48]」と回答した。ビリングはここから次のように結論する。「裁判でのオーレンドルフの供述によると、ヒムラー自身、意識的に独占資本主義の方向へとドイツ経済を発展させようとしていた［……］。親衛隊は、農民と職人とからなるゲルマン主義の夢を育てたが、この夢はヒムラーの青春時代からつきまとって離れないものだった［……］。彼らは、この夢の未来の実現を大帝国の巨大な周辺部に位置づけていたが、そこでは、農民層と大職人階層の社会が発展し、都市は文化の中心以外の何ものでもないとされていたのである。ドイツはこの大帝国の高度に工業化された中核となるはずであった(48)。」

万事を関連させてみれば、邪魔になる一切を排除して、その純潔さによって存続しようとし、そうするためには略奪したあとで虐殺しなければならなかった国民国家のアイデンティティがこうして樹立されたわけである。

一九四五年四月二九日、その死の前夜、ヒットラーはその政治的遺書のなかでなおこのことを次のように確認していた。「だが私は、この点についてはなんら疑いをのこしていない。ヨーロッパの諸民族が、ふたたび貨幣と金融の陰謀家の株式の袋包みとしてしかみなされないなら、その付けは陰謀民族にまわってくるだろう。なぜなら、この殺戮戦の真の犯人は、ユダヤ主義にほかならないからだ(428)。」そしてこの遺書の最後にはつぎのように書かれていた、「私は国家の政府と党に、人種法の細心な遵守と国際的ユダヤ主義、すなわち全民族の世界的毒殺犯にたいする容赦のない抵抗を義務として課したのだ(428)」と。

支配者／被支配者

第一次大戦後の一〇年間、一見すると戦勝国では自由思想への回帰が大勢であったようにみえる。金本位制は廃止され、為替レートは変動し、右派の政府が政権についたからである。じっさいにはしかし、この外観の背後に、すこしあとの恐慌のとき、ずっとはっきりしたように、新しい勢力が登場しはじめていた。すなわち巨大企業の形成と強力な国家の出現がそれにほかならない。最初、巨大企業や国家は恐慌にたいしどう対処すべきかについてためらっていた。成長に必要な課税を拒否し、巨大な金融投機機関のなすがままにまかせていたので、恐慌はついに最悪期をむかえ、その結果、消費と私的所有の新しい国家形態が発生してきたわけである。

恐慌は、それが起こるたびごとに、人間による人間にたいする集団サーヴィスから、工業製品によるサーヴィスへの転換の契機となった、といわれている。そのたびごとに、資本と所有のあらたな集中、国家の役割の変化をよびおこし、国家は以前の役割を一つ失うと、また新しい役割を一つ付け加えることになったからである。

というのも、所得と資産の当時の配分状況では、自動車産業は、経済システムの再編成能力をもはや失い、いたるところで生産コストの増大、賃金の高騰がおこり、都市の維持も困難となっていたので、恐慌の発生を防ぐことが不可能だったからにほかならない。したがって体制維持に必要な定期的出費も急速に上昇していたのである。

ところで、第一次世界大戦は、金融資本の所有を容赦なく転移させてしまった。それまで世界の債権者だったヨーロッパが、債務者がかわり、もはや所有者ではなくなった。つまり、その外国における所有の半分は、消滅してしまったのである。

戦争遂行の金融政策として、国内貯蓄の巨大な収集網を作りあげていたアメリカが、いまや世界最高の貸し主となり、ヴェルサイユ条約後の混乱期に、世界経済の微弱な成長を一人で支えていた。国内のいたるところで、自動車産業によって道路網の建設が促進され、化学工業が進展し、染料、ソーダ、硫酸、薬品の生産が発展していた。

こうして、カルテル化が強化され、経済は集中化されてゆくことになる。一九二七年にメルチィット卿は書く、「競争は時代遅れ」となり、「企業合併と国際カルテル制による協調」(274)に帰着した、と。

企業の規模は拡大し、資本はいくつかの企業に集中する。テーラー主義への移行とともに、合州国での自動車製造所数は、一九〇九年の二六五社から一九二六年の四四社に激減し、イギリスでは、一九二二年の八八社から一九三六年の二〇社に移行する。しかもそのうちの五社だけで、全生産の九五パーセントをも占めていた。一九三〇年代のはじめ、合州国では最重要な二〇〇社が、当時存在していた全会社の総売上高の三五パーセントを占め、工業製品の半分までもが五社以下の企業だけで生産の四分の三以上を生産している部門で生産されていたのである。(274)

資本の所有はそれにもまして集中化されていた。一九二九年、一四〇万のアメリカ人が上場株券を占有していたが、一九三五年には、アメリカ電信電話会社の四三人の株主が、二四万二〇〇〇人の他の株主より多くの株券を保有していた。事態はフランスでも同様で、一九三〇年に、一四四人がそれぞれ少なくとも一〇社を経営し、しかもその大部分は閨閥で結ばれていた。資産配分状況は統計からもはっきり読みとれる。一九三三年、フランス人の半分以上が、遺産をのこさず亡くなったが、一五一二人がそれぞれ一〇〇万フラン以上をのこし、これだけで、その年間に遺贈された富の三分の一にも達していた。土地財産は、フランスでさえも、一九二九年の全国富の三分の一にしかもはや相当しなくなっていた。これにたいし一九一四年ごろにはなお半分を占めていたのだが。

資産と権力の集中というこの事実から、いたるところで産業の成長が市場、したがって利潤の欠如のゆえに、阻止されてきた。

一定期間、借金が預金の代理をつとめることもできた。フランスでは、一九一七年の銀行制度の第一次改革後、庶民銀行の創設が認可され、一九二〇年には国民農業信用金庫が設立される。フランス銀行は全県に支店を開設し、諸銀行の展開も認めて、これら諸銀行は企業融資にしだいに参加するようになっていった。合州国では、クレジットの需要が人為的に刺激され、連邦準備銀行が銀行システムの危険を保証してやったのである。

こうして今や、労働者が消費生活に入りこむことが可能となった。一九二七年にフランスでは、国家が失業手当をあたえる。ヨーロッパの労働者はまだその収入の半分を食費にあてていたが、衣類、暖房、照明は、一九一四年の二倍にまでふえていた。一九三〇年になると、それまで異なる保険でカヴァーされていたいろんな危険を再編して、社会保険制度が組織化される。もっともまだほんのわずかであって、株式投機によってどうにか支えられていた経済成長を持続させるには、いずれにしても十分ではなかったのである。

一九二九年一〇月、少なくとも三年前から予見されていた株価暴落が合州国を襲い、期間の長短こそあれ、各国も自国の金を保管し、輸入を抑制したために景気後退にみまわれた。一九三三年の世界貿易量は、一九二九年の三分の一以下に減り、アメリカの株式相場は、九〇パーセントも暴落した。連邦準備銀行は、現金需要を充たすのに必要な決済を銀行に提供することができず、一九二九年と三〇年のあいだに、当時あった合州国の二万五〇〇〇の金融機関が破産し、その結果、預金の低下と引出しの連鎖反応をひきおこし、このことがさらに信用恐慌を激化させたのである。

この当時、恐慌をめぐって二つの思想学派が議論を対立させていた。一方は、ハイエクのような自由主義派(198)であって、彼らによると、恐慌は、インフレーションに対処すべくとられた政策によって、世界社会が変調をきたしたゆえにほかならなかった。他方は、新経済秩序の支持者であるドイツの経済学者たち、アングロ＝サクソン系の経済学者たち——ついでにトロツキーも忘れないようにしよう——であって、彼らによると、恐慌は資本主義の息切れを告知したものにほかならなかった。

自由主義学派の目には、国際競争をふくむ市場の自動調整機構にまかせ、私的所有の自由と市場法則への復帰が望ましいと映った。たとえばハイエクにとって経済成長が人為的に作りだされたがゆえに、恐慌のなかで解消されねばならなかったのだ、と考えられていたのである[198]。彼のみるところ、国家官僚制と銀行とが恐慌の原因であり、個人的自由にたいする脅威にほかならなかった。銀行システムは、国家とまったく同様、最小限に圧縮され、公共財は、私有化できないばあい、地方行政機関によって提供さるべきだとされたのであった。

反対に、他の学派によると、企業がもはや利潤法則だけに従わず、投資のためには他の動機付けが必要となり、市場の均衡法則が作動できなくなったことから、恐慌が発生した。一九三二年に公刊された、アドルフ・A・バーリとガーディナー・C・ミーンズのきわめて重要な著作『現代株式会社と私有財産』[39]ではじめて、大企業では権力が所有者の手から経営者の手に移行し、後者は過度に貯蓄を蓄積するので、需要を減少させて恐慌がひきおこされるのだ、ということが明らかにされた。合州国の最重要な非金融の二〇〇社のうち八八社が、例外的な状況をのぞいて株主が解任できないマネージャーによって経営されていることを二人は明らかにしたのである。権力はもはや資本の保持者だけに所属せず、技術的知をもつ人々に委任され、この分業によって、彼らの新しい権力は知の所有の上に基礎づけられることになったのである。

支配者はもはや一般に信じられている人々ではなくなった。それゆえ、支配者から過度の権力をとりあげ、マネージャーが中立的な公僕、自己の義務を意識した責任者となる、国家統制経済に移行しなければならない。

すこし後のJ・M・ケインズの見解がこれであり、彼は次のように書いている。「一定の年齢と規模にたっした株式会社の状況は、個人的な私企業の状況よりも、はるかにずっと公共企業の状況を想起させる。

ここ一〇年ほどの最も興味深い事実の一つは、なお人目につかないとはいえ、大企業の社会化傾向にほかならない。企業の発展が一定度になると［……］、資本の所有者、つまり株主はほとんど完全に経営から退けられ、その結果、巨大利潤をえようとする直接的な私的関心は背景にしりぞいてしまう。一旦この敷居がのりこえられるや、もはや［最大限］利潤の追求ではなく、企業の安定性と名声がマネジメントの最優先課題となるのである[223]。」とすると公共需要のいっそうの拡大が必要となるだろう。そのうえ、利子率を投資量に自動的に調整するメカニズムが存在しないのだから、ケインズによると、国家は自ら補完的需要を作りだし、こうして市場不全を補正しなければならない。

この時、恐慌が諸困難解決の契機となるための一切がすべて準備されていたわけである。人々の夢をかきたてる新製品、新技術、新しい所有物もまた、そこにあったことになる。すでに一九二〇年、ウェスティングハウス社は最初のラジオ放送局を開設していたし、洗濯機、冷蔵庫も作りだされていた。国家もまた、新しい指導階級を支持し、助成し、無産者に同化手段をあたえようとする手筈をととのえていたのである。

清潔（所有）

一一世紀以来、商人の秩序が発展したのは都市においてであり、所有の規則が定着したのもまたそこにおいてだった。土地と家屋の所有がそこでどのように変化したかをたどるだけに限って、その歴史全体を物語ることもできただろう。それぞれの商品形態には、豪奢な宮殿か地味なそれか、庭園かテラスか、諸階級の混在する地区か分離した地区かにしたがって、こもごも優先する法律が存在したからである。

一九三〇年代の恐慌が終熄しようとしていたニューヨークは、この見地からすると、格別に興味ぶかい都市だったといえよう。電気を普及できるとわかったとき、この都市は世界で最初の変貌をとげた。この新しいエネルギーによって、電動モーターが、したがってエレベーターが、それゆえ超高層ビルが可能となったからである。この時から、一切が、各家庭の上空権までもが、売買されるようになった。こうして各家庭には、いつでも使えるエネルギー源が備えられ、人手のサーヴィスにかわる工業製品を使えるようになったのである。電話、ラジオ、蓄音機、冷蔵庫、洗濯機、ついでテレビ受像機がおかれるようになった。

問題を出す前に解答が用意されているのはいつもながらのことである。一八八九年、ニコラ・テスラが家庭機器に使える電動モーターをはじめて発明したおかげで、一九一〇年には扇風機が動きだし、ついで一九二〇年には最初の洗濯機が作られた。一九二三年にはすでに合州国で二万台の冷蔵庫が数えられた。もっとも、この最初の家庭機器の普及は、まだほとんど見過ごされていたのだが。

進歩が最初に開花したのは合州国でだった、ともう一度いっておかねばならない。電気供給法がイギリスの電気システムを組織化するには一九二六年まで待たねばならなかったが、これにたいし、合州国では一九世紀末以降、連邦国家が国内の電気網の創設に着手していた。一九一七年、アメリカの住居の四分の一は電化され、一九二〇年、連邦水力法によって水力エネルギー源の公共管理がおこなわれ、一九二八年にはコロラド河にダムができる。事態は急速にすすんだ。一九二一年には二五〇万の衛生装置が生産されたが、一九二五年には五一〇万にたっし、一〇年間で、浴室を備えることが家屋の標準となったからである。

女性が選挙権を手にいれたまさにそのとき女性は物品の所有者ともなったのである。女性向けの新聞や女性運動によって、こうした女性用の消費財や新しい家事労働がうけいれやすくなり、家族が称揚され、女性は働いて商品を消費するように、したがって無償労働部分を減少させるようにしむけられた。こうした進化の源泉の根底には、最初の秩序の儀礼——すなわち、女性はすべて多産財であり、もしそうでなくなれば、その不浄性のゆえに秩序を脅かすという儀礼的思考——がひそんでいることを私に教えてくれたのは、じつはイヴ・ストゥールゼにほかならない[385]。たとえば秩序のなかに根をおろすためには、女性は清潔（*propreté*）でかつ所有財（*propriété*）でなければならない。こうして自宅で女性の所有物となる家庭財は、自分の罪悪感に悩む現存性と身体的機能そのものによって、女性に清潔さとの特異な関係をたえず想起させることになるからである。

　同様に、経済科学はこのとき女性をとりこんだが、それは女性の位置を高めようとする配慮にねざしていた。ハイエクは体制維持のコストを減少させることしか提案しなかったが、これにたいしケインズは、どうすれば《家事》の消費を活性化できるかを明らかにした。冷蔵庫、テレビ、洗濯機といった言葉は、奇妙にもその背後に女性の姿をちらつかせている。賃金、家族手当、住居手当、健康保険などはこのとき、女性の収入が確立されたことを示しているのである。

　最初の健康保険が制度化されたのは、一九二九年、合州国はダラスのベイラーズ大学病院でのことだった。同一都市の全住民用の保険プログラムは、カリフォルニアのサクラメントの病院で確立されている。

　フランスの一九三〇年四月三〇日の法では、最貧層の病気の妊婦の費用だけが還付された。イギリスでは、一六〇万の住居が建設されたがそのうちの一〇〇万戸ほどには国家の助成がでた。ドイツでは二〇〇万戸ほど、フランスでは一八〇万戸ほどが建設されたが、そのうちの一六万戸は住宅機関が低廉で供給したものだった。こうした新しい《所得》は、物の需要を作りだす。合州国では、一九四一年に冷蔵庫の数は三五〇万台にのぼり、家庭の使用人数は、一九〇一年の一八〇万から一九三〇年の一四〇万人、さらに一九四〇年には三〇万人にまで減少した……。こうして、恐慌は、公共土木事業の開始によってよりも、公的所得に支えられた私的消費によって解決されたわけである。

ニューディール国家

こうして国家は、剰余の一部を領有し、それを再分配しながら財の生産に加担する所有移転の上部構造となり、と同時に公共部門がきわめてゆっくりとだが拡大されていったのである。

こうした一切が始まったのは、戦後のことにほかならない。フランスでは、一九二一年一〇月二九日の法律によって、大鉄道会社への営業権委譲が更新され、利子の保証も廃止された。私鉄網の営業活動を調整し、運賃を決める上級審議会と経営委員会が創設されたのも、この法によってであった。

最初の民営化——当時の用語では、国家の厄介ばらいといわれた(217)——つまりマッチの私企業化にも手がつけられたが、これは失敗に終ってしまった。一九二三年二月、ポワンカレは、この目的のために、アンドレ・シトロエンが主宰する委員会に答申をもとめ、この委員会は一一月に独占の維持を結論する。にもかかわらず一九二四年三月二二日、ポワンカレは《マッチ製造の民営化》を投票にかけたが、五月一一日に選出された左翼連合政権は否決してしまった。一九二七年四月、ふたたびポワンカレは、スウェーデンの実業家が支配する私企業にこの事業を委託して民営化しようと提案する。「郵便、電話、電信、その他の通信、交通手段を維持するのと同じように、この小っぽけな木片の製造が国家に不可欠な権限なのか［……］。国家は、ロウソク、ペン、鉛筆、便箋を売ったりしない。マッチと競争関係にある電気も売りはしないではないか(217)」と彼はのべた。とはいえ、この案は一九二七年六月一〇日に却下されてしまったのである。

破産をさけるため、公共部門の発展が恐慌のせいでしだいに加速化してゆく。ドイツでは、ワイマール共和国のとき、鉄道、ついでドレスデン銀行、ヨーロッパ最大の冶金業、フェアアイニヒテ製鋼所が国有化される。合州国では、ニューヨーク港管理委員会が創設され、ついで一九三三年以降、ニューディール政策の枠内で、高速道路、橋、トンネル、鉄道の建設のために、また農村地帯の電化や灌漑のために、テキサス州のコロラド河下流域やテネシー渓谷の開発が新設の一五社によっておこなわれる。ルーズベルトは復興金融会社をつくり、議会は銀行やブローカー商社を規制するための責任者を任命する。いくつかの監督機関もあらわれた。連邦預金保険会社は一九三三年に、為替保証委員会が一九三四年に、全国労働関係委員会が一九三五年に設立される。議会はさらに一九三三年五月に農業調整法を、六月に全国産業復旧法を、同年に鉄道緊急法を、ついで一九三五年には公益事業持株会社法を票決する。この最後の法律は二〇年間に、どの都市でも家庭エネルギーを簡単に使えるように電源網を再編することを目的としたものであった。

一九三六年、F・D・ルーズベルトは、「政府の権限を持ち、私企業の創意と柔軟性で活性化された会社」だと、テネシー渓谷開発公社を持ちあげる。さらにつづけて、こうもいっている。「それは魚でも狩の獲物でもないが、ともあれテネシー渓谷の住民にとってすばらしい贈物となるだろう。資本主義を転覆させるつもりではない。まったく反対である。私的利潤と自由な企業のシステムを救ったのは、まさにこの私の行政機関だからである。」[41]

この当時、連邦政府が全面的に支配していた企業は六三社、部分的に支配していたそれは三〇社もあった。電気、保険、倉庫、銀行、船舶、陸運などの産業で、連邦政府の公共部門が優勢だったのである。ルーズベルトはそこでこう注記している。「われわれが合州国で為そうとしていること、そのうちのいくつかはロシアでおこなわれ、さらにいくつかはヒットラーのドイツでもおこなわれたことである。ただわれわれは、ゆっくり沈着にやろうとしているだけなのだ。[274]」

だが、ヨーロッパのいくつかの国でのように健康保険を集団化するまでにはいたらなかった。一九三九年、国民総社会保障案が、ワグナー・マリー案で再提出されたが、「医者がその看守でもあれば奴隷ともなる、ソヴェト流の全体主義制度への一歩[13]」だとして告発され、議会で却下されたのである。

一九三〇年代初頭、フランスでは国有化が権力をめぐる重大な争点となっていた。社会主義者は、鉄道や全面的に公共発注に依存している航空産業、およびなお最大の資本家たちを代表する総裁が経営していたフランス銀行の国有化を要求する。フランス労働総同盟やキリスト教労働者同盟、《連立派》は、基幹産業の国有化を強く要求していた。

一九三六年、人民戦線政府はフランス銀行と一〇ばかりの兵器産業を国有化し、一九三七年八月三一日には、国家が資本の五一パーセントを取得してフランス国有鉄道を設立する。この最初の国有化の波のあと、「金融寡頭制が支配する鉱山、電気、保険業の事実上の独占体の国有化について、労働総同盟の提案に賛同する[352]」と共産党は一九三七年一一月二六日に明言する。「国有化こそがフランス産業の強力な成長を保証する手段だと、党は確信したからである。国有化は、大量の資本を国家の裁量下におき、設備器材のコストを低下させるだろう。と同時に、国家と中産階級の同盟を堅固にし、こうして中産階級をトラストから保護してくれるだろう。[352]」

全ヨーロッパがこの時、同じ方向に進展していった。イタリアでは一九三三年、ファシスト政府が、I・R・Iを創設し、電話、製鉄をふくむ諸企業を買い上げ再編する。スペインでも一九四一年に産業公社が設立され、六〇社（製鉄、石油、電気、輸送）を支配し、タバコ、電話と同じく鉄道も国有化されたのであった。

国家は損失を社会化した、とマルクス主義者ならいうだろう。国家は成長をてこいれしたのだ、とケインズ主義者はいうだろう。国家は恐慌を遅延させただけだ、と自由主義者ならいうかもしれない。ともあれ、こうしてまたもや戦時経済への入口が準備されたわけである。

戦時経済とその後——II

第二次世界大戦間のような、世界的な衝突にあっては、すべての民主主義国家でも、欠乏の配分のために国家の独占的支配がみられた。と同時に、すでにして戦後が準備され、平和時の政治・貨幣権力を配分する憲章が練りあげられていたのである。

ヨーロッパのいたるところで、国民のアイデンティティの保全の手段として、主要企業の国有化が提案される。国有化の断固たる反対者だったチャーチルでさえ、一九四三年にこう書いていたほどである。「公共企業と私企業が共に国民の利益に奉仕し、国家という客車を一緒になってひっぱりうるのだとしたら、二五年前苦労して獲得した勝利を変質させ、浪費したあのさもしい争いと混乱の時代に、あの荒廃をもたらした不況のなかに、何も急いで舞い戻る必要はなんらないだろう。」フランスでも、オーストリア、イタリアでも、レジスタンス運動は、基礎部門企業の国有化をこぞって提案していた。パリでも、レジスタンス国民会議は、「共同労働の果実、エネルギー源、地下資源、保険会社と大銀行など、大独占生産手段一切の国家への復帰」を要求していたのである。

戦後、選挙で勝利をおさめたイギリス労働党は、以前から産業の重要部門の国有化を提案していたので、イギリス銀行、炭坑、ガス、電気、鉄道、民間航空、遠距離通信、陸運業の一部を早速国有化するが、土地と経済の収益部門の国有化は断念する。一九五〇年、化学、保険、製鉄、セメント、砂糖、卸売り、水道などの企業の国有化が選挙民に提案された。その翌年、労働党は製鉄業を国有化するが、同年の別の選挙で保守党が勝つと、ふたたび非国有化された。当時イギリスの公共部門には約五〇の企業がふくまれ、国内総生産の一〇パーセントも占めていたのである。

一九四五年、フランスでは、北部とパ＝ド＝カレの炭鉱、ルノー（対独協力のゆえに）、四つの航空機製造会社（フランス国立航空機エンジン開発製造公社となる）、空輸会社、フランス銀行、四つの主要な預金・金融銀行（クレディ・リヨネ、ソシエテ・ジェネラル、国立パリ割引銀行、国立工業金融銀行）を、ドゴール将軍が国家に転移する。一九四六年三月、ガスと電気、一一の保険会社もまた国有化された。一旦国有化されたあとで、その理由づけが求められ、民営化――それを希望する人もあったが――を明確に禁止するのではなく、憲法の枠内での公共部門を明確に規定することで、憲法に従ってこの国営化を支援しようという試みが熱心におこなわれた。一九四六年四月一九日の最初の基本法案では、「所有権は社会的利益に反して、あるいは、他人の安全、自由、生存ないし所有権に損害をかけるような仕方で、行使されえない」と規定されていた。実際に採択された憲法の前文では、もっと明確に、「国民的な公共サーヴィスないし事実上の独占的性格を現に持ち、あるいは取得して経営されている財や企業はすべて、集団所有とならねばならない」と規定されたのである。

ヨーロッパのほかのあちこちでも、同じころ、企業の国有化が盛んにおこなわれた。イタリアでは石油産業、オランダでは炭坑、オーストリアでは鉄鉱、石油、電気など。西ドイツでさえ、一九四九年五月二三日の基本法では、その第一五条にこう規定されていた。「法は、社会化のために、地表、地下をふくむ土地、自然資源、生産手段を集団所有制に移行させることができる」と。だが、そこから生じるリスクを減少させるため、一九五一年には、一〇〇〇人以上の従業員のいる鉱山、製鉄会社で営業権に《共同管理》方式が導入され、一九五九年になると、社会民主党は、バート・ゴッデスベルクで、「他の方法では経済権力が行使される正常な状況を保全できないばあいには、必要かつ有用である公共コントロール形態としての共同所有」の正当性を確認しながらも、国有化を断念してしまった。

まさにこの時、戦前の恐慌のなかから生まれた新しい形態が形成されたのである。ドルが基軸通貨となり、紛争で疲弊したヨーロッパはもはや《中心部》ではなく、やがてのちの太平洋沿岸諸国とともに、《中間部》に格落ちする。第三世界は、もはや鉱床としてのみではなく、また市場としても搾取されながら、その傍観者にとどまる。日に日に商人の秩序が地歩を占め、モノの所有は支払える国に移行する。と同時に、自己権、独立、国民のアイデンティティ、民主主義、個人的自由、人権の尊重が、少しずつ血と涙のうちに勝ちとられて、本質的な所有となってきた。ひとたび自由となるや民衆は、独立のためにその最も貴重な財を国有化し、強力な公共部門を作りだしたのである。こうして、物財生産の恐るべき成長の時代がはじまり、この戦争の世紀、死者が山と積みあげられたように、生者のもとにもこの物財が山と積みあげられていくようになる。

山積みの死者

じっさい、二〇世紀は、死の大量生産の時代となった。前世紀全体を通じてよりも一〇倍もの人間が殺されたからである。納骨所には物としてとり扱われた何百万人もの生命が山積みされ、しかも戦場で遭遇した敵の生命だけではなく、住民全体の生命が失われたのだった。

人間はまた歴史上はじめて、人類を消滅させる手段をも手にいれた。今日生きている五〇億の人間がこの惑星を破壊し、自分たち以前に生きていた五〇〇億の人々の痕跡をすべて消しさる力をもっている。この時から人間はもはや地球のたんなる用益者ではなくなった。破壊の力――ローマ法でいう処分〔濫用〕権――をもつことで、人間は地球の真の所有権を獲得したが、それは複雑な権力のなかで誰も個々に自分のものと思わぬ恐るべき権利、しかも自らを超える諸法則に従って若干の国家が占有し、傍観者だと自ら言い、自ら信じつつ国家が使用する恐るべき権利にほかならない。

死の傍観者、たしかにいくつかの国家は、他の国家同様にそうであるかもしれない。テレビの画面には、虚構の殺人と現実の虐殺とがもはやほとんど区別できない形で、死が山積みされ、その結果現実の虐殺はすみやかに忘れさられるようになってしまった。一体誰がガイアナやアルネロの悲劇を今も覚えているだろうか。

夥しい大量の山積みの死者に直面して、匿名と化したこの人類のなかで、自己の死は、私生活同様孤独なものとなる。もはや家庭で死ぬことがかなわず、病院の冷たさのなかで人は死ぬ。都市の雑踏が葬列や葬儀を不可能にしたからである。悲嘆の念自体、隣人を不快にしないために隠さねばならず、喪のしるしは消え失せ、弔意すら表明するのが困難になった。死はできるかぎり早く遠ざけるべき、厄介で好ましくないものとなったのである。

生者にとって一般に来世は、脅威とも希望としても語られぬ漠然とした所与にしかすぎないものとなってしまった。生は、二つの眠りのあいだの束の間の挿入期間としだいに考えられるようになったのである。

死者の痕跡は、残された思い出にも、墓地内の物質的現存のなかにさえも、もはや存在していない。都市と大墓地の混雑のなかで、墓の維持がしだいに困難となり、墓を積み重ねたり、移転させねばならなくなった。霊廟の規模も、有名なスターや政治家あるいは大家族をのぞいて、小さくなる。庶民には死体を積み重ねる《夫婦だけの空間》が売られたり、七、八階の《アパート式納骨所》がたてられ、共有の墓所が売られている(406)。イタリアの建築家、ナンダ・ヴィゴは、イタリア北部のロッツアノに高さ二五メートル、二〇階の墓塔を二つ建て、一万四四八〇の《四つに分けた墓室》を造る提案までしている。彼女によると、「穴を掘れば掘るだけ、ますます骨が折れ［……］涙をさそう彫像は大きく不格好になり、花はしおれ、鉄は錆び、雑草がおい茂る……(406)」からだそうである。イギリスでは、火葬のおかげで、「フットボールのコート七〇〇面を造れるだけの」土地がもうかったといわれている。このことはまさに、新しい優先性の順序、つまり来世よりもゲームをという順序を表わしているといわねばならない。墓の生命の存続は、家族の思い出の平均的持続と墓所維持の財政能力に対応する、二、三世代をもはやこえることがなくなったわけである。

柩もまた、商店での消費財のように墓地に山積みされ、他の製品となんら変らぬものとなった。墓の形や等級も選択できるようになり、イタリアの宣伝によると、「魂の動きをまねた回転灯」で飾られるまでになる。アメリカのいくつかの《自殺モーテル》では、自分自身の死の演出を選んで買い、実演できる始末である。

埋葬もまた、消費財同様、クレジットでできるようになった。デーヴィド・ニューカマー四世とやらいう男が発明した《死亡前》契約は、「人は誰しもいつの日か葬儀が必要」をスローガンにして、今日ではアメリカの主要な貯蓄収益の一つとなっている。「今日支払い、明日死になさい」と告げるニューヨークの宣伝すらあるほどである。生命保険と葬儀が同じ貯蓄契約で販売されているわけである。購入者の考えも、自動車やデパートの商品、企業の株券を月賦で買うときとあまり変らない。「いくつも営業所をまわったが、とうとうメモリアル・ガーデンに予約した。二つ空きのある地下納骨所で、数百ドルの割引きをしてくれたからね。」あるいは、「父の葬儀には八〇〇〇ドル以上かかった。二年前のことだがね。しかしこの制度のおかげで、インフレを帳消しにできたんだよね。」

死の政治経済学が、もう一度生の政治経済学を告知する。社会は自分の製造した武器と製品の重荷でくずれそうになり、人間は一人で死ぬように、物にとりかこまれて一人で生きているからである。しかもこの物の生命はしだいに短くなり、かわって単なる物の堆積、他物のなかでもとりわけ物の消費財としての他物の生死とその闘争の情景があらわれてくる。

ドン・ファンと共有地《エヒード》

ファン・アイクの絵のように、三つの秩序の多産財——女性、土地、貨幣——は、なお世界の支配力を分有している。マスメディアの大々的な見世物では、現在とは、過去の断片が交錯しつつ衝突するカレイドスコープ、さまざまな多産財が人々の愛顧をめぐって競いあい交換される万華鏡のごときものにほかならない。多産財の一つ——貨幣——が富創出の不可欠の源泉であり、資本集積形態の一つ——有限会社ないし株式会社——が他の形態より今や普及しているにしても、先行する諸形態——市民社会、合資会社、個人企業——も今なお現存している。しかし権力の賭金となっているのは、なお最初の二つの多産財にほかならない。

ほとんどいたるところで、最初の多産財としての女性は、所有の対象とみなされることがなくなった。とはいえ、女性を《持つこと》はいぜんとして征服戦略の本質的要素になっている。ドン・ファンがハーレムの主人にとってかわり、売春、色恋沙汰、かりそめの誘惑が物々交換におきかわったのだ。商人の秩序の《中心部》と《中間部》で、賃労働者、市民、消費者としての女性自身が、男性や物品の所有者となっている。

　独裁制下の労働キャンプや、あるいはインドでのように、貧困のゆえに両親がその子供を売らざるをえないような例をのぞけば、奴隷制もいたるところで消滅してしまった。

　生命がまたありふれた通貨になってしまった。この惑星で一八〇〇年には一〇億、一九三〇年には二〇億の人口だったのが、一九七四年には四〇億、一九八五年には五〇億に増大する。避妊薬ピルの普及につれて、生殖も自由意志的行為と考えられ、人工中絶が合法化されたせいで、胎児が人間となり、その中絶が殺人となる日付けまで暗黙のうちに決められている。

　各人の平均寿命もまた著しく増加した。一番高い日本では、平均余命は今日男性で七四・五歳、女性では八〇・二歳にたっしており、これは戦前生まれの世代の男性五〇歳、女性五四歳と著しい対照をなしている。幼児死亡率も世界で一番低い（千人当り五・五人）。これにたいし、第三世界の大都市地区にある黒人ゲットーの子供たちのそれは、きわめてわずかだがむしろ後退しているのである。最富国の子供たちの平均余命は、最貧国の子供たちの一〇倍も高い。世界人口の五分の四までもが、臨床看護にいまだかかることができず、五〇〇〇万人の第三世界の子供が毎年病気で死んでいる。半世紀も前から、ジフテリア、百日咳、破傷風、ポリオ、結核、はしか用の有効ワクチンができているにもかかわらず、なのである。死者同様に生命が山と充満するにつれ、都市はますます高く大きくなり、農村から追いだされた無産の農民のみちあふれるゲットーのなかに、プロレタリアートは詰めこまれるようになった。

　この惑星の最大部分で、土地はなお依然として、生き残るための主要な所有物である。それは、大部分の人類が占有したいと望む唯一の財、つまり食糧を供給し、剰余があれば、他の一切の財を獲得させてくれる唯一の財にほかならない。とはいえここでもまた、絶大な不平等が残存している。たとえばラテン・

アメリカでは、ラティフンドを機械化された近代的プランテーションに転換しても、大経営地はなんらその規模を縮小しなかったからである[353]。こうして、一九七九年までに、ソモサ一家はニカラグアの耕地の二〇パーセントを占有し、ブラジルでも、数多くの所有地は一万ヘクタールをこえていた。北米のある実業家は、ベレム地方で、面積六〇〇万ヘクタールにもおよぶ私有地を、一人占めしているほどである[353]。

いたるところで農民は、必要な土地を領有しようと試みて、しばしば恐るべき闘争をおこない、いたるところで政治権力は、象徴的ないし現実的な仕方で、農業改革を企画し、小土地所有や集団農場を創設した。だがほとんどいたるところで、この改革は、たしかに最貧層に土地を再配分はしたが、富裕者の土地には一指もふれないという仕方で、推移していったのである。

この見地からすると、メキシコの例が範例的だろう。一七世紀におこなわれた土地分与は、一九世紀に教会の所有地が世俗の有力者に配分されるまで、ほとんど変更されなかった。この世紀初頭、国の耕地の半分が、何百という大農園に再編され、このアシエンダはポルフィリオ・ディアスのもとで、測量会社が土地台帳をつくり、共有地を再分配したとき、さらにその数を増したのである[353]。こうして、ヒダルゴの統治下、一本の鉄道線路が、同じたった一つの所有地を約二〇〇キロも通過するという事態まで生じた。そこから、一九一〇年に政治危機がおこり、一九一五年にはコランサ大統領が大所領の一部の再配分を決定する。しかし実際にはこの決定は適用されなかった。二年後の新憲法の二七条の規定によると、「国土の境界内の土地と水は本源的に国家に所属し、国家は、この領土を私有地をなすものとして、私人に譲渡する権利を過去および現在において所有する」とされていた。土地収用は公益のためなら、補償金を払って宣告できたが、それにたいする法的抗告は不可能だった。この条文を農業法がじっさいに適用しようとし、いくつかの大領地が村落共同体――国家の協同組合的な統制下におかれ、エヒードという古い名前でよばれた——の形で結合した家族に再分配されるには、一九二二年までまたねばならなかった。一九三四年までに、ほぼ二〇〇万ヘクタールの土地がこうして再分配されたのである。[353] この年、カルデナス大統領は、新しい農業法を採択させたので、この過程はさらに促進され、その後六年間に八〇〇万ヘクタール以上——全体で当時の耕地面積の半分——が、一〇〇〇のエヒドスに再編された一〇〇万の農民に再分配された。戦後、この過程の歩みは緩慢になる。一九四七年、憲法二七条修正案によって、土地を収用された所有者に訴訟の道がひらけたからである。一九四〇年から一九五八年にかけて、エヒドスの耕地にたいする比率は四三パーセントに回復し、一九六〇年以降、急激な人口増加——世界で最高の一つ——によって、歴代政府は、他の土地をも再分配せざるをえなかった。[353] こうして、ロペス・ポルティリョ大統領は、サン＝ルイスとポトシの大国有地をふくむ約一五〇〇万ヘクタールの土地を再分配したが、当時国家は灌漑地の三分の二までを占有していたのである。今日でも一万人の所有者がいまだに八三〇〇万ヘクタールを占有しているが、一方五〇年にわたる農業改革によって、エヒドスとなった面積は七〇〇〇万ヘクタールにすぎず、しかも時には大所有者から借りたり、再編成が現におこなわれているものもふくめての話である。[353]

他の発展国では、貨幣のおかげで人々は急増する大量の物を領有できたが、またその生活様式も根本的に変ってしまった。さらに世界の他のところでは、計画経済と独裁の間隙に、今や貨幣がしのびこもうとしているわけである。

市場、計画、所有

一九五二年、スターリンは、アレク・ノーヴが『ソ連邦社会主義の経済問題』に引用しているパンフレットのなかで、つぎのように書きとめていた。「社会主義的所有の二形態の共存は、ソ連邦における商品生産の維持を正当化する。国家所有、全人民的所有が構成する社会主義的所有の上級形態とならんで、主として農業において、協同所有、結合した協同組合員の所有という、社会主義的所有の下級形態が存在しているからである。協同組合的生産は、全人民に所属せず、結合した生産者に所属する(313)」したがって――と彼は同じパンフレットのなかでいっている――この協同組合を制限し、その蔓延とその生産物の商品化を阻止しなければならない。「コルホーズでの過剰生産物は、商品流通から排除し、国家産業間の製品交換システムに統合されねばならない(313)」

スターリンの死後、価格システムがますます複雑化し、過度の中央集権的な計画化のゆえに、生産における浪費が深刻なものとなった。その過程は累積的に進行する。工業では、生産財の不足が、この欠乏を何とかうまくしのごうとする企業権力を増大させた。自分が製造する生産物価格を統御できず、技術進歩がうみだす利潤の分け前を手に入れられないので、企業は、消費者が望むものに生産を適合させ、労働生産性を改善する誘因に欠けてしまうわけである。農業でも同じタイプの浪費があり、強制集団化によっていっそう悪化していった。A・ノーヴの引用によると、当時のソヴェトのある著述家は、「農民の私的所有への愛着をたち切るには、彼らの土地への愛着をたちきらねばならない(313)」とまで書いていたのである。

こうした状況に直面して、当時のソヴェトの指導者たちは、価格を合理化し、投資選別基準を簡素化し、《物質的刺激》を導入して、各労働者の所得と各企業の利潤を使って、資源配分と努力報酬の合理化の手段にしようと決定する。

しかしながら、ソヴェト経済学者の一人、E・G・リーベルマンが、『プラウダ』紙上に「計画経済、利潤、奨励金」という題で、企業に課される計画指標数を大幅に削減し、収益能力に奨励金を結びつけることで、《最大限可能な効率をもって》生産を刺激すべきだという論文を発表できたのは、やっと一九六二年一二月九日になってのことだった。この改革を今日から判断して、科学アカデミーの重要なメンバー、アガン・アガンベギアンは、一九八七年九月にこう書いている。「一九六五年にとられた処置は、主として農工業を対象としたもので、資材調達、金融システム、科学研究、あるいは投資には関係していなかった。賃金や企業管理にはふれていなかったのである。たしかにこの改革は経済的なものではあったが、またイデオロギー、マスメディア、政策ないし共産党をもひとしく考慮すべきだったろう。」

一九六八年、ハンガリーはそれより少しく前進したが、とはいえ制度の政治的核心には手をふれなかった。いくつかの領域（サーヴィス、レストラン業、消費財の生産）での協同組合と私企業の創設を認めたが、他の領域では、市場を模した計画機構による価格決定の複雑なメカニズムにまかせたからである。ハンガリーの経済学者、ラスジオ・アンタルはこれを《制御装置つきの価格交渉》と呼んでいる。

こうしたことだけでは、企業行動を変えるのに全く十分ではなかった。企業の利潤や価格を無視して、要求した資源の入手がいぜんとしてほとんど確実だったので、「市場の論理はなお売り手の論理にとどまっていた。」生産や人手のネック、過剰投資と不完全雇用、行列と特権がいぜんとして、稀少性管理の主要形態だったわけである。

しかしながら、東西両陣営で、四〇年近くこの問題に関心を抱いていた無数の理論家にとって、財や資源の集団所有でも、計画ないし準＝市場によって、資源の《最適》配分を保証する価格決定が不可能ではない、と考えられてきた。

ある人々は、社会主義経済の歴史観のなかで、その点を明らかにしようと試みた。たとえばジョゼフ・シュンペーターは書いている。「理論家のみるところ、消費者は、消費財の需要を評価することで、事実上波及効果によって、この財の生産に入ってくる諸要因をもまた評価している［……］。価格が限界価格において等しくなるとすれば、貨幣所得全体は、生産財と消費財の量に等しくなるはずである。」[365]したがって、とシュンペーターはいっている。「当局が価値評価を実施する、いいかえると、全消費財にたいする有意指数の計算表を作りさえすれば、市場なしでも合理性は貫徹する。その価値システムが所与なのだとしたら、こうした当局は、完全に決められた仕方でその任務を遂行できるだろう。」[365]

他の理論家たちは、パレートとワルラスの仕事をひきついで、資源の最適配分が、生産財と生産要因の私的所有および市場を前提としているのか否かについて、数学的に研究しようと努力した。ロナルド・コアーズのような何人かの学者は、情報が完全で、《事務処理コスト》のない世界でなら、所有が私的、公的にかかわらず、均衡が実現される、と証明する。クローアー、レイジョンフーフト、シャックルなどの他の学者たちにとって、時間、不確実性、貨幣を統合する《貨幣生産経済》は、価格決定が市場での試行錯誤によるか《市場の書記》とよばれる機構によるかを問わず、均衡を実現できる、とされていた。いずれのばあいにも、均衡が生産物全体に達しないかぎり、現実の全取引きを一時未決にしておくからである。

市場は社会主義社会でも可能であるとことさら言いたてる他の人々もいれば、ミシェル・ド・ブロワやミケル・アリエッタのように、経済決定の有効性は均衡価格の事前計算なしでも、直接に生じるのだから、貨幣は同時にコミュニケイション手段でもあれば計算単位でもある、中央集権的な原理にほかならない、という人々もいる。所有の性質いかんを問わず、貨幣は市場に均衡をうちたてるからである。今日最も有名な経済分析家の一人、ジョン・ロールズは、価格は同時に配賦機能――経済効率の実現――と分配機能――所得の配分――を持つとして、今日の思想状況をたくみに要約している。資本主義と社会主義はいずれも、消費者の選好にしたがって生産を誘導するために市場に頼ることができるのである。彼は書く、「市場制度は、私的所有体制にも社会主義体制にも同時に共通のものであり、価格の配賦機能と分配機能である。

とを区別しなければならない[341]」と。彼にとって、社会主義を資本主義から弁別するもの、それは、「社会主義では、生産手段と自然資源が公有なので、（価格の）分配機能がきわめて制限されている。これにたいし、私的所有システムでは、価格がさまざまな段階で、両方の機能を果たしている[341]」ことにあったわけである。

それゆえ、市場が私的所有社会の専売特許だといえる何ものも、理論的にはないわけだろう。どの経済論理でも、私的所有経済では、財ないし労働力の所有者は、定義によって、その効用ないし売却からひきだす満足に従って、その財ないし労働力を自由に売ることができる。労働者にとって、この満足度は、うけとる賃金によって計られる。どんな所有物もそこでは可逆可能であり、したがって市場が法則にほかならない。全面的な計画化は、所有者による財の自由な使用を制限するがゆえに、原則として私的所有と両立不可能なのである。

国家所有の社会では、誰も他人の労働によって生きる権利、自分の節約で他人の労働を領有する権利を持たない。そこではだから貯蓄は集団的であり、市場によってではなく、計画によって企業や家計に配分される。少なくとも原理的にはそうなのである。じっさいにはしかし、企業が唯一の株主をもつ国家所有経済でも、市場は可能である。企業間で資産を売却しあい、被雇用者が望むところ、望む人に、その労働力を自由に売ることを、唯一の株主〔国家〕が認可すればよいのだから。こうした公有社会で、だから多元的政治体制――一切の私有を禁じるかあるいは部分的に禁じるかを憲法で自由に決定するような――を禁じる何ものもないのである。

現実にはこうした推論をこえて、公有、私有をとわず今日の経済はいずれも、重要な生産部分と体制維持コストを社会化する強力な国家を必要としている。どの経済も、消費財については私的所有体制が必要であろう。二つの大きな経済システムの差異は、国家の占める比率の相違にすぎない。

いいかえると、経済論理だけでは、なぜ議会民主主義が、私的所有と市場法則が優勢ないくつかの社会にのみ存在しているのか、その理由を説明できない。私見では、今しがた語った歴史から出発してのみ、よく理解できるようである。つまり、もう一度いうと、死との関係、自己のための存続の意志から生まれてきた《表象（代表）》こそが問題なのだ。ところで、既述のように、商人社会は、各人が自己のために存続できる、つまり自己のために持つことができるばあいにしか、存続できない。持つことの希望なしには、またもはや持たないことを選択しうる権利なしには、個人の存続も秩序の存続すらもありえない。このことは、各人にとってもはや持たぬことの可能性を持つことを前提としている。このことは、各人にとってもはや持たぬこと、したがって、経済では市場、政治では議会民主主義のみが可能とする、選択の可逆性を当然前提としているのである。

だが、このことは現実にはたんなる言葉の彩《あや》、希望にすぎない。富者が本義において〔財産、固有性として〕持っているもの、それを富者は貧者に転義において希望させる。市場、民主主義、私的所有が調和するのはだから、富者の財産との関係、貧者の財産への希望との関係、万人の死との関係においてだけにすぎない。そしてどの全体主義体制も、今のところ、この実現に成功できなかったのである。

物の所有

ここ四〇年ばかりのあいだ、北の国々では、生者と死者同様に、物が溢れかえっているが、一方、衣食住といった生活手段の大部分が、人類の五分の四にとって相変らず不足しつづけている。

北の情況は、ほぼつぎのようである。アメリカ人の三分の二が自分の家を持ち、フランスでは世帯の半のである。

分が自分の住居を所有し、三分の二には浴室が備わっている。秩序の《中心部》と《中間部》では、ほとんどすべての世帯に、車、洗濯機、カラー・テレビが一台ずつあり、三分の二の世帯には、冷蔵庫、掃除機、洗濯機、ラジオ、種々の家庭用自動器具が備わり、半分の世帯はビデオ装置を持っている。さらには、自分だけに関係する新しい物、ノマドの物も現われた。例によってこれらの物はまず音楽から（ウォークマン）生まれ、ついでスポーツの付属品（ゴルフのクラブ、テニスのラケット……）と多様化していったのである。

こうした物はすべて、特徴、形、雰囲気、また価格でも、差異を主張している。購入可能な人に、買えば力、優しさ、男らしさ、女らしさ、優雅さ、荒々しさ……等々が備わりますよ、いやむしろそうみえますよといい、とりわけまたそれぞれの仕方で、死への恐怖を表明している。

貨幣がモノの相対的価値を記録することで交換の時間を貯えているように、物は効用の時間を貯えている。いいかえると、占有すること、それは、効用、非＝支出、禁欲を貯えることにほかならない。ここに、貯蓄は支出のなかに、供犠は占有のなかにあることとなる。

所有者の財産目録はこうして、永世への欲望を語りだす。家屋はある生活様式、生活環境、アイデンティティを意味し、車は、アメリカ製なら豊かさを、ドイツ製なら厳密さを、イタリア製ならファンタジーを、フランス製ならエレガンスを、スウェーデン製なら快適さを表現する、といった具合である。

本やディスクも占有する人の文化を物語り、また死のお祓いとなる。使用前に死ぬわけにはいかず、またそのお蔭で、何を見、何を読み、何を聞いたかの痕跡をのこすことになるからだ。しかしそうしたモノの固有の生命はまた短い。書物は、書斎の本棚や本屋の棚で押しあいへしあいし、雑誌よりも少し高価な資産となるが、もはやそのなかに書かれている思想を物語らず、著者名の束の間の名声を語るのみである。

これらの物の主要な特性は、その交換可能性、つまり政府ないし職業同様、車、本、ディスク、スペクタクルを選択できる可能性のなかに存している。自由とはまた、一つの所有、死と戦い、不可逆性に逆らい、可逆性を創出する仕方にほかならない。選択し、決定できるかぎり、人は生きているわけなのだ。

民主主義の法則同様、必然的に可逆的な――そこにその偉大さがあるが――市場法則も、かりそめのものとなる。そこに堅牢な大聖堂を建てるわけにはいかないからである。存続のために考えだされた可逆的なものが、束の間のものを作りだすとは、何と奇妙な進化ではあるまいか。

したがって、物の堆積の境界をこえ、利用できるものをこえて蓄積するためには、効用が今や所有よりも重要となる。今日のエリートはその時間のなかに可能なかぎり多くの感覚をためこもうとしている。モノへのアクセス、奢侈品ないし冒険の一時的な用益権を欲しているわけである。もはや物、家、船を買おうとはせず、借りるだけである。もはや物のコレクションを作ろうとはせず、あちこち物を見にゆく手段を手にいれようとする。もはや自分の痕跡をのこそうとはせず、東側での例のように――奇妙な収斂だが――たんなる死亡記事だけを残そうとしているのである。

こうした物の急激な増殖は、市場でも計画経済でも、商人の秩序の組織化を困難にしている。一方の市場では、貯蓄と資源の配分に有効で、需給のあいだに橋をかけるためには、価格が相対的稀少性を反映し、そのお蔭で生産に用いられた要因量を消費者が感知できるはずであった。ところが、労働が複雑化し、物財はそのうちにふくまれる労働以上のものを表示するようになった。計量化できる単位に還元できず、知、夢、科学、音楽からなる物は、その支配者の手元をのがれ、無制限に複製される。価格はその意味を失ってしまったのである。他方の計画経済では、きわめて多数の物が交換されるようになったので、いくつかの安定した生産物以外には、何百万という価格や品質を中央計画本部で統制することができなくなっている。すべての物に表示されているのは、もはや価格ではなく、たとえば〔人気投票などの〕集票数（売れた部数が著作の価値を表わす）あるいはスペクタクルの評価をめぐって大きな影響力をもつコンセンサスのような、他の価値尺度にほかならない。

ヒット・パレードがこうして、すべての物品にスターの法則をとうとう押しつけてしまったのである。

スターに向って

一五世紀において、《表象》は王の身体の光景からはじまった。死における存続が、このときから、生者の思い出に還元されたのである。一六世紀になると、他人の技芸のスペクタクルを同時に何人もの人に売れるというアイディアがあらわれたとき、死後の存続はコンサートとともにのびひろがった。その後の二世紀間、スペクタクルは、劇場、党派、企業の競争のなかに、いたるところに姿をあらわす。一九世紀になると、無償のスペクタクルは姿を消し、表象〔上演〕は稀となり、劇場の内部、キャバレーのなかに閉じこめられ、市場で売られるものとなった。何人かの芸術家は、王侯貴顕よりもずっと惑星的規模で有名とさえなったのである。

映画の発明とともに、万事が加速された。映画は偶然に出現したのでもなく、理由なしに発生したのでもない。写真、運動力学、染色化学、光学の一世紀におよぶ研究の結果、それまで夢だった死者の動く姿の記憶を保存する方法が発明され、蓄音機や写真が死者の声や顔を保存するために考えだされたように、映画は都会の大衆に劇場をまねたスペクタクルをみにゆく道をひらいたのだった。一切はきわめて急速に進行する。一八九五年のリュミエール兄弟の特許登録五年後に、最初の製作会社エディソン＝バイオグラフが設立され、その五年後には、ピッツバーグに《ニッケル・オデオン》の最初の映画館が開設され、翌年にはフランスでも開館された。その二年後、合州国で最初の映画機材生産会社、ベル・アンド・ハウエルが創設される。

ついで、家庭用スペクタクルの別の普及〔放送〕技術が出現する。一九一八年にはラジオ、一九二〇年には電気蓄音機、ついで一九二五年以降テレビという風に。やがて複製技術——テープレコーダー、ビデオテープレコーダー、カセットやディスクの再生装置——が、作者とその作品およびそこから複製されるコピーとの関係をまったくかえてしまったのである。

ディスクやフィルムの出現以来、これらの物にたいする作者の所有権を規定する必要がじっさいに生じてきた。ディスクについてはすべての国ですぐに意見の一致がみられたが、というのも、楽譜、作詞の作者は、辻音楽師が歌う楽譜にたいするように、そのディスクが自分の作品通りかどうかの監視権をもち、そこから利益配分をうけとることができたからである。もっともこのディスクは、じっさいには製作、販売会社に帰属してはいたのだが。

映画のばあい、問題はずっと複雑だった。最初から観客に売られる物は、きわめて莫大な資本を必要とし、誰の所有物かが、多数の製作スタッフと出資者のあいだで争われたからである。一九〇八年、アメリカのプロデューサーたち——彼らの利害を代弁していたバイオグラフ・エディソン社の後援のもとに——は、自分たちの権利を守るためにモーション・ピクチャーズ・パテント社を設立する。フランスでは、製作を支配していたパテ社自身が、芸術家を組織するために、芸術家文学者映画社を設立した。一九〇九年の合州国の著作権法では、フィルムはすべて、融資者——独立プロデューサー、テレビ・チャンネルないし会社——に二八年間帰属し、一度だけ更新可能と定められ、書物同様、ワシントンの国会図書館に登録、記録されねばならなかった。所有者は自分のフィルムに全権を持っていた。監督を選び、撮影中に監督をかえ、完成すると、カット、破棄したり、複製と放映を認可する権利を持っていたのである。他の多くの国々——一九二三年のベルン協定に署名したフランスもその中にはいるが——では、所有権はずっと分散されていた。プロデューサーはフィルムの複製権を持っていたが、構想を作った監督だけが、撮影目的を決定でき、プロデューサーも解雇できなかったからである。この一般原則の枠内で、俳優、演出家の報酬が固定給か観客数による歩合給かなど、千差万別の形態があったのである。フランスでは一九五七年三月一一日の法によって、細かい規則が定められている。

少したつと、ラジオやテレビの出現によって、新たに作品の放送権の配分問題が浮上してきた。この時にはしかし、他のスペクタクルにたいして以前に用いられた報酬法が拡大適用された。フィルム（ないしディスク）の所有者は、放送（ないし放送番組）での使用数に応じた報酬をうけとることにされたからである。たとえばフランスでは、一九八五年七月三日の法律で、一九五七年三月一一日法が確立した映画の法システムが、視聴覚製作全体にまで拡大された。しかし、合州国では、一九八〇年のハリウッドの喜劇役者のストライキにもかかわらず、俳優は自分が演じたフィルムでもテレビでの放送回数に応じて報酬をうけとることができなかった。もっとも特にテレビ用に製作された（あるいは自分で製作費に出演料の一部を投資した）ばあいは別だったが。こうした権利の大部分の資金は、コマーシャルが負担していた（入場券を発行する《料金徴収》のばあいは別だが）。つまり観客はこうしてスペクタクルにもはや自分で料金を支払わず、テレビを見たりラジオを聞いたりするのに、みせかけの競争、知識、勝利のいりまじったゲームや賞品という間接手段を通じて、支払ってもらっている、のである。書かれた、あるいは視聴覚によるニュースでさえ——これらは優れて集団的な所有なのだが——外装も内装もコマーシャルによって直接的、間接的に金が支払われている始末である。

テレビのチャンネルが多くなり、ビデオディスクが発達するにつれ、集団性が著しく低下してきた。まさにニュース――それも本当に名目だけの重要性にすぎないのか遊びにすぎないのか怪しいが――の所有を除いて、誰も世の中の情況をもはや集団所有してはいないからである。

ついで、万事が再び変った。サーヴィスで、ある物品を私的に製作したり、さらには売るために複製することがじっさいにできるようになったからである。以後誰もが、他の物品を使って、あるスペクタクルや作品を領有し、ある顔や文章（複写機）、声（テープレコーダー）、動き（ビデオの装置）の思い出を存続させられるようになる。各人は稀少性から個人的に逃れる手段を買うことができるようになったのだ。産業システムはそこから利益をえられなくなったので、こうした物を売って、しかもその使用を制限しようとする。たとえば、ラジオはディスクの全部を滅多に放送せず、テレビもビデオクリップを全部放映しない。フォトコピーを難しくする色のついた紙型を作ろうと努力されているほどである。

だが、だからといってさしあたり、複製の急激な増加が妨げられたわけではなく、録音カセットやビデオ、あるいは複写材料の価格のなかに税金をふくめる法律がやむなくいくつか制定され、一種の抽象的で匿名の著作権である著作者基金に振りこまれたにすぎない。

あらゆる複製にかんするこうした権利が確立されたときから、芸術品は、集団記憶のなかで、またずっと一時的だが生者のまなざしのなかで、新しい存続形態を表示する。つまり、存在するとは有名であること、名声を持つこととなり、存続するとは著名になることとなったのである。

過去でも現在でも、歴史に認められる主要な痕跡とは芸術家の残す痕跡にほかならない。ほとんどあらゆる国の言語で、芸術家はスター〔星〕となる。来世との関係にかんして、これ以上巧みな表現はないだろう。

芸術家と一緒に存続するには、観客が芸術家を領有しなければならない。作家、歌手、俳優などの芸術家――信者にとっての司祭、人民にとっての指導者、読者にとっての小説の主人公がかつてそうだったように――が、彼の所有物となるのだ。観客は思うがままに芸術家を作りだし、幻想のなかにつれこみ、芸術家にアヴァンチュールの生活を送らせ、芸術家とともに夢みた生活で思い出を飾り、占有し、ついでチャンネルをきりかえて消滅させる。急速な切りかえが一種の殺人のモデルにほかならない。観客は、芸術家の一切を所有し、一切を知り、彼と存続するためにその生活を領有し、代理を通じて永遠を生き、存在するために、スターの生活のなかで我を忘れようとする。

観客は、自分が立ちあっているスペクタクル、蒐集したディスク、積みあげた書物、《所有する文化》そのものとなる。多少の差こそあれ大部分、観客はスターの私生活について知っているかぎりの存在にほかならない。ある作品を持つこと、それはもはやそれを享受することではなく、作者の一部の所有者であること、少しばかり作者自身であること、昔の人々が供犠の前に暫時スケープ・ゴートを持ったように、作者を持つことにほかならない。

芸術家についていえば、他者の思い出のなかで存続するために、一切を、自分の私生活までを売ろうとしている。私生活をより高く売るために、さらになおその所有権の成立を望んでいる。がこれは、自己自身の所有者である人間が、自分のイメージや私生活を手放して売るためにのみ保護しようとする、まやかしの偽善的な権利にすぎない。「私生活は各個人の精神的資産である［……］。写真を撮られた者はそのイメージとその何らかの利用にかんし、何人《なんぴと》も当人の同意なしには自由に使用できない絶対的所有権を占有する」とは、一九六五年のパリ裁判所の判決であった。「写真の出版は、私生活のなかで撮られたばあい、内々でも公共の場でもこの写真を芸術家の許可なしに出版した新聞に損害賠償が課せられる」と別の判決はいっている。だが、この資産は譲渡できるのである。「自分が対象とされた広告宣伝……およびこの広告宣伝の手段の唯一の判事はその当人」だと、ある法律家は注釈する。この権利が保護しているもの、「それは、私生活ではなく、作者の同意なしにおこなわれるその利用」にほかならない。資産の基本要素としての私生活、私的所有は、それゆえ譲渡可能なのである。それが保護されているのは、ただ貨幣ないし名声――それも次には貨幣化されるが――とひきかえに売れるようにするためだけにすぎない。

このとき、露出症の時代、人間が物のように他者にあたえる自分のスペクタクルによってのみ、束の間存続する露出趣味の時世がやってくる。そこでは誰もが多かれ少なかれ、自分のアイドルの栄光を代行的に生き、富と貧困、喜びと虐殺、音楽と愛、虚構と現実――とりわけ物とスターの目くるめき、しだいに速くなる回転によって、たえず更新される比喩的な〔形象化された〕生活の情報――が、それらを細ぎれにするコマーシャルとほとんどもはや区別できなくなっているのである……。

所有者市場

今日資本は多様な趣きを呈している。各国内部で企業が急激に増加している一方で、資本集中もおこなわれているからである。家族経営企業、株式〔匿名〕会社（コーポレーション）、民事会社（パートナーシップ）などが創設され、発展し、集中し、消えていった。一九六〇年以来、最大の企業群は、中央で調整できない内部問題の規制を市場に委ねようとする。このとき、分権化され、半自律的な諸部門から構成されたコングロマリットが出現する。いずれも多国籍企業であるこれらの会社は、互いに連携した地域企業の大部分を支配しながら、世界的規模で生産、販売しているのである。

合州国では、一九四七年から今日までに、五〇の最大製造企業の工業付加価値に占める比率は五分の一から四分の一に上昇した。そのうちの半分の会社の比率は変らなかったが、なかでも五社はすでに一九四七年に最大二〇〇社のうちに入っていたのである。

これらの企業の株式配分についてはほとんど知られていない。この点についての研究がいかに数少ないかを明らかにするのも魅惑的なことだろう。ほとんどすべての国で、貨幣や商品のフローはたえず事細かに明らかにされ、その明細書を入手でき、借手のすべてを知ることができるのに、債権者や株主、資産や財産についてはほとんど何も知らされていない。まるでこうしたデータは経済運営では無用であり、まるで不平等が明確に知られたくないかのようであり、まるで株式の匿名性が権力の秘密にとって必須であるかのようなのだ。

入手可能な数少ない資料をあつめてみると、今日の合州国での不平等はけたはずれのもののようである。一〇〇万人以上の一〇〇万ドル長者が数えられるのに、一六〇〇万の世帯が資産ゼロかあるいはマイナスである。五軒に一軒が企業の株を保有し、五軒に一軒がまた退職年金という間接的方法をつうじて、保険会社や相互保険の株を保有しているが、この株券はその資産の一〇分の一にしか相当していないからである。さらに株式保有はきわめて偏極している。七〇〇万の株主が一〇〇株以下しか占有せず、そこからあげている年間所得は二〇〇ドル以下である。アメリカの労働者のうちで二パーセントだけが株を持っているにすぎない。世帯資産の四分の三が流動性で二七パーセントが不動産だが、一方フランスでは世帯資産の五八パーセントが不動産、四二パーセントが流動資産となっている。

世界で最高の金持ち、日本の堤義明——西武グループの総帥で、その資産は二〇〇億ドルにも達している——が、鉄道、豪華なホテル、ゴルフ場、ウィンター・スポーツのリゾート、遊園地、一万ヘクタール以上の土地をもつ不動産会社の所有者だが、工業家でないことも興味ぶかい。

企業にたいする株主の権限は、国によってちがいがあるが、多かれ少なかれ覆い隠され、集中化している。合州国では主要な企業は、他の企業ないし、自己自身によって占有されているので、じっさいの株主制を分析することがこのうえなく複雑になっている。機関投資家（年金基金、保険、共済組合、銀行……）が上場企業の資本の三分の一（フォードの六三パーセント、デジタルの八一パーセント、シティコープの七二パーセント）を保有している。ドイツでは、六つの主要銀行だけで、最大二〇〇社の資本の大部分を、直接的あるいは間接的な方法で支配している。フランスでも、《支配ブロック》に所有の集中がすすみ、しだいにいくつかの家族と機関の代表者のあいだに取締役会の椅子が巧妙に配分されて、一種の職業、権利のカストが創出さえされているのである。

時として、公開市場から独立した企業ではとりわけ、経営陣に資本とは実質上無関係な自律性が委ねられていることがある。ガルブレイスが指摘するように、そこでは、「その陳腐さたるや詐術にのみ及ばない儀式のとき、最小比率の株券だけが株主総会で代表権を振うのである[157]。」このとき経営者は、利潤を極大化しようとはせず、「強制としての利潤を充足させている」にすぎない、とハーバート・サイモンはいっている。

だが、この最後の例もふくめて、最終的には管理者も株主に従属し、《役員団》も資本の要求が命じる限界内でのみ支配しているにすぎない。いかにも彼らは短期の剰余処分を決定でき、さらには自分たちのためにこの剰余を享受もできるが、一時も休まず外部からの攻勢と罷免におびやかされているので、何よりも第一に株主の利益に奉仕していることを人々に納得させなければならない。

こうして、経営するのはもはや資本家ではなく、資本であるという事態がしだいに進行する。物同様にそれ自体売却される物としての株券の回転はしだいに速度をまし、ある企業にたいする任意の株主の権限は、株式所有期間がほんの数分であるばあいには、その意味を失ってしまうだろう。現代の企業はだから、安定した所有者をもはやもたない傾向にある。企業は資本によって、商人の秩序によって、正体不明の全体主義的な国家とほとんど同様に、抽象的で匿名的で無情なものとなった市場の要求によって占有〔憑依〕されているのである。

かくして市場法則は儀礼的秩序の神々——最も権勢を誇る人々にさえその聖体を保護するようにふるまわせ、ついでたんに《おこなわされていた》、憑依されていただけだと嘆じさせたあの神々——の律法に似てくるわけである。

持て余すナルシス

六〇年代末に、商人の秩序の新しい危機がはじまったといえよう。またしても《中心部》にあまりにも不平等に資本が集中したことが明らかとなったからである。支払い能力ある消費は飽和し、所有コードの体制維持コストが増大した。サーヴィスの物品への転換によってもうけた時間もほとんどすべて他の物や他のサーヴィスの使用によってふさがってしまったのである。

たとえば、所与のある物の購買手段を手にいれるための必要労働時間が減少したにしても、医者通い、自動車保険、車、家庭用製品、娯楽などの利用と購入のために労働時間は増大した。こうした時間は物の消費のために用いられるのではない。自動車を街路にさらにこれ以上何台もつめこむことも、アパルトマンに物を山とつみあげることもできないからだ。モノをもっても使うことができない。いかにも同じ一軒の世帯にさらに何台かのテレビや洗濯機を売りつけ、新奇な多くの物を考案できる——こうした例はいくらでもあげられるが——のは確かである。しかし、資産配分の現状では、主要な市場はすでに飽和の域にたっしているのだ。

空間もまた、無用のモノで一杯になっている。巨大都市の中心で企業にもはや必要なコンピューターやOA機器をすえつける空間をみいだすことができない。投機が絡んでいるので、稀少な空地は取引きされない。空自体も飽和している。一九六七年一月二七日の宇宙条約では、「すべての国の幸福と利益において……、月と他の天体をふくむ大気圏外の宇宙空間の開発と利用は、全人類の専有物である」と予見されていたのに、一九七一年になると、一方ではヨーロッパ、アフリカ、ソヴェトの衛星、他方ではアメリカの衛星、さいごにアジア、オーストラリア、オセアニアの衛星を静止軌道にのせるために軌道帯を割りふらねばならなくなってしまった。それでもまだ混乱がひどいので、赤道の国々は衛星をのせる静止軌道の区分所有権を要求しているほどである。一九七七年、ついで一九八三年に会議がひらかれたが、この稀少性の配分の結論にはいたらなかった。

さいごにそしてなかんずく、市民たちがますます手にいれたいと願っている二つの所有——教育と健康——は、少なくとも相対的価値からみると、ますます高価となっている。このことは、情報操作と伝達サーヴィスの生産性が物の生産のそれと同じリズムでは増大しないことに起因している。その結果、国民生産に占める医療費の比率が、いたるところで不可抗的に増大する。しかも医療にかかれない人々がまた、社会にとってしだいに高いコストのかかるものとなっているのである。

要するに、貯蓄は産業への投資、耐久財の消費、集団サーヴィスの運営と、この三つに同時に融資されねばならないわけである。ところが、《中心部》でこの貯蓄が減少しているだけに、事態はますます困難となっている。比較統計的な方法でいえば、アメリカの貯蓄は国民総生産の四パーセントしかもはや占めていない。これにたいし日本では二一パーセント、ヨーロッパでは一二パーセントである。まるでアメリカ人は、自分自身を超えて存続しようとは欲せず、住宅や子供たちの育成に融資しようとはせず、世界を光り輝かせ、消費し、消尽しようと欲しているかのようである……。

貨幣が少なくなると、いたるところで貨幣の価格である利子率が上昇した。一〇〇年前、今日ドイツが自分の市民からえているよりも低利で、アルゼンチンはロンドンから借りられたのである。

しかしながら、借金というきわめて古代の技術によって、需要を維持し、社会形態の崩壊を遅らせることが可能となった。とはいえ、やがて明らかになるように、この技術には限界がある。過度の信用はまずインフレを促進し、ついで体制維持のコストを増大させ、さらには、利子率を上昇させ、投資を妨害するからである。そこで、従来大規模な集団サーヴィスが果たしていた機能にかえて、個人的な代用品を考案することで、負債を消費し、体制維持コストを減少させる必要が生じてきた。心身ともに健康で存在し、情報通であること、これこそ今日、際だち、社会から排除されない財産であり、やがてずっと後にこの所有は新しいノマドの物に結晶するのである。

負債の生産と消費

貯蓄が低下して以来、従来公債を売っていたように、金融システムは貸付け証券、権利書、消費貸付けを売りだすようになる。私人、企業、国家に貨幣を売ることが、最も有利な仕事、イノベーションの新領野となったわけだが、これはある秩序の《中心部》が終焉にちかづくたびに過去にもみられたケースにほかならない。

七〇年代の中葉以降、企業の負債は、伸びつづけて資本および利潤の倍に増加する。一九六四年から一九七五年にかけて、合州国での付加価値における利子負担率は五倍になったが、一方利益配当は四分の一だけ、自己金融率は半分にも減少した。一九七八年、消費者金融は、対国民所得比で一九六五年の六五パーセントからその九三パーセントにも達した。フランスでも、世帯の負債は一九六五年から一九七五年までに一〇倍にも増大したのである。

以来、資本不足のため、ヨーロッパ、アメリカ、アフリカ諸国は、銀行システムからあるいは国家相互間で、よりいっそうの借金をしあった。二度の石油価格の高騰のたびごとに、第三世界諸国は、成長を維持するためにその借入金を増やし、一方、銀行は利潤の新しい源泉であり、収益の新市場だとわかったので、融資に関心を抱きはじめた。

こうして金融経済が実体経済より一〇倍も重要になったのである。最も投機的な企業にとって、きわめて複雑な新しい金融製品（オプション、スワップ）やてこ入れ買付け（LBO）のような新しい買取り技術があらわれる。このLBOというのは、投資家グループ——しばしばその企業の経営陣だが——が銀行から借金（*leverage*）して、ある企業の上場株をまるごと（*out*）証券取引所で買い（*buy*）、この借入金は、こうして手にいれた企業の資産売却やひきだした預金から償還する方法をいうのである。

そこから経済の負債化が発展してくる。年金基金や投資基金などの特定基金が銀行に必要な金を貸すと、銀行はついで信用度の低い高利回り債——ジャンク・ボンド——とひきかえにLBOの仕掛け人に貸し付け、目標価額のちょうど半分ないしそれより以上の総額を手にいれる。一九八五年にこうしたジャンク・ボンドは、株式公開買付け（OPA〔英語ではTOB〕）用融資の四分の一を占め、その最も重要な三〇件の三分の一に相当していた。このやり方で企業の負債が自己維持されてゆくわけである。

攻勢をかけられたマネージメントはこのとき、自己防衛のため、自分の方から別のLBOをしかけて、攻撃者より高く支払って企業を買いとるか、あるいは相場をあげるために子会社を売ったり、自社株を買い戻し、自己支配を調整することができる。たとえば一九八六年にテクストロン社は総売上高の三分の一を売却したし、ガルフ・アンド・ウェスタン社は、創業者が一九八三年に死去したあと、その工業製品部門を売り、こうしてその営業活動の四〇パーセントを削減した。一九八六年六月、クラウン・ゼラーバック社は、公開買付けに対抗するため、三つの独立会社に分割する方法を発表し、同様に、ウェスティングハウス社は、相場を支えるため、きわめて収益性が高かったが過小評価されていたケーブル・テレビの子会社を売却したのである。

要するに、ニューヨーク連邦銀行総裁のフレッド・コリガンによると、一五〇〇億がいずれ製造企業の資本から奪われることになろうが、これは「朝鮮戦争以来投入された全資本よりも多い」とされている。

こうした一切が、相場の高騰、株主と経営者の和睦と同時に、アメリカの企業や世帯での長期負債の大量の増大を招いている。

一九八二年から、さらにこの過程に、深刻な予算の赤字がつけくわわり、ひきつづいて貿易赤字と対外債務が連動する。それまで世界で一番の債権国家だった合州国が、一九八七年九月には純債務国に転落する。そのリズムでゆくと、連邦政府の総負債は、一九九〇年には二兆四〇〇〇億ドルにも達するだろう。純負債は八〇〇〇億ドルに近づき、それに利子支払い分が七五〇億ドル加わり、さらに合州国への外国投資の利益が二五〇億つけ加わるはずだが、これは国民総生産の一ポイントにも相当するのである。

第三世界については、一兆ドルにものぼるその負債――銀行はその証券を循環させて減価させている――が誰に帰属するのか、もはや誰にもわからない。

要するに、アフリカ、アメリカ、ヨーロッパの諸国は、その総額が世界の所得に近い、あるいはそれを超えた負債を、自国なしい他国の銀行に借りている。この巨額の負債は、需要生産の息切れと所有の明確なコードの不在を表示している。しかも往年の解決法はもはや役に立たないのだ。一九三一年にはインフレーションが負債を帳消しにしてくれたが、こうした状況は利率のスライド制のゆえに今日では不可能である。今後は負債償却の新しい方法をみつけださねばならないだろう。

どんな負債も、債権者ないし債務者によって、現在もしくは未来の世代によって、支払われねばならない。どちらか一方しかいないか、あるいはともに両者がいるかどうかは、力関係によって決まってくる。債権者にとって、このことは、負債の一部を廃棄すること意味しているわけである。

いずれにしても、金融証券が他の生産物と同じく生産物となったとすれば、利用された（つまり、貸手に利益をもたらした）あとでは、時がたつにつれその価値が消滅することは見やすい道理だろう。インフレ——利率のスライド制のゆえに——も債務不履行——その《宣伝効果》のゆえに——も不可能なことを首尾よくなしとげるには、この負債の物への、無記名証書への転換——すでにはじまっているが——と市場での流通の一般化が当然予想される。しだいにその相場付けが下ってくるので、買手は高い収益をうることができるだろう。抽象的な実体であり、地球的規模での統計上の所有者としての市場は、こうして負債を、少なくとも第三世界のそれを徐々に消化し、北の国々が第三世界に負わせた、別の道義的負債を、少なくとも部分的にでも相殺するだろう。

合州国では、負債の減価が、現に進行している。赤字に由来するドルの低下がすでに、アメリカでの外国資産の価値とアメリカの負債を著しく低下させているからである。

債務者にとって、返済は、支払い期限や多かれ少なかれ巨額の利子の延期をともなっても、かなりの貯蓄を——消費制限、生産性上昇、資産売却への課税によって——吐きだし、多少とも深刻な景気後退にみまわれることを前提にしている。

合州国では資産売却がすでに始まっている。アメリカ企業は株価の低下によってとりわけ弱くなっているのだ。日本もまたアメリカの不動産所有の上位の一角を占め、ヨーロッパの実業家同様、高度テクノロジー企業を計画的に買いとっている。ロスアンゼルス、ミネアポリス、ヒューストン、ニューヨークの五番街の商業不動産の半分近くが、日本人の所有になっている。日本の大銀行はすでにアメリカの銀行資産の一〇分の一を入手しているが、そのうちには、カリフォルニアの四つの大銀行がふくまれている。「今世紀末には、合州国は世界で最も近代的な製造業をおそらく所有しているだろうが、もはや自国のものではないだろう」とバンカーズ・トラストのエコノミストの一人、ローレンス・ブレイナードはいっている。

外国に売却せずに負債を償還するためには、官吏の賃金の大幅な削減が必要だと考える人々がいる。彼らのいうところでは、解雇の危険のない人々にとって、雇用が所有物になっており、彼らこそ負債を返済しなければならぬ、というわけである。またしても最も豊かな所有者が、こうして最も貧しい人々の背後に身をかくし、弱者間で、しかも弱者だけに負債のコストを分担させようとしているのだ。こうした提案が不当なのは当然だが、それ以上に問題の処理能力すらないと私には思われる。というのも、負債の帳消しのために貯蓄を増大させることは、限りなくはるかに複雑で大規模なことだからにほかならない。問題の解決のためには、貯蓄を圧迫する強制的徴収の重要かつ構造的な圧縮が必要だが、そこから生じる変化は巨大であり、いずれ立ちかえって説明しよう。さしあたり、貯蓄不足にもかかわらず投資するには、貯蓄に必要な収益性の縮減が必須だ、とだけいっておこう。このことは、あるばあいには、国有化を当然予想させるのである。

負債と危機は、公共部門の拡大の必要性をうみだした。負債が増大するあいだに、公共部門は、私的部門がその収益性をみいだせないところ、あるいは私的貯蓄がしだいに稀となったところで発達したからである。

たとえば合州国では、融資可能な私的貯蓄の欠乏のため、鉄道は困難な状況におかれている。一九六七年に《セントラル・オブ・ニュージャージー》が、一九七〇年には《ボストン・アンド・メイン》と《リライ・ヴァリー》が、一九七一年には《リーディング》、一九七二年には《リライ・アンド・ハドソンリヴァー》と《エリー＝ラッカウァナ》、一九七三年には《アン＝ハーバー》が、そして最後に《ペン・セントラル》が破産した。一九七五年一一月九日、議会はこれらを一社に統合して、《合同鉄道会社（CONRAIL）》設立を認可し、一四州にまたがる合州国で四番目の鉄道網となったが、その株式の八五パーセントは連邦政府が、一五パーセントはサラリーマンが買ったのである。

フランスでも一九八二年に、私的貯蓄だけでは資金調達に事欠く新しい企業（サシロール＝ユジノール、フランス電力会社、サン＝ゴバン、トムソン、ローヌ＝プーラン、ペネシー、マトラ、ダッソー）にまで公共部門がひろがった。一九八二年から一九八六年のあいだに、公共産業部門は総額で五〇〇億フランの資本をうけいれたが、これにたいし、私的株主は二〇億フラン以下しか事前に寄与できなかったのである。

ヨーロッパでは、国家、つまり納税者が、だから、必要な投資に融資できる株主として現われたのである。一九八六年におけるヨーロッパの四大国内での公共企業の比率は大体似たようなもので、生産にたいする比率はドイツの一〇パーセントからイギリスの一一・五パーセントまで、サラリーマン全体にたいする比率では、イギリスの一三・四パーセントからフランスの一六・七パーセントまで、となっている。

第三世界でも、近代部門の大企業は大部分、国家企業ないし多国籍企業の子会社にほかならない。韓国の財閥《チエボール》のような、国内資本による大私企業は、きわめて珍しいのである。

十分な規模の金融市場がなく、十分な量の私的貯蓄がないので、国家が公共企業をやむなく創出したことになる。たとえば、ブラジルでは、一九四一年に最初の国営製鋼所が創設されたが、私的製鉄業を発展させようというむなしい試みが何度もくりかえされたあげくのことだった。台湾でも、私的資本家の辞退のあと、一九七三年に国営企業として製鉄所が設立された。今日でも同じ理由から、インドネシアでの航空機製造、ブラジルでの航空路、製鉄業、エレクトロニクス、インド、アルジェリア、トーゴ、ザイールなどの高度テクノロジー全部門で、公共企業を目にすることができる。時として、チリでのように、資本流出と私的貯蓄の消滅によって脅かされた投資を維持するために、恐慌のときに国有化しなければならなかった例もみられる。

ついで、まるで貯蓄が回復するかのように、民営化が可能であり、それどころか必須だと考えはじめられたのであった。

民営化

組織維持のコストを縮減し、こうして貯蓄性向を回復するために、社会は、負債の消費を促進するだけではなく、それを超えて、集団消費の費用分担を縮減しなければならない。その目的のため、いくつかの国では今日、公共部門の一部の民営化が敢行されている。ところで、公共企業の株主が変っても、公共支出の重要さには何の変りもない。結局このことは、集団支出（フロー）と公共所有（ストック）との混同に帰着する。資産売却の収益を支出融資ないし負債償還にあてるなら、短期的にはいざ知らず、ストックを減らしたからといってフローを削減できる保証は何もないわけである。

この過程は、一九五〇年代末から、国家にたいするきびしい批判につれて戦時経済が解体されるとともに、合州国で始まった。

コンドルセの仕事の方針に従って、この当時何人かの理論家は、市場が機能できていないところでは、国家は無力で無用だと証明しようと躍起になっていた。J・K・アロー、G・タロック、A・ダウンズなどは、銘々の流儀で、民主主義国家に合理的な決定をおこなわせる投票手続など存在しないと証明しようと試みたものである。(16) 官僚制は何であれ自己増殖しか考えないし、「誰でも自由にアクセスできる資源は、誰もその維持、更新に関心のない資源(193)」――そこから生態学的均衡が侵害されることになる――だし、国家すなわち独裁、市場すなわち自由であり、公共サーヴィス――法規制定まで――、公共財――空気さえも――はすべて私有化〔民営化〕さるべきだ、というわけである。この理論の生みの父であり、最も説得力のあるその代表者だった、フリードリッヒ・フォン・ハイエクにとって、社会の複雑さや不透明さは、いかなる国家も変えられない、避けて通れない事実であった。「人々の行動の所産」であって「人々の意図の所産」ではない社会秩序は、それゆえ変更不可能なものにほかならない(198)。

この学説が合州国で実施に移されたのは、戦後二年たって、商工会議所と全米製造業者協会の要求で、銀行や保険にたいしておこなっていた統制を、連邦政府がゆるめたときのことだった。だが、とりわけ、ジミー・カーター大統領のときから、《公私間の提携》、《自発性》、《企業責任》と《思いやり》の概念が開花した。一九七八年、運賃と輸送を市場の自由に委ねる航空業の規制をはずす法律が公布され、その結果一〇ばかりの新会社と、価格の完全な自由化が出現したのである。

一九八〇年代の初め、この学派の理論家たちは、現在の危機は以前のものと同様、国家が市場に介入し、均衡を回復するには可逆性が必要なのに不可逆性を創出したことに帰因する、と説明した。彼らのみるところ、国家は、市場の諸規則を尊重させ、私的所有権の分配を安定化させる役割にかぎるべきだ、とするわけである。一切の財とサーヴィスを市場に委ね、土地、製造企業、公共サーヴィス——そこには裁判、国防、空気、海……までもふくまれる——がなお公有であるばあいには、それを民営化すべきであろう。ヘリティジ財団とケイト研究所の超自由主義的な理論家たちは、こうして、一切の国家機能、電気からスペースシャトルの製作、社会保障から市民の庇護、さらには国防まで民営化すべきだと提案するほどだった。

たとえば、ヘリティジ財団のスチュアート・M・バトンは、物をさまざまに分類し、本性上私的な財（自動車のような）は、私的なままであるべきであり、集団的に利用される私的財（道路のような）は、私的所有物であって通行料を支払うべきである。共同財（空気や水のような）は公有であって、誰にもその使用が禁じらるべきではないが、国家はその管理を私企業に委ねるべきである。異論の余地なく真に集団的利害にかかわる財（国防のような）だけを、公有と公共管理にまかせればよい、という。たとえば、彼によると、NASAの軍事的、科学的活動は、連邦政府の所有であるべきだが、その気象学的な活動は民営化さるべきで、NASAは軍事に用いないスペースシャトルを売却すべきだ、というのである。それに、一九八六年一月にチャレンジャー事故がおこる前、私企業のアストロテック国際社が、中古のスペースシャトルには一五億ドル、新しいのには二〇億ドルの値をつけていたのだった……。

ホワイト・ハウスに入ってやっと一〇日後だというのに、レーガン大統領は適用まぎわの一七〇の規制を、「それに従うと、毎年アメリカ人に五〇〇億から一五〇〇億ドルのコストを払わせる」という理由から、凍結してしまった。同年の八月一三日、彼はCONRAILへの補助金をうちきり、連邦政府が保持する株式の八五パーセントの私有化を決定する。一九八三年、彼は議会に、私企業による気象観測衛星の打ち上げ認可を要請したが、みごとに否決された。そうなれば納税者〔政府〕はじっさい、それまで軍隊に利用されて無料だった情報にお金を払わされたことだろう。そこで大統領はNASAの商業活動全体の民営化を提案するが、またしても無駄だった。一九八六年二月五日、ボンヌヴィル・アドミニストレーションの電気工場を譲渡して、「いくつかの政府の仕事の売却手続きの開始」を提案する。この連邦企業はニューディール以来、州の北西部の電気の半分を供給していたのでもある。その他にも二つの油田、ワシントンの二つの空港、アームトラックとパワー・マーケティング・アドミニストレーション——これは二六州に電気を生産、販売していた——の売却も提案された。一九八七年三月二六日、CONRAILの株式は一〇億ドルすこしで私人に売却された。売却が進行中の他の企業は、アメリカ経済に重要な比重を占めるものではなかった。じじつ、民営化は、顕著な役割を果たす以前に、連邦の水準では、突然中断されてしまったのである。

地方行政当局もまた、いくつかのサーヴィスを民営化する。今日野犬収容場の七八パーセント、ごみ回収の四一パーセント、公共照明の三八パーセント、病院の二五パーセントが民営化されている。いくつかの都市——数少ないが——では、監獄、消火サーヴィス、裁判所、司法ないし警察サーヴィスすら民営化されているところがある。たとえば、フィラデルフィアのジュディケイト社は、私人間の民事訴訟で、退職判事に当事者間の調停をさせるために、いくつかの地方自治体から呼ばれている。もっともこうした現象はきわめて副次的なもので、ジュディケイト社も一九八六年に一四〇件を裁定したにすぎない。一九八三年にナッシュヴィルの二人の弁護士が設立したアメリカ・コレクション社も、テキサスで非合法移民の三つの収容センターと、テネシーで三つの刑務所を管理しているにすぎない。ロスアンゼルス郊外の、人口四万一〇〇〇人の町、ラミラダでは、じっさいに一私人が都市全体を管理している——公園、社会福祉、公共交通機関、建設検査、市立保育園や幼稚園、落書きの掃除、樹木の剪定、プール、司法サーヴィスと刑務所——が、これはきわめて孤立した例である。

アメリカ民間航空の航路認可と規制解除といった民営化の結末について、今や判断をくだすことができるだろう。まず競争によって運賃の低下が生じ、ついで、一二ばかりの会社が破産したり、合併したりして、ピープル・エクスプレスやフロンティア・エアラインズのような低料金の会社が消滅した。一九七八年には国内市場の大部分を六つの会社(ピッツバーグのUSエアーズ、セントルイスのTWA、ミネアポリスのノースウェスト、ヒューストンのコンチネンタル……)が支配していたのに、今日ではいくつかの空港で、大カルテルが市場の八〇パーセント以上をあらたに占有し、価格をあげても処罰されていない。私的所有者間の競争を自由化するはずだった規制解除が、一九世紀同様、新しい独占の並置にいたったにすぎないのである。

要するに合州国では、民営化は相対的に副次的な現象にすぎず、経済や体制維持コストに実質的な影響をあたえなかった。このことは、過去すべての民営化よりもはるかにずっと広汎に事実上の国有化を、同じ時期に緊急に決定しなければならなかった——預金者の負債によって経営困難となったコンチネンタル・イリノイ農業銀行の例のように——点からもますますはっきりわかるだろう。

他の国々でも、公共企業の民営化がおこなわれた。たとえば日本では、一九八四年の法令でNTTが、公的制約をうければ世界的規模での発展を妨げるという理由で民営化され、同時に競争相手の二つの電気通信会社が創設された。一九七九年以来、イギリスでも、公共部門の四分の一、全雇用の二・五パーセントにあたる二〇ばかりの企業が、あるいは証券市場への導入——鉄道ホテル・チェーン、ブリティシュ・

レイル・ホテルズや、造船所スコット・ライトガウのばあい――によって、あるいは競売――ブリティシュ・テレコムのばあい――によって、さらには賃労働者への売却――ヨーロッパで最大の陸運業、ナショナル・フレイト・コンソーシアムのばあい――によって、民営化されたのである。売却価格は、議会での公聴会のあと替為業者と事業銀行によって決定され、証券は一般大衆に売られ、買占めによる経営管理集団ができないようになっていた。その結果、イギリスの株主数は、一九七九年以降四倍にもふえ九〇〇万人にもたっしたのである。一九八七年一一月、BPの民営化のときに、イングランド銀行は、売却価格を決めたあと、七〇ペンスで市場にでまわった全株式を二カ月以内なら買いもどすと約束して、一株当り五〇ペンス以上の損失がでないことを投資家に保証した。労働党の経済担当スポークスマン、ジョン・スミスは、この前代未聞の手続きを正しくも「再国有化の条項をふくむ最初の民営化」と呼んだのである。

ドイツでもまた、きわめて漸進的な民営化の過程がみられた。民営化は、一九五九年、冶金・化学企業、プロイスザックの資本増加と過半数の株式売却によって、まず始まり、一九六〇年、フォルクスワーゲンの資本の六〇パーセントが売却されて一五〇万人の小株主の手にわたった。が、売却株券の投票権は、全体の二〇パーセントを占めるにすぎず、連邦政府とニーダーザクセン州が残りの半分の株式をそれぞれ保有していたのである。一九六五年、政府は、コングロマリット、VEBA（電気、石油、化学、海軍関係）の資本六〇パーセントを企業の労働者と低所得者層の私人に売り、その結果二六〇万以上の株主を惹きつけた。一九八三年一〇月二六日、VEBAへの連邦政府の資本参加率を四〇パーセントから三〇パーセントにさげることが決定され、また一九八七年三月三一日までに、VIAG、フォルクスワーゲン、IVGに公共部門として残存していた部分の民営化も決定される。同様に、シェンカー交通信用銀行とドイツ旅行社への連邦鉄道の資本分担部分も売却され、連邦政府は、二つの大企業、ザルツギッター（製鉄、造船、機械）とザールベルクヴェルケ（採炭、電気、化学）を暫定的に保有するだけとなる。これらの証券のすべては、小所持者に優先権が付され、安定株式グループのない銀行シンジケートによって預託され、全面的な民営化が推しすすめられたばあいと同じく、連邦政府が株式の過半数を保有することはなくなっていた。今日、従業員の持株比率はVEBAで二・六パーセント、VIAGで〇・七パーセント、IVGで一一・七パーセントとなっており、資本の再集中を防ぐためのあらゆる手段も講じられている。一九八七年三月、VEBAの民営化後、企業の経営陣は、資本比率をとわず、同一株主の投票権を五パーセントに制限することを決定し、こうして、この企業では投票権と所有とが明確に分離されたのである。

フランスでも、一九四五年以後ないし、一九八二年以後公共部門に編入されたいくつかの企業の民営化が、一九八六年三月以降に決定された。その点について、個々に注釈するつもりのないことを諒としていただきたいが、ただ一つだけ、一九八七年七月二二日付のドイツの新聞『フランクフルター・アルゲマイネ・ツァイトゥンク』にのった論評を引用しておきたい。「こうした民営化は、大ブルジョアジーの何人かの少数の代表者に権力の集中をふたたびもたらすという結果に帰着した。政府は、《大資本の権力》と《金権の壁》が、まるでこの国の階級闘争の原動力では必ずしもつねになかったかのように、振舞ったのである［……］。それぞれの民営化企業で牛耳っているのは、四、五人の大株主にほかならない。その上、このシステムでは、他の一つないし若干の企業の社長や取締役会のメンバーに普通同時に就くことができる。皆が皆を支配しているようだが、しかし誰もが他人に何を支払わねばならないかを弁えているのである。」

民営化の波は、私的貯蓄が租税による強制貯蓄を代行している第三世界にもおしよせた。しかも最も収益性の高い公共部門部分の私企業への売却がみられたのである。コート・ディボワールでは、公的資本の参加する二〇〇の企業の半分の民営化や、《トンチン式》の非公式な貯蓄によってこれらの企業に部分的に融資する話がでている。こうして、農産物加工業、公共土木事業、商業、観光業の分野で、一九八〇年以降一五の公共企業が売却された。同様の民営化は、バングラデッシュ、ジャマイカ、メキシコ、トーゴ、シンガポールでも噂されている。ブラジルでは、五〇〇の公共企業のうち二〇〇が民営化され、メキシコでは九〇〇社中一〇〇社までが民営化された。全ラテン・アメリカで一番公共部門の広がっていたヴェネズエラでは、石油、アルミニウム、製鋼、電気会社が民営化されようとしている。こうした民営化によって、国民貯蓄と資本市場の発展が当然予想されているわけだが、また外国の投資家にその投資をまるまる没収されないという信用保証をあたえる意味ももっているわけである。

要するに、企業の形態が何であれ、自己基金の譲渡、取得、増加による資本の大きな可動性が、金融革新、規制緩和、市場の国際化に直面して必須なことが明らかだとすれば、公共企業が、こうした提携を結んだり、自分の資本をリスク取引きにまきこんだり、子会社を売買したりするのを妨げるものは何もないことになる。

民営化の一般化と不可逆化が必須だという観念は、だから不条理といえよう。体制維持のコストをなんら縮小しないし、国家を残余の社会と同じ不安定な水準におくだけであり、永続的な制度としては、匿名の自動装置、自然法則の神である市場があるだけにすぎない。そしてこの自己同一化できる私的所有、匿名化した国家、気まぐれな神々同様に人間にとって外的で、少なくとも疎外的な市場の言いなりになるよりほかに誰も仕方がないのである。

民活の社会主義

一九八〇年代初頭、共産主義社会もまた、他の商品社会が直面したいくつかの問題に遭遇する。支払い能力ある需要を創出することが困難となり、体制維持コストが増大し、貯蓄は減少、負債が増加したからである。アカデミー会員、アガン・アガンベギアンは一九八七年七月にこう書いていた。「一九七一年と一九八一年のあいだにソ連邦の輸入は輸出を上廻り、相場が低下しながら生産費の上昇した石油や原料しか外国へ売れなくなったので、金を売り、借金がかさんだが、それでも十分な設備財を輸入できなかった。」さらに、ソヴェト社会は、剰余領有の中央集権性と結びついた、特有の困難にでくわし、独特の体制維持コストを必要とした。すなわち、物資の欠乏、需給の不均衡、過度の信用貸付けがこれにほかならない。西側でと同様に、体制維持コストを下げ、貯蓄配分過程を地方分権化させる試みが広がってきたのも、だから何ら驚くにはあたらない。

まず最初に農工業における経済計画の役割を削減する努力がおこなわれた。物と生産要因の価格――労働の価格もふくむ――があまりに数が多すぎ、経済計画では決定できなかったので、市場によって、つまりモスクワの省庁が現に指導する三万七〇〇〇の企業の責任者によって、価格決定がおこなわれ、石油、牛乳、肉、家賃の価格だけが中央で決められるだろう。民間企業での国家契約は、生産の全体にわたっていたのが、その三分の一以下に減り、企業はある限界内ではあるが、交換する生産物価格を交渉し、利潤の大部分を確保して、再投資するか賃金として分配するかを自分で決定できる。企業は、注文をうけるために命令をうけることをやめ、こうして生産者社会から消費者社会へ進展できるだろう。

現在の計画とはこうしたものであり、今や実行に移されはじめたわけである。

一九八七年一月、ネップ以来はじめて、ソヴェトの法律で、西側商社との《混合企業》の設置が認められる。ヤミ労働を合法化するため、一九八七年一月一日に発効した《個人労働》にかんする別の法律では、商業、手工業、サーヴィス業での私的な経済自立行動が復活され、労働者、技師、幹部の報酬表が新たに創設される。私人が企業を創出することもこの法律で認められたが、さしあたり家族以外の賃労働者を雇う権利は認められなかった。こうした個人企業は、その製造物と同様に企業自体も売却できたのである。農業生産を増強するため、また私有画地の比率が高められ、今日では全耕地面積の三パーセントを占めるにすぎないが、農産物の二〇パーセントまでをも供給している。とはいえ、こうした現象もまだきわめて副次的なものであり、一億四〇〇〇万の労働者中二〇万人が許可証を買ったにすぎない。最初の農業協同組合は、銀行借入れで一五〇頭の牛を買った三人の労働者によってザゴルスクで創立されたが、一定量の肉を義務的に引きわたしたあとで、余剰部分を自由市場で売ることができたのである。指導者層によると、こうした新方式は、ソヴェトの就業人口の二パーセントから三パーセントにまでやがて達し、サーヴィス業、レストラン業の半分、さらには他の東側諸国ですでに実例がみられるように、消費財生産企業の相当な比率にまで達するだろう、とされている。

しかしさらに前進するためには、労働者の地域間の移動を容易にし、企業に解雇権を認める、つまり労働者からその雇用特権をとりあげることができるようにならねばならない。「ロシアの改革が実際的効果を発揮するには、まとまった官僚のきわめて多数――五〇パーセントといおう――が、さまざまな戦場で力強く熱烈にこの改革を支持、実行し、補強、具体化しなければならない。ところが、何らかの社会的きずなや思想で結集し、改革のために戦おうと志し、成功のために必要なことを創案する人々の多数の集団が（モスクワのインテリゲンツィアを除いて）存在しないのである」と、C・カストリアディスは書いている。ジノヴィエフもつけ加える。「共産主義社会の状況では、私企業は直接に犯罪行為を増加させ、人民大衆の抗議をひきおこす。なぜなら、最も不遇の階級のなかに相対的な特権階級をうみだすからだ。とりわけ、初歩的な経済計算の示すところでは、共産主義経済で私企業が国家部門より効率的なのは、みかけ上にすぎないらしい。私企業がひきおこす活力のおかげで、投機に近い市場のおかげで、その例外的な性格のおかげで、そうみえるだけなのだ。私企業が多少なりとも相当に広がれば、国家部門の通常の水準にまでその経済効率が低下することが、不可避的な結果としてでてくるだろう。この状況から生じる困難は、その長所をはるかに凌駕するだろう[420]」

東西両陣営をとわず、いずこも同じく、貯蓄の増強と体制維持コストの構造的縮減なしには、いいかえると、政治面ではもう一つ別の自由への希望の創出と、経済面では、別の消費すべき物品、別の奨励すべき価値の提案なしには、どうにもならないことだろう。

ノマドする物

商人の秩序の以前の危機と同様に、今日の危機から、おそらく太平洋岸に位置する新しい《中心部》のほとりを中核として、理想の別の形態が生まれてきたようである。記憶装置に情報をたくわえ、ネットワークを通じて情報を循環させ、現存財の生産費を縮減するために情報操作を自動化して、人間に新しい種類の物品、新しいノマドを提供するという理想がこれにほかならない。この形態はいくたの変遷をへて現われたのであろうし、たしかに遠くの過去からやってきたのである。

一九一一年、タビュレイティング・レコーディング社――一九二四年にＩＢＭとなる――が創設されて以来、とりわけさきの大戦以降、情報科学の発展によって、サーヴィスと情報の成長が商人の秩序につきつけた問題を、生産条件を根本的に転形させることで、解決できるきざしが現われてきた。事務職員をコンピューターで、労働者をロボットで補完したからである。こうしたオートメーション化企業は、所有者ないし指令者である金融センターのために、委託労働をそれぞれがおこなう自律的な小ユニットを並列することで、以前よりずっとしなやかとなっている。

現存財の生産と分配時間を短縮することで、これらのテクノロジーは、支払い能力ある消費の飽和という制約をとりのぞいた。消費者のもつ同一時間内に、以前よりもいっそう多くのモノをつめこむことができたからにほかならない。新しいテクノロジーは、物を多様化させ、新しい欲求、孤独者の要求にむけて物を流しこむ。人は一人で死なねばならぬように、今や人はますます一人で生きねばならない。結婚による存続は、あらゆる物や契約による存続同様、価値が下落し、誰もが自己の主人でありたい、自律的でありたいと望むようになった。食物をはじめとして、人はまた一人で消費する。家庭で一日に何度とろうとも、食事は前もって調理された個別的食事の並列となり、フリーザーのなかを探して、電子レンジに入ればよい。留守番電話、ファクシミリ、大画面テレビなど、コミュニケーション手段もまた、孤独をみたし、何千というサーヴィスにとってかわる物品の堆積となっている。自分固有の物品にみられる差異、ほんのわずかな細部の個人差に誰もが執着し、そこから記号産業が発展してきたのである。

同様にまた、あらゆる形態と機能を持った、持ちはこびできる物が出現してきた。もはや地番や住所による住居ではなく、個人だけを指定する携帯電話、現実のさなかでスペクタクルをみせる携帯テレビなど、これらは自己と分離できない孤独者の物、ノマドする物にほかならない。手元の携帯テレビの画面では、スタジアムで見物している人々と同時にスポーツをみながら、スローモーションも再現できるのである。

それどころではない。過去の人工装置——自動車、洗濯機……——が、集団サーヴィスにとって代り、体制維持コストを下げ、以前には他人から買っていたサーヴィスを自分自身で生産できるようになったのと同様、明日には、主要財が最も高価な集団サーヴィスにとって代り、消費者は、今日都会でみられるサーヴィス――学校、病院等――を自分自身で生産できるようになるだろう。危機からぬけだし、所有コードを安定化させるために、とるべき道を把握し、推量しようと思えば、未来の財の予測が不可欠となる。自動車と洗濯機のおかげて、以前の二度の恐慌から脱出して消費を支えられたように、新しい私的財によって消費を再び活発にし、集団支出比率を減らして、現在の危機から脱出させてくれるのは、健康と知識の自己監視財にほかならないからである。

こうした物財の出現過程は、きわめて累進的であるにちがいない。周知のように、労働および遊びの用具としてのマイクロコンピューターはすでに広がっているが、ついで、存続のためにコピーすべき生活パターン、まねるべきスターのイメージの概念があらわれた。仕事をもつには知っていなければならず、病気にかからないように健康によく気をつけ、存在するためには他と類似しなければならないのだ。

健康についていえば、非生産的支出のなかで占めるその比重は格別に大きいが、政治家はすでに、生きるためにコピーすべき標準生活のパターンを規定しようと努めている――かつて教会がその規範と破門の脅しで、異端者を狙ったように。たとえばスウェーデンでは、脂肪や砂糖の消費を減らすために栄養基準をきめて、誰もが全力をあげて学び、尊重するようすすめられている。ノルウェーでは、健康状態との関係で、何人かの人々にはきびしい食餌療法の規制が課せられている。ほとんどいたるところで、タバコやアルコールの消費は、雇用主や保険会社から控えるように、さらには禁じるようにすすめられている始末である。やがて教育でも同様のことがおこなわれるだろう。

一度このパターンが決まると、この基準、このモデルに個人的に合致しているかどうかを各人が監視する物の製造と販売が必要となってくる。そこで、血液検査、糖尿、アルコール度のコントロール――あるいはさらに、遊びや作業による知能の検査——を計測し、そうしたパラメーターの変動を監視するために、身体につなぐソフトウェアやマイクロコンピューターが創案されるわけである。

ついでこれらの物は、ペース・メーカーやインシュリン注入システムのような故障防止機械、あるいは先生や医者を補完し、その代理として、新しい知識をたたきこむ機械に進歩してゆく。たとえば耐性金属からできたマイクロプロセッサー、基本的な化学平衡をコントロールするバイオ・マテリアル、特定の分子に反応する膜からできたレセプターなどの導入を予見できるだろう。

こうして、集団支出が利潤の源泉にかえられてしまうだろう。人口臓器、付属記憶装置など、これらのノマドする物は、ノマドする人の一部となり、人口器管がその特性となるわけである。

どの秩序形態でもそうだったが、新しい物のお蔭で人々は、自分のアイデンティティを自由に自身で決め、いっそう長く存続できると思っているが、しかし現実には、自分から奪われたくない基準——所有物——に従わされているにすぎない。司祭、警官、商人の後で、人は自らが自分の監視役をひきうけるだろう。自分で作りだした脅威にたいする夜警に自身でなり、病気や無知によって不意打ちをくらわないように努力しているのである。

どの危機のさいでも同様だが、新しい消費財に消費者が支払えるようにするためには、所有の移転が必須である。北の若者と第三世界の若々しい人民は、おそらく彼らの欲求にあったノマドの生産物を消費するだろう。

要するに、たんなる負債の消滅だけではなく、さらに危機ののり越えのためには、自己の支配の手段としての、ノマドの物の生産と販売が必要である。しだいに成熟が早くなる世界の若者にノマドの物を消費する手段をあたえることが必須とされる。民主主義への欲求を重視してそうできる国々の人々は、将来秩序の《中心部》となり、十全な活性をとりもどすだろうが、他の国々の人々は、自己自身、その企業や知識の支配を失うことだろう。

この予測が正確だとすれば、商人の秩序はさらにもう一度、人々の生活関係を、大量生産物や人口器管に転化させる方向へと紆余曲折をへながらも進化してゆくことが確認されよう。新しい知識や新しい規準を作りあげる人々、こうした物のソフトウェアを作りだす人々、つまり芸術家や独創的な製造者が、新秩序の主人、所有者、産出者となるだろう。

その後でもなお、売るべき何かが残っているだろうか。生命か、眠りか、自分の死の光景か。いずれにせよ、おそらく近い段階では、国籍〔民族性〕が販売されることになるだろう。

所有と市民権

いつの時代でも、国家の中心的機能は、国民のアイデンティティを保護し、国境を画定、防衛し、市民権の規則を明示し、時代につれて変化するこの規則（テリトリー上で生まれ、そこに帰属の意志があること等々）に従う人々に排他的な市民権の所有をあたえることであった。

来たるべき進化がなお商人の秩序に従っているとすれば、つぎのような二重の現象がみられるだろう。この新しい形態のなかにくみこまれるだけの文化的、人口的、財政的能力をもたない古い国民は、初期の商人都市同様、自ら所有権を失い、自分の歴史の傍観者、自分たちの企業、研究者、芸術作品、都市を買って衛星国にしてしまう新しい世界の盟主の所有物になってしまうだろう。周辺部のいくつかの国が《中心部》の位置につくはずである。他の国々は、何人か個人や企業だけが集団的衰退から利益をひきだす巨大なメトロポリスのなかで、貧困と無力の淵に沈むだろう。新興国は、人為的な国境の内部で、時として自分たちの思い出や人格をそこに探しもとめる諸民族間で争われる土地の上で、その国民的アイデンティティを作りあげようと努力するだろう。こうした国から流出してノマドとなった大衆は、《中心部》や《中間部》のいっそう富裕な地域に亡命しようとするはずだが、こうした移民がどこへゆくかは、すでに大陸国家（中国、インド、ソ連）の内部や、異なる潜在的能力をもった近隣諸国間（合州国、メキシコ）での大衆の移動によって明白である。好ましくない市民の大量送還（合州国でのキューバ人の例）も、またもう一つの兆候といえよう。

特に恵まれた国では、外国資本によって土地や企業が買収されるのではないか、外国労働者によって労働ポストが占領されるのではないかと、皆が危惧するはずである。負債で弱体化し、返済におわれているアメリカやヨーロッパでも、《中心部》の企業によって買収され、《周辺部》の大衆に侵入されるのではないかという怖れを皆が抱くようになるだろう。アイデンティティ喪失の怖れがあるからである。定義するのに難しいこのアイデンティティという言葉は、その背後に一切の栄光と一切の野蛮をひめている。ナチスがユダヤ人の所有を拒否し、その後消滅させたのも、オーストラリアやその他の植民者が原住民を閉じ込めて大量虐殺したのも、まさにこの名においてであったからにほかならない。

それゆえ、過去の独裁制でそうであったように、民主主義でも将来、市民権が所有の条件となるだろう。奇妙な転倒だといわねばならない。何世紀ものあいだ、市民の身分を主張するには所有者でなければならなかったのに、所有者の身分を主張するには市民でなければならないだろうからである。他の一切を条件づける原則的所有が、かくして市民権となるだろう。もっと正確にいうと、あるテリトリー上で、多様な素性の資本と労働のどこに境界をひくかが、今後の主要な政治問題となるはずである。たとえば最大の入札者にパスポートを売るなどして——今日の外国為替のように——市民権を市場にゆだねるべきだという人もあるが、すでにこのことは今日いくつかの国でおこなわれている。土地、資格、雇用、芸術作品を、厳格に規定された国の市民に留保しておくべきだと主張する他の人々もあるだろう。

そこでもまた、生活と存続との妥協が必要となるはずである。あまりにもノイズが多すぎると無秩序による死がまちうけているだろうし、十分なノイズがないと、過度の秩序による死がまちうけているからである。

どの国でも、どの地域であってさえ——というのも問題がまた地域水準でも提起されるだろうから——も、アイデンティティ財とみなされる、所有を保護された財——いくつかの雇用の一部、企業、芸術作品——が、多かれ少なかれ明白に規定されるだろう。その境界を画定し、遵守状況を規定するための規則策定が必要となるはずである。こうした方策はすでに雇用の領域で多少とも現存している。パスポート、滞在許可証、労働許可証がそれであって、西側にみられるこれらの方策の性質は、国全体ではなく地域を別々に考えている点をのぞけば、東側の《国内パスポート》とほとんど変らないわけである。

こうして残ってくるのは、外国人とは何か、外国人でなくなるにはどうすればよいかという規定にほかならない。おそらく今日のすべてか無かという区別より、もっと巧妙な区別を作ることができるだろう。市民権がもはや唯一の所有権ではなく、さまざまな水準にかかわってくるだろうからである。いくつかの所有権（地方、地域、国民、大陸などの水準で）によって市民権が特徴づけられることとなり、今日市民権と結びつく諸権利と、権利ごとの市民権とを以後区別する必要が生じてくるはずである。

同様に企業の内部でも、投票権と資本の所有とが分離され、株主投票権は、資本を占有しないでも所有できる一要素となるだろう。国有化はもはや企業の国籍を保護する唯一の手段ではなくなるはずである。政治権力が、あれこれの企業の支配を何人かの市民に割りあてて、支配と所有との分離を決定するだろうない。

からである。こうした過程はまた、外国人にいくつかの企業所有を禁止することから開始されるにちがいない。

合州国ではたとえば、国家安全保障の理由で、大統領が外国資本によるアメリカ企業支配に反対できる法案を、上院がつい先ごろ承認した。こうして、反トラスト法を基礎に、あるいは《国家的緊急事態》を宣言することで、遠距離通信、造船、新聞、国防の分野ですでに大統領の権限にある事項がさらに拡張されたわけである。たとえば、シュランバーガーが半導体製造子会社フェアチャイルドを富士通に売ろうとしたとき、行政当局は、一九八七年三月に禁止したが、同様に、イギリスのプリッシイ・グループによるハリス電気会社の支配権獲得も、行政当局の反対をうけたのであった。

一九八七年四月に下院で投票された、国際貿易にかんする法案では、「アメリカの企業ないし不動産への五パーセント以上の外国投資は行政機関に申告されねばならない」と規定されていた。同様の方向で、一九八七年四月、最高裁判所でも承認されたインディアナ州の法律では、州に本拠をもつ企業の外国人による買収に州政府が反対できると規定されたばかりである、とはいえ、州民ではない株主の野心から州政府が企業を守る権利は確立されていない。インディアナやオハイオの最近のいくつかの法律でも、外国人による公開買付けに企業が自己防衛すること、あるいは外国人による州内の土地や農地の買収を制限することが認められていたが、おそらく最高裁判所はこれを合憲とは判断しないだろう。

同様に、いくつかの州では、企業が自己防衛のためその資本を注ぎこんで株式を買い戻すことが認められている。たとえばＩＢＭはこうして一〇〇〇万株の自社株を、シンテックスは六〇〇万株を買い戻したし、それまでためらっていたフォードも自社株買戻し計画の準備がすでに整っていると声明したばかりである。

市民権による所有の支配はまた、時として、資本収益をうけとる私権と、公共的な所有の他の属性とを区別する別の形態をとることもある。これが、イギリスやその他ですでに実在するゴールデン・シェアにほかならない。外国人による民有化企業の乗っとりを防ぐためのもので、全保有船舶の二五パーセントの売却（シーリンク社）、資本の一五パーセントの譲渡（ジャガー社）、あるいは外国人重役の任命（ブリトイル社）を防いだり、社長をイギリス人に限る（ケーブル・アンド・ワイヤー、ブリティシュ・テレコム、ブリティシュ・アエロスペース社）などいろいろの方法がある。

こうして、市民権を所有せず、帰属権のない人々の投票権の行使が禁じられるわけである。国家はまた非公式に、たんなる決定だけで、そうすることもできる。たとえばイングランド銀行総裁は一九八七年一〇月一日にこうのべた。新銀行法が発効すれば、「預金者の利益を考慮して、連合王国で登記された銀行を誰が管理する能力があるかを、私が決める」し、「ためらわずに自分の自由裁量権、良識、経験を活用して、乗っ取りを禁止するだろう。ロンドン市場の開放は、わが金融システムの中枢の支配（支払いメカニズム、信用提供）が、国民的な目的や利害とは別のところにある機関の手におちかねないほど、脅威にさらされている、といって過言ではあるまい。」こうした制限は、他の水準、地方的、地域的な水準にまで及んでいる。ガルブレイスもいったように、いくつかの国では、主要企業が「その真の地位、国家から出向した一部門であり、自律してはいるにもかかわらず社会の高度な目的に敏感なユニットとしての地位を回復している」と考えざるをえない。権力はもはや唯一の資本ではなく、同じく交換ももはや貨幣だけではないわけである。

このとき、知識、情報が、来たるべき秩序の多産財、存続の条件としてあらわれる新しいコードの到来が予測されるが、そこでは生命自体がたんなる情報、たんなるコードとなってゆくだろう。

黎明期以来、人間は知識を多産財として考えてきた。女性、土地、貨幣同様、知識もまた存続を可能にし、この最初の三つの多産財についてと同じく、知識所有の正統性は、まず労働、創造に求められる。三つの財同様、知識の所有が司祭、王侯、官僚、技術者の権力を階層化し、三つの財同様、知識の生産、流通、保管を組織化するためのコード、所有権を、知識が考案してくれる、と考えてきた。

この時から、新しい情報源、まずソフトウェアの所有の問題が提起される。アメリカの最高裁判所は、人間が製作した一切は特許保護の対象となると宣告したが、以後機械にくみこまれたソフトウェアは、物財同様、工業所有に属し、特許は、発明者の知的所有権を認め、その報酬をあたえることに用いられた。だが、一九六四年以降、機械にくみこまれていないソフトウェアは、特許ではなく、著作権に属することとなる。この決定の憲法上の根拠は、議会に《文書》保護を認めた一七八七年憲法の第一節八条にほかならない。判事の言によると、この条項は、何らかの恒久形態を持つどの表現体にも適用されるそうである。レコードの録音にも及ぼされたように、ディスク、磁気テープ、集積回路に記録されたソフトウェアをもふくむはずだからである。フランスでも、一九八五年七月の法令で、ソフトウェアの作者は著作者と同一視され、ソフトウェア開発から数えて二五年間——これは特許権より五年長い——著作権と同じように報酬を徴収できるとされた。企業の一人ないし数人のサラリーマンが作ったソフトウェアは、著作権を保有するこの企業に所属する、というのがどこの国でもみられる一般的現象にほかならない。とりわけ、ソフトウェアのこの法的保護によって、剽窃者にたいし訴訟をおこし、勝訴できるようになった。IBMが日立におこした訴訟の結果では日立がIBMのソフトウェアを自社のコンピューターに利用したための使用料と、以前に結んだライセンス契約料を支払わねばならなかった。所有権の盗みかどうかは、書物の盗作同様、ソフトウェア・プログラムの特性にしたがって判断される。だが、偽造者がだんだん新しいテクノロジーを用いて、隠蔽機能を導入してソフトウェアを偽製するので、盗作の確証をうることがきわめて難しくなっている。時として、オリジナルよりコピーの方が高く売れるばあいさえある。したがって、最善の保護は、特許よりもむしろたやすく見抜けないノウハウにあるといえよう。

このばあいもまた、商品としての特許は、少しも秘密を保護しないことがわかるだろう。最も重要な研究は、特許申請されず、だからもはや市場にはでまわらないわけである。そうした研究は著作権なしで、つまり貨幣なしで、他の秘密の研究や情報と物々交換の形で、交換されているのである。

日本がごく自然にそうした研究を先導しているのは、クリスティアン・ソーテが示唆したように、いつも情報を生き残りの手段と考えてきたからにほかならない[360]。イタリア、メキシコ、カリフォルニアから日本まで、地震に脅えている国や地方が、どっしりしたものを建てるよりもむしろさっと表面を描き、蓄積するよりもむしろ情報をうるという、こうした知への情熱、軽さとノマドへの偏執を、どうやら他の国々より発展させてきたのは、奇妙な謎だといわねばならない。未来は、震動する地方のものなのだろうか。

今や記号の物々交換が大多数の領域であらわれ、交換の未来を予告している。たとえば、どのチャンネルをまわしても、コマーシャル画面と交換に、いつでもみられるようにスポンサーがテレビ放送を提供してくれている。たとえばアメリカの二大洗剤会社は、広告スペースと交換にテレビ番組を提供し、それにソープ・オペラという名前がついたのは、制作しはじめたのが石鹸会社だった事実からきているのである。ついで企業は、自社の宣伝をくみいれた番組を自身で制作し、無料で各チャンネルに流しているほどである。

情報が財産となったのだ。企業間の支配力関係は、資本の所有に由来するだけの関係よりもいっそう複雑となっている。日本では、資本の二〇パーセントを持つだけで、合州国の四九パーセントよりも、ある企業にたいする影響力が時として強いことがある。情報網が問題なのだ。情報はさらに、企業における権力の正統性の源泉、資本を統制し、組織を支配し、規範を強制する手段にさえなっている。高度の専門知識が必要な企業――銀行、情報科学、バイオロジー――では、互いに親しい人々が、その創造力を投資しあい、知識と相互協力で資本を支配し、他の賃労働者の労働を搾取するパートナーシップを作りあげている。何人かの人々は、バーリの考え方にそって、《シンク・タンク》から株主が選んだ国民的指導階級を合州国に創って、大企業の取締役会の三分の二の椅子をあたえる提案までしている始末である。

新しい多産財としての情報はまた、何らかの組織があるテーマについての知識を共用し、一定集団のなかでそれに関心のあるすべての人々に自由に使用させるときには、集団所有の対象ともなる。すでに、資本ではなく、情報と知識が国有化されている日本では、通産省がイノヴェーションやさまざまな世界市場にかんする情報をあつめ、新テクノロジーにかんする情報交換を促進させ、こうして時には日本の大企業の直接的な投資利益を抑制しているほどである(360)。

今日、多数のコミュニケーション方式、多量のイメージとデータ、単なる貨幣より無限にはるかに複雑で変化する記号などが、知識を多産な資本財としているわけである。

こうして社会は、新しい交換形態、市場、その用具、貨幣を考案するだろうが、それだけでは十分ではない。企業が特許を交換し、テレビ網が情報――その価値は生産費となんの関係もないのだが――を交換するように、東西、南北いずれの国でも、物品がそこにふくまれる労働量とはまったくちがった価値を持ち、価格はもはや何事も語らず、稀少性がもはや価格のなかにふくまれない、そうした世界に移行しているのである。交換は、記号、発見、発明、創造、芸術作品、娯楽、スクープ、暴力と等しい価値の追求となり、権力は今やできるかぎり最大限のセンセーションや情報を蓄積して、服従とひきかえに、意のまま思うがままに、他者にそれを分配する者の手に握られることとなる。

知識が貯蓄となり、各人は、存在するために、職や社会的地位を手に入れるために、知識を蓄積しようとするわけである。以後、国民の集団財産とは、それを構成する人的資本となるだろう。

同様に国家も、アイデンティティの保護という伝統的な機能以外に、この多産財への接近手段を各人が相互に自由に使用できるよう、援助する役目を担うことだろう。この論理からすると、教育もついには社会的に有用な労働と認められるようになるかもしれない。やがてポケット・マネーが小学生に保証され、学生賃金が経済均衡に必要だと認められて、制度として確立されるだろう。若者が世界の所有者となるわけである。子供は、今よりもはるかにかりそめのものとなった家族からますます幼いあいだに脱出し、ますます早くから市民となり、消費者、自己の主人となるだろう。

こうして、今日ではなおきわめて付随的な現象だが、今の先生たちの目には、自己自身を自ら作りだすかぎりにおいて怪物だと映りかねない新しい多産財があらわれてくるだろう。もっとも、一三世紀の教会人たちも、自己増殖するがゆえに、貨幣を怪物だとみなしていたのだが。同様にその出現を阻止する努力もおこなわれようが、すでにこの新しい多産財は、生命自体のなかで、きわめてかそけくはあるが、大胆に近づいてきている。自らを知識、情報、コード、プログラム、創造的テクストとして読みとる生命が、である。

物＝生命

今日の危機の間隙に、じっさいには希望と脅威のぎっしりつまった、新しい所有コードの前提条件が形成されている。

その実現にあたって、恐ろしい試練をくぐりぬける必要がないとは、誰も断言できない。というのも何も初めてのことではなく、先行する危機〔大恐慌〕が悲劇と化す以前に、今日の商品形態に必要な思想、技術、物品の萌芽がすでに存在していた事例があったからである。しかしながら、今日の商品形態が生まれ、所有の持ち手がかわるためには、深刻な景気後退、民族大虐殺、世界戦争をくぐらねばならなかったのも周知のことだろう。

事態は今日とて同様である。新しい豊かさの形態、自由、自己抑制、認識が生まれるための一切の条件はすでに存在している。信頼できる交換用具を再建し、北で貯蓄が増大し、南で発展手段が出現するための条件は、すべて整っている。しかしながら、のりこえるべき障害もまた多く、多くの富を転移し、多くの負債を相殺し、多くの力関係を変更し、多くの市場、まずもって貨幣市場を制御しなければならない。もしそれに成功しなければ、新しい所有戦争が勃発し、何十億という南の人々が《中心部》への富の不断の移転に反旗をひるがえし、中心部の繁栄のおこぼれで満足することを拒否するだろう。

平時にせよ戦時にせよ、民主主義でも独裁制でも、混乱にせよ平穏にせよ、各国家がしだいに各国民の固有性を保護する新しい手段を整備してゆくのがみられるだろう。ゴールデン・シェアこそ、重要な企業の国有化がまとう新しい形態にほかならない。学生賃金も社会給付に加えられることだろう。《左翼》と《右翼》の相違はといえば、知識や責任へのアクセスにおける平等度、外国文化への開放度、知識や文化の大貯水池の所有の集団性の多寡に起因するだけとなるだろう。

だが、こうした変容の彼方で、確保したいと人々が望む主要な所有物は、生命それ自体、それも生命をまねた物の回路によって領有するのではもはやなく、物によって物として生産された人工物としだいになってくるような生命自体となるだろう。すでに植物的生命、動物的生命――人間がそれによって作られている――として、またノマドする物――われわれを作る人工器管――として事実となっていることが、人間自身の真実となるだろう。

一見すると、こうした進化は、ありそうにもなく、同時に経済的に無益だと思われるかもしれない。とはいえ、そのいずれでも全くないのである。

すでに一世紀来、この進化は、一段一段と徐々に準備され、忍びよっていた。よりよく生きるため、より多く生きるため、よりいっそう利潤を手にいれるため、知覚できないいくつかの断絶、感知できないいくつかの断層を通ってであったが、少しずつ人間は貨幣と交換でき、領有可能で大量に複製できる商品物として生命をとりあつかうことをうけいれてきたからである。少しずつ、自然的なものと人工的なものとの境界が溶解し、モノを生きた存在とみなしたあとで、今や生きた人間がモノとなろうとしている。

こうした人間の消滅の歴史について、手短に語っておくのも無益ではあるまい。どのようにして人類がそれ自体、操作可能で、成形でき、変形でき、複製可能な私的所有物となったか、そしてどのようにして今なおモノと化すことに反抗できるのかを、この歴史のみが説明してくれるからである。

一切はごく最近、動植物をよりよく、より早く、ずっと安定性をもって生産することを狙った生産技術の進歩からはじまった。商品の大量生産技術のいずれもがそうであるように、これらの技術も特許で保護され、それ自体もまた商品となった。こうした保護にたいする抵抗もまた大きかった。医学的発見、動植物の変種の発見、治療法、純理論、科学的発見は、無償で公開され、特許の対象とはならなかったからである。だが、その他のものは一切合財、特許取得可能とされた。いつもながら人間は、自然の何かについて知るたびに、それを模倣し、代って別の仕方で作りだそうとしてきたのである。したがって、自然のなかの未知の種を接ぎ穂や異種交配によって作りだそうとし、この発見で特許を得ようとしてきたのであった。

一八七三年のパストゥールの酵母菌の発見以後、生命にかんする最初の特許対象は、一九〇四年、ワクチン製造にバクテリアを利用する方法にかかわり、ついで一九〇八年、汚水処理のための発酵法にかかわるものだった。第一次大戦後の翌日、農学の進歩につれて、新種植物創出法にかんする特許の要求があらわれてきた。管轄機関は一九三〇年までそうした特許を拒否してきたが、この年アメリカのある法律が、「接ぎ穂その他の植物の無性増殖の人工手段」によってえられた、突然変異の植物変種を作る方法に特許を認可する（しかしまだこの植物自体には特許が許可されなかった）。一九三一年、さらに合州国の最高裁判所は、たとえ処置方法自体は特許保護を受けられるにしても、処理されたオレンジには特許が交付されない、と明確に決定する。(438)

一九六一年一二月二日、《植物新種の保護にかんする国際協定》で、たんに受胎技術だけではなく、変種植物自体が特許で保護されることになったとき、決定的な一歩がとびこえられた。協定書はいう、「植物新種が保護されるためには、一つないし若干の重要な性質によって、保護要求のときにその存在が公知の他のすべての変種から区別されえねばならない。新種は、有性繁殖ないし栄養繁殖で呈示する特徴を考慮して、十分に同質的でなければならず、本質的性質が安定していなければならない(438)」この協定の最後にはまた、微生物、微生物学的方法によって得られた人工物、動植物種（とはいえ、これらの種自体ではない）の製造技術も、特許取得可能だとされていた。大部分の工業国では、このミュンヘン協定と一致するよう法が改正され、一九六四年のイギリス法、ついで少し後のアメリカ法では、特許から生じるのと類似の保護が、こうした方法の発明者に認可されたのである。

動物については、こうした進歩は植物よりもゆるやかであり、種ではなく、操作技術にだけではあるが、特許が再交付されていたのである。

たとえばドイツの連邦裁判所は、一九六九年三月二七日の判決で、赤い羽根のハトの一種を創りだす目的の異種交配法に特許を認可した。もっとも、品種そのものに特許登録を認めたわけではないが。

動物種にかんする特許問題は、しかしながら、ハイブリッド化によってではなく、直接細胞に作用することで新種を入手できる遺伝子操作の出現によって、根底から変革されようとしている。

一九七三年、あるバクテリアの遺伝子を他のバクテリアにはじめて転移できたことから、ある植物のなかに完全な定比化学化合物――《人工遺伝子》――をいれて、この遺伝子の性質通りの化学物質を生産できることが明らかとなった。こうして、ホルモン、ワクチン、抗ウィルス性や抗体、酵素の化合物を人工的に生産する道がひらけたのである。これらの遺伝子の特許取得は可能であったが、遺伝子をくみこんだ植物全体には特許が交付されなかった。遺伝子の発明者は、作りだしたバクテリアや植物の変種にたいしてではなく、その遺伝子の仕事にたいする報酬だけをうけとったわけだが、そうなるためには六年もかかったのである。

こうした遺伝子研究の成果を最初に産業化したのは、一九七八年の秋、インシュリンの人工生産に成功したジェネンテック社であり、ついで、アップジョン社がオバブルミンの製造に成功する。以来、遺伝子の特性を固定したこの種の特許は、きわめて多数取得され、その後、生体の抗ウィルス防禦システムに関係する人工的なインターフェロンや成長ホルモンにも特許が認可される。これらの特許のおかげで、分子の所有権が保護された。たとえば、ジェネンテックは、一九一の分子数のうちで、一つのアミノ酸だけが、自社のとちがう人間の成長ホルモンを生産したことで、エリ・リリーにたいし訴訟をおこしたが、結果は敗訴だった。いたるところで、とりわけ合州国で、特許局は、遺伝子工学によって操作されたバクテリアや植物を、特許発明とみなすのをなお拒絶していたのである。

だが、一人のアメリカの判事が、特許取得可能だと考え、一九七九年三月、アメリカ商標特許控訴院は、最初アメリカ特許局が却下した二つの提訴をうけいれた——そのその一つは、遺伝子操作によって、炭化水素分子を《制御》できる新しいバクテリア株、プセウドモナスを生産した、ジネラル・エレクトリックの研究員、アナンダ・チャクラバーティの要求であり、もう一つは、自然のバクテリア、ストレプトミセス・ヴェロススから、抗生物質リンコマイシンを調合しようとした、アップジョン研究所からの要求であった。こうした単細胞微生物が生命体であるからといって、特許取得可能な工業イノヴェーションの認定を禁じる事実とはならない、と控訴院は推量する。一九八〇年、この決定は、最高裁判所によって確認されるが、この判決（ダイヤモンド対チャクラバーティ）こそ、経済史上重要な日付を画するものにほかならない。じっさい初めて、人工的に作られた生物種が、人間に領有可能なものと認められたからである。この判決のなかで最高裁判所は、この特許取得可能性にかんする道徳的、倫理的な故意の沈黙は、判事の判断できることをはるかにこえているからだ、と付言して、こういっている。「このことは、矛盾する利害と価値間の均衡を意味するが、その調整はわれわれの民主主義システムでは、選ばれた代議士の責任に属する」と。こうして、「人間が介入して存在する生物体」の所有権保護への道がひらかれたわけである。

この判決にひきつづき、一切の単細胞有機体は、特許取得可能となったのである。

この強権が発動されたあとでも、判事はまだ、遺伝子操作によって作られた多細胞有機体に特許を交付するのを何年かためらっていた。その間、人工的な多細胞生体の生産研究が続けられていたが、特許がとれなかったので、秘密にされていたのである。企業は、関係学会に封印状で預託したり、あるいは、遺伝子製品であることを《示し》、自己領有を認めさせる遺伝子マークをつけたりして、製造秘密を保護していた。こうした技術革新がますます増え、その経済的影響も広がってきたので、判例ももはやいつまでも同じところに止まっていられなくなった。

一九八四年、アメリカ特許局は、ワシントン大学の若い研究者、スタディッシュ・アランの特許出願をうけつける。彼はメインでの研修期間に、胚の除去というきわめて初歩的な技術によって、こうした軟体動物に典型的な細胞に二倍数の染色体がふくまれるカキの種類を作りあげていたのである。イン・レ・アレンと名づけられたこのカキは不妊の特徴を示し、繁殖には一切エネルギーを費わず、普通のものより丸々と大きくて、一年中味が変らなかった。三年間の研究と熟考ののち、一九八七年四月三日、アメリカ特許局は、遺伝子操作をうけたこの動物に特許をあたえ、「自然に存在しない、人間以外の多細胞生体――高等動物もふくむ――はすべて」特許取得可能だとみなしさえした。人間にかんする特許取得可能性の禁止についていうと、奴隷制を禁止した合州国憲法修正第一四条に根拠がおかれていたのである……。

一九八七年六月七日、最高裁判所もこの決定を追認し、判決のなかで、多細胞生体でも特許を取得できるが、というのも、それは《人手を加えられた》製品ないし、《物質の合成物》だからだとのべている。この有機体の所有権はかくて、養殖者に帰属し、ちょうど読者が作者に支払うように、養殖者はこのカキ種の考案者に著作権料を支払わねばならなかったのである。

だが、技術的に可能な限界にまで到達したどころではまだまだない。動物種を一時的に変異させ、そこから新種をつくったり、いくつかの性質や特性を改変することも可能だからである。たとえば生物学者は、他種からとった成長ホルモンの遺伝子を胚にくみこんでスーパー・マウスを作りだした[247]。合州国のベルツヴィルでは、ブタの八〇〇〇以上の胚にさまざまな遺伝子を注入して、四三のトランスジェニック動物を作りだしている。こうして、一定の大きさと性質を持ち、大量に複製でき、同一ではないが同質の番犬、乳牛あるいはペットのネコなどの家畜で特許をやがてとることも想像できるだろう。

チンパンジーの胚に人間の遺伝子を注入する実験的試みを禁止するいかなる法律も存在しない。じじつ何人かの人がすでにそれを試みた形跡がある。アメリカのある研究者グループでは、一九八七年一〇月二六日に、改良された遺伝形質を持つハツカネズミに、人間のホルモンを作らせることができた、と発表している。こうして作られたホルモンは、このハツカネズミの乳にもみられるのだそうである。

今や遺伝子の次元では、人間と動物との境界がきわめて曖昧となり、区別できにくくなっていることがわかるだろう。そして、一方に認可されたこと——たとえば特許——を他方に禁じるのが困難であることも理解されはじめているのである。

すべての生物は、じっさい、遺伝子的には、四つの分子基体（アデニン、シトシン、グアニン、チミン）の連鎖からなる、DNAの分子ないしゲノムの全体によって記述されている(448)。ゲノムは、セグメントないし遺伝子にわかれ、その一つ一つがタンパク質の合成に必要な情報を持ち、このタンパク質自体、異なる二〇タイプのアミノ酸数百から合成されている。人間のゲノムは、ほぼ一〇万の遺伝子の集まった、ほぼ三〇億の分子から構成され、現在のところその中の数百についてしかその意味がわかっていない。全体が、各生物の真の遺伝子的身分証明書を形成しているわけで、人間と動物とのこの身分証明書間の差異は、きわめて微弱である。たとえば人間と他の動物種とのあいだには、《種》間の差異は、同一《種》内部での可能な変異——それ自体ゲノムの〇・一パーセント以下だが——よりもどうやら少なそうである。

むろん、ゲノムは、何人かの人々がいったように、《人間の書物》ではない。なぜなら、人間の固有性は、相互作用網で生気づけあう遺伝子やタンパク質の相互依存の特性のなかにおそらくは存在するにしても、無限に反復されるこの四つの文字〔塩基〕の連続には還元されないからである。にもかかわらず今日誰もが、ゲノムを読み、それを知ってその上に働きかけるために、基体の文字の連鎖を書こうとしている。これこそ科学的、技術的な驚くべき挑戦といわねばならない。現在の方法では、人間のしかも人間だけのゲノムを構成する基体の名前を読みとるだけで、二〇〇人の科学者が三〇億ドルの費用をかけて、二〇年の歳月を必要とするだろう。プログラム制御付き自動システムを使って、アメリカ人と日本人が、日に一〇〇万の基体まで決定しようと望んでいるが、それでもこうした研究時間を七年に短縮するにすぎないのである。

いずれは、既知の数千の遺伝子的病気と結びつく重要なゾーンを認知し、さらには、あらゆる生物種の遺伝子地図を作りあげ、そのフローと連鎖網の相互依存を同定できる日も想像できよう。

人間の遺伝子地図――人類の本質的特性――の変更は、このとき動物の遺伝子変更と方法論的に正確に同一のものとなるだろう。あとでもふれるが、人間の固有性は脳にあるのであって、そのゲノムには還元されないということを認めるのでなければ、一方を拒否し、他方を承認することが一体どうして可能なのだろうか。

いずれ明らかになるように、遺伝子地図の改変によって、経済的に有利な動植物の新種が生産され、産業の所有する種の生産ライセンスを持つ生産者に農民が変わる――一切はその方向にむかってすさまじい勢いで進んでいる――のだから、やがてそれにふさわしい部族の時代、生命のコレクションの時代がやってくるだろう。

自己のコレクション

黎明期以来、人間は、その財産、その権力がどうであれ、決して獲得できないあるモノの存在を知っていた。すなわち、自己を選択する可能性がこれにほかならない。

そのゆえに人間は、化粧し、隈取りし、変装し、風采、名前、過去、物語を考案してきたのである。この至高の幻想から、存在の不安と所有の欲求をかりたてる恰好の場としてカーニヴァルがでてきた。しかしながら、他者であることの絶対的不可能性にもかかわらず、他者において——まずもって自分の子供によって——存続することを人間は諦めてこなかった。

自己の主人となった人間は、たとえ自然が拒否しようとも、子供をもつ決定権を支配しようとする。そのために、愛と偶然の戯れである自然行為を少しずつ意志的行為にかえ、望むがままに物品として唯一獲得できる準＝人工物に子供を変換しようとする。

一九五〇年のピル、一九七五年の代理母、ついで一九七八年の生体外受精、一九八三年の胚冷凍、一九八六年の卵母細胞贈与、これらは、生誕の人工化、性行為との分離とその産業行為への転換の第一段階を示すものにほかならない。フランスでは二〇〇〇人の子供、つまり三〇〇〇人に一人が毎年人工受精で生まれている。法も、こうした子供にたいする両親の所有権を認めている。たとえば一九八七年、ニュージャージーの判事は、精子をあたえたウィリアム・スターンおよびその不妊症の妻が、小っちゃなメリサの合法的両親であると判定して、代理母、メアリー・ベス・ホワイトヘッドの主張を却下したのである。

だが、不妊症にもかかわらず子供をもてるということは、また配偶者なしでも一人で子供を今やもてることを意味する。すでにガラス管のなかでの受精は、医学的理由なしに——テスタール教授によると、事例の半分がそうだが——子供を欲しがる女性の欲求を満足させている[387]。こうして、シングルでも親でありたいという各人の権利が表現されるわけである。人々は、欲するときに、欲する人と、さらには一人で、まるでノマドする物を一人で持つように、子供を持ちたがっているのだ。それに応じて技術も変化する。たとえば、若い女性が、よく知っている、あるいは匿名の男性の精子と自分の卵子とで、あとになって子供を作るため、自分の卵子をストックしておく、といった状況が今後考えられるだろう(247)。オーストラリアの専門家はすでに動物胎児について、この種の実験を準備している(387)。子供のために母親のお腹が《ふくれあがらない》ために、男性が自分の腹に胚をいれたり、あるいは、孵卵器やオランウータンの子宮といった、人間以外の子宮で胚をそだてたいと望むこともできるだろう(247)。一九八四年にはじっさい栄養芽層《トロホプラスト》に胚を挿入して雌羊から子ヤギをうませたのである。雌馬がロバとシマウマを生んだこともあった。女性もまた、匿名者の精虫に賦活物質の役割を果たさせるだけで、子供を作ることができるだろう。「その細胞核は、受精直後の卵子からとりだすこと(387)」ができるのだから。この実験は一九七七年ハツカネズミで実施された。男性はその子供を自分のものとして要求できないことは明らかだろう。

　子供を持つ権利――一人でかカップルであるいは三人で――どころか、たとえば移民なしに人口減少ととりくむために、社会は孵卵器やガラス管のなかで、子供を大量に作ろうとすることもできる。この人工物のいくつかの特性、まずその性を人工的に選ぼうとさえするのだ。理論的にいうと、遺伝子地図を知ることで、じっさい子供の性を転換することもできるだろう。すでに日本では、何人かの人がひそかに試みているらしいからである(247)。

　子供の性の選択がひとたび自由になると、さらに進んで、胚の遺伝子地図のなかで、いくつかの病気に《かかりやすい遺伝子》を検知することもできるだろう。強直性脊椎関節炎にかかっている人の九〇パーセントは、特定の検出できる抗原を持ち、アジソン氏病にかかっている八〇パーセントの人は、別の抗原を持ち、インシュリン型若年性糖尿病にかかっている人の五四パーセントは、特定の抗原を蔵しているらしい。多発性硬化症の四二パーセントは別の抗原を蔵し、鎌状赤血球症、サラセミア、嚢胞性線維症、二一トリソミー症、ハンチントン氏病は、欠損遺伝子とつながりがあるらしい。心にハンディキャップを持っているすべての人々の壊れやすいX染色体の組織的な細胞遺伝学的研究を推奨する人もあるくらいである。

ガラス管のなかの各胚を分析し、異常を診断するという事態をこえて、こうした胚に《遺伝子治療》を実施するといった事態まで想像することもできる[247]。すでにサルディニアでは、サラセミアと戦うために、罹病した胎児の淘汰までおこなわれている。ずっと将来には、遺伝子外科によって手術し、胚のうちから病気を除去するようになるだろう。

　さらには、胚にたいする形質特徴の選択さえおこってくるかもしれない。これは、サイエンス・フィクションではない。周知のように脳のなかの創造行為と結びついた部位の特定化はすでにできていて、ドラッグでそこに影響をあたえることができる。いつの日か、創造能力ないし反逆精神に作用する遺伝子ゾーンをつきとめて、遺伝的にそこに影響を及ぼし、孵卵器ないしガラス管のなかで、従順で非創造的な隷属的人間を作る時がこないとはいえないわけである。

　そうなると、他人用の器官の貯蔵庫である補充個体の生産といったような、他のいくつかのアイディアがあらわれてくる危険がある。あるいは、複製で手に入れた胚を二、三週間培養して、双子のもう一つの半分の胚に由来する個体用の組織移植のための貯蔵庫として、その器管原基を用いる、といった考えがでてくるかもしれない[387]。

　臓器移植は、こうした発展を予定している。あるばあいには、まだ死んでいない人間の臓器を移植しさえしているのだから、南から北への臓器の輸出にまでゆくかもしれない。ある人々によると、南の子供たちの臓器の北への密売が現に存在しているとの由である。こうして死者を消費するために殺すという、カニバリスムの問題がふたたび生じてくる。というのも、臓器密売が、ドナー殺害をふくむことは、ありえないわけではないからである。

ずっと将来には、困難な仕事に従事させられる生命＝道具として、人間と動物のまざりあったキマイラを生産することもおこってくるだろう。すでに一九八〇年、ジョージタウン大学のケネディ研究所のレポートは、遺伝子工業について、こう言及していた。「キマイラや疑似人間は、危険で評判の悪い労働を遂行するために製造されても、合法的といえよう。」さらには、「たとえば宇宙飛行のための小人のような、特定の職務を果たすために、異例の耐性をもつ人々の生産を、社会は必要とするようになるだろう。」

さらにその向うには、今日では人間にたいして実行可能とはとても思えないが、すでに単細胞有機体では実現されている、クローン作製、つまり、一片の細胞から全個体と同一のものを再生産するという考えが、おこってきそうである。これは、どの細胞も、複雑な個体全体の再生産に必要なすべての遺伝子をもっているのだから、理論的に不可能なことではない。しかしながら、複雑な生体のなかで一度発達すると、細胞は特化され、胚を作るには細胞をもう一度非特化しなければならないが、こうした可逆化の方法はまだ知られていないのである。

そうした認識の可能性を仮定することは、所有の全史の絶対的幻覚に答えることとなるだろう。その点で、われわれの日常性と近い来来にかくされていることをよりよく推測するために、その最も極端な形態を探査してみるだけの値打ちはあるだろう。

クローン作製とともに、生はいくつかの運命、いくつかの変身を持ち、多数の潜在的な存在の母胎となり、自己自身を自ら生み、自分自身の子供となる。一九三九年に死んだヘレン・Hのように、培養ヘラ細胞の形で、世界中の実験室に今日もなお一部が存在することになるわけである。

何ものもアプリオリには、遺伝子操作された子供やキマイラの特許取得を禁じるわけにはゆかないだろう。母胎となったものの所有物であり、そのコピーにほかならぬクローンにとっても事態は同様だろう。となると、商人の秩序の全概念が混乱してくる。まず、消費者と生産者の区別が消滅するだろう。意図的に作られた子供がすでにして生産であると同時に消費でもあったように、キマイラは物でもあれば消費者でもあり、道具でもあれば同時に労働者でもあり、その報酬は資本の維持費であると同時に労働力の再生産でもあるだろう。

価値はもはや労働量とは何の関係もなくなる。クローンは、その製作者の所有する物だが、同時に、自分のコピーの所有者としての人間であり、主なき物であり物＝主だからにほかならない。

このとき各人は、多数の複製物にとり憑かれ、自己のコレクションを作り、所有者と占有物との区別すらも困難となるだろう。

今や遺伝的に複製された稀少動物を収集するように、人々は、真に永遠のスターとなった有名人を収集するだろう。この物＝生命は、思い出や名声への希望のヒットパレードに占めるその順位との関係で可換価値を獲得し、生命＝物の母胎として用いられるだろう。

こうした発展の極度の狂気を理解するための最善のメタフォア、と同時に最善の予兆は、おそらく音楽でおこった事態にもとめられる。まず人は、自分のために作曲していたが、ついで音楽がスペクタクルとなり、さらに人は、他人の音楽を録音して、意のままに再生できるようになった。さいごに音楽は大量に複製され、ストックされる、という経過をたどってきたからである。

同様に人間も、まず愛と偶然の戯れによって自己自身として生みだされ、ついでスペクタクルの物として占有され、代理母や孵卵器、器械によって思いのままに作りだされる物となっている。将来、人は、自分の器管のコピーとしてのノマドする物の所有者となり、ついで、自分自身を複製するか、あるいは自分と他人とのハイブリッドを作るか、あるいはさらに、その遺伝子的な同一性が証明されるまったく別の動物ないしキマイラを複製するにいたるだろう。つづいて、人は、自分よりも巧みに、いっそう大量に、より確かな正確さと生命の存続性をもってノマドする物を再生産〔複製〕する企業からそれを買うことになるだろう。人間が物としての人間を消費し、自分の食糧、自分の所有物とするだろう。未開のカニバリスムから、物のカニバリスムへとついに移行してきたわけである。歴史は、自身人工物となった人間が考えだした人工物に、あらゆる生物を転換する機械として機能してきたのかもしれない。

このとき、人間は、今日そうである以上に、所有物によって占有〔憑依〕されるだろう。おそらくは遺伝子コードによって動かされ、操作され、占有〔憑依〕されていると、人間が嘆く日さえくるかもしれない。ちょうどかつて神々、皇帝によってあるいは今日市場によって、そうされているように。そして、すでに今日まわりの物から自己を守ろうとしているように、この時人は、自分自身のキマイラ——一つの歴史、過去をもち、何人《なんぴと》かであろうとし、死なないために夢み、反逆し、創造しようと今や望む怪物——から身を守ろうと必死になっていることだろう……。

人は三度しか死なぬ

死の政治経済学は、物のそれにならって、混乱の極におちいっている。やがて人間がいくつかの生を持つように、いくつかの死をも持つだろうからである。三つの死。自動車がスクラップとなるとき第一の死があり、そのモデルの生産が終ったとき第二の死があり、その型態まで忘れさられ、まるで類似のものがなくなったとき最後の死があるように。そのイメージどおりに、人間も三度死ぬだろう。

最初の死、それはノマドする物、回路、酵素、人工器管の土台であるその肉体が、ゲノムの複製標本である表現型の摩耗で崩壊したときのことにほかならない。これをマイナーな死とよぼう。肉体はなお日常の環境のなかに維持され、生者にとって、消費すべき物として留まり、墓に対抗して生者たちの記憶のなかで、コード化された人工器管によって保存され、生気をあたえられている。

この最初の死をこえて、複製されたゲノムは、単独で作りだした子供やキマイラあるいはクローン――たがいに複製しあっている――のなかに自己を延長するだろう。だが、遺伝子型自体、永遠ではありえない。一定の時がくると、コード化、ミスあるいは偶然によって、鋳型のように減損するだろう。キマイラ、クローンはもはや同一物に反復されなくなる。これが第二の死であって、メジャーな死とよぼう。

やがて、はるかに根元的な第三の死、ゲノムが関係していた他のゲノムすべてのコードや生者たちの記憶のなかでのゲノムの思い出の死が訪れるだろう。自分に由来する子供やキマイラのいずれとも形態的にも形質的にも似ても似つかぬものしか持てない瞬間、それが絶対的な死にほかならない。

物の生命がたどる道を、物＝生命もまたたどってゆく。物＝生命は、表現型のマイナーな死、遺伝子型のメジャーな死、他の遺伝子型のメッセージのなかでの遺伝子的想起の絶対的な死、と三度死ぬわけである。

さらにそれをこえて、種の多様性が、人工物の意図的な増殖のなかで、性のみが保証する偶然の終りのなかで消滅するとき、おそらく人類の死がまっているだろう。それとともに、恐怖からくる所有による存続追求の歴史もまた終りをつげるだろう。

この時、人間の永遠の疑問にたいする答えを別のところに——知識、信仰、希望、恩寵のなかに——探す必要がおそらく生じてくるだろう。おそらく、インドのサーンキャ派哲学の方をふりむいてみるべきかもしれない。そこでは人間は、真理、愛、無知からなるプレクリティ〔物質〕という永遠の本源的物質のゆらぎによって形成されたもので、同じく三度死ぬ。まず、肉体とともに、ついで転生をおえたとき魂とともに、さいごに抽象的完全であるプルシャ〔精神〕とともに死ぬ、とされているからである。第一の死はすべての生物の死であり、第二の死は、人間が転生をおえたとき、業《ごう》の報いとしての転身が、肉や血の牢獄としての生命から生命への転生からのがれて、解脱に達したとき、訪れる。このとき人間は、三度死なないために煩悩を消滅、寂滅させ、無名のなかで悟りをひらかねばならない。「馬子によって手なづけられた馬のように、五感を停止する者、惑為《まどい》から解放されて、無我の境地にある者は、仏によってもうらやまれるだろう」と仏陀はいう。このとき人はひたすら解脱のなかで生きているのである。

人間はこのように自ら逃避しようとすべきなのか、それとも自己の作品のなかに自己をひきうけるべきなのだろうか。人間にとっての選択は、物＝生命と世捨て人とのあいだにあるのだろうか。それとも、西欧の伝統のなかで、人間の固有性をなすものに敢然とたちむかってきたあのもう一つの人生を求めるべきなのだろうか。

人間の固有性

人間の歴史とは、存続し、自己自身をのりこえて、手にいれる物によって差異化されるため、無限に小さなものから無限に大きなものまで、宇宙を領有しようとする試みの歴史にほかならない。

そのあらゆる器用仕事《ブリコラージュ》によって、人間は、定められた目的以外の目的に到達し、世界を領有するかわりに物として自己を占有し、物として存続しようとする。

人間は自らの意志で認識において進歩してきた。脳の論理にしたがって、理解できることだけにしぼったので、自己を限定しているものから解放された。脳のお蔭で支配できるものだけをしだいに有用かつ真実と認めるようになり、自身の論理と世界の論理との適合性に幻惑され、自然が人間自身の想像力や言語の分身にすぎないかのように一切が生起するのをみて呆然としてしまったのである。だが、理解のためのこの知識を、人間は変容させ、馴化させ、従属させるための手段に用いた。ところで、人間の固有性、他の存在から人間を弁別するものは、在ることでも作ることでもなく、理解することにほかならない。構築することではなく、知ることであり、欲することではなく、夢想し、創造することにほかならない。

ところが今や、種を破壊するだけではなく変容させることができるようになったので、人間が種を占有する時がやってきた。今や人間の固有性ではないものを警戒し、知識と権力とのあいだに境界をうちたてねばならぬ時がやってきたのである。知識はすべてウイだが、権力はどんなものでもノンだ、といわねばならないのである。

権力と対抗権力の理論が徐々にねりあげられてきた一六世紀同様、今日こそ知識間の関係、知識と権力との関係の理論がねりあげられねばならない。知識が対抗権力でもありうるということ、そして対抗知識が存在するのだということを認めねばならないのである。

この対抗知識のなかで最大のもの、それは美への情熱といえるだろう。

美への情熱はいたるところに、肉体、料理、衣服、今日および明日の日常生活の物品、建築、工業製品、音楽、アジアやカリブからきた歌のなかにある。どの民族もその存在、その差異を美で表現し、他者の美を糧としている。

芸術とは、知識であると共に対抗知識、破壊であるとともに富にほかならない。経済力は芸術を創造できる人々のところへ移るだろう。自分たち自身の想像力に限界をもうけ、代理が支配していた状況に芸術を固定しようとする社会は死滅するだろう。

この運命からのがれて、物＝死としてあるいは世捨て人として以外に存続するために、各人は新しい権利、すなわち、自己の生を芸術作品とする権利、芸術作品のコピーのむなしいストックによって不死をもはや夢想するのではなくて、自らの時間を活用し、自己の死をのり越え不可能なものとして引きうける権利、所有によってではなく、創造によって自己の孤独に敢然とたちむかい、他を害することなく蓄積する仕方でのみ自己のために創造する権利、それゆえ、創造の用具、知識と自由とを勝ちとる権利を獲得しなければならない。

自己創造への権利が、かくて新たな人間の権利となるだろう。

それはまた新しい義務にもほかならない。なぜなら、創造の権利とは、もはや自己変容の権利でも自己破壊の権利でもないからである。したがって、人間が自ら身を守るための規則、世界と種の所有者だと考えることをやめて、所有権を持つのではなく、ただその用益権を持つだけだと承認するための、厳格な規則を考案しなければならない。生命とは、惑星の集団所有であり、何百万年にもわたって惑星を維持し伝えてきた人間、鳥、樹木の遺産だということを承認するための、厳格な規則を考案しなければならないのである。

人間はまた、自身の空想にも限界を課さねばならない。人工物としての人間製造を禁じるのではなくて、惑星破壊と、人間に固有のもの——つまり反逆、独立の能力、他者の支配から逃れ、在来の権力や知識と戦い、創造する能力——を持たない、人間とまったく似た人間の製造を禁じるためである。

この時、何千という疑問が提起されてくるだろう。人間の人格はいつから始まるのか。細胞が受精したときからか、それともその数日後細胞分裂によって遺伝子操作が不可能になったときから、あるいは中絶が非合法になったときからだろうか。一切の遺伝子操作を禁じるべきか、それとも、すでに不治を宣言された胚のゆえに個体を形成できない細胞あるいはすでに分化した細胞の操作は許容されるのだろうか。一定の時期には可能でも、胚がさらに数分間成長すれば不可能だというのがたとえどれほどショッキングなことであっても、単純かつ必要な次の規則を定めるべきではないだろうか。

——場の所有者である人類の遺伝子地図にはふれるべきではなくて、何人もその所有者ではない唯一の疾病単位にのみふれてもよいが、何人もそれを破壊する権利をもたない。

——人間を操作せず、一切の技術を創造者としてうけいれないこと。ここにこそ、種を支配すると主張する世代から種を救う可能性がある。

ダッハウの強制収容所が死んだ生者で一杯だったように、世界が生きた死者の堆積だけから構成されないために、人間は、その究極の所有、すなわち創造し、夢想し、逃亡し、形象する権利を人間から除去することを禁じるべきである。それゆえ、人間を傷つけないために、自分の突然変異に加わることを自身に禁じ、遺伝子地図にふれないようにしなければならない。

逆説——人間の新しい権利が創造の権利だとしたら、その新しい義務は、まさしくもはや創造手段をもたない人間の創造を禁止することにある。

日常の政治的現実、魅惑的な科学、光輝く技術のなかで、人間は、生命の母体——遺伝子としての胚——を、たとえ欠陥遺伝子の治療や修正を拒絶することになっても、種の譲渡不可能な所有物、人間に操作できない絶対的聖域だと宣言しなければならない。

おそらくこれは、保持するのが難しい拒絶ではあろう。いつの日か、一定の遺伝子操作が種の規模で、病気、細胞の変質あるいは免疫不全を予防できる時がくるかもしれないからである。そのとき誰が、人間に自己自身にたいするこの知識を禁じることができるだろうか。すでにずっと以前から受けいれられないようになってきた考え、すなわち人間の固有性は甘受することにあるという考えを認めるのでなければ、人はよりよく生きるために遺伝子操作をしようとするだろう。このときにはただ、おそらく聖域を縮小して、人間の固有性とは、遺伝子それ自体にあるのではなく、遺伝子の連鎖網形態にあり、人間が手をつけえない絶対的な所有〔固有性〕をなすものは、今日認識できないこのネットワークにあるのだと考えねばならないだろう。

明日の哲学的、政治的、文化的、経済的、科学的な闘争とは、じつはこのようなものであり、本書の一頁目から私は読者をここへ導こうと願ってきたのである。読者をこの明日の闘争に参加させるためには、この長い系譜学の次のような導きの糸がどうしても必要だと私には考えられた。すなわち、人間の企図とは、人間にたいするその権力の行使にかつて限界をおいたように、人間にたいするその知識の行使の障壁をもうけることにほかならない。思うに、いささか忘れさられた美しい言葉をよびおこせば、それこそが文明にほかならないのである。

∴

占有のなかに自己を見出し、物のなかに自己を失うと考えている今日の人々、モノでもって境界を設定する偉大な文明を構築し、この境界が崩れさったとき文明を破壊してしまったあなたたち、本質的な所有、すなわち他と異なることの自由という、今日も、明日も真に擁護すべき唯一の所有をなおざりにし、人々の活動と自分たちの所為のすさまじい野蛮さとがくりひろげられているのを魅惑され傲然として見つめているあなたたち、そのあなたたちにユダヤ教のラビ、ヒレルがいったことを思いだしてもらいたい。「もし私が、私自身としてここにいるのでなければ、誰がいるのだろうか。もし私が私としてのみここにいるのであれば、私とは何であろうか。」

ヤン・ファン・アイクが、自分の絵のなかで鏡の底にうつる自分を描いたとき、彼が意味させたことを思いだしてもいただきたい。現実とは鏡にすぎず、作品とは反映にすぎず、自分固有のもの〔本義〕と思っているものはまさしく映像〔転義〕であり、生の偉大さ同様人間の偉大さは、生を創出し、美を創造して長生することにあるのだ、と彼は叫んだのである。究極の所有、それは本義においても転義においても、美の生であり、生の美にほかならない。

謝辞

本書の諸章節の校正刷りをよんで下さった方々に謝辞を誌しておきたい。第一章についてはジャンヌ・オーゼネに、メソポタミアについてはジャン・ボテロに、エジプトとギリシアについてはドニ・マラヴァルに、イスラエルについては大ラビ、シラートに、イスラムについてはナディア・ベンジュルン＝オリヴィエンに、中世についてはセルジュ・ワルリに、フランス革命についてはエリザベト・バダンテールとクロード・マンスロンに、社会主義思想についてはガストン・ボルデに、ロシア・ソヴェト史についてはアレクサンドル・アドレルに、生物学についてはフランソワ・グロとアンリ・アトランに、全体の再読にかんしてはクロード・デュランに、それぞれお世話になった。またセルジュ・ワルリには書誌の作製を手伝ってもらった。さいごに、本書に次々引用した数知れない翻訳をタイプしてくれたクリスティアーヌ・アドミ、アニック・ミシェル、ヴィヴィアヌ・グールディの果てしない献身なくしては、本書を書きえなかったことだろう。

訳　記

本書は、Jacques Attali, *Au propre et au figuré : Une histoire de la propriété*, Fayard, 1988 の全訳である。表題はふつう《本来の意味にも比喩的な意味にも》とでも訳せる表現だが、この両語は周知のようにじつに複雑な多義性をもっている。アタリもそこにふくまれる内包を極限までふくらませて用いているので、そのままタイトルに訳出してはかえって意味不明になるのを虞れ、本題と副題をあえて倒置しておいた。

*

著者のジャック・アタリについては、これまで何度か来日され、新聞や雑誌にも時おり登場され、またすでに四冊の邦訳もあるので、今さら詳しく紹介するまでもないだろう。ごく簡単にのべておくと、一九四三年アルジェに生まれ、双子の兄弟ベルナール──前エール・フランス会長──とともに、高級官僚養成のグランド・ゼコールの一つ、有名な国立行政学院（通称E・N・A）を抜群の成績で卒業した。その後、わずか三八歳で大統領補佐官となり、ミッテランのあるところつねにアタリの影があるといわれるほど政財界に隠然たる力をもち、一九九一年から九三年までは欧州復興開発銀行（E・B・R・D）総裁の要職についている。

さすがに秀才中の秀才、エリート中のエリートだけあって、その激務のかたわら、すでに一二冊の著書を上梓し、その高度に知的な内容にもかかわらず、出版のたびに異常な衝撃波をひきおこし、たとえば『カニバリスムの秩序』(一九七九年)や『時間の歴史』(一九八二年)はベスト・セラーズになっている。その該博な知識、挑発的な問題提起、犀利な分析と炯然たる結論は定評のあるところで、日本の官僚や経済人とくらべてみると、それだけフランス文化の奥の深さを物語っているといえるだろう。

さて、最近作である本書は、そのアタリが、全人類史におよぶ長期的視野と全惑星的規模にまたがる広汎な展望をもって、人間の propriété〔所有・財産、不動産、固有性〕の歴史をあまねく渉猟、剔抉、解読したものにほかならない。「所有の背後には死の恐怖が潜んでいる」という大胆かつ不気味な視座を導きの糸に、全人類の時空史を彼は**三つの秩序**ないしコードに整序する。人間は不可避の死を想像上のりこえるために、つねに財をうむ財、すなわち自己の擬制的存続を可能にしてくれる多産財を領有しようと希求してきた。最初の**《神々の秩序》**の多産財は《女性》であり、第二の**《帝国の秩序》**のそれは《土地》、そして現在われわれもその中で生きている**《商人の秩序》**の多産財とは、いうまでもなく《貨幣》にほかならない。この三つの多産財が永続のコードとしてどのように諸社会の歴史を基礎づけてきたか、そして遂に今日情報科学や遺伝子工学などの最先端テクノロジーの発展によって、人間の固有性までもが喪失されようとしているかが、戦慄的なデータをあげて描きだされる。私的所有(propriété privée)の歴史(histoire)とは究極のところ人間の固有性(propriété)の剝奪(privation)の物語(histoire)ではなかったのか。これが本書の過激(radical = 根源的)な結論であった。この暗澹たる闇のなかになお一条の希望の曙光を見出すとすれば、それは芸術作品、つまり人間の美的創造力の復活以外にありえない、とアタリは宣明する。この結語は必ずしも説得的とはいえないが、しかし詐称社会主義の理想が現実に崩壊した現在、誰もまだポスト資本主義の理想をイメージできていないのだから、現時点では止むをえないことかもしれない。

＊

訳していて一番困ったのは——標題からしてそうだが——用語にきわめて多義的な意味が内包されていることだった。ふつう翻訳では一対一の最適変換を、妥協、短気あるいは諦めによって何とか断行しなければならない。ところが本書でのように一つの単語に三重、五重の連接的意義が付着しているばあい、こうした思い切りがきわめて困難なのである。そこで止むなく必要に応じて〔 〕で原義の多価性を補っておくことにした。いささか煩雑となったが、読者のお許しを願いたい。

また、巻末に書誌として四五〇冊ばかりの本があがっている——その番号が本文中の注番号と対応する——が、例によって不親切にもアタリは、一々その引用ページを示してくれていない。若干は手元にある原典にあたり、邦訳を利用させて頂いたが、そのすべてを探索することは時間と根気とから不可能だった。そこで止むなく大部分は引用文からの重訳ないし新訳であることを、これまたお断りしておかねばならない。

結局のところ、未開社会から最新のテクノロジー社会にいたるまで、経済学、政治学、法学、哲学、人類学、歴史学、文化学等々、あらゆる方面から人類と世界の全所有史をもう一度復習させられる羽目に、訳者は陥ったようなものである。名うてのアタリの博覧強記——時にペダンティックでスノブでハイブロウとも見まがう——に対抗するため、一々列挙はさし控えるが、数多くの研究者や翻訳のお世話になった。また、ナチス時代の略語については、同僚の若い友人、斧谷彌守一教授に、中国語の不明な点については稲田清一助教授に教えを乞うた。記して厚く御礼申し上げる次第である。なお、巻末のインデックスは、校正の香取治良氏に人名と事項にわけて作成して頂いた。面倒な仕事を快くひきうけ、手早く完成された御尽力には心から感謝したい。

本書の訳出を稲編集長から依頼されてから、大学行政や他の原稿執筆などいろいろ忙しく、いつしか二、三年も閲してしまった。何しろ二〇〇字詰原稿用紙で二一五〇枚ともなると、一字一字枡を埋めてゆくだけでも相当の時間と労働が必要とされる。その間、辛抱づよくまって頂いた法政大学出版局の編集部の方々に深くお詫びを申し上げ、はや重くなった筆を擱くとしよう。

一九九四年五月一日

山内　昶

人名索引

カ行

ナ行

ハ行

マ行

事項索引

サ行

タ行

ハ行

マ行

ワ行

書誌注

本文に付した約4000ほどの注番号は，その正確な典拠，あるいはその典拠をさがす最初の手がかりとなった書物，ないし時には類似の考えを展開した私の前著のいずれかを指示している．

A

1. ADAMSON-HOEBEL E., « The political organization and law-ways of the Comanche indians », *Memoirs of the American Anthropological Association*, n° 54, 1940.
2. ADLER A., *La mort est le masque du roi. La royauté sacrée des Moundang du Tchad*, Paris, Payot.
3. AGLIETTA M., *Les métamorphoses de la société salariale*, Paris, Calmann-Lévy, 1984.
4. ANDRIEU C., LE VAN L., PROST A., *Les nationalisations de la Libération, De l'utopie au compromis*, Paris, Fondation nationale des Sciences politiques, 1987.
5. ARIÈS P., Essais sur l'histoire de la mort en Occident du Moyen-Age à nos jours, Paris, Seuil, 1975.
6. ARIÈS P., *L'homme devant la mort*, Paris, Le Seuil, 1977.
7. ARISTOTE, *La Politique*, Paris, Vrin, 1962.
8. ARROW J.K., *Social choices and individual values*, New York, J. Willey and Sons, 1951.
9. ARTAUD D., *Le New Deal*, Paris, Armand Colin, 1969.
10. ATTALI J. *La Nouvelle Économie française*, Paris, 1978.
11. ATTALI J., *Bruits*, Paris, P.U.F., 1976.
12. ATTALI J., *L'Ordre cannibale*, Paris, Grasset, 1979.
13. ATTALI J., *Les trois mondes*, Paris, Fayard, 1981.
14. ATTALI J., *La figure de Fraser*, Paris, Fayard, 1983.
15. ATTALI J., *Un homme d'influence*, Fayard, 1985.
16. ATTALI J., *Analyse économique de la vie politique*, P.U.F., 1973.
17. AUDREY R., *Chine, 25 ans, 25 siècles*, Paris, Le Seuil, 1974.

18. AUSTIN M., VIDAL-NAQUET P., *Économies et sociétés en Grèce ancienne*, Paris, Armand Colin, 1984.
19. AVENEL (vicomte D'), *Histoire économique de la propriété, des salaires, des denrées et de tous les prix en général, depuis l'an 1200 jusqu'en l'an 1800*, Paris, 1984.
20. AYCOBERRY P., *L'Unité allemande*, Paris, P.U.F., « Que sais-je », 1982.

B

21. BACHELET M., *Systèmes fonciers et réformes agraires en Afrique Noire*, Paris, 1968.
22. BADINTER R., « L'Exemple américain », *Le Monde*, 18-9-1987.
23. BADINTER E., *L'Un et l'Autre*, Paris, Éd. Odile Jacob, 1986.
24. BADINTER E., *L'Amour en plus*, Paris, Flammarion, 1980.
25. BADOUIN R., *Systèmes fonciers et développement économique*, Paris, Cujas, 1979.
26. BAKOUNINE M.A., *Œuvres*, 2 vol., Paris, Stock, 1972-1980.
27. BALAZS E., *La Bureaucratie céleste. Recherches sur l'économie et la société en Chine traditionnelle*, Paris, 1968.
28. BARNES H.E., *Economic History of the Western World.*
29. BARON S.W., *Histoire d'Israël : vie sociale et religieuse*, 5 vol., Paris, P.U.F., 1956-1964.
30. BARTHES R., *Le Texte et l'image*, catalogue d'exposition, août 1986.
31. BARTLETT R.A., *The New Country. A social history of American Frontier (1776-1890)*, New York, Oxford U.P., 1974.
32. BASTIAT F., *Propriété et Loi, Justice et Fraternité*, Paris, Guillaumin, 1848.
33. BASTIAT F., *Propriété et spoliation*, Paris, Guillaumin, 1850.
34. BATAILLE G., *La Part maudite*, Éd. de Minuit, 1949.
35. BATESON G., *La Cérémonie du Naven*, Paris, Biblio-Essais, 1986.
36. BAUDELOT C., RESTABLET, MALEMORT J., *La petite-bourgeoisie en France*, Paris, Maspero, 1974.
37. BAUDRILLARD J., *Le Système des objets*, Paris, Gallimard, 1968.
38. BAUDRILLARD J., *L'Échange symbolique et la Mort*, Paris, Gallimard, 1972.
39. BAUDRILLARD J., *Le miroir de la production*, Paris, Castermann, 1973.
40. BEAUCHET L., *Histoire du droit privé de la République athénienne*, 4 vol., Paris, Chevalier, Marescq, 1897.

41. BEAUD M., *Histoire du capitalisme de 1500 à nos jours*, Le Seuil, « Points », 1981.
42. BENTHAM J., *Panopticon*, Éd. Bowning ; trad. fr., Belfond, 1977.
43. BENVENISTE E., *Le Vocabulaire des institutions indo-européennes*, Paris, Éd. de Minuit, 1969.
44. BEN RAFAEL E., KONOPNICKI M., RAMBAUD P., *Le Kibboutz*, Paris, P.U.F., « Que sais-je », 1983.
45. BERGER P., *La Monnaie et ses mécanismes*, Paris, P.U.F., 1986.
46. BERLE A., GARDINER M., *The Modern Corporation and private property*, New York, Macmillan, 1933.
47. BIEBUYCK D. (edited by), *African agrarian systems*, Oxford, 1963.
48. BILLIG J., *Les camps de concentration dans l'économie du Reich hitlérien*, Paris, C.D.J.C., 1973.
49. BIRMAN C., MOPISK C., ZADKLAD J., *Caïn et Abel*, Paris, Grasset, 1980.
50. BLANC L., *L'Organisation du travail*, Paris, 1840.
51. BLANC L., *Histoire de la Révolution française*, Paris, 1852-1860.
52. BLOCH M., *La Société féodale. La formation des liens de dépendance*, Paris, Albin Michel, 1949.
53. BLOCH M., *Esquisse d'une histoire monétaire de l'Europe*, Paris, Armand Colin, 1954.
54. BLOCH M., *Seigneurie française et manoir anglais*, « Cahier des Annales », n° 16, seconde édition, Paris, Armand Colin, 1967.
55. BLOCH M., *Mélanges historiques* (textes présentés par S. Fleury), 2 vol., Paris, Éd. de l'École des Hautes Études en Sciences sociales, 1983.
56. BOAS F., *The religion of the Kwakiutl Indians*, New York, Columbia, U.P., 1930, 2 vol.
57. BODIN, *La République*, Fayard, 1987.
58. BÖHM-BAWERK, *Théorie positive du capital*, 1889.
59. BOORSTIN, *Les découvreurs*, Albin Michel, 1987.
60. BORDET G., Études sur Proudhon, non publié.
61. BOTTERO J., *Naissance de Dieu*, Gallimard, 1986.
62. BOTTERO J., *Mésopotamie*, Gallimard, 1987.
63. BOUKHARINE N., *Économie politique du rentier*, Paris, E.D.I. (avec le concours du C.N.R.S.). *La théorie du matérialisme historique*, E.D.I., Paris, 1927.
64. BOUTARIC E., *La France sous Philippe Le Bel, étude sur les institutions politiques et administratives du Moyen Age*, Paris, 1861.
65. BOUTRUCHE R., *Seigneurie et féodalité*, Paris, Aubier-Montaigne, 1968.

66. BOYER R., *La Théorie de la régulation : une analyse critique*, Paris, La Découverte, 1986.
67. BRAUDEL F., *Civilisation matérielle, économie et capitalisme*, Paris, Armand Colin, 1979.
68. BRAUDEL F., *L'identité de la France*, t. I, II, III, Paris, Arthaud-Flammarion, 1986, 1987.
69. BRAUDEL F., LABROUSSE E. (sous la direction de), *Histoire économique et sociale de la France*, 4 vol., Paris, P.U.F., 1976-1982.
70. BRAUDEL et QUILICI, *Venise*, Arthaud, 1985.
71. BRISSOT DE WARVILLE, *Recherches philosophiques sur le droit de propriété considéré dans la Nature*, s.éd.n.l., 1780.
72. BUKHÂRÎ A.AL., *L'authentique tradition musulmane*, Paris, Sinbad, 1986.
73. BUSINO G., *Introduction à une histoire de la sociologie de Pareto*, Genève, Librairie Droz, 1968.
74. BUTLER R., NOISETTE P., *Le logement social en France, 1815-1981. De la cité ouvrière au grand ensemble*, Paris, La Découverte, 1983.
75. BUTLER S.M., *Privatizing federal spending*, Universe Books, 1985.
76. BUTLER S.M., *Privatizing federal services ; a Primer*, The Heritage foundation Backgrounder, 1986.

C

77. CABET E., *Le Voyage en Icarie*, 1840.
78. CALVET L.-J., *La Guerre des langues et les Politiques linguistiques*, Paris, Payot, 1986.
79. CARBONNIER J., *Droit civil*, t. III : *Les Biens*, Paris, P.U.F., 1983.
80. CASTANEDA C., *Les Enseignements d'un Sorcier yaqui*, Paris, Gallimard, 1973.
81. CATHERINE R., GOUSSET P., *L'État et l'essor industriel*, Paris, Berger-Levrault, 1965.
82. CHAMOUX F., *La Civilisation grecque à l'époque archaïque et classique*, Paris, Arthaud, 1963.
83. CHARLES R., *Le droit musulman*, Paris, P.U.F., 1982.
84. CHAUNU P., *L'Amérique et les Amériques*, Paris, Armand Colin, 1964.
85. CHENON E., *Étude sur l'histoire des alleux en France*, Paris, Larose et Forcel, 1888.
86. CHEN HUAN CHANG, *The economic principles of Confucius and his school*, 2 vol., New York, Columbia U.P., 1911.

87. CHESNEAUX J., *L'Asie orientale aux XIXe-XXe siècles*, Nouvelle Clio, 1967.
88. CHEVALIER F., *La Formation des grands domaines au Mexique. Terre et société aux XVIe-XVIIe siècles*, Paris, Institut d'Ethnologie, 1952.
89. CHRIMES S.B., *English constitutional history*, Londres, Oxford U.P., 1965.
90. CLASTRES P., *Chroniques des Indiens Guayaki*, Paris, Plon, 1972.
91. CLASTRES P., *La Société contre l'État*, Paris, Éd. de Minuit, 1974.
92. COLLARD L., « L'anthropologie de la parenté », *Perspectives anthropologiques*, Montréal, 1979.
93. CONDOMINAS G., *L'Exotique est quotidien*, Paris, 1965.
94. CONDOMINAS G., *Essai sur la société rurale Lao de la région de Vientiane*, Paris, 1962.
95. CONDORCET, *Sur les Élections et autres textes*, Fayard, 1986.
96. COTTA A., *L'homme au travail*, Fayard, 1987.
97. COTTERET J.-M., EMERI C., *Les Systèmes électoraux*, Paris, P.U.F., 1983.
98. CRUVEILHIER P., *Commentaire du Code d'Hammourabi*, Paris, 1938.
99. CUQ E., *La propriété foncière en Chaldée*, Paris, 1907.

D

100. DUMAS F., *La civilisation de l'Égypte pharaonique*, Paris, 1967.
101. DAUZAT A., *Les Noms de personnes, Origine et évolution*, Paris, Delagrave, 1946.
102. DECLAREUIL J., *Rome et l'organisation du droit*, Paris, 1924.
103. DELAPORTE L., *La Mésopotamie : les civilisations babylonienne et assyrienne*, Paris, 1923.
104. DENIAU X., *La Francophonie*, Paris, P.U.F., 1983.
105. DENIS H., *Histoire de la pensée économique*, Paris, P.U.F., 5e éd., 1977.
106. DESHAYES J., *Les Civilisations de l'Orient ancien*, Paris, 1969.
107. DIDEROT, *Œuvres complètes*, Paris, Club Français du Livre, 1969-1973.
108. DOCKES P. et ROSIER R., *La Croissance*, P.U.F., 1978.
109. DOCKES P., *La Libération médiévale*, Paris, Flammarion, 1979.
110. DOWNS A., *Economic Theory of Democracy*, New York, Harper, 1957.
111. DRAÏ R., *La sortie d'Égypte. L'invention de la liberté*, Paris, Fayard, 1986.

112. DRIOTON E., VANDIER J., *Les peuples de l'Orient méditerranéen*, Paris, P.U.F., 1952.
113. DROZ J. (sous la direction de), *Histoire générale du socialisme*, 4 vol., Paris, P.U.F., à partir de 1972.
114. DUBY G. (sous la direction de), *Histoire de la France rurale*, 4 vol., Paris, Le Seuil, à partir de 1975.
115. DUBY G., *Guillaume Le Maréchal*, Paris, Fayard, 1985.
116. DUET D., *La métamorphose des Caisses d'épargne*, Paris, Édition de l'Épargne, 1976.
117. DUCLOS D., *L'Automobile impensable*, Paris, C.S.U., 1976.
118. DUMEZIL G., *Idées romaines*, Paris, Gallimard, 1969.
119. DUMONT L., *Homo aequalis. Genève et épanouissement de l'idéologie écomomique*, Paris, Gallimard, 1986.
120. DUPRÉ DE POMARÈDE, *Le rachat du réseau de la Cie des Chemins de fer de l'Ouest*, Bordeaux, 1910.
121. DUPUIS J., *Au nom du père. Une histoire de la paternité*, Paris, Éd. du Rocher, 1986.
122. DURANT W., *The Story of civilization*, 1970.
123. DURKHEIM, *De la division du travail social*, Paris, Alcan, 1904.

E

124. EDELMAN B., « L'Objet du droit », *Communications*, n° 26, 1977.
125. EISENBERG-ABECASSIS, *A Bible ouverte*, 4 tomes, Paris, Albin Michel, à partir de 1878.
126. ÉLIADE M., *Histoire des croyances et des idées religieuses*, 3 vol., Paris, 1980.
127. ENGELS F., *L'Anti-Dühring*, Paris, Éditions sociales, 1959.
128. ENGELS F., *La question du logement*, Paris, Éd. Sociales, 1957.
129. ENGELS F., *L'Origine de la famille, de la propriété privée et de l'État*, Paris, Messidor-Éditions sociales, 1983.
130. ERMAN A., RANKE H., *La civilisation égyptienne*, Paris, Payot, 1985.
131. ESPINAS G., *Recueil de documents relatifs à l'histoire de l'industrie drapière en Flandre*, 4 vol., Académie royale des Sciences, des Arts et es Letres, Bruxelles, 1920-1924.
132. EVANS-PRITCHARD, *Les Nuer*, Paris, Gallimard, 1969.
133. EWALD F., *L'État-providence*, Paris, Grasset, 1986.

F

134. FABRA P., *L'Anticapitalisme*, Paris, Flammarion, 1979.
135. FAUVET J., *Histoire du Parti Communiste Français*, Paris, Fayard, 1977.
136. FAVIER J., *La France médiévale*, Paris, Fayard, 1983.
137. FAVIER J., *De l'Or et des Épices. Naissance de l'homme d'affaires au Moyen Age*, Paris, Fayard, 1987.
138. FELDMAN G.D., *Army, industry and labor in Germany (1914-1918)*, Princeton, New Jersey, Princeton U.P., 1966.
139. FICHTE J.G., *Destination de l'homme*, Paris, U.G.E., 1965.
140. FINLEY M.I., *L'Économie antique*, Paris, Éd. de Minuit, 1975.
141. FINLEY M.I., *L'Invention de la politique*, Paris, Flammarion, 1985.
142. FINLEY M.I. (sous la direction de), *Problèmes de la terre en Grèce ancienne*, Paris, La Haye, 1973.
143. FLANET V., *La Maîtresse Mort*, Paris, Berger-Levrault, 1982.
144. FOURIER C., Le Nouveau monde industriel et sociétaire, *Œuvres*, t. IV, Éd. Anthropos (1966-1967), 9 vol.
145. FOURQUIN G., *Seigneurie et féodalité au Moyen Age*, Paris, Fernand Nathan, 1972.
146. FOURQUIN G., *Le Paysan d'Occident au Moyen Age*, Paris, Fernand Nathan, 1972.
147. FRAZER J.G., *Le Rameau d'or*, Paris, Laffont, 1981-1984.
148. FREUND G., *Photographie et Société*, Le Seuil, « Points », 1974.
149. FRYBOURG M., PRUD'HOMME R., *L'Avenir d'une centenaire : l'automobile*, Lyon, P.U.L., 1984.
150. FURET F., *Penser la Révolution française*, Paris, Gallimard, 1985.
151. FURTADO C., *Politique économique de l'Amérique latine*, Paris, Sirey, 1970.
152. FUSTEL DE COULANGES, *Histoire des institutions politiques de l'ancienne France*, 5 vol., Paris, Hachette, 1901-1907.
153. FUSTEL DE COULANGES N.D., *Nouvelles recherches sur quelques problèmes d'histoire*, Paris, Hachette, 1981.

G

154. GADILLE R., *Les Politiques agraires*, Paris, P.U.F., 1972.
155. GAILLARD C., *Proudhon et la propriété*, Paris, E.H.E.S.S., « Travaux de l'Atelier Proudhon », cahier n° 1, 1986.
156. GAILLARD C., *Le débat sur la propriété au XVIII*e *siècle, première*

partie : de la défense à la limitation de la propriété, Paris, E.H.E.S.S., « Travaux de l'atelier Proudhon », cahier n° 7, 1987.
157. GALBRAITH J.K., *L'État industriel*, Paris, Gallimard, 1976.
158. GALBRAITH J.K., *La Science économique et l'intérêt général*, Paris, Gallimard, 1978.
159. GALIANI F., *Dialogue sur le commerce des blés*, Fayard, 1984.
160. GAUCHET M., *Le Désenchantement du monde. Une histoire politique de la religion*, Paris, Gallimard, 1985.
161. GAUDEMET J., *Institutions de l'Antiquité*, Paris, Montchrestien, 1982.
162. GENOVESE E.D., *Économie politique de l'esclavage. Essais sur l'économie et la société du Sud esclavagiste*, Paris, Maspero, 1968.
163. GEREMEK B., *La Potence ou la Pitié, ou les marginaux parisiens aux XIVe et XVe siècles*, Paris, Gallimard, 1987.
164. GIESEY R., *The Royal funeral ceremony in Renaissance France*, Droz, 1983.
165. GILHODES L.H., *Mariage et condition de la femme chez les Katchin de Birmanie*, Anthropos, 1913.
166. GIMPEL J., PERNOUD R. et DELATOUCHE R., *Le Moyen Age, pour quoi faire ?*, Paris, 1986.
167. GIRARD R., *La Violence et le Sacré*, Paris, Grasset, 1972.
168. GIRARD R., *Des choses cachées depuis la fondation du monde*, Paris, Grasset, 1978.
169. GIRARD R., *La Pensée de*, « Actualité des Sciences humaines », d'Anne Orsini, Paris, Retz, 1986.
170. GLASER H., *The Cultural roots of national-socialism*, Austin, University of Texas Press, 1978.
171. GODELIER, *Le mode de production asiatique et les schémas marxistes d'évolution*, Paris, C.E.R.M., 1962.
172. GOLDWIN W., *Essai sur la justice politique et son influence sur la moralité et le bonheur*, 1793.
173. GONNER E.C.K., *Common Land and Enclosure*, London, Franck Cass & Co, 1966.
174. GRANET M., *La Civilisation chinoise*, Paris, Albin Michel, 1968.
175. GRANET M., *La Religion des Chinois*, Paris, Payot, 1951.
176. GRANET M., *La Féodalité chinoise*, Paris, Imago, 1981.
177. GREIMAS A.J., *Des dieux et ds hommes : études de mythologie lithuanienne*, Paris, Flammarion, 1987.
178. GRIAULÉ M., *Dieu d'eau*, Paris, Fayard, 1966.
179. GRIMAL H., *La Décolonisation de 1919 à nos jours*, Bruxelles, Complexe, 1985.
180. GRIMAL P., *La Civilisation romaine*, Paris, Arthaud, 1984.

181. GRIMAL P., *La Mythologie grecque*, Paris, P.U.F., « Que sais-je », 1984.
182. GUILLAUME M., *Le Capital et son double*, Paris, P.U.F., 1975.
183. GUILLAUME M., *Éloge du désordre*, Paris, Gallimard, 1978.
184. GUIOMAR J.Y., *L'Idéologie nationale. Nation, Représentation, Propriété*, Paris, Champ libre, 1974.
185. GUIRAUD P., *La Propriété foncière en Grèce jusqu'à la conquête romaine*, Paris, Hachette, 1893.
186. GUIRAUD P., « La Propriété individuelle à Rome », Paris, *Revue des Questions historiques*, avril 1909.
187. GUREVIC A., « La notion de propriété pendant le haut Moyen Age », *Annales E.S.C.*, n° 3, mai-juin 1972.
188. GUYOT Y., *La Propriété : origine et évolution*, Paris, 1895.

H

189. HAGÈGE C., *L'Homme de paroles*, Paris, Fayard, 1986.
190. HAGÈGE C., *Le Français et le siècle*, Paris, Odile Jacob, 1987.
191. HAMILTON A., JAY J., MADISON J., *Le Fédéraliste*, Paris, L.G.D.J., 1987
192. HANRAHAN J.D., *Government by contract*, Norton and Co, 1983.
193. HARDIN G., *The Tragedy of Commons.*
194. HARRINGTON M., *The Politics at Gold's Funeral*, New York, Holt, 1983.
195. HARVA U., *Les Représentations religieuses des peuples altaïques*, Paris, Gallimard, 1959.
196. HAUBERT M., *La vie quotidienne des Indiens et des Jésuites au Paraguay au temps des missions*, Paris, Hachette, 1967.
197. HAVEL J.E., *Habitat et logement*, Paris, P.U.F., 1985.
198. HAYECK VON F., *Scientisme et Sciences sociales, Essai sur le mauvais usage de la raison*, Paris, Plon, 1953.
199. HAZARD P., *La Pensée européenne au XVIIIe siècle*, Paris, Fayard, 1979.
200. HEERS J., *Le Travail au Moyen Age*, Paris, P.U.F., 1975.
201. HEGEL, *Principes de la Philosophie du Droit*, Genève, Vrin, 1975.
202. HELVÉTIUS, *De l'esprit*, Éd. Sociales, 1968.
203. HÉRODOTE, *Histoire*, Œuvres complètes, « La Pléiade », Gallimard.
204. HEUSH L. DE, *Le sacrifice dans les Religions africaines*, Paris, Gallimard, 1986.
205. HILFERDING, *Le Capital financier. Étude sur le développement récent du capitalisme*, Paris, Éd. de Minuit.

206. HITLER A., *Mein Kampf*, trad. fr., Paris, Nouvelles Éditions latines, 1934.
207. HOBBES, *Le Léviathan*, (1651), Paris, Sirey, 1971.
208. HOBSBAWM J., *L'Ère des révolutions*, Paris, Fayard, 1969.
209. HOCQUET J.-C., *Le Roi, le marchand et le sel*, Lille, P.U.L., 1987.
210. HOLBACH D', *Système de la nature, ou des lois du monde physique et du monde moral*, Londres, 1770.
211. HOLBACH D', *L'Ethocratie ou le gouvernement sur la morale*, Amsterdam, 1776 ; Paris, Edhis, 1969.
212. HOUDEVILLE L., *Pour une civilisation de l'habitat*, Paris, Éd. Ouvrières, 1969.

J

213. JARA A., *Guerre et Société au Chili*, Paris, Travaux et mémoires de l'Institut d'études de l'Amérique latine, 1961.
214. JAULIN R., *La Mort Sara*, Paris, Plon, 1967.
215. JAULIN R., *Gens du soi, gens de l'autre*, Paris, U.G.E., 1973.
216. JAURÈS J., *Histoire socialiste de la Révolution française*, éd. revue par A. Mathiez, Paris, 1923.
217. JEANNENEY J.N., *Concordance des temps*, Paris, Le Seuil, 1987.
218. JONES E.L., MINGAY G.E., (edited by), *Land, Labour and Population in the Industrial Revolution*, London, 1967.
219. JOSÈPHE [FLAVIUS], *La guerre des Juifs*, Paris, Éd. de Minuit, 1977.

K

220. KANTOROWICZ E., *Pro Patria Mori in Medieval Political thought*, traduction française : P. Legendre (*éd.*), *Mourir pour la Patrie*, 1984, Paris.
221. KASPI A., *L'Indépendance américaine, 1763-1789*, Paris, Gallimard-Julliard, 1976.
222. KESSLER M., *Le logiciel, protection juridique*, Paris, « Technique et Documentation », Lavoisier, 1986.
223. KEYNES J.M., *The General Theory of employment, interest and money*, Harcourt Brace & World, New York, 1936.
224. KING R., *Land reform*, Londres, G. Bell and sons, 1977.
225. Klima, *in* « La Pensée », n° 171, *op. cit.*
226. KOBY A. Th., voir note 423 : Acte du Colloque de l'ORSTOM, 1978 : *Monographie sur le pays Odzukru en Côte-d'Ivoire.*

227. KOLM S.C., *La bonne économie. La réciprocité générale*, P.U.F., 1984.
228. KOVALEWSKY M., *Le passage historique de la propriété collective à la propriété individuelle*, Paris, Giard et Brière, 1986.
229. KOVALEWSKY M., *Tableau des origines et de l'évolution de la famille et de la propriété*, Stockholm, Samson-Wallin, 1890.

L

230. LACOUR-GAYET R., *Histoire des États-Unis*, 4 vol., Paris, Fayard, 1976-1982.
231. LAFFORGUE G., *La Haute Antiquité*, Paris, Larousse, 1968.
232. LAMENNAIS, J.M.F. DE, *Du passé et de l'avenir du peuple*, Paris, Lib. de la Bibliothèque nationale, 1888.
233. LAMENNAIS J.M.F. DE, *Paroles d'un croyant*, 1834 ; Colin, 1949.
234. LANGE O., « Sur la théorie économique du socialisme », *Review of Economic Studies*, 1936-1937.
235. LANVERSIN J. DE, *La propriété. Une nouvelle règle du jeu ?*, Paris, P.U.F., 1975.
236. LASSALLE F., *Théorie systématique des droits acquis*, Berlin, 1861.
237. [LA SALLE J.B. DE], *On J.B. de la Salle*, « Règles de la bienséance et de la civilité chrétienne », Ligel, 1956.
238. LAVELEYE E. DE, *De la Propriété et de ses formes primitives*, Paris, G. Baillère, 1877.
239. LE BRIS E., LE ROY E., LEIMDORFER F., *Enjeux fonciers en Afrique noire*, Orstom, Karthala, 1982.
240. LE GOFF J., *Naissance du Purgatoire*, Paris, Gallimard, ?
241. LE GOFF J., *La Bourse et la Vie*, Paris, Hachette, 1986.
242. LE GOFF J., *La Civilisation de l'Occident médiéval*, Paris, Arthaud, 1964.
243. LELONG C., *La Vie quotidienne en Gaule à l'époque mérovingienne*, Paris, Hachette, 1963.
244. LÉNINE, *L'État et la Révolution*, Paris, Gonthier, 1964.
245. LEPAGE H., *Pourquoi la propriété ?*, Paris, Hachette, 1985.
246. LE PLAY F., *La Réforme sociale en France*, Paris, Plon, 1869.
247. LEPOUTRE R., COHEN J., *Tous des mutants*, Paris, Le Seuil, 1987.
248. LEROUX P., *De l'Humanité*, Fayard, 1985.
249. LEROY-BEAULIEU P., *Le Collectivisme, examen critique du nouveau socialisme*, Paris, Guillaumin, 1893.
250. LEROY-BEAULIEU P., *L'État moderne et ses fonctions*, Paris, 1891.
251. LE TANH KHOI, « Le Vietnam ancien », *La Pensée*, n° 171.

252. LETOURNEAU C., *Évolution de la propriété*, Paris, 1889.
253. LÉVINAS E., *Humanisme de l'autre homme*, Paris, Biblio-Essais, 1986.
254. LEVI-STRAUSS C., *Tristes tropiques*, Paris, Plon, 1955.
255. LEVI-STRAUSS C., *Les Structures élémentaires de la Parenté*, Paris, 1967.
256. LEVI-STRAUSS C., *Introduction à l'œuvre de Marcel Mauss. Sociologie et Anthropologie*, 6e éd., Paris, 1978.
257. LÉVY J.P., *Histoire de la propriété*, Paris, Hachette, 1985.
258. LEVY-BRUHL, *Le Surnaturel et la Nature dans la mentalité primitive*, Paris, 1931.
259. LEWIN M., *La formation du système soviétique*, Paris, Gallimard, 1987.
260. LINGUET, *Théorie des lois civiles*, Fayard, 1984.
261. LOCKE J., *Traité du gouvernement civil*, Paris, Libraire Vrin, 1977.
262. LOMBARD, *L'Islam dans sa première grandeur (VIIIe-XIe siècles)*, Paris, Flammarion, 1971.
263. LOMBARDI R.W., *Le Piège bancaire. Dettes et développement*, Flammarion, 1985.
264. LOTHROP, S.K., *Trésor de l'Amérique précolombienne*, Flammarion, 1979.
265. LUTAUD O., *Les Niveleurs, Cromwell, la République*, Paris, Julliard, 1967.

M

266. MABLY Abbé de, *Doutes proposés aux philosophes économistes sur l'ordre naturel et essentiel des sociétés politiques*, 1768.
267. MACHELON J.-P., *L'Idée de nationalisation en France de 1840 à 1910*, Genève, 1985.
268. MACPHERSON R.C.B., *Principes et limites de la démocratie libérale*, Paris, La Découverte, 1985.
269. MACFARLANE A., *The Origins of English individualism*, Oxford Blackwell, 1978.
270. MAÏMONIDE, *Le Guide des égarés, traité de théologie et de philosophie*, 3 vol., Paris, 1866.
271. MALINOWSKI B., *Les Argonautes du Pacifique occidental*, Paris, Gallimard, 1963.
272. MALINOWSKI B., *La Vie sexuelle des sauvages du nord-ouest de la Mélanésie*, Paris, 1970.
273. MALTHUS, *Essai sur le principe de population*, Paris, Gonthier, 1978.

274. MANDEL E., *Traité d'économie marxiste*, Paris, Bourgois, 1986.
275. MANENT P., *Histoire intellectuelle du libéralisme ; dix leçons*, Calmann-Lévy, 1987
276. MAO ZEDONG, *Œuvres choisies*, 5 vol., Pékin, 1966-1977.
277. MARCUSE H., *L'Homme unidimensionnel*, Paris, Éd. de Minuit, 1968.
278. MARKOVITCH T.J., *Histoire des industries françaises*, t. I : *les industries lainières de Colbert à la Révolution*, Genève, Droz, 1976.
279. MARION L., « Le Comportement annimal », *Encyclopedia Universalis*, 1986.
280. MARRIS S., « Deficits and the Dollar : the World Economy at risk », *Policy analysis in international economics*, Institut for International Economics, 14 déc. 1985.
281. MARSHALL L., « Sharing-Talking and giving. Relief of social tensions among Bushmen », revue *Africa*, 1961.
282. MARX K., *Le Capital*, Paris, Gallimard, « La Pléiade », 1965-1968.
283. MARX K., *Œuvres, Économie*, I, Paris, Gallimard, « La Pléïade », 1965.
284. MARX K., *Principes d'une critique de l'Économie politique*, « Formes précapitalistes de la production. Types de propriété », *Œuvres, Économie*, II, Paris, « La Pléiade », Gallimard, 1968.
285. MARX K., ENGELS F., *Idéologie allemande*, Paris, Éd. Sociales-Messidor, 1982.
286. MASPERO H., « Les régimes fonciers en Chine », *Mélanges posthumes*, Paris, 1950.
287. MASPERO H., BALAZS E., *Histoire et institutions de la Chine ancienne*, Paris, P.U.F., 1967.
288. MATTICK P., *Marx et Keynes. Les limites de l'économie mixte*, Paris, Gallimard, 1986.
289. MAUSS M., *Sociologie et anthropologie*, Paris, P.U.F., 1978.
290. MEAD M., *Mœurs et sexualité en Océanie*, Paris, Plon, 1963.
291. MERCIER DE LA RIVIÈRE, *L'Ordre naturel et essentiel des sociétés politiques*, Paris, Guillemin, 1846.
292. METT I., *Le Paysan russe dans la révolution et la post-révolution*, Paris, Spartacus, s.d.
293. MEYER J., *Les Capitalismes*, Paris, P.U.F., 1981.
294. MILL J.S., *L'Utilitarisme*, Paris, Garnier-Flammarion, 1968.
295. MIRABEAU H.R. DE, *Mémoire sur l'utilité des États provinciaux*, Paris, 1758.
296. MISES (von), *The Anti-capitalistic Mentality*, Van Nostrand, Princeton, 1956.
297. MOLLAT M., *Les pauvres au Moyen Age*, Paris, Hachette, 1978.

298. MONTESQUIEU M. DE, *De l'Esprit des lois*, Œuvres complètes, II, « La Pléiade », Gallimard, 1951.
299. MORE T., *Utopia*, 1516 ; Genève, Dror, 1983.
300. MORELLY, *Le Code de la Nature*, 1755 ; Paris, Éd. Sociales, 1933.
301. MORET A., *Le Nil et la civilisation égyptienne*, Paris, 1937.
302. MORETTE A., *Le Rachat du réseau de l'Ouest*, Valence, 1907.
303. MORIN E., *Le Paradigme perdu. La Nature humaine*, Paris, Le Seuil, 1973.
304. MORIO S., *Le contrôle des loyers en France (1914-1948). Documents pour l'étude comparative des politiques du logement*, Paris, C.S.U., 1976.
305. MORISHIMA M., *Capitalisme et confucianisme. Technologie occidentale et éthique japonaise*, Paris, Flammarion, 1986.
306. MOSSÉ C., *Le travail en Grèce et à Rome*, Paris, 1971.
307. MOUNIER E., *Œuvres*, » vol., Paris, Le Seuil, 1961-1963.
308. MUMFORD L., *La Cité à travers l'Histoire*, Paris, Plon, 1964.
309. MURARD L., ZYLBERMAN P., « Le petit travailleur infatigable ou le prolétaire régénéré », *La Recherche*, nov. 1976.

N

310. NEF J.U., « L'industrie et l'État en France et en Angleterre (1540-1640), Paris, *Revue historique*, t. CXCI, 1941, pp. 21-53 et 193-231.
311. NICOLET C., *Les Gracques. Crise agraire et révolution à Rome*, Paris, Gallimard, 1980.
312. NOËL B., *Dictionnaire de la Commune*, 2 vol., Paris, Flammarion, 1978.
313. NOVE A., *Le socialisme sans Marx. L'économie du socialisme réalisable*, Paris, Economica, 1984.
314. NTAHOMBAYE P., *Des noms et des hommes*, Paris, Éd. Karthala, 1983.

O

315. OULES F. (textes présentés par), *L'École de Lausanne. Textes choisis de L. Walras et V. Pareto*, Paris, Dalloz, 1950.
316. OWEN R., *Address delivered at the annual congress of the « Association of all classes of all nations »*, Manchester, 1837.

P

317. Pascal B., *Pensées*, Œuvres complètes, Gallimard, « La Pléiade », 1954.
318. Pareto W., *Cours d'Économie Politique*, Genève, Droz.
319. Peikoff, *The American Parallele*, New York, Stein and Day, 1982.
320. Perroux F., *Aliénation et société industrielle*, Paris, Gallimard, 1970.
321. Peyret H., *Histoire des chemins de fer en France et dans le monde*, Paris, S.E.F.I., 1949.
322. Philon d'Alexandrie, *Sur l'esclavage de l'insensé. Sur la liberté du sage*, Paris, 1619.
323. Piel J., *Capitalisme agraire au Pérou*, Paris, Anthropos, 1975.
324. Pirenne H., *Les Villes du Moyen Age*, Paris, P.U.F., 1971.
325. Platon, *Œuvres complètes*, Paris, Gallimard, « La Pléiade ».
326. Poley P., *The history, law and practice of the Stock Exchange*, Isaac Pitmar... and Sons, Londres, 1926.
327. Poliakov L., *Histoire de l'antisémitisme*, 3 vol., Paris, Calmann-Lévy.
328. Polin C., *L'Esprit totalitaire*, Paris, Sirey, 1985
329. Polyany K., « Trade and Markets among the Pass people », in *Markets in Africa*, 1962.
330. Pollock et Maitland, *History of English Law before Edward III.*
331. Pomian K., *L'Ordre du temps*, Paris, Gallimard, 1984.
332. Posener G., Sauneron S., et Yoyotte J., *Dictionnaire de la civilisation égyptienne*, Paris, F. Hazan, 1970.
333. Ponteil F., *L'éveil des nationalités et le mouvement libéral (1815-1848)*, Paris, P.U.F., 1968.
334. Pradelles de Latour, *Anthropologie, état des lieux.*
335. Preobrajenski E., *La Nouvelle Politique Économique*, Paris, E.D.I. (avec le concours du C.N.R.S.).
336. Proudhon P.-J., *Qu'est-ce que la propriété ?*, Paris, Flammarion, 1966.

Q

337. Quesnay F., *Œuvres économiques et philosophiques*, New York, B. Franklin, 1969.

R

338. Radcliffe Brown A.R.., *The Social Organisation of Australian Tribes, 1930-1931*, Oceania, I.
339. Ragon M., *L'Espace de la Mort. Essai sur l'architecture, la décoration et l'urbanisme funéraire*, Paris, Albin Michel, 1981.
340. Raspail Jean, *Qui se souvient des hommes*, Paris, Laffont, 1986.
341. Rawls J., *Théorie de la Justice*, Paris, Le Seuil, 1987.
342. Renan E., *Histoire du peuple d'Israël*, in *Œuvres complètes*, Calmann-Lévy, 1965.
343. Renan E., *Histoire des Origines du christianisme*, Paris, L.G.F., 1984.
344. Renouard X., *Les marchands italiens au Moyen Age*, Paris, 1949.
345. Rials, *Le Contrôle de l'État sur les chemins de fer, des origines à 1914. Administration et contrôle de l'économie, 1800-1914*, Genève, 1985.
346. Ricardo D., *Principes de l'économie politique et de l'impôt*, Paris, Calmann-Lévy, 1970 (3e éd. de 1821).
347. Rioux J.-P., *La Révolution industrielle en Grande-Bretagne*, Paris, Hatier, 1980.
348. Rioux J.-P., *La Révolution industrielle, 1780-1880*, Paris, Le Seuil, 1971.
349. Rivoire J., *Histoire de la Banque*, Paris, P.U.F., « Que sais-je ? », 1984.
350. Rivoire J., *L'Économie mondiale depuis 1945*, Paris, P.U.F., « Que sais-je ? », 1985.
351. Rosanvallon P., *La Crise de l'État-Providence*, Paris, Le Seuil, 1981.
352. Rosanvallon P., « Origine des nationalisations », *in Le Débat*, n° 17.
353. Rouquié J., *Amérique du Sud*, Paris, Le Seuil, 1987.
354. Rousseau J., *Le Citoyen* (recueil), Paris, P.U.F., 1984.
355. Rousseau J.-J., *Du Contrat social*, Paris, Le Seuil, 1977.
356. Rousseau J.-J., *Confessions*, Paris, Gallimard, « La Pléiade », t. I, 1959.
357. Rousseau J.-J., *Discours sur l'origine et les fondements de l'inégalité parmi les hommes*, in *Œuvres Complètes*, t. II, Paris, Le Seuil, 1971.

S

358. SAHLINS M., *Age de pierre, âge d'abondance*, Paris, Gallimard, 1976.
359. SALIN E., *La Civilisation mérovingienne*, 4 vol., Paris, 1949-1959.
360. SAUTTER, *Les dents du géant*, O. Orban.
361. SCHEBESTA P., *Among Congo Pygmies*, Londres, 1933.
362. SCHEIL V., *La loi de Hammourabi*, Paris, 1906.
363. SCHNEIDER M., *Voleurs de mots*, Paris, Gallimard, 1985.
364. SCHOENBAUM D., *La Révolution brune. La société allemande sous le IIIe Reich*, Paris, Robert Lafont, 1979.
365. SCHUMPETER J.A., *Capitalisme, socialisme et démocratie*, Paris, Payot, 1963.
366. SEIGNOBOS C., *Histoire sincère de la nation française*, nouv. éd, Paris, P.U.F., 1982.
367. SERRES M., *L'Hermaphrodite*, Paris, Flammarion, 1987.
368. SERVET J.-M., *Numismata. État et origine de la monnaie*, Lyon, P.U.L., 1984.
369. SFEZ L., *Leçons sur l'égalité*, Paris, Presses de la Fondation Nationale des Sciences politiques, 1984.
370. SHAW H., *The Levellers*, New York, Harper and Row, 1968.
371. SICARD GERMAIN, *Aux origines de la société anonyme. Les moulins de Toulouse*, Paris, Sevpen, 1953.
372. SIGMANN J., *1848. Les Révolutions romantiques et démocratiques de l'Europe*, Paris, Calmann-Lévy, 1970.
373. SIK O., *La troisième voie. La théorie marxiste-léniniste et la société industrielle moderne*, Paris, Gallimard, 1974.
374. SISMONDI, *Nouveaux Principes d'économie politique*, 1819.
375. SMITH A., *Recherches sur la nature et les causes de la richesse des nations*, première édition, 1776.
376. SOBOUL A., *La Révolution française*, Paris, E.S., 1982.
377. SOMBART W., *Les Juifs et la vie économique*, Paris, Payot, 1923.
378. SOUSTELLE J., *La vie quotidienne des Aztèques à la veille de la conquête espagnole*, Paris, Hachette, 1955.
379. SOUSTELLE J., *L'univers des Aztèques*, Paris, Hermann, 1979.
380. SOUTHERN R.W., *L'Église et la Société dans l'Occident médiéval*, Penguin, 1970.
381. SPENCER H., *Introduction à la science sociale*, Paris, 1874.
382. SPENGLER O., *Prussianité et Socialisme*, Actes-Sud, 1986.
383. SPENGLER O., *Écrits historiques et philosophiques*, Paris, Copernic, 1980.
384. STEIN-SCHNEIDER H., « The French and American Constitutions », *France-U.S.A.*, 1987.

385. STOURZÉ Y., *Organisation et anti-organisation*, Paris, Mame, 1970.

T

386. TALAYESVA C. DON, *Soleil Hopi*, Paris, Plon, 1959.
387. TESTARD J., *L'Œuf transparent*, Paris, 1987.
388. THIERS A., *De la propriété*, Paris, Paulin, Lheureux et Cie, 1848.
389. THOMAS H., *Histoire inachevée du monde*, Paris, Robert Laffont, 1986.
390. THOMAS L.V., *Les Diola de Basse Casamance*, in D. Biebuyck, *op., cit.*
391. THOMPSON E., *Grandeur et décadence de la civilisation maya*, Paris, Payot, 1973.
392. THOMPSON, *Enquête sur les principes de la distribution de la richesse la plus propre à engendrer le bonheur humain.*
393. TOCQUEVILLE A. DE, *De la démocratie en Amérique*, Paris, Gallimard, coll. « Idées », 1980.
394. TOUTAIN J., *L'économie antique*, Paris, 1927.
395. TROTIGNON Y., *Le XXe siècle en U.R.S.S.*, Paris, Bordas, 1985.
396. TULLOCK G., *Le marché politique*, Paris, Economica, 1978.
397. TURGOT A.R.J., *Œuvres complètes*, Paris, Dupont de Nemours, 1808.

V

398. VAILLE E., *Histoire générale des Postes françaises*, 7 vol., Paris, P.U.F., 1947-1955.
399. VERDIER R., *Bilan d'une scission : le Congrès de Tours*, Paris, Gallimard, 1981.
400. VEYNES P., *L'Inventaire des différences*, Paris, Le Seuil, 1976.
401. VEYNE P., *Le Pain et le Cirque*, Paris, Le Seuil, 1976.
402. VIDAL-NAQUET P., AUSTIN, *Économies et Sociétés en Grèce antique*, Paris, Armand Colin, 1972.
403. VILLEY M., *Critique de la pensée juridique moderne*, Paris, Dalloz, 1976.
404. VILLIERS R., *Rome et le droit privé*, Paris, 1977.
405. VINCENT J.-D., *Biologie des passions*, Paris, Éd. Odile Jacob, 1986.
406. VOLFINAS, *Lieux et objets de la mort*, Traverses, 1975.
407. VOLTAIRE, *Dictionnaire philosophique*, Paris, Garnier-Flammarion, 1964.

408. VUILLERMÉ J.-L., « Le Concept de *Res* », *in* Actes du C.N.R.S., 1973.

W

409. WALLERSTEIN I., *Historical capitalism*, Londres, N.L.B., 1983.
410. WALLERSTEIN I., *The capitalism world economy*, Cambridge U.P., 1979.
411. WALRAS L., *Éléments d'économie politique pure ou théorie de la richesse sociale*, Paris, 1970.
412. WALSH A.H., *The Public's business*, Cambridge, Mass., M.I.T. Press, 1978.
413. WEBER M., *L'éthique protestante et l'esprit du capitalisme*, Paris, Plon, 1964.
414. WEITLING, *Garanties de l'harmonie et de la liberté*, 1842.
415. WITTFOGEL K.A., *Le Despotisme oriental. Étude comparative du pouvoir total*, Paris, 2e éd., Éd de Minuit, 1977.

Y

416. YOUNG P., *Privatization. The worker by-out option*, CATO Policy analysis, 1986.
417. YOYOTTE J., « Le Jugement des morts dans l'Égypte ancienne », *in Le Jugement des morts*, « Sources orientales », Paris, 1961.

Z

418. ZELDIN T., *Histoire des passions françaises, 1848-1945*, Paris, Le Seuil, 1980.
419. ZINOVIEV A., *Para Bellum*, Paris, Julliard, 1987.
420. ZINOVIEV A., *Le Gorbatchévisme*, Lausanne, L'Age d'Homme, 1987.

共同編纂書

421. *Anthropologie : État des lieux*, Paris, Le Livre de Poche, Biblio-Essais, 1986.
422. *La Science face au racisme*, Bruxelles, Éditions Complexe, 1986.
423. *Actes du colloque de Ouagadougou*, 4-8 décembre 1978, ORSTOM :

« Maîtrise de l'espace agraire et développement en Afrique tropicale ».
424. « The Evolution of American electoral Systems », Wesport, Connecticut. *Contributions in American history*, n° 95, Greenwood Press, 1981.
425. *Voix indiennes : le message des Indiens d'Amérique au monde occidental*, Paris, 1979.
426. *Pieds nus sur la terre sacrée*, texte présentés par T. McLuhan, Paris, 1974.
427. *Les Biens et les Choses*, Paris, Archives de Philosophie du droit, t. XXIV, Sirey, 1979.
428. *L'Allemagne nazie et le génocide juif*, Gallimard/Le Seuil, 1985.
429. « Ethnologie et Marxisme », *La Pensée*, n° 171, 1973.
430. Archives de Philosophie du droit, t. 24, *Les Biens et les Choses*, Paris, Sirey, 1979.
431. *Histoire de la France urbaine*, sous la direction de G. Duby, 5 vol., Paris, Le Seuil, à partir de 1980.
432. *L'Art du papier-monnaie*, Martin Monestier, Éd. du Pont-Neuf.
433. Catalogue de l'Exposition sur les Trésors celtes, 1987.
434. Catalogue de l'Exposition sur Tanis, 1987.
435. *Histoire de la famille*, t. I et II, Paris, Armand Colin, 1986.
436. *Histoire de la vie privée*, sous la direction de G. Duby, Paris, Le Seuil, 3 vol., 1985-1986.
437. *Dictionnaire de la civilisation égyptienne* (G. Posener, S. Sauneron, J. Yoyotte), Paris, Hazan.
438. *Biotechnologies et protection par brevet*, Paris, O.C.D.E., 1985.
439. *Histoire d'Augan*, document privé.

百科全書

(所有，自然法，国家，等々の項目)

440. *Politics and History in band societies*, Leacok-Lee, Cambridge, U.P., 1982.
441. *Encyclopedia Judaïca*, 16 vol., New York, Macmillan, 1971-1972.
442. *Encycopédie du XXe siècle. Répertoire universel des sciences, des lettres et des arts*, Paris, 1946.
443. *Encyclopédie française*, sous la direction de L. Febvre, Paris, 1935.
444. *Grand Dictionnaire universel du XIXe siècle*, 1865-1890 (15 vol. + 2 suppléments).
445. *Encyclopédie* de Diderot et d'Alembert, 39 vol., Genève, Pellet, 1777-1779.

446. *Grand Atlas Historique*, Paris, Albin Michel/Encyclopedia universalis, 1978.
447. *Encyclopédie de l'Islam*, Paris, Maisonneuve et Larose, 1954.
448. 遺伝子地図の概念についてはジョルジュ・コーアン教授の私的ノートによる.

《叢書・ウニベルシタス　440》
所有の歴史　本義にも転義にも

1994年 7 月 1 日　　　初版第 1 刷発行
2014年 5 月20日　　新装版第 1 刷発行

ジャック・アタリ
山内　昶 訳
発行所　一般財団法人　法政大学出版局
〒102-0071 東京都千代田区富士見2-17-1
電話03(5214)5540／振替00160-6-95814
製版，印刷　三和印刷／誠製本

Printed in Japan

ISBN978-4-588-09988-5

著者

ジャック・アタリ
(Jacques Attali)

1943年アルジェに生まれる．パリ理工科学校卒業後，パリ政治学院，鉱山大学校，国立行政学院を修了．その後国務院審議官を務めるかたわらパリ理工科学校，パリ第九大学で理論経済学を講義．フランス社会党第一書記の経済顧問に就き，81年のミッテラン政権成立以降は大統領の特別補佐官として社会党政権の経済政策策定に携る．91年には欧州復興開発銀行の初代総裁となるなど，政財界の第一線で活躍する一方，経済学の枠を超えて精神分析，記号学，文化人類学，情報理論，社会学等の学際的諸学を駆使した独自の社会理論・歴史理論・文明論の書を著して思想界に刺激的な問題提起を行なっている．『アンチ・エコノミクス』（共著）(74)，『言葉と道具』(76)，『音楽・貨幣・雑音』(77)，『カニバリスムの秩序』(79)，『時間の歴史』(82)，など多数の著書がある．

訳者

山内　昶（やまうち ひさし）

1929年生まれる．京都大学仏文学科，同大学院（旧制）修了後，パリ大学高等研究院に留学．現在，大手前大学教授，甲南大学名誉教授．著書：『食具』（ものと人間の文化史），『食の歴史人類学』，『経済人類学への招待』，『タブーの謎を解く』ほか．訳書：サーリンズ『石器時代の経済学』『人類学と文化記号論』，ゴドリエ『人類学の地平と針路』『観念と物質』『贈与の謎』，トマス『人間と自然界』，シムーンズ『肉食タブーの世界史』（監訳），ほか．